Análise Estatística com R

Análise Estatística com R

para leigos

Tradução da 2ª Edição

Joseph Schmuller

ALTA BOOKS
EDITORA
Rio de Janeiro, 2019

Análise Estatística com R Para Leigos® – Tradução da 2ª Edição
Copyright © 2019 da Starlin Alta Editora e Consultoria Eireli. ISBN: 978-85-508-0485-9

Translated from original Statistical Analysis with R For Dummies®, 2nd Edition. Copyright © 2017 John Wiley & Sons, Inc. ISBN 978-1-119-33706-5. This translation is published and sold by permission of John Wiley & Sons, Inc., the owner of all rights to publish and sell the same. PORTUGUESE language edition published by Starlin Alta Editora e Consultoria Eireli, Copyright © 2019 by Starlin Alta Editora e Consultoria Eireli.

Todos os direitos estão reservados e protegidos por Lei. Nenhuma parte deste livro, sem autorização prévia por escrito da editora, poderá ser reproduzida ou transmitida. A violação dos Direitos Autorais é crime estabelecido na Lei nº 9.610/98 e com punição de acordo com o artigo 184 do Código Penal.

A editora não se responsabiliza pelo conteúdo da obra, formulada exclusivamente pelo(s) autor(es).

Marcas Registradas: Todos os termos mencionados e reconhecidos como Marca Registrada e/ou Comercial são de responsabilidade de seus proprietários. A editora informa não estar associada a nenhum produto e/ou fornecedor apresentado no livro.

Impresso no Brasil — 2019 — Edição revisada conforme o Acordo Ortográfico da Língua Portuguesa de 2009.

Publique seu livro com a Alta Books. Para mais informações envie um e-mail para autoria@altabooks.com.br

Obra disponível para venda corporativa e/ou personalizada. Para mais informações, fale com projetos@altabooks.com.br

Produção Editorial Editora Alta Books	Produtor Editorial Thiê Alves	Marketing Editorial marketing@altabooks.com.br	Vendas Atacado e Varejo Daniele Fonseca Viviane Paiva comercial@altabooks.com.br	Ouvidoria ouvidoria@altabooks.com.br
Gerência Editorial Anderson Vieira		Editor de Aquisição José Rugeri j.rugeri@altabooks.com.br		
Equipe Editorial	Adriano Barros Bianca Teodoro Ian Verçosa	Illysabelle Trajano Juliana de Oliveira Kelry Oliveira	Paulo Gomes Rodrigo Bitencourt Thales Silva	Thauan Gomes Victor Huguet Viviane Rodrigues
Tradução Samantha Batista	Copidesque Alessandro Thomé	Revisão Gramatical Thamiris Leiroza Eveline Vieira Machado	Revisão Técnica José Guilherme R. Lopes Estatístico pela Universidade de Brasília	Diagramação Joyce Matos

Erratas e arquivos de apoio: No site da editora relatamos, com a devida correção, qualquer erro encontrado em nossos livros, bem como disponibilizamos arquivos de apoio se aplicáveis à obra em questão.
Acesse o site www.altabooks.com.br e procure pelo título do livro desejado para ter acesso às erratas, aos arquivos de apoio e/ou a outros conteúdos aplicáveis à obra.

Suporte Técnico: A obra é comercializada na forma em que está, sem direito a suporte técnico ou orientação pessoal/exclusiva ao leitor.

A editora não se responsabiliza pela manutenção, atualização e idioma dos sites referidos pelos autores nesta obra.

Dados Internacionais de Catalogação na Publicação (CIP) de acordo com ISBD

S356a	Schmuller, Joseph
	Análise Estatística com R / Joseph Schmuller ; traduzido por Samantha Batista. - Rio de Janeiro : Alta Books, 2019. 448 p. ; il. ; 17cm x 24cm. Tradução de: Statistical Analysis with R for dummies Inclui índice. ISBN: 978-85-508-0485-9 1. Ciência de dados. 2. Análise Estatística. 3. R. I. Batista, Samantha. II. Título.
2018-1846	CDD 005.13 CDU 004.62

Elaborado por Vagner Rodolfo da Silva - CRB-8/9410

Rua Viúva Cláudio, 291 — Bairro Industrial do Jacaré
CEP: 20.970-031 — Rio de Janeiro (RJ)
Tels.: (21) 3278-8069 / 3278-8419
www.altabooks.com.br — altabooks@altabooks.com.br
www.facebook.com/altabooks — www.instagram.com/altabooks

Sobre o Autor

Joseph Schmuller é veterano da Tecnologia da Informação acadêmica e corporativa. É autor de vários livros de computação, incluindo as três edições de *Teach Yourself UML in 24 Hours* (SAMS), e todas as edições de *Análise Estatística com Excel Para Leigos* (Alta Books). Criou o curso online para Lynda. com (conteúdo em inglês) e escreveu vários artigos sobre tecnologia avançada. De 1991 a 1997, foi o editor-chefe da revista *PC AI*.

É ex-membro da Associação Americana de Estatística e ensinou Estatística para graduação e pós-graduação. Tem bacharelado pela Brooklyn College, mestrado pela Universidade de Missouri-Kansas City e doutorado pela Universidade de Wisconsin, todos em Psicologia. Vive com sua família em Jacksonville, Flórida, onde é pesquisador na Universidade do Norte da Flórida.

Dedicatória

Para meu grande mentor, Al Hillix; agradecimentos eternos por sua sabedoria atemporal, sua sábia orientação e sua amizade duradoura.

Agradecimentos do Autor

Escrever um livro *Para Leigos* é uma das coisas mais divertidas que um autor pode fazer. É possível se expressar de maneira amigável e informal, e até usar um pouco de humor.

Como ex-editor de revista, aprecio o que os editores fazem, mas nunca mais do que neste projeto. A equipe da Wiley foi incrível do início ao fim. A editora de aquisições, Katie Mohr, iniciou esta conquista. O editor de projetos, Paul Levesque, ajustou minha escrita e fez um ótimo trabalho coordenando a variedade de coisas que entra em um livro como este. A editora de copidesque, Becky Whitney, também contribuiu com conhecimentos valiosos que facilitam a leitura do livro que você está segurando. E o editor técnico, Russ Mullen, garantiu que o código e os outros aspectos técnicos estivessem corretos. Qualquer erro que tenha permanecido é de responsabilidade única do autor.

Meus agradecimentos a David Fugate, da Launchbooks.com (conteúdo em inglês), por me representar nesta conquista.

Eu nunca teria escrito este livro sem os mentores da faculdade e da pós-graduação que ajudaram a moldar meu conhecimento estatístico: Mitch Grossberg (Brooklyn College); Al Hillix, Jerry Sheridan, os falecidos Mort Goldman e Larry Simkins (Universidade de Missouri-Kansas City); Cliff Gillman e o falecido John Theios (Universidade de Wisconsin-Madison). Espero que este livro seja um testemunho digno de meus mentores que já se foram.

Como sempre, meus agradecimentos a Kathryn, por sua inspiração e apoio.

Sumário Resumido

Introdução 1

Parte 1: Começando a Análise Estatística com R 7
CAPÍTULO 1: Dados, Estatística e Decisões 9
CAPÍTULO 2: R: O que Faz e Como o Faz 17

Parte 2: Descrevendo Dados 49
CAPÍTULO 3: Gráficos 51
CAPÍTULO 4: Encontrando Seu Centro 91
CAPÍTULO 5: Desviando da Média 103
CAPÍTULO 6: Satisfazendo Padrões e Posições 111
CAPÍTULO 7: Resumindo Tudo 123
CAPÍTULO 8: O que É Normal? 145

Parte 3: Tirando Conclusões dos Dados 163
CAPÍTULO 9: Jogo da Confiança: Estimação 165
CAPÍTULO 10: Teste de Hipóteses para Amostra Única 181
CAPÍTULO 11: Teste de Hipóteses para Duas Amostras 209
CAPÍTULO 12: Testando Mais de Duas Amostras 235
CAPÍTULO 13: Testes Mais Complicados 259
CAPÍTULO 14: Regressão: Linear, Múltipla e Modelo Linear Geral 281
CAPÍTULO 15: Correlação: Ascensão e Queda dos Relacionamentos 317
CAPÍTULO 16: Regressão Curvilínea: Quando Relacionamentos
         Ficam Complicados 337

Parte 4: Trabalhando com Probabilidade 361
CAPÍTULO 17: Apresentando a Probabilidade 363
CAPÍTULO 18: Introduzindo a Modelagem 385

Parte 5: A Parte dos Dez 407
CAPÍTULO 19: Dez Dicas para Emigrantes do Excel 409
CAPÍTULO 20: Dez Recursos R Online Valiosos 423

Índice 427

Sumário

INTRODUÇÃO 1
    Sobre Este Livro... 1
    Similaridade com Outro Livro Para Leigos 2
    O que Você Pode Pular sem Problema 2
    Penso que... 2
    Como Este Livro Está Organizado 3
        Parte 1: Começando a Análise Estatística com R. 3
        Parte 2: Descrevendo Dados 3
        Parte 3: Tirando Conclusões dos Dados.......................... 3
        Parte 4: Trabalhando com Probabilidade........................ 3
        Parte 5: A Parte dos Dez 4
        Apêndice Online A: Mais sobre Probabilidade. 4
        Apêndice Online B: Estatísticas Não Paramétricas 4
        Apêndice Online C: Dez Tópicos que Não Combinam com
            Nenhum Outro Capítulo 4
    Ícones Usados Neste Livro 4
    De Lá para Cá, Daqui para Lá 5

PARTE 1: COMEÇANDO A ANÁLISE ESTATÍSTICA COM R 7

CAPÍTULO 1: Dados, Estatística e Decisões 9
    Noções Estatísticas (e Relacionadas) que Você Precisa Saber 10
        Amostras e populações 10
        Variáveis: Dependentes e independentes 11
        Tipos de dados 12
        Um pouco de probabilidade... 13
    Estatística Inferencial: Testando Hipóteses 14
        Hipóteses nulas e alternativas 14
        Dois tipos de erro 15

CAPÍTULO 2: R: O que Faz e Como o Faz 17
    Baixando o R e o RStudio... 18
    Uma Sessão com R 21
        Diretório de trabalho... 21
        Então vamos começar logo... 22
        Dados faltantes 26
    Funções de R 26
    Funções Definidas pelo Usuário 28
    Comentários... 29
    Estruturas de R 29

Vetores 30
Vetores numéricos 30
Matrizes 32
Fatores 34
Listas 34
Listas e estatísticas 36
Data frames 36
Pacotes 40
Mais Pacotes 42
Fórmulas de R 44
Lendo e Escrevendo 45
Planilhas 45
Arquivos CSV 47
Arquivos de texto 47

PARTE 2: DESCREVENDO DADOS 49

CAPÍTULO 3: Gráficos 51
Encontrando Padrões 51
Colocando uma distribuição no gráfico 52
Pulando as barras 53
Fatiando a pizza 54
Plano da dispersão 55
De caixas e bigode 56
Gráficos de Base R 57
Histogramas 57
Adicionando recursos gráficos 59
Gráficos de barras 60
Gráficos de pizza 62
Gráficos de pontos 62
Revendo gráficos de barra 64
Diagramas de dispersão 67
Diagramas de caixa 72
Evoluindo para ggplot2 72
Histogramas 73
Gráficos de barras 75
Gráficos de pontos 77
Revendo de novo os gráficos de barra 80
Diagramas de dispersão 83
Diagramas de caixa 88
Encerrando 90

CAPÍTULO 4: Encontrando Seu Centro 91
Médias: Atração 91
Média em R: mean() 93
Qual é sua condição? 93
Elimine os cifrões $ com with() 94

Explorando os dados 95
Discrepâncias: A falha das médias. 96
Outros meios para um fim 97
Medianas: Preso no Meio 99
Mediana em R: median() 100
Estatística à Moda da Casa 100
Moda em R 101

CAPÍTULO 5: Desviando da Média 103
Medindo a Variação 104
Médias de desvios quadrados: Variância e como calculá-la . . . 104
Variância amostral 107
Variância em R. 107
De Volta às Raízes: Desvio-padrão. 108
Desvio-padrão populacional 108
Desvio-padrão amostral. 109
Desvio-padrão em R 109
Condições, Condições, Condições.... 110

CAPÍTULO 6: Satisfazendo Padrões e Posições 111
Pegando Alguns Zs 112
Características dos escores-z 112
Bonds *versus* Bambino 113
Notas de prova 114
Pontuações Padrão em R 114
Onde Você Fica?. 117
Classificação em R. 117
Pontuações empatadas. 117
Enésimo menor, enésimo maior 118
Percentis. 119
Classificações percentuais. 120
Resumindo 120

CAPÍTULO 7: Resumindo Tudo 123
Quantos?. 123
Altos e Baixos 125
Vivendo os Momentos 125
Um momento de ensino 126
De volta aos descritivos 127
Assimetria. 127
Curtose 130
Ajustando a Frequência 132
Variáveis nominais: table() et alii. 132
Variáveis numéricas: hist() 133
Variáveis numéricas: stem(). 139
Resumindo um Data Frame. 141

CAPÍTULO 8: O que É Normal? 145
    Acertando a Curva. 145
        Indo mais fundo 146
        Parâmetros de uma distribuição normal 147
    Trabalhando com Distribuições Normais 149
        Distribuições em R 149
        Função de densidade normal. 149
        Função de densidade cumulativa 154
        Quantis de distribuições normais 157
        Amostragem aleatória 158
    Um Membro Distinto da Família. 160

PARTE 3: TIRANDO CONCLUSÕES DOS DADOS 163

CAPÍTULO 9: Jogo da Confiança: Estimação 165
    Entendendo as Distribuições Amostrais. 166
    Uma Ideia EXTREMAMENTE Importante: Teorema do
      Limite Central 167
        Simulando (aproximadamente) o teorema do limite central . .169
        Previsões do teorema do limite central 174
    Confiança: Ela Tem Seus Limites! 175
        Encontrando limites de confiança para uma média. 175
    Encaixe em um t 178

CAPÍTULO 10: Teste de Hipóteses para Amostra Única 181
    Hipóteses, Testes e Erros. 181
    Testes de Hipótese e Distribuições Amostrais. 183
    Pegando Alguns Zs de Novo 185
    Teste Z em R. 187
    t para Um 189
    Teste t em R 190
    Trabalhando com Distribuições-t 191
    Visualizando as Distribuições-t 192
        Diagramando t em gráficos de base R 193
        Diagramando t em ggplot2 194
        Mais uma coisa sobre ggplot2 200
    Testando uma Variância. 200
        Testando em R. 202
    Trabalhando com Distribuições Qui-quadradas 203
    Visualizando as Distribuições Qui-quadradas 204
        Diagramando qui-quadrado em gráficos de base R 204
        Diagramando o qui-quadrado em ggplot2 206

CAPÍTULO 11: Teste de Hipóteses para Duas Amostras 209
    Hipóteses para Dois 209
    Revendo as Distribuições Amostrais 210
        Aplicando o teorema do limite central 211

　　　　Zs mais uma vez 212
　　　　Teste-z para duas amostras em R 214
　　t para Dois 215
　　Cara de Um, Focinho do Outro: Variâncias Iguais...............216
　　Teste-t em R..217
　　　　Trabalhando com dois vetores..............................218
　　　　Trabalhando com um data frame e uma fórmula............218
　　　　Visualizando os resultados 219
　　　　Como ps e qs: Variâncias desiguais......................223
　　Conjunto Combinado: Teste de Hipóteses para Amostras
　　　　Emparelhadas 224
　　Teste-t de Amostra Emparelhada em R 225
　　Testando Duas Variâncias 226
　　　　Teste-F em R 228
　　　　F em conjunção com t 229
　　Trabalhando com Distribuições-F................................229
　　Visualizando Distribuições-F 230

CAPÍTULO 12: Testando Mais de Duas Amostras 235
　　Testando Mais de Duas 235
　　　　Um problema controverso 236
　　　　Uma solução 237
　　　　Relacionamentos significativos..............................241
　　ANOVA em R..241
　　　　Visualizando os resultados 243
　　　　Depois da ANOVA 243
　　　　Contrastes em R 246
　　　　Comparações não planejadas 247
　　Outro Tipo de Hipótese, Outro Tipo de Teste 248
　　　　Trabalhando com a ANOVA de medidas repetidas 249
　　　　ANOVA de medidas repetidas em R 250
　　　　Visualizando os resultados 253
　　Tendências 255
　　Análise de Tendência em R 258

CAPÍTULO 13: Testes Mais Complicados 259
　　Decifrando as Combinações 259
　　　　Interações...261
　　　　Análise..261
　　ANOVA Bidimensional em R 263
　　　　Visualizando os resultados bidimensionais 265
　　Dois Tipos de Variáveis... ao Mesmo Tempo 267
　　ANOVA Mista em R...270
　　　　Visualizando os resultados da ANOVA Mista 272
　　Depois da Análise 273
　　Análise de Variância Multivariada...............................274
　　　　MANOVA em R..275
　　　　Visualizando os resultados de MANOVA...............277
　　　　Depois da análise 279

CAPÍTULO 14: Regressão: Linear, Múltipla e Modelo Linear Geral 281
A Trama da Dispersão 281
Diagramando Linhas 283
Regressão: Que Linha! 285
    Usando a regressão para prever 287
    Variação em torno da linha de regressão 287
    Testando hipóteses sobre regressão 289
Regressão Linear em R 294
    Características do modelo linear 295
    Fazendo previsões 296
    Visualizando o diagrama de dispersão e a linha de regressão 296
    Diagramando os resíduos 297
Fazendo Malabarismos com Muitos Relacionamentos: Regressão Múltipla 299
    Regressão múltipla em R 301
    Fazendo previsões 302
    Visualizando o diagrama de dispersão 3D e o plano de regressão 302
ANOVA: Outra Visão 305
Análise de Covariância: Componente Final da GLM 309
    Mas espere, tem mais 315

CAPÍTULO 15: Correlação: Ascensão e Queda dos Relacionamentos 317
Diagramas de Dispersão de Novo 317
Entendendo a Correlação 318
Correlação e Regressão 320
Testando Hipóteses sobre Correlação 323
    O coeficiente de correlação é maior que zero? 323
    Dois coeficientes de correlação diferem um do outro? 324
Correlação em R 325
    Calculando um coeficiente de correlação 326
    Testando um coeficiente de correlação 326
    Testando a diferença entre dois coeficientes de correlação 327
    Calculando uma matriz de correlação 327
    Visualizando matrizes de correlação 328
Correlação Múltipla 330
    Correlação múltipla em R 331
    Ajustando o R quadrado 332
Correlação Parcial 333
Correlação Parcial em R 334
Correlação Semiparcial 335
Correlação Semiparcial em R 335

CAPÍTULO 16: Regressão Curvilínea: Quando Relacionamentos Ficam Complicados..........337
   O que É um Logaritmo?.................................338
   O que É e?...340
   Regressão de Potência................................343
   Regressão Exponencial................................349
   Regressão Logarítmica................................353
   Regressão Polinomial: Uma Potência Maior.............356
   Qual Modelo Devemos Usar?............................360

PARTE 4: TRABALHANDO COM PROBABILIDADE 361

CAPÍTULO 17: Apresentando a Probabilidade.....................363
   O que É Probabilidade?...............................364
      Experimentos, tentativas, eventos e espaços amostrais......364
      Espaços amostrais e probabilidade..................364
   Eventos Compostos....................................365
      União e interseção.................................365
      Interseção novamente...............................366
   Probabilidade Condicional............................367
      Trabalhando com probabilidades.....................368
      A base dos testes de hipóteses.....................368
   Espaços Amostrais Grandes............................368
      Permutações..369
      Combinações..370
   Funções R para Regras de Contagem...................371
   Variáveis Aleatórias: Discreta e Contínua............373
   Distribuições de Probabilidade e Funções Densidade...373
   Distribuição Binomial................................375
   Binomial e Binomial Negativa em R...................377
      Distribuição binomial..............................377
      Distribuição binomial negativa.....................379
   Teste de Hipóteses com a Distribuição Binomial......380
   Mais sobre o Teste de Hipótese: R versus Tradição...382

CAPÍTULO 18: Introduzindo a Modelagem........................385
   Modelando uma Distribuição...........................386
      Mergulhando na distribuição Poisson................386
      Modelando com a distribuição Poisson...............387
      Testando a adequação do modelo.....................391
      Um pouco sobre chisq.test().........................393
      Jogando bola com um modelo.........................394
   Uma Discussão Simulada...............................398
      Dando uma chance: Método Monte Carlo................398
      Jogando os dados....................................398
      Simulando o teorema do limite central..............403

PARTE 5: A PARTE DOS DEZ 407

CAPÍTULO 19: Dez Dicas para Emigrantes do Excel 409

Definir um Vetor em R É como Nomear um Intervalo no Excel 409
Operar em Vetores É como Operar em Intervalos Nomeados 410
Às Vezes as Funções Estatísticas Funcionam da Mesma Forma.... 414
... E Outras Não 414
Contraste: Excel e R Trabalham com Formatos Diferentes de Dados 415
As Funções de Distribuição São (um Pouco) Similares........... 416
Um Data Frame É (Quase) como um Intervalo Nomeado Multicolunar... 418
A Função sapply() É como Arrastar............................... 419
Usar edit() É (Quase) como Editar uma Planilha 420
Use o Clipboard para Importar uma Tabela do Excel para o R.... 421

CAPÍTULO 20: Dez Recursos R Online Valiosos 423

Sites para Usuários R 423
   R-bloggers.. 423
   Microsoft R Application Network 424
   Quick-R 424
   RStudio Online Learning 424
   Stack Overflow 424
Livros e Documentação Online..................................... 425
   Manuais R 425
   Documentação R.. 425
   RDocumentation 425
   YOU CANanalytics 425
   The R Journal 426

ÍNDICE 427

Introdução

Então você está segurando um livro de Estatística. Na minha humilde (e absolutamente tendenciosa) opinião, este não é só mais um livro de Estatística. Também não é só mais um livro de R. Digo isso por duas razões.

Primeira, muitos livros de Estatística ensinam os conceitos, mas não oferecem uma maneira fácil de aplicá-los. Isso frequentemente leva à falta de compreensão. Como R é feito para Estatística, é uma boa ferramenta para aplicar (e aprender) os conceitos estatísticos.

Segunda, vejamos do ângulo oposto: antes de falar sobre um dos recursos de R, apresento o fundamento estatístico em que ele foi baseado. Assim, é possível entender esse recurso ao usá-lo, e utilizá-lo com mais eficácia.

Eu não queria escrever um livro que só tratasse dos detalhes de R e apresentasse algumas técnicas inteligentes de programação. É claro que isso é necessário em qualquer livro que mostre como usar uma ferramenta de software como R, mas meu objetivo é ir além.

Eu também não queria escrever um "livro de receitas" de Estatística: "ao enfrentar um problema categoria nº 152, use o procedimento estatístico nº 346". Meu objetivo também é ir além disso.

Resumindo: Este livro não é só sobre Estatística ou só sobre R; definitivamente ele está entre esses dois conceitos. No contexto adequado, R pode ser uma ótima ferramenta para ensinar e aprender Estatística, e tentei fornecer esse contexto adequado.

Sobre Este Livro

Embora o campo da Estatística caminhe de maneira lógica, organizei este livro para que você possa abri-lo em qualquer capítulo e lê-lo. A ideia é a de que seja possível encontrar a informação que você procura na correria e usá-la imediatamente, seja um conceito estatístico, seja um relacionado a R.

Por outro lado, não há problema em ler do início ao fim, se estiver com vontade. Se você é iniciante na Estatística e precisa usar R para analisar dados, recomendo que comece pelo início.

Similaridade com Outro Livro Para Leigos

Você deve saber que eu escrevi outro livro: *Análise Estatística com Excel Para Leigos* (Alta Books). Este não é um adendo sem vergonha desse livro. (Eu faço isso em outro lugar.)

Só estou dizendo que as seções neste livro que explicam conceitos estatísticos são bem parecidas com as seções correspondentes do outro. Uso (sobretudo) os mesmos exemplos e, em muitos casos, as mesmas palavras. Desenvolvi esse material ao longo de décadas de ensino de Estatística e descobri ser muito eficaz. (Os críticos pareceram gostar também.) Além disso, se por acaso você já tiver lido o outro livro e está fazendo uma transição para R, o material em comum pode ajudá-lo nessa troca.

E você sabe: em time que está ganhando...

O que Você Pode Pular sem Problema

Qualquer livro de referência lança muitas informações no ar, e este não é uma exceção. Minha intenção é que tudo seja útil, mas não quis que ficasse no mesmo nível. Então, se não estiver profundamente interessado no assunto, você pode evitar os parágrafos marcados com o ícone Papo de Especialista.

No decorrer da leitura, encontrará alguns boxes. Eles fornecem informações que explicam melhor um assunto, mas não são parte do caminho principal. Se estiver com pressa, pode deixá-los de lado.

Penso que...

Suponho certas coisas sobre você:

- » Você sabe como trabalhar com Windows ou Mac. Eu não descrevo os detalhes de apontar, clicar, selecionar e outras ações.
- » Você é capaz de instalar R e RStudio (mostro isso no Capítulo 2) e seguir os exemplos. Uso a versão Windows do RStudio, mas você não deverá ter problemas se trabalhar em um Mac.

Como Este Livro Está Organizado

Organizei este livro em cinco partes e três apêndices (que podem ser encontrados no site da editora Alta Books: www.altabooks.com.br — procure pelo título do livro ou ISBN). As imagens do livro (em alta resolução) também podem ser encontradas no mesmo local.

Parte 1: Começando a Análise Estatística com R

Na Parte 1, forneço uma introdução geral de Estatística e R. Analiso conceitos estatísticos importantes e descrevo técnicas úteis de R. Se já se passou muito tempo desde seu último curso de Estatística ou se você nunca fez um curso antes, comece pela Parte 1. Se nunca trabalhou com R, comece *precisamente* pela Parte 1.

Parte 2: Descrevendo Dados

Parte do trabalho com Estatística é resumir os dados de maneira significativa. Na Parte 2, você descobrirá como fazer isso. A maioria das pessoas conhece médias e sabe como calculá-las. Mas isso não é tudo. Nessa parte, descrevo estatísticas adicionais que preenchem as lacunas e mostro como usar R para trabalhar com elas. Também apresento os gráficos R.

Parte 3: Tirando Conclusões dos Dados

A Parte 3 aborda o foco fundamental da análise estatística: ir além dos dados e ajudá-lo a tomar decisões. Geralmente os dados são medidas de uma amostra retirada de uma população maior. O objetivo é usar esses dados para descobrir o que está acontecendo na população.

Isso abre uma ampla gama de questões: O que significa a média? O que significa a diferença entre duas médias? Duas coisas estão associadas? Essas são apenas algumas das questões que abordo na Parte 3 e analiso as funções de R que o ajudam a respondê-las.

Parte 4: Trabalhando com Probabilidade

A probabilidade é a base para a análise estatística e a tomada de decisão. Na Parte 4, falo sobre isso. Mostro como aplicar a probabilidade, particularmente na área de modelagem. R fornece um conjunto avançado de capacidades que lidam com probabilidade, e você pode encontrá-las aqui.

Parte 5: A Parte dos Dez

A Parte 5 tem dois capítulos. No primeiro, dou dez dicas aos usuários de Excel sobre como fazer a transição para R. No segundo, trato de dez tópicos relacionados à Estatística e R que não combinariam com nenhum outro capítulo.

Apêndice Online A: Mais sobre Probabilidade

Este apêndice online continua o que comecei na Parte 4. O material é um pouco menos conhecido, por isso o coloquei em um apêndice.

Apêndice Online B: Estatísticas Não Paramétricas

As estatísticas não paramétricas são baseadas em conceitos que diferem de alguma forma do restante do livro. Nesse apêndice você aprende os conceitos e vê como usar R para aplicá-los.

Apêndice Online C: Dez Tópicos que Não Combinam com Nenhum Outro Capítulo

Este é o apêndice Balaio, no qual trato de dez tópicos relacionados à Estatística e R que não combinam com nenhum outro capítulo.

Ícones Usados Neste Livro

Há ícones em todos os livros *Para Leigos*, e este não é uma exceção. Cada um é uma pequena imagem na margem que conta algo especial sobre o parágrafo ao lado dele.

DICA

Este ícone destaca uma dica ou atalho que pode ajudá-lo em seu trabalho (e talvez o torne um ser humano melhor, mais gentil e mais perspicaz).

LEMBRE-SE

Este destaca conhecimentos atemporais para levar consigo em sua jornada contínua em busca do conhecimento estatístico.

CUIDADO

Preste atenção nas informações acompanhadas por este ícone. Ele é um lembrete para evitar algo que pode obstruir seu trabalho.

Como menciono na seção anterior, "O que Você Pode Pular Sem Problema", este ícone indica materiais que você poderá deixar de lado se forem técnicos demais. (Eu mantive isso a um mínimo.)

De Lá para Cá, Daqui para Lá

Você pode começar a ler este livro em qualquer ponto, mas aqui estão algumas dicas. Quer aprender a base da Estatística? Vire a página. Quer ser apresentado a R? Veja isso no Capítulo 2. Quer começar com gráficos? Vá ao Capítulo 3. Para qualquer outra coisa, procure no sumário ou no índice e siga em frente.

1 Começando a Análise Estatística com R

NESTA PARTE . . .

Descubra as capacidades estatísticas de R.

Explore como trabalhar com populações e amostras.

Teste suas hipóteses.

Entenda erros nas tomadas de decisão.

Determine variáveis independentes e dependentes.

NESTE CAPÍTULO

» Introduzindo conceitos estatísticos

» Generalizando amostras para populações

» Entrando na probabilidade

» Testando hipóteses

» Dois tipos de erro

Capítulo 1
Dados, Estatística e Decisões

Estatística? Ela trata de cálculos em fórmulas enigmáticas, certo? Na verdade não. A Estatística, antes de tudo, trata da *tomada de decisão*. É claro que isso envolve alguns cálculos, mas o objetivo principal é usar números para tomar decisões. Os estatísticos observam os dados e se perguntam o que os números dizem. Que tipos de tendências estão nos dados? Que tipos de previsões são possíveis? A que conclusões podemos chegar?

Para dar sentido aos dados e responder a essas perguntas, os estatísticos desenvolveram uma grande variedade de ferramentas analíticas.

Sobre a parte dos cálculos: se fosse preciso fazê-los à mão (ou com a ajuda de uma calculadora de bolso), logo seríamos desencorajados com a quantidade de cálculos envolvidos e erros que poderiam surgir. Softwares como R nos ajudam a reunir os dados e calcular os números. Como um bônus, R também nos ajuda a compreender os conceitos estatísticos.

Desenvolvido especificamente para a análise estatística, R é uma linguagem de computação que implementa muitas das ferramentas analíticas que os estatísticos desenvolveram para a tomada de decisão. Escrevi este livro para mostrar como você pode usar essas ferramentas em seu trabalho.

Noções Estatísticas (e Relacionadas) que Você Precisa Saber

As ferramentas analíticas que R fornece são baseadas em conceitos estatísticos que o ajudam a explorar o restante deste capítulo. Como você verá, esses conceitos são baseados no senso comum.

Amostras e populações

Se você assiste TV em noite de eleição, sabe que um dos principais eventos é a previsão do resultado imediatamente depois que as urnas se fecham (e antes de todos os votos serem contados). Como os especialistas quase sempre acertam?

A ideia é falar com uma *amostra* de eleitores logo depois de eles votarem. Se eles forem sinceros sobre seus votos e se a amostra representar a *população* de eleitores, os analistas poderão usar a amostra de dados para tirar conclusões sobre a população.

Resumindo, é disso que a Estatística trata: usar os dados de amostras para tirar conclusões sobre populações.

Outro exemplo: Imagine que seu trabalho seja encontrar a altura média de crianças de 10 anos no Brasil. Como você provavelmente não teria tempo nem recursos para medir todas elas, mediria a altura de crianças de uma amostra representativa. Então faria a média dessas alturas e usaria essa média como a estimativa para a média da população.

Estimar a média da população é um tipo de *inferência* que os estatísticos fazem dos dados de amostra. Analiso a inferência com mais detalhes na seção posterior "Estatística Inferencial: Testando Hipóteses".

LEMBRE-SE

Aqui estão algumas terminologias importantes: as propriedades de uma população (como a média populacional) são chamadas de *parâmetros* e as propriedades de uma amostra (como a média amostral) são chamadas de *estatísticas*. Se sua única preocupação for as propriedades amostrais (como as alturas das crianças em sua amostra), as estatísticas que você calcula serão *descritivas*. Se você se preocupa com a estimativa das propriedades populacionais, suas estatísticas são *inferenciais*.

LEMBRE-SE

Agora uma convenção importante sobre notação: os estatísticos usam as letras do alfabeto grego (μ, σ, ρ) para representar parâmetros e as letras do alfabeto latino ($\bar{X}$, s, r) para representar estatísticas. A Figura 1-1 resume o relacionamento entre populações e amostras, e entre parâmetros e estatísticas.

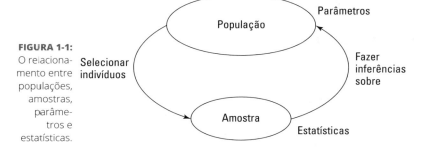

FIGURA 1-1: O relacionamento entre populações, amostras, parâmetros e estatísticas.

Variáveis: Dependentes e independentes

Uma *variável* é algo que pode ter mais de um valor, como sua idade, o valor do dólar em comparação com outras moedas ou o número de jogos que seu time favorito ganha. Algo que pode ter apenas um valor é uma *constante*. Os cientistas dizem que a velocidade da luz é uma constante e usamos a constante π para calcular a área de um círculo.

Os estatísticos trabalham com variáveis *independentes* e *dependentes*. É possível encontrar os dois tipos em qualquer estudo ou experimento. Os estatísticos avaliam o relacionamento entre elas.

Por exemplo, imagine um método de treinamento computadorizado projetado para aumentar o QI de uma pessoa. Como um pesquisador descobriria se esse método faz o que deveria? Primeiro, ele atribuiria aleatoriamente uma amostra de pessoas a um dos dois grupos. Um grupo receberia o método de treinamento e o outro faria um tipo de atividade baseada em computadores, como ler textos em um site. Antes e depois de cada grupo realizar suas atividades, o pesquisador mediria o QI de cada pessoa. O que aconteceria em seguida? Analiso esse tópico na seção posterior "Estatística Inferencial: Testando Hipóteses".

Por enquanto, entenda que a variável independente aqui é o Tipo de Atividade. Os dois valores possíveis dessa variável são Treinamento de QI e Leitura de Textos. A variável dependente é a mudança do QI de Antes para Depois.

LEMBRE-SE

Uma variável dependente é o que o pesquisador *mede*. Em um experimento, uma variável independente é o que o pesquisador *manipula*. Em outros contextos, um pesquisador não pode manipular uma variável independente. Em vez disso, ele nota os valores da variável independente que ocorrem naturalmente e como eles afetam a variável dependente.

Em geral, o objetivo é descobrir se as mudanças em uma variável independente estão associadas às mudanças na variável dependente.

Nos exemplos que aparecem no decorrer deste livro eu mostro como usar R para calcular características de grupos de pontuações ou comparar grupos de pontuações. Sempre que um grupo de pontuações é exibido, estou falando de valores de uma variável dependente.

Tipos de dados

Quando se trabalha com Estatística, é possível encontrar quatro tipos de dados. E quando se trabalha com uma variável, a maneira de lidar com ela depende do tipo dos dados. O primeiro tipo é o dado *nominal*. Se acontece de um conjunto de números ser de dados nominais, eles são rótulos, ou seja, seus valores não significam nada. Em uma equipe esportiva, os números das camisetas são nominais. Eles apenas identificam os jogadores.

O próximo tipo é o dado *ordinal*. Nesse tipo, os números são mais do que apenas rótulos. Como o nome "ordinal" já diz, a ordem dos números é importante. Se eu lhe pedir para classificar dez alimentos, do que você mais gosta (1) ao que menos gosta (10), teremos um conjunto de dados ordinais.

Porém a diferença entre seu terceiro e quarto alimentos favoritos pode não ser a mesma diferença entre o nono e o décimo. Então esse tipo de dados não tem intervalos e diferenças iguais.

Dados *intervalares* nos dão diferenças iguais. A escala de temperatura Fahrenheit é um bom exemplo. A diferença entre 30º e 40º é a mesma diferença entre 90º e 100º. Então cada grau é um intervalo.

Às vezes as pessoas ficam surpresas quando descobrem que, na escala Fahrenheit, uma temperatura de 80º não é o dobro do calor de 40º. Para que declarações de razão ("o dobro de", "metade de") façam sentido, "zero" precisa significar a ausência total do que é medido. Uma temperatura de 0º F não significa a ausência total de calor, é apenas um ponto arbitrário na escala Fahrenheit. (O mesmo acontece com a escala em Celsius.)

O quarto tipo de dados, *razão*, fornece um ponto zero significativo. Na escala de temperatura Kelvin, zero significa "zero absoluto", situação em que todo o movimento molecular (a base do calor) para. Então 200º Kelvin é o dobro de 100º Kelvin. Outro exemplo é o comprimento. Oito centímetros é o dobro de quatro centímetros. "Zero centímetro" significa "a ausência total de comprimento".

Uma variável independente ou dependente pode ser nominal, ordinal, intervalar ou de razão. As ferramentas analíticas usadas dependem do tipo de dados com que se trabalha.

Um pouco de probabilidade

Quando os estatísticos tomam decisões, usam a probabilidade para expressar a confiança nelas. Eles nunca têm certeza sobre o que decidem. Só podem dizer a probabilidade de suas conclusões.

O que queremos dizer com probabilidade? Matemáticos e filósofos podem lhe dar definições complexas. Contudo, na minha experiência, a melhor maneira de entender a probabilidade é com exemplos.

Veja um exemplo simples: Se lançarmos uma moeda, qual é a probabilidade de cair cara? Se a moeda não estiver viciada, chegaremos à conclusão de que há uma chance de 50% de cara e 50% de coroa. E é isso mesmo. Em termos dos tipos de números associados à probabilidade, isso seria $½$.

Pense em lançar um dado não viciado (apenas um dado). Qual é a probabilidade de tirarmos 4? Bem, um dado tem seis faces e uma delas é 4, então isso é $⅙$. Mais um exemplo: Selecione uma carta aleatoriamente de um baralho padrão de 52 cartas. Qual é a probabilidade de ela ser de ouros? Um baralho tem quatro naipes, então seria $¼$.

Esses exemplos mostram que se queremos saber a probabilidade de um evento ocorrer, devemos dividir a quantidade de formas que o evento pode ocorrer pelo número total de eventos. Nos primeiros dois exemplos (cara, 4), o evento que nos interessa acontece apenas de uma maneira. Para o dado, dividimos um por seis. No terceiro exemplo (ouros), o evento pode ocorrer de 13 formas (do Ás ao Rei), então dividimos 13 por 52 (obtendo $¼$).

Agora um exemplo um pouco mais complicado. Lance uma moeda e um dado ao mesmo tempo. Qual é a probabilidade de cair coroa e 4? Pense em todos os eventos possíveis que podem ocorrer quando você lança uma moeda e um dado ao mesmo tempo. É possível obter coroa e um número de 1 a 6 ou cara e um número de 1 a 6. Isso soma 12 possibilidades. A combinação coroa e 4 pode ocorrer apenas uma vez. Então a probabilidade é $1/12$.

Em geral, a fórmula da probabilidade para que um evento específico ocorra é

$$\Pr(\text{evento}) = \frac{\text{N\textordmasculine{} de maneiras que o evento pode ocorrer}}{\text{N\textordmasculine{} total de eventos possíveis}}$$

No começo desta seção eu informo que os estatísticos expressam confiança sobre suas conclusões em termos de probabilidade, e é por isso que comecei a escrever tudo isso. Essa linha de raciocínio leva à probabilidade *condicional* ou a probabilidade de ocorrer um evento dada a ocorrência de outro evento. Suponha que eu lance um dado, olhe para ele (para que você não o veja) e lhe diga que tirei um número ímpar. Qual é a probabilidade de eu ter tirado um 5? Normalmente, a probabilidade de um 5 é $⅙$, mas "eu tirei um número ímpar" é uma restrição. Essa informação elimina os três números pares (2, 4, 6) como possibilidades. Apenas os três números ímpares (1, 3, 5) são possíveis, então a probabilidade é de ⅓.

Qual é a importância da probabilidade condicional? Qual é seu papel na análise estatística? Continue lendo.

Estatística Inferencial: Testando Hipóteses

Antes de fazer um estudo, o estatístico elabora uma tentativa de explicação, isto é, uma *hipótese* que informa por que os dados podem dar certos resultados. Depois de reunir todos os dados, ele precisa decidir se rejeita ou não a hipótese.

Essa decisão é a resposta a uma pergunta de probabilidade condicional: Qual é a probabilidade de obter os dados, dada que essa hipótese esteja correta? Os estatísticos têm ferramentas que calculam essa probabilidade. Se ela for baixa, eles rejeitarão a hipótese.

Voltamos ao lançamento da moeda para um exemplo: Imagine que você esteja interessado em saber se uma moeda específica não é viciada, se ela tem chances iguais de resultar em cara ou coroa em qualquer lançamento. Vamos começar com a hipótese de que "a moeda não é viciada".

Para testar a hipótese, você lança a moeda algumas vezes, digamos, 100. Esses 100 lançamentos são os dados amostrais. Se a moeda não for viciada (de acordo com a hipótese), esperaríamos 50 caras e 50 coroas.

Se deu 99 caras e 1 coroa, você certamente deve rejeitar a hipótese: a probabilidade condicional de 99 caras e 1 coroa dada à moeda não viciada é muito baixa. Claro, a moeda ainda poderia não ser viciada, e você, por um acaso, poderia obter essa diferença de 99-1, certo? Claro. Não dá para saber. Você precisa reunir os dados amostrais (os resultados de 100 lances) e decidir. Sua decisão pode ou não estar certa.

Os júris tomam esse tipo de decisão. No Brasil, a hipótese inicial é de que o réu não é culpado ("inocente até que se prove o contrário"). Pense nas provas como "dados". Os membros do júri consideram as provas e respondem à pergunta de probabilidade condicional: Qual é a probabilidade das provas, dado que o réu não é culpado? Sua resposta determina o veredito.

Hipóteses nulas e alternativas

Pense novamente sobre o estudo de lançamento da moeda que mencionei. Os dados amostrais são os resultados de 100 lances. Eu informei que podemos começar com a hipótese de que a moeda não é viciada. Esse ponto inicial é chamado de *hipótese nula*. A notação estatística para a hipótese nula é H_0. De acordo com essa hipótese, qualquer divisão de caras e coroas nos dados é consistente com uma moeda não viciada. Pense nisso como a ideia de que nada nos dados amostrais é fora do comum.

É possível ter uma hipótese alternativa, ou seja, a moeda é viciada e produz um número desigual de caras e coroas. Essa hipótese informa que qualquer divisão de caras e coroas é consistente com uma moeda viciada. Acredite se quiser, mas essa hipótese é chamada de *hipótese alternativa*. A notação estatística para ela é H_1.

Agora lance a moeda 100 vezes e anote o número de caras e coroas. Se os resultados forem algo como 90 caras e 10 coroas, será uma boa ideia rejeitar H_0. Se forem cerca de 50 caras e 50 coroas, não rejeite H_0.

Ideias similares se aplicam ao exemplo de QI dado antes. Uma amostra recebe o método de treinamento de QI baseado em computadores e a outra participa de uma atividade diferente baseada em computadores, como ler textos em um site. Antes e depois das atividades, o pesquisador mede o QI de cada pessoa do grupo. A hipótese nula, H_0, é de que a melhoria de um grupo não é diferente da do outro. Se as melhorias forem maiores com o treinamento de QI do que com a outra atividade, maiores a ponto de ser improvável que as duas não sejam diferentes uma da outra, rejeite H_0. Se não forem, não rejeite H_0.

LEMBRE-SE

Veja que eu *não* disse "aceite H_0". Pela lógica, *nunca* aceitamos uma hipótese. Rejeitamos H_0 ou não rejeitamos H_0.

Note também que no exemplo dos lançamentos de moeda, eu mencionei "cerca de 50 caras e 50 coroas". O que significa *cerca de*? Eu também disse que se for 90-10, rejeite H_0. E se for 85-15? 80-20? 70-30? Exatamente quão diferente de 50-50 a divisão deve ser para que se rejeite H_0? No exemplo de treinamento de QI, o quanto maior deve ser a melhoria para que H_0 seja rejeitada?

Não responderei a essas perguntas agora. Os estatísticos formularam regras de decisão para situações como essas, e as exploraremos ao longo do livro.

Dois tipos de erro

Sempre que se avaliam dados e se decide rejeitar ou não rejeitar H_0, nunca é possível ter certeza. Nunca sabemos o estado "verdadeiro" do mundo. No exemplo do lançamento da moeda, isso significa que não é possível ter certeza se a moeda é viciada ou não. Tudo o que podemos fazer é tomar uma decisão baseada nos dados amostrais. Se quiser ter certeza sobre a moeda, é preciso ter os dados da população inteira de lançamentos, o que significa que você precisa continuar lançando a moeda até o fim dos tempos.

Como nunca estamos certos de nossas decisões, não importa qual seja ela, podemos cometer um erro. Como já mencionei, a moeda poderia não ser viciada, e só aconteceu de obtermos 99 caras em 100 lances. Não é provável e é por isso que rejeitamos H_o quando acontece. Também é possível que a moeda seja tendenciosa e, por um acaso, obtivemos 50 caras em 100 lances. Novamente, não é provável e, nesse caso, não rejeitamos H_o.

Esses erros são possíveis, embora não sejam prováveis. Eles rondam todos os estudos que envolvem a estatística inferencial. Os estatísticos os chamam de erros *Tipo I* e *Tipo II*.

O erro Tipo I acontece quando rejeitamos H_o, mas não deveríamos. No exemplo da moeda, seria rejeitar a hipótese de que a moeda não é viciada, quando, na verdade, ela não é.

O erro Tipo II acontece quando não rejeitamos H_o e deveríamos rejeitar. Seria aceitar a hipótese de que a moeda não é viciada, quando, na verdade, ela é.

Como saber se cometemos um erro? Não sabemos, pelo menos não quando acabamos de tomar a decisão de rejeitar ou não H_o. (Se fosse possível saber, não cometeríamos o erro, para começo de conversa!) Tudo o que podemos fazer é reunir mais dados e ver se os dados adicionais são consistentes com nossa decisão.

Se você acha que H_o tem uma tendência a manter o *status quo* e não interpretar nada como fora do comum (não importa como pareça), um erro Tipo II significa que você deixou algo grande passar. Na verdade, alguns erros icônicos são do Tipo II.

Veja o que quero dizer: No dia de ano-novo de 1962, um grupo de rock com três guitarristas e um baterista fez uma audição no estúdio de uma grande gravadora de Londres. Diz a lenda que os executivos da gravadora não gostaram do que ouviram e viram, e acreditavam que grupos com guitarras estavam saindo de moda. Embora os músicos tenham tocado de corpo e alma, a banda foi reprovada na audição.

Que banda era essa? The Beatles!

E *isso é* um erro Tipo II.

> **NESTE CAPÍTULO**
>
> » Obtendo R e RStudio
> » Trabalhando com RStudio
> » Aprendendo as funções R
> » Aprendendo as estruturas de R
> » Trabalhando com pacotes
> » Formando as fórmulas de R
> » Lendo e escrevendo arquivos

Capítulo **2**

R: O que Faz e Como o Faz

R é uma linguagem de computador. É uma ferramenta para fazer computações e cálculos que estabelecem o cenário da análise estatística e da tomada de decisão. Um aspecto importante da análise estatística é apresentar os resultados de maneira compreensível. Por isso, os gráficos são um componente importante de R.

Ross Ihaka e Robert Gentleman desenvolveram R na década de 1990 na Universidade de Auckland, Nova Zelândia, apoiados pela Foundation for Statistical Computing, e R está cada dia mais popular.

O RStudio é um ambiente de desenvolvimento integrado (IDE) de código aberto para criar e executar código R. Ele está disponível em versões para Windows, Mac e Linux. Embora uma IDE não seja necessária para trabalhar com R, o RStudio facilita *muito* a vida.

Baixando o R e o RStudio

Vamos começar pelo começo. Faça o download de R no Comprehensive R Archive Network (CRAN). Em seu navegador, digite este endereço (conteúdo em inglês), se usar Windows:

```
cran.r-project.org/bin/windows/base/
```

Digite este se usar Mac (conteúdo em inglês):

```
cran.r-project.org/bin/macosx/
```

Clique no link para baixar R. Isso coloca o arquivo `win.exe` em seu computador, se usar Windows, ou o arquivo `.pkg`, se usar Mac. Em qualquer caso, siga os procedimentos normais de instalação. Quando estiver concluída, os usuários de Windows verão um ícone R no desktop e os de Mac o verão na pasta Application.

Ambos os endereços fornecem links úteis para FAQs. A URL relacionada ao Windows também fornece link para "Instalação e outras instruções".

Agora o RStudio. Eis o endereço (conteúdo em inglês):

```
www.rstudio.com/products/rstudio/download
```

Clique no link para baixar o instalador para seu computador e, novamente, siga os procedimentos normais de instalação.

Depois de concluir a instalação do RStudio, clique no ícone para abrir a janela mostrada na Figura 2-1.

Se você já tiver uma versão mais antiga do RStudio e fizer esse procedimento de instalação, ele atualizará para a versão mais recente (e não é preciso desinstalar a versão anterior).

O grande painel Console à esquerda executa o código R. Uma maneira de executar o código é digitá-lo diretamente no painel. Mostrarei outra maneira daqui a pouco.

Os outros dois painéis fornecem informações úteis durante o trabalho com R. O painel Environment e o painel History estão na parte superior do lado direito. A aba Environment acompanha as coisas que você cria (que R chama de *objetos*) enquanto trabalha. A aba History acompanha o código R que você digita.

Acostume-se com a palavra *objeto*. Tudo em R é um objeto.

As abas Files, Plots, Packages e Help estão no painel na parte inferior do lado direito. A aba Files mostra os arquivos criados. A aba Plots fica com os gráficos que você cria a partir dos dados. A aba Packages mostra os add-ons (chamados de *pacotes*) baixados como parte da instalação de R. Lembre-se de que "baixado" não significa "pronto para usar". Para usar os recursos dos pacotes é necessário mais um passo. E acredite, você quer usar esses pacotes.

A Figura 2-2 mostra a aba Packages. Os pacotes estão na biblioteca do usuário (que você pode ver na figura) ou na biblioteca do sistema (que é preciso rolar para ver). Eu falo mais sobre pacotes posteriormente neste capítulo.

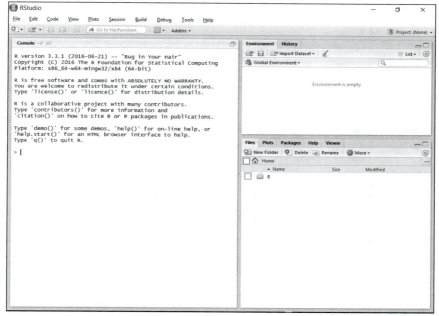

FIGURA 2-1: O RStudio, imediatamente depois da instalação e da abertura.

A aba Help, mostrada na Figura 2-3, fornece links para muitas informações sobre R e RStudio.

Para aproveitar todo a capacidade do RStudio como IDE, clique no maior dos dois ícones no canto direito superior do painel Console. Isso muda a aparência do RStudio para que fique como na Figura 2-4.

FIGURA 2-2: Aba Packages do RStudio.

FIGURA 2-3: Aba Help do RStudio.

O topo do painel Console é realocado para a parte inferior esquerda. O novo painel na parte superior esquerda é o Scripts. Nele você digita, edita o código e pressiona Ctrl+R (Command+Enter, no Mac), assim, o código é executado no painel Console.

DICA

Ctrl+Enter funciona da mesma forma que Ctrl+R. Também é possível selecionar

　　Code ⇨ Run Selected Line(s)

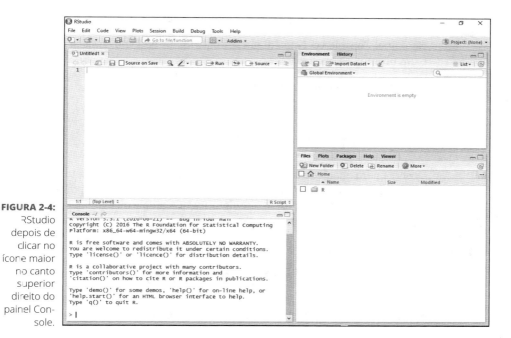

FIGURA 2-4: RStudio depois de clicar no ícone maior no canto superior direito do painel Console.

Uma Sessão com R

Antes de começar a trabalhar, selecione

File ➪ Save As. . .

então salve como My First R Session. Isso renomeia a aba no painel Scripts com o nome do arquivo e adiciona a extensão .R. Também faz com que o nome do arquivo (e a extensão .R) apareça na aba Files.

Diretório de trabalho

O que exatamente R salva e onde? R salva o que é chamado de *área de trabalho*, que é o ambiente no qual você trabalha. R salva a área de trabalho no *diretório de trabalho*. No Windows, o diretório de trabalho padrão é

```
C:\Users\<Nome Usuário>\Documents
```

Se algum dia você esquecer do caminho de seu diretório de trabalho, digite

```
> getwd()
```

CAPÍTULO 2 **R: O que Faz e Como o Faz** 21

DICA

no painel Console e R retornará o caminho na tela.

No painel Console você não digita o sinal "maior que" no começo da linha. Ele é um prompt.

Meu diretório de trabalho é este:

```
> getwd()
[1] "C:/Users/Joseph Schmuller/Documents
```

Observe para qual lado as barras estão inclinadas. Elas são o oposto do que você normalmente vê nos caminhos de arquivo do Windows. Isso porque R usa \ como um *caractere de escape*, o que significa que tudo o que vier depois de \ será algo diferente do que o normal. Por exemplo, \t em R significa *tecla Tab*.

DICA

Você também pode escrever um caminho de arquivo do Windows em R como

```
C:\\Users\\<Nome Usuário>\\Documents
```

Se quiser, é possível mudar o diretório de trabalho:

```
> setwd(<caminho arquivo>)
```

Outra maneira de mudar o diretório de trabalho é selecionar

```
Session⇨ Set Working Directory⇨ Choose Directory
```

Então vamos começar logo

E agora um pouco de R! Na janela Script digite

```
x <- c(3, 4, 5)
```

então pressione Ctrl+R.

Isso coloca a seguinte linha no painel Console:

```
> x <- c(3, 4, 5)
```

Como mencionei em uma Dica anterior, o sinal de "maior que" é um prompt que R fornece no painel Console. Você não o vê no painel Scripts.

O que R acabou de fazer? A flecha informa que x recebe o que está à direita. Então a flecha é o *operador de atribuição* de R.

À direita da flecha, *c* representa *concatenar*, um jeito bonito de dizer "pegue o que estiver entre parênteses e junte tudo". Então o conjunto de números 3, 4, 5 está agora atribuído a x.

LEMBRE-SE

R se refere a um conjunto de números como este como um *vetor*. (Eu falo mais sobre isso na seção "Estruturas de R".)

Leia essa linha de código R como "x recebe o vetor 3, 4, 5".

Digite **x** no painel Scripts e pressione Ctrl+Enter. Aqui está o que você vê no painel Console:

```
> x
[1] 3 4 5
```

O 1 entre colchetes é o rótulo do primeiro valor na linha de saída. É claro que aqui existe apenas um valor. O que acontece quando R produz diversos valores em várias linhas? Cada linha recebe um rótulo numérico entre colchetes e o número corresponde ao primeiro valor da linha. Por exemplo, se a saída consistir em 21 valores e o 18º valor for o primeiro da segunda linha, ela começará com [18].

Criar o vetor x faz a aba Environment parecer com a Figura 2-5.

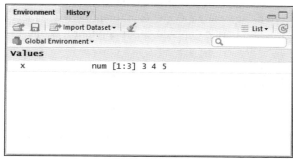

FIGURA 2-5: Aba Environment do RStudio depois de criar o vetor x.

DICA

Outra maneira de ver os objetos no ambiente é digitar

```
> ls()
```

Agora você pode trabalhar com x. Primeiro some todos os números no vetor. Digitar

```
sum(x)
```

CAPÍTULO 2 **R: O que Faz e Como o Faz** 23

no painel Scripts (lembre-se de pressionar Ctrl+Enter em seguida) executa a seguinte linha no painel Console:

```
> sum(x)
[1] 12
```

E a média dos números no vetor x?

É só digitar

```
mean(x)
```

no painel Scripts, que (quando seguido de Ctrl+Enter) será executado

```
>   mean(x)
[1] 4
```

no painel Console.

DICA

Quando você digitar no painel Scripts ou Console, notará que surgem algumas informações úteis. À medida que ganhar experiência com o RStudio, aprenderá a usar essas informações.

Como mostro no Capítulo 5, a *variância* é uma medida do quanto um conjunto de números difere de sua média. O que exatamente é a variância e como você a calcula? Deixarei isso para o Capítulo 5. Por enquanto, aqui está como usar R para calculá-la:

```
> var(x)
[1] 1
```

Em cada caso, você digita um comando, R o avalia e exibe o resultado.

A Figura 2-6 mostra como fica o RStudio depois de todos esses comandos.

Para finalizar uma sessão, selecione File➪Quit Session ou pressione Ctrl+Q. Como a Figura 2-7 mostra, uma caixa de diálogo aparece e pergunta o que você quer salvar dessa sessão. Salvar as seleções permite reabrir a sessão de onde parou na próxima vez em que abrir o RStudio (embora o painel Console não salve seu trabalho).

Bem útil esse RStudio.

FIGURA 2-6:
O RStudio depois de criar e trabalhar com um vetor.

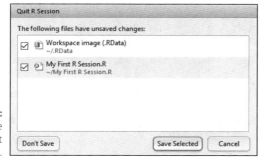

FIGURA 2-7:
Caixa de diálogo Quit R Session.

LEMBRE-SE

Avançando, na maior parte do tempo eu não informo "digite este código R no painel Scripts e pressione Ctrl+Enter" sempre que passamos por um exemplo. Só mostro o código e o resultado, como no exemplo var().

LEMBRE-SE

Além disso, às vezes eu mostro o código com o prompt > e outras sem. Geralmente mostro o prompt quando quero que você veja o código R e seus resultados. Eu não mostro o prompt quando só quero que você veja o código que criei no painel Scripts.

CAPÍTULO 2 **R: O que Faz e Como o Faz**   25

Dados faltantes

Nos exemplos de análise estatística que forneço, normalmente lido com os melhores cenários em que os conjuntos de dados estão em boa forma e têm todos os dados que deveriam ter.

Contudo, no mundo real, as coisas nem sempre são tão fáceis. Muitas vezes encontramos conjuntos de dados com valores faltantes por uma ou outra razão. O R indica um valor faltante como NA (Not Available ou Indisponível).

Por exemplo, aqui estão alguns dados (de um conjunto de dados bem maior) sobre a capacidade de bagagem, em metros cúbicos, de nove veículos:

```
capacity <- c(14,13,14,13,16,NA,NA,20,NA)
```

Três veículos são vans e o termo *capacidade de bagagem* não se aplica a eles, por isso os três casos de NA. Aqui está o que acontece quando você tenta descobrir a média desse grupo:

```
> mean(capacity)
[1] NA
```

Para encontrar a média, é preciso remover os NAs antes de calcular:

```
> mean(capacity, na.rm=TRUE)
[1] 15
```

DICA

Então o rm em na.rm significa "remover" e =TRUE significa "faça isso".

Caso algum dia você tenha que verificar um conjunto de pontuações de dados faltantes, a função is.na() fará isso por você:

```
> is.na(capacity)
[1] FALSE FALSE FALSE FALSE FALSE  TRUE  TRUE FALSE
    TRUE
```

Funções de R

Na seção anterior eu usei c(), sum(), mean() e var(). Esses são exemplos de *funções* incorporadas em R. Cada uma consiste em um nome de função seguido imediatamente de parênteses. Entre dos parênteses ficam os *argumentos*. Nesse contexto, "argumento" não significa "discussão", "confronto" ou nada parecido. É só o termo matemático para qualquer coisa em que a função opera.

Mesmo que uma função não tenha argumentos, ainda se devem incluir parênteses.

As quatro funções de R que mostrei são bem simples em termos de seus argumentos e saídas. No entanto, à medida que trabalhar com R, você encontrará funções que recebem mais de um argumento.

O R fornece algumas maneiras de lidar com funções de múltiplos argumentos. Uma delas é listar os argumentos na ordem em que aparecem na definição da função. O R chama isso de *correspondência posicional*.

Aqui está o que quero dizer: a função `substr()` recebe três argumentos. O primeiro é uma string de caracteres como "abcdefg", a que R se refere como *vetor de caracteres*. O segundo é uma posição *inicial* dentro da string (1 é a primeira posição, 2 é a segunda, e assim por diante). O terceiro é uma posição de *parada* dentro da string (um número maior ou igual à posição inicial). Na verdade, se você digitar **substr** no painel Scripts, verá uma mensagem pop-up útil como esta:

```
substr(x, start, stop)
Extract or replace substrings in a character vector
```

onde x representa o vetor de caracteres.

Essa função retorna a substring, que consiste nos caracteres entre as posições de início e fim.

Veja um exemplo:

```
> substr("abcdefg",2,4)
[1] "bcd"
```

O que acontecerá se você trocar 2 e 4?

```
> substr("abcdefg",4,2)
[1] ""
```

Este resultado é completamente compreensível. Nenhuma substring pode começar na quarta posição e terminar na segunda.

Porém se você *nomear* os argumentos, não importará a ordem na qual os coloca:

```
> substr("abcdefg",stop=4,start=2)
[1] "bcd"
```

Até isto funciona:

```
> substr(stop=4, start=2,"abcdefg")
[1] "bcd"
```

Então, quando usamos uma função, podemos colocar seus argumentos fora de ordem, se os nomeamos. O R chama isso de *correspondência de palavras-chave*, que é muito útil quando utilizamos uma função de R com muitos argumentos. Se não conseguimos lembrar da ordem, é só usar seus nomes e a função funcionará.

DICA

Se algum dia você precisar de ajuda com uma função específica, `substr()`, por exemplo, digite **?substr** e veja informações úteis aparecerem na aba Help.

Funções Definidas pelo Usuário

A rigor, este não é um livro sobre programação R. Mas, para ser completo, achei que deveria, pelo menos, mostrar que é possível criar suas próprias funções em R e o básico de como fazê-lo.

A forma de uma função R é

```
myfunction <- function(argument1, argument2, ...){
        statements
        return(object)
        }
```

Veja uma função simples para calcular a soma dos quadrados de três números:

```
sumofsquares <- function(x,y,z){
  sumsq <- sum(c(x^2,y^2,z^2))
  return(sumsq)
}
```

Digite esse trecho no painel Scripts e destaque-o. Depois pressione Ctrl+Enter. O trecho a seguir aparecerá no painel Console:

```
> sumofsquares <- function(x,y,z ){
+    sumsq <- sum(c(x^2,y^2,z^2))
+    return(sumsq)
+ }
```

Cada sinal de mais é um *prompt de continuação*. Indica que a linha é uma continuação da linha anterior.

E é assim que se usa a função:

```
> sumofsquares(3,4,5)
[1] 50
```

Comentários

Um *comentário* é uma maneira de fazer anotações no código. Comece um comentário com o símbolo #, que, claro, é uma *cerquilha*. (O que você está dizendo? "Hashtag"? Certamente está de brincadeira.) Esse símbolo informa a R para ignorar tudo o que está à direita dele.

Os comentários são muito úteis para alguém que precisa ler o código que você escreveu. Por exemplo:

```
sumofsquares <- function(x,y,z){  # lista os argumentos
   sumsq <- sum(c(x^2,y^2,z^2))   # realiza as operações
   return(sumsq)       # retorna o valor
}
```

Um aviso: Eu não adiciono comentários às linhas de código deste livro, mas forneço descrições detalhadas. Em um livro como este, acho que é a maneira mais eficaz de transmitir uma mensagem.

DICA

Como você pode imaginar, escrever funções R pode englobar MUITO mais do que expliquei aqui. Para aprender mais, confira *R For Dummies*, de Andrie de Vries e Joris Meys (John Wiley & Sons — sem publicação no Brasil).

Estruturas de R

Eu menciono na seção "Funções de R", anteriormente neste capítulo, que uma função R pode ter muitos argumentos. Também é possível que uma função R tenha muitas saídas. Para entender as possíveis saídas (e entradas) é preciso compreender as estruturas com as quais R trabalha.

Vetores

O *vetor* é a estrutura fundamental de R e eu o mostrei em exemplos anteriores. É um array de elementos de dados do mesmo tipo. Os elementos de dados em um vetor são chamados de *componentes*. Para criar um vetor, use a função `c()`, como fiz no exemplo anterior:

```
> x <- c(3,4,5)
```

Aqui, é claro, os componentes são números.

Em um vetor de caracteres, os componentes são strings de texto entre aspas ("Moe", "Larry", "Curly"):

```
> stooges <- c("Moe","Larry", "Curly")
```

PAPO DE ESPECIALISTA

A rigor, no exemplo `substr()`, "abcdefg" é um vetor de caracteres com um elemento.

Também é possível ter um vetor *lógico*, cujos elementos são TRUE e FALSE ou as abreviações T e F:

```
> z <- c(T,F,T,F,T,T)
```

Para se referir a um componente específico de um vetor, siga o nome do vetor com um número entre colchetes:

```
> stooges[2]
[1] "Larry"
```

Vetores numéricos

Além de `c()`, R fornece `seq()` e `rep()` como atalho para a criação de vetores numéricos.

Suponha que você queira criar um vetor de números de 10 a 30, mas não quer digitar todos eles. Veja como fazê-lo:

```
> y <- seq(10,30)
> y
```

30 PARTE 1 **Começando a Análise Estatística com R**

```
[1] 10 11 12 13 14 15 16 17 18 19 20 21 22 23 24 25 26
[18] 27 28 29 30
```

LEMBRE-SE

DICA

Na minha tela, e provavelmente na sua também, todos os elementos em y aparecem em uma linha. A página impressa, no entanto, não é tão grande quanto o painel Console. Assim, separei a saída em duas linhas. Faço isso ao longo do livro, quando necessário.

R tem uma sintaxe especial para um vetor numérico cujos elementos são aumentados em 1:

```
> y <- 10:30
> y
 [1] 10 11 12 13 14 15 16 17 18 19 20 21 22 23 24 25 26
[18] 27 28 29 30
```

Se quiser que os elementos aumentem em 2, use seq da seguinte forma:

```
> w <- seq(10,30,2)
> w
 [1] 10 12 14 16 18 20 22 24 26 28 30
```

Você pode querer criar um vetor de valores repetidos. Se for o caso, rep() é a função a ser utilizada:

```
> trifecta <- c(6,8,2)
> repeated_trifecta <- rep(trifecta,4)
> repeated_trifecta
 [1] 6 8 2 6 8 2 6 8 2 6 8 2
```

Outra maneira de usar rep() é fornecer um vetor como o segundo argumento. Lembre-se do exemplo anterior em que x é o vetor (3, 4, 5). O que acontecerá se fornecermos x como o segundo argumento de rep()?

```
> repeated_trifecta <- rep(trifecta,x)
> repeated_trifecta
 [1] 6 6 6 8 8 8 8 2 2 2 2 2
```

O primeiro elemento se repetirá três vezes; o segundo, quatro vezes; e o terceiro, cinco vezes.

Matrizes

Uma *matriz* é um array bidimensional de elementos de dados do mesmo tipo. Em Estatística, as matrizes são úteis como tabelas que mantêm dados. (A Estatística avançada tem outras aplicações para matrizes que vão além do escopo deste livro.)

Há a matriz de números:

5	30	55	80
10	35	60	85
15	40	65	90
20	45	70	95
25	50	75	100

ou de strings de caracteres:

"Moe"	"Larry"	"Curly"	"Shemp"
"Groucho"	"Harpo"	"Chico"	"Zeppo"
"Ace"	"King"	"Queen"	"Jack"

Os números constituem uma matriz de 5 (linhas) X 4 (colunas); a matriz de strings de caracteres é 3 X 4.

Para criar a matriz numérica 5 X 4, primeiro crie o vetor de números de 5 a 100 em acréscimos de 5:

```
> num_matrix <- seq(5,100,5)
```

Depois use a função `dim()` para transformar o vetor em uma matriz bidimensional:

```
> dim(num_matrix) <-c(5,4)
> num_matrix
     [,1] [,2] [,3] [,4]
[1,]    5   30   55   80
[2,]   10   35   60   85
[3,]   15   40   65   90
[4,]   20   45   70   95
[5,]   25   50   75  100
```

Veja como R exibe os números da linha entre colchetes ao lado e os números da coluna entre colchetes acima.

Transpor uma matriz troca a posição das linhas e das colunas. Em R, a função `t()` faz isso:

```
> t(num_matrix)
     [,1] [,2] [,3] [,4] [,5]
[1,]    5   10   15   20   25
[2,]   30   35   40   45   50
[3,]   55   60   65   70   75
[4,]   80   85   90   95  100
```

A função `matrix()` fornece outra maneira de criar matrizes:

```
> num_matrix <- matrix(seq(5,100,5),nrow=5)
> num_matrix
     [,1] [,2] [,3] [,4]
[1,]    5   30   55   80
[2,]   10   35   60   85
[3,]   15   40   65   90
[4,]   20   45   70   95
[5,]   25   50   75  100
```

Se adicionarmos o argumento `byrow=T`, R preencherá a matriz por linhas:

```
> num_matrix <- matrix(seq(5,100,5),nrow=5,byrow=T)
> num_matrix
     [,1] [,2] [,3] [,4]
[1,]    5   10   15   20
[2,]   25   30   35   40
[3,]   45   50   55   60
[4,]   65   70   75   80
[5,]   85   90   95  100
```

Como fazer referência a um componente específico da matriz? Digite o nome da matriz e, entre colchetes, o número da linha, a vírgula e o número da coluna:

```
> num_matrix[5,4]
[1] 100
```

Fatores

No Capítulo 1, descrevo quatro tipos de dados: nominal, ordinal, intervalar e de razão. Nos dados nominais, os números são apenas rótulos e sua magnitude não tem significância.

Suponha que estejamos fazendo uma pesquisa sobre a cor dos olhos das pessoas. Quando registramos a cor do olho de alguém, registramos um número: 1 = amber (âmbar), 2 = blue (azul), 3 = brown (castanho), 4 = gray (acinzentado), 5 = green (verde) e 6 = hazel (mel). Uma maneira de pensar nesse processo é considerar que a cor do olho é um *fator* e cada cor é um *nível* desse fator. Então, nesse caso, o fator cor de olho tem seis níveis.

Fator é o termo de R para uma variável nominal (também conhecida como *variável categórica*).

Agora imagine que você tenha usado o código numérico para tabular as cores dos olhos de 14 pessoas e transformou esses códigos em um vetor:

```
> eye_color <- c(2,2,4,1,5,5,5,6,1,3,6,3,1,4)
```

Em seguida, usou a função `factor()` para transformar `eye_color` em um fator:

```
> feye_color <- factor(eye_color)
```

Finalmente, atribuiu níveis ao fator:

```
> levels(feye_color) <- c("amber","blue",
  "brown","gray","green","hazel")
```

Agora, se examinarmos os dados de cores dos olhos em termos de níveis de fatores, eles se parecerão com o seguinte:

```
> feye_color
 [1] blue   blue   gray   amber  green  green  green  hazel  amber
[10] brown  hazel  brown  amber  gray
Levels: amber blue brown gray green hazel
```

Listas

Em R, *lista* é uma coleção de objetos que não são necessariamente do mesmo tipo. Suponha que, além da cor dos olhos de cada pessoa no exemplo da seção anterior, você colete uma "pontuação de empatia" baseada em um teste de personalidade. A escala vai de 0 (menos empático) a 100 (mais empático). Veja o vetor para os dados de empatia das pessoas:

```
> empathy_score <- c(15,21,45,32,61,74,53,92,83,22,67,55
,42,44)
```

Você quer combinar o vetor da cor dos olhos de forma codificada, o vetor de cor dos olhos na forma de fator e o vetor de pontuação de empatia em uma coleção chamada `eyes_and_empathy`. Para isso, use a função `list()`:

```
> eyes_and_empathy <- list(eyes_code=eye_color,
    eyes=feye_color, empathy=empathy_score)
```

Observe que cada argumento foi nomeado (`eyes_code`, `eyes` e `empathy`). Isso faz com que R use esses nomes como os nomes da lista de componentes.

E a lista se parece com o seguinte:

```
> eyes_and_empathy
$eyes_code
 [1] 2 2 4 1 5 5 5 6 1 3 6 3 1 4

$eyes
 [1] blue  blue  gray  amber green green green hazel amber
[10] brown hazel brown amber gray
Levels: amber blue brown gray green hazel

$empathy
 [1] 15 21 45 32 61 74 53 92 83 22 67 55 42 44
```

Como podemos ver, R usa o cifrão ($) para indicar cada componente da lista. Então, se você quiser se referir a um componente da lista, digite o nome da lista, o cifrão e o nome do componente:

```
> eyes_and_empathy$empathy
 [1] 15 21 45 32 61 74 53 92 83 22 67 55 42 44
```

Que tal focar uma pontuação específica, como a quarta? Eu acho que você já entendeu para onde estamos indo:

```
> eyes_and_empathy$empathy[4]
[1] 32
```

Listas e estatísticas

As listas são importantes porque várias funções estatísticas retornam listas de objetos. Uma função estatística é `t.test()`. No Capítulo 10 eu explico esse teste e a teoria por trás dele. Por ora, apenas se concentre na saída.

Uso esse teste para ver se a média das pontuações de empatia difere de um número arbitrário, 30, por exemplo. Veja o teste:

```
> t.result <- t.test(eyes_and_empathy$empathy, mu = 30)
```

Vamos examinar a saída:

```
> t.result

        One Sample t-test
data:  eyes_and_empathy$empathy
t = 3.2549, df = 13, p-value = 0.006269
alternative hypothesis: true mean is not equal to 30
95 percent confidence interval:
 36.86936 63.98778
sample estimates:
mean of x
 50.42857
```

Sem entrar em detalhes, entenda que essa saída, `t.result`, é uma lista. Para exibir isso, use `$` para focar alguns dos componentes:

```
> t.result$data.name
[1] "eyes_and_empathy$empathy"
> t.result$p.value
[1] 0.006269396
> t.result$statistic
       t
3.254853
```

Data frames

Uma lista é uma boa maneira de coletar dados. Um data frame é ainda melhor. Por quê? Quando pensamos em dados para um grupo de indivíduos, como as

14 pessoas no exemplo da seção anterior, normalmente pensamos em termos de colunas que representam as variáveis de dados (como `eyes_code`, `eyes` e `empathy`) e linhas que representam os indivíduos. E isso é um data frame. Se os termos *conjunto de dados* ou *matriz de dados* vêm à mente, você entendeu a ideia.

A função `data.frame()` trabalha com os vetores existentes para realizar a tarefa:

```
> e <- data.frame(eye_color,feye_color,empathy_score)
> e
   eye_color feye_color empathy_score
1          2       blue            15
2          2       blue            21
3          4       gray            45
4          1      amber            32
5          5      green            61
6          5      green            74
7          5      green            53
8          6      hazel            92
9          1      amber            83
10         3      brown            22
11         6      hazel            67
12         3      brown            55
13         1      amber            42
14         4       gray            44
```

Quer a pontuação de empatia da sétima pessoa? Ela é

```
> e[7,3]
[1] 53
```

E que tal todas as informações da sétima pessoa?

```
> e[7,]
  eye_color feye_color empathy_score
7         5      green            53
```

CAPÍTULO 2 **R: O que Faz e Como o Faz** 37

Editando um data frame: Parece uma planilha (mas não é)

R fornece uma maneira de modificar rapidamente um data frame. A função `edit()` abre uma janela Data Editor, que se parece muito com uma planilha e é possível fazer mudanças nas células. A Figura 2-8 mostra o que acontece quando você digita

```
> edit(e)
```

FIGURA 2-8: A função `edit()` abre uma visualização parecida com a planilha de um data frame.

	eye_color	feye_color	empathy_score	var4	var5	var6
1	2	blue	15			
2	2	blue	21			
3	4	gray	45			
4	1	amber	32			
5	5	green	61			
6	5	green	74			
7	5	green	53			
8	6	hazel	92			
9	1	amber	83			
10	3	brown	22			
11	6	hazel	67			
12	3	brown	55			

Você precisa fechar a janela Data Editor para continuar.

CUIDADO

Para usuários Mac: A versão Mac do RStudio requer o sistema X Window para que algumas funções, como `edit()`, funcionem. A Apple costumava incluir esse recurso no Mac, mas não o faz mais. Atualmente você precisa baixar e instalar o XQuartz.

Extraindo dados de um data frame

Suponha que você queira fazer uma verificação rápida da média das pontuações de empatia para pessoas com olhos azuis em comparação com pessoas com olhos verdes e com olhos cor de mel.

A primeira tarefa é extrair as pontuações de empatia para cada cor de olhos e criar vetores:

```
> e.blue <- e$empathy_score[e$feye_color=="blue"]
> e.green <- e$empathy_score[e$feye_color=="green"]
> e.hazel <- e$empathy_score[e$feye_color=="hazel"]
```

Observe o sinal de igual duplo (==) entre os colchetes. É um *operador lógico*. Pense nele como "se e$feye_color for igual a 'blue'".

LEMBRE-SE

O sinal de igual duplo (a==b) distingue o operador lógico ("se a for igual a b") do operador de atribuição (a=b; "defina a igual a b").

Em seguida, crie um vetor das médias:

```
> e.averages <- c(mean(e.blue),mean(e.green),mean(e.hazel))
```

Depois use `length()` para criar um vetor do número de pontuações em cada grupo de cor de olho:

```
> e.amounts <- c(length(e.blue), length(e.green),
  length(e.hazel))
```

E então crie um vetor das cores:

```
> colors <- c("blue","green","hazel")
```

Agora crie um data frame de três colunas, com a cor em uma coluna, a média de empatia correspondente na seguinte e o número de pontuações em cada grupo de cores dos olhos na última coluna:

```
> e.averages.frame <- data.frame(color=colors,
  average=e.averages, n=e.amounts)
```

Como foi no caso das listas, nomear os argumentos atribui nomes aos componentes do data frame (os vetores, que aparecem na tela como colunas).

Veja como isso ficará:

```
> e.averages.frame
  color  average n
1  blue 18.00000 2
2 green 62.66667 3
3 hazel 79.50000 2
```

Pacotes

Um *pacote* é uma coleção de funções e dados que ampliam R. Se você for um aspirante a cientista de dados e estiver buscando dados com os quais trabalhar, encontrará muitos data frames nos pacotes R. Se estiver procurando uma função estatística especializada que não esteja na instalação básica de R, provavelmente a encontrará em um pacote.

R armazena os pacotes em um diretório chamado *biblioteca*. Como um pacote vai parar na biblioteca? Clique na aba Packages no painel Files, Plots, Packages e Help. (Veja a Figura 2-2.) No próximo exemplo uso o pacote MASS, muito conhecido, que contém mais de 150 data frames de vários setores.

Se quiser ver o que há no pacote MASS, clique em MASS na aba Packages. (Ele está na seção System Library dessa aba.) Será aberta uma página na aba Help, que aparece na Figura 2-9.

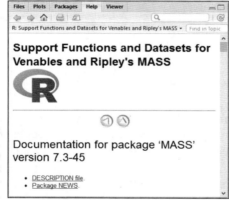

FIGURA 2-9: Aba Help, mostrando informações sobre o pacote MASS.

Rolando a aba para baixo, é possível ver os nomes dos data frames e das funções. Clique no nome de um data frame e uma página de informações sobre ele se abrirá.

De volta à aba Packages, clique na caixa de verificação ao lado de MASS para instalar o pacote. Isso faz com que esta linha apareça na janela Console:

```
> library("MASS", lib.loc="C:/Program Files/R/R-3.3.1/
  library")
```

E o pacote MASS está instalado.

Um dos data frames em MASS se chama `anorexia`. Ele contém dados de peso de 72 jovens mulheres que são pacientes com anorexia. Cada paciente fez um dos três tipos de terapia. Como é esse data frame? Digite esta linha no painel Console

```
> edit(anorexia)
```

para abrir a janela Data Editor, mostrada na Figura 2-10.

	Treat	Prewt	Postwt	var4	var5	var6	var7
1	Cont	80.7	80.2				
2	Cont	89.4	80.1				
3	Cont	91.8	86.4				
4	Cont	74	86.3				
5	Cont	78.1	76.1				
6	Cont	88.3	78.1				
7	Cont	87.3	75.1				
8	Cont	75.1	86.7				
9	Cont	80.6	73.5				
10	Cont	78.4	84.6				
11	Cont	77.6	77.4				
12	Cont	88.7	79.5				
13	Cont	81.3	89.6				
14	Cont	78.1	81.4				
15	Cont	70.5	81.8				
16	Cont	77.3	77.3				
17	Cont	85.2	84.2				
18	Cont	86	75.4				
19	Cont	84.1	79.5				

FIGURA 2-10: O data frame anorexia no pacote MASS.

Parece que só está esperando que você o analise, não é? Eu não analisei nada sobre análise estatística ainda, mas você pode trabalhar um pouco nesse data frame com o que já mostrei.

O data frame fornece o peso de cada paciente antes (`Prewt`) e depois da terapia (`Postwt`). E a mudança de peso? R consegue calcular isso para cada paciente? É claro!

```
> anorexia$Postwt-anorexia$Prewt
 [1]  -0.5  -9.3  -5.4  12.3  -2.0 -10.2 -12.2  11.6  -7.1
[10]   6.2  -0.2  -9.2   8.3   3.3  11.3   0.0  -1.0 -10.6
[19]  -4.6  -6.7   2.8   0.3   1.8   3.7  15.9 -10.2   1.7
[28]   0.7  -0.1  -0.7  -3.5  14.9   3.5  17.1  -7.6   1.6
[37]  11.7   6.1   1.1  -4.0  20.9  -9.1   2.1  -1.4   1.4
[46]  -0.3  -3.7  -0.8   2.4  12.6   1.9   3.9   0.1  15.4
[55]  -0.7  11.4  11.0   5.5   9.4  13.6  -2.9  -0.1   7.4
[64]  21.5  -5.3  -3.8  13.4  13.1   9.0   3.9   5.7  10.7
```

Hmmm... Você se lembra do t-test que mostrei anteriormente? Eu o utilizo aqui para ver se a mudança de peso antes/depois da terapia é diferente de 0. Espera-se que, em média, a mudança seja positiva. Aqui está o t-test:

```
> t.test(anorexia$Postwt-anorexia$Prewt, mu=0)

  One Sample t-test

data:  anorexia$Postwt&#x00A0;- anorexia$Prewt
t = 2.9376, df = 71, p-value = 0.004458
alternative hypothesis: true mean is not equal to 0
95 percent confidence interval:
 0.8878354 4.6399424
sample estimates:
mean of x
 2.763889
```

A saída do t-test mostra que a mudança média de peso foi positiva (2.763889 lbs). O alto valor de t (2.9376) junto com o baixo valor de p (0.004458), indicam que essa mudança é estatisticamente significativa. (O que *isso* significa?) Se eu falar mais, estarei colocando a carroça na frente dos bois. (Veja o Capítulo 10 para obter mais detalhes.)

E tem mais uma coisa: eu informei que cada paciente fez um dos três tipos de terapia. Uma terapia foi mais eficaz que as outras? Ou tiveram o mesmo efeito? Agora eu estaria *realmente* colocando a carroça na frente dos bois! (Essa explicação está no Capítulo 12, mas veja a seção "Fórmulas de R", um pouco mais adiante neste capítulo.)

Mais Pacotes

A comunidade R é extremamente ativa. Seus membros criam e contribuem com novos pacotes úteis o tempo todo na CRAN (Comprehensive R Archive Network). Então nem todos os pacotes R estão na aba Packages do RStudio.

Quando descobrir um novo pacote que você acha útil, será fácil instalá-lo em sua biblioteca. Eu ilustro isso ao instalar o ggplot2, um pacote útil que amplia os recursos gráficos de R.

Uma maneira de instalá-lo é com a aba Packages. (Veja a Figura 2-2.) Clique no ícone Install no canto superior esquerdo da aba. Isso abre a caixa de diálogo Install Packages, mostrada na Figura 2-11.

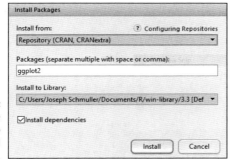

FIGURA 2-11: Caixa de diálogo Install Packages.

DICA

Outra maneira de abrir a caixa de diálogo Install Packages é selecionar Install Packages no menu Tools na barra de menu na parte superior do RStudio.

No campo Packages, digitei `ggplot2`. Clique em Install e a seguinte linha aparecerá no painel Console:

```
> install.packages("ggplot2")
```

No entanto, é difícil ver essa linha, porque várias outras coisas acontecem imediatamente no painel Console e nas barras de status da tela. Quando tudo terminar, ggplot2 estará na aba Packages. O passo final é clicar na caixa de verificação ao lado de ggplot2 para colocá-lo na biblioteca. Depois você poderá usar o pacote. A Figura 2-12 mostra a aba Packages com ggplot2 e a caixa de verificação selecionada.

Ao clicar na caixa de verificação, a linha a seguir aparece no painel Console:

```
> library("ggplot2", lib.loc="~/R/win-library/3.3")
```

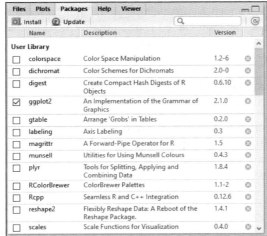

FIGURA 2-12: A aba Packages depois de instalar `ggplot2` e colocá-lo na biblioteca.

CAPÍTULO 2 **R: O que Faz e Como o Faz** 43

DICA

Outra maneira de começar o processo de instalação é digitar

```
> install.packages("ggplot2")
```

diretamente no painel Console.

Fórmulas de R

No Capítulo 1 eu menciono as variáveis independentes e dependentes. Aponto que, em um experimento, uma variável independente é o que um pesquisador manipula e uma variável dependente é o que o pesquisador mede. No exemplo anterior da anorexia, Treat (tipo de terapia) é a variável independente e Postwt-Prewt (peso depois da terapia menos peso antes da terapia) é a variável dependente. Em termos práticos, "manipular" significa que o pesquisador atribuiu aleatoriamente cada paciente de anorexia a uma das três terapias.

Em outros tipos de estudos, o pesquisador não pode manipular uma variável independente. Em vez disso, ele anota os valores da variável independente que ocorrem naturalmente e avalia seus efeitos em uma variável dependente. No exemplo anterior da cor dos olhos e empatia, a cor é a variável independente e a pontuação de empatia é a variável dependente.

A *fórmula* de R incorpora esses conceitos e é a base de muitas funções estatísticas e gráficas de R. Esta é a estrutura básica de uma fórmula R:

```
function(dependent_var ~ independent_var, data=data_
   frame)
```

Leia o operador til (~) como "é dependente de".

O data frame anorexia fornece um exemplo. Para analisar a diferença na eficácia das três terapias de anorexia, eu usaria uma técnica chamada *análise de variância*. (Lá vou eu colocar a carroça na frente dos bois!) A função R para isso se chama aov() e é utilizada da seguinte forma:

```
> aov(Postwt-Prewt ~ Treat, data=anorexia)
```

Porém esse é só o começo da análise. O Capítulo 12 tem todos os detalhes, bem como o raciocínio estatístico por trás deles.

Lendo e Escrevendo

Antes de finalizar este capítulo sobre os recursos de R, preciso informar como importar dados de outros formatos e também como exportá-los para outros formatos.

A forma geral de uma função R para ler um arquivo é

```
> read.<format>("File Name", arg1, arg2, ...)
```

A forma geral de uma função R para escrever dados em um arquivo é

```
> write.<format>(dataframe, "File Name", arg1, arg2, ...)
```

Nesta seção, trato de planilhas, arquivos CSV (valores separados por vírgulas) e arquivos de texto. `<format>` pode ser `xlsx`, `csv` ou `table`. Os argumentos depois de `"File Name"` são opcionais e variam dependendo do formato.

Planilhas

As informações nesta seção serão importantes se você leu meu livro clássico, *Análise Estatística com Excel Para Leigos* (Alta Books). (Tudo bem, essa foi uma citação descarada do meu clássico.) Se você tiver dados em planilhas e quiser analisá-los com R, preste muita atenção.

A primeira coisa a fazer é o download do pacote `xlsx` e colocá-lo na biblioteca. Confira a seção "Mais Pacotes", anteriormente neste capítulo, para obter mais informações sobre como fazer isso.

Em meu drive C, tenho uma planilha chamada `Scores` em uma pasta `Spreadsheets`. Está em `Sheet1` da planilha. Ela contém as notas dos testes de Matemática e Ciência de dez alunos.

O código para ler essa planilha em R é

```
> scores_frame <- read.xlsx("C:/Spreadsheets/Scores.
  xlsx", sheetName="Sheet1")
```

Veja o data frame:

```
> scores_frame
  Student Math_Score Science_Score
1       1         85            90
2       2         91            87
```

3	3	78	75
4	4	88	78
5	5	93	99
6	6	82	89
7	7	67	71
8	8	79	84
9	9	89	88
10	10	98	97

Como é o caso de qualquer data frame, se você quiser as notas de Matemática do quarto aluno, bastará fornecer:

```
> scores_frame$Math_Score[4]
[1] 88
```

O pacote `xlsx` também permite escrever em uma planilha. Então, se quiser que seus amigos Excelcêntricos vejam o data frame `anorexia`, faça o seguinte:

```
> write.xlsx(anorexia, "C:/Spreadsheets/anorexia.xlsx")
```

Essa linha coloca o data frame em uma planilha na pasta indicada no drive C. Caso não acredite em mim, a Figura 2-13 mostra como fica a planilha.

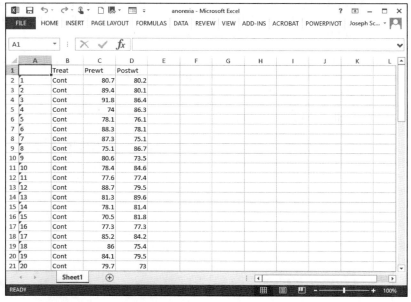

FIGURA 2-13: O data frame anorexia, exportado para uma planilha do Excel.

Arquivos CSV

As funções para ler e escrever arquivos CSV e de texto estão na instalação de R, portanto não são necessários outros pacotes adicionais. Um arquivo CSV é igual a uma planilha quando aberto no Excel. Na verdade, criei um arquivo CSV para a planilha Scores salvando-a como um arquivo CSV na pasta `CSVFiles` no drive C. (Para ver todas as vírgulas, é preciso abrir em um editor de texto, como o Notepad++.)

Veja como ler esse arquivo CSV no R:

```
> read.csv("C:/CSVFiles/Scores.csv")
   Student Math_Score Science_Score
1        1         85            90
2        2         91            87
3        3         78            75
4        4         88            78
5        5         93            99
6        6         82            89
7        7         67            71
8        8         79            84
9        9         89            88
10      10         98            97
```

Para escrever o data frame `anorexia` em um arquivo CSV:

```
> write.csv(anorexia,"C:/CSVFiles/anorexia.csv")
```

Arquivos de texto

Se você tem dados armazenados em arquivos de texto, p R pode importá-los para os data frames. A função `read.table()` faz isso. Eu armazenei os dados Scores como um arquivo de texto em um diretório chamado `TextFiles`. Veja como o R os transforma em um data frame:

```
> read.table("C:/TextFiles/ScoresText.txt", header=TRUE)
   Student Math_Score Science_Score
1        1         85            90
2        2         91            87
3        3         78            75
4        4         88            78
5        5         93            99
6        6         82            89
```

7	7	67	71
8	8	79	84
9	9	89	88
10	10	98	97

O segundo argumento (`header=TRUE`) faz com que R saiba que a primeira linha do arquivo contém os cabeçalhos das colunas.

Use `write.table()` para escrever o data frame `anorexia` em um arquivo de texto:

```
> write.table(anorexia, "C:/TextFiles/anorexia.txt",
    quote = FALSE, sep = "\t")
```

Isso coloca o arquivo `anorexia.txt` na pasta `TextFiles` no drive C. O segundo argumento (`quote = FALSE`) garante que as aspas não apareçam e o terceiro (`sep = "\t"`) delimita o arquivo com tabulações.

A Figura 2-14 mostra como o arquivo de texto fica no Notepad. Ou seja, na primeira linha do arquivo de texto, é preciso pressionar a tecla Tab uma vez para posicionar corretamente os cabeçalhos.

FIGURA 2-14: O data frame anorexia como arquivo de texto delimitado com tabulações.

LEMBRE-SE

Em cada um desses exemplos utiliza-se o caminho completo para cada arquivo. Isso não será necessário se os arquivos estiverem no diretório de trabalho. Se, por exemplo, colocarmos a planilha Scores no diretório de trabalho, veja o que é preciso fazer para lê-la no R:

```
> read.xlsx("Scores.xlsx","Sheet1")
```

Descrevendo Dados

NESTA PARTE. . .

Resuma e descreva dados.

Trabalhe com gráficos R.

Determine a tendência central e a variabilidade.

Trabalhe com pontuações padrão.

Entenda e visualize as distribuições normais.

> **NESTE CAPÍTULO**
>
> » **Usando gráficos para encontrar padrões**
> » **Aprendendo gráficos R básicos**
> » **Evoluindo para ggplot2**

Capítulo 3
Gráficos

A visualização de dados é uma parte importante da Estatística. Um bom gráfico possibilita a localização de tendências e relacionamentos que podem passar despercebidos se observarmos apenas os números. Gráficos também são valiosos, pois o ajudam a apresentar suas ideias a grupos.

Isso é especialmente importante no campo da ciência de dados. As organizações dependem que os cientistas de dados deem sentido a quantidades enormes de dados para que os tomadores de decisão possam formular estratégias. Os gráficos possibilitam que os cientistas de dados expliquem padrões para os gerentes e pessoal não especializado.

Encontrando Padrões

Os dados geralmente residem em tabelas longas e complexas. Com frequência, é preciso visualizar apenas uma parte da tabela para descobrir um padrão ou tendência. Um bom exemplo é o data frame Cars93, que está no pacote MASS. (No Capítulo 2 eu mostro como colocar esse pacote em sua biblioteca R.) Esse data frame contém os dados de 27 variáveis para 93 modelos de carros que estavam disponíveis em 1993.

A Figura 3-1 mostra parte do data frame na janela Data Editor que se abre depois que você digita

```
> edit(Cars93)
```

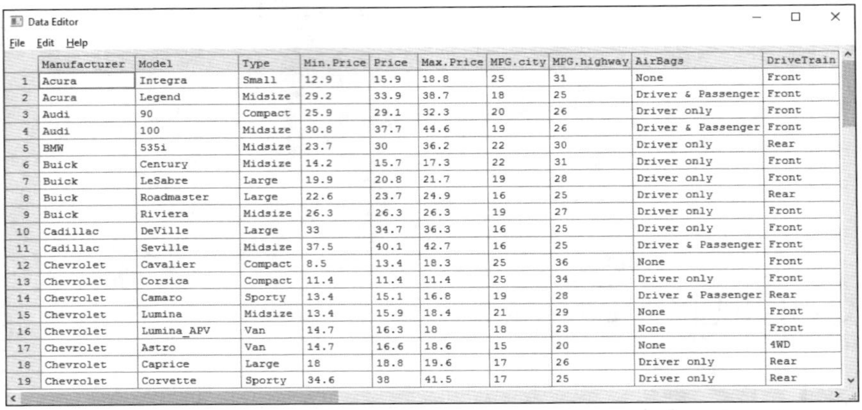

FIGURA 3-1: Parte do data frame Cars93.

Colocando uma distribuição no gráfico

Um padrão interessante é a distribuição de preços de todos os carros listados no data frame Cars93. Seria uma tarefa tediosa ter que examinar todo o data frame para determinar isso. Um gráfico, no entanto, fornece a informação imediatamente. O *histograma* da Figura 3-2 mostra o que quero dizer com isso.

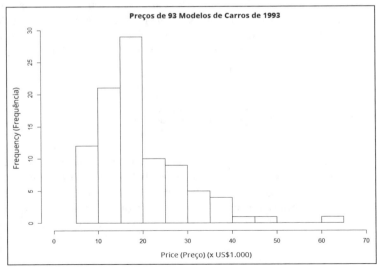

FIGURA 3-2: Histograma dos preços de carros no data frame Cars93.

52 PARTE 2 **Descrevendo Dados**

O histograma é adequado quando a variável no eixo x é uma variável intervalar ou de razão. (Veja o Capítulo 1.) Com esses tipos de variáveis, os números têm significado.

No Capítulo 1, faço a distinção entre variáveis independentes e dependentes. Aqui, `Price` (Preço) é a variável independente e `Frequency` (Frequência) é a variável dependente. Na maioria dos gráficos (mas não em todos), a variável independente fica no eixo x, e a variável dependente, no eixo y.

Pulando as barras

Para as variáveis nominais (de novo, veja o Capítulo 1), os números são apenas rótulos. Na verdade, os níveis de uma variável nominal (também chamada de *fator*; veja o Capítulo 2) podem ser nomes. No caso em questão, outro possível ponto de interesse são as frequências dos diferentes tipos de carros (esportivo, médio, van e assim por diante) no data frame. Então, "`Type`" (Tipo) é uma variável nominal. Se observássemos todas as entradas do data frame e criássemos uma tabela com essas frequências, ela se pareceria com a Tabela 3-1.

TABELA 3-1 Tipos e Frequências de Carros no data frame Cars93

Type (Tipo)	Frequency (Frequência)
Compacto	16
Grande	11
Médio	22
Pequeno	21
Esportivo	14
Van	9

A tabela mostra algumas tendências — mais modelos de carros médios e pequenos do que grandes e vans. Os carros compactos e esportivos estão no meio.

A Figura 3-3 mostra essas informações em forma de gráfico, que é do tipo *barra*. Os espaços entre as barras enfatizam que `Type`, no eixo x, é uma variável nominal.

Embora a tabela seja bem direta, acho que concordamos que um público preferiria ver uma imagem. E eu gosto de dizer que os olhos que brilham quando veem números costumam brilhar mais quando veem imagens.

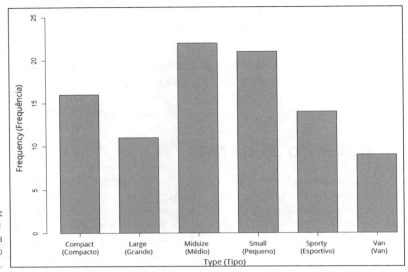

FIGURA 3-3: Tabela 3-1 em forma de gráfico de barras.

Fatiando a pizza

O *gráfico de pizza* é outro tipo de imagem que mostra os mesmos dados de maneira um pouco diferente. Cada frequência aparece como uma fatia de pizza. A Figura 3-4 ilustra o que quero dizer. Em um gráfico de pizza, a área da fatia representa a frequência.

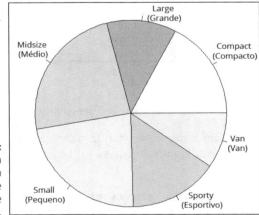

FIGURA 3-4: Tabela 3-1em forma de gráfico de pizza.

REGRAS GERAIS DO GRÁFICO DE PIZZA

Desculpe-me se você já ouviu isso antes. É uma história bonitinha que serve como regra prática para os gráficos de pizza.

O grande, e já falecido, Yogi Berra fazia, com frequência, declarações errôneas e adoráveis que se tornaram parte de nossa cultura. Uma vez ele supostamente entrou em uma pizzaria e pediu uma pizza.

"Devo cortá-la em quatro ou oito fatias?", perguntou a garçonete.

"Melhor cortar em quatro", disse Yogi. "Não estou com fome suficiente para comer oito."

Moral da história: Se um fator tem vários níveis que resultam em um gráfico de pizza com muitas fatias, isso provavelmente é uma sobrecarga de informações. A mensagem seria mais bem transmitida com um gráfico de barras.

(Esse incidente de Yogi realmente aconteceu? Não se sabe. Resumindo uma vida de citações atribuídas a ele, o Sr. Berra disse: "Metade das mentiras que contam sobre mim não são verdadeiras.")

Plano da dispersão

Outro padrão de interesse potencial é o relacionamento entre MPG (milhas por galão ou quilômetros por litro no Brasil) para dirigir na cidade e potência. Esse tipo de gráfico é um *diagrama de dispersão*. A Figura 3-5 mostra o diagrama de dispersão para essas duas variáveis.

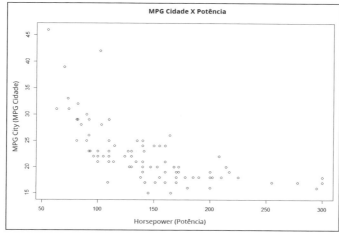

FIGURA 3-5: MPG (km/l) ao dirigir na cidade e a potência para os dados em `Cars93`.

Cada pequeno círculo representa um dos 93 carros. A posição de um círculo no eixo x (sua *coordenada x*) é sua potência e sua posição no eixo y (sua *coordenada y*) é a MPG (km/l) para dirigir na cidade.

Uma olhada rápida na forma do diagrama de dispersão sugere um relacionamento: à medida que a potência aumenta, MPG-cidade parece diminuir. (Estatísticos diriam que "a MPG-cidade diminui com a potência".) É possível usar a estatística para analisar esse relacionamento e, talvez, fazer previsões? Com certeza! (Veja o Capítulo 14.)

De caixas e bigode

E o relacionamento entre potência e o número de cilindros no motor de um carro? É esperado que a potência aumente com os cilindros e a Figura 3-6 mostra que esse é realmente o caso. Inventado pelo famoso estatístico John Tukey, esse tipo de gráfico é chamado de *diagrama de caixa*, e é uma maneira boa e rápida de visualizar os dados.

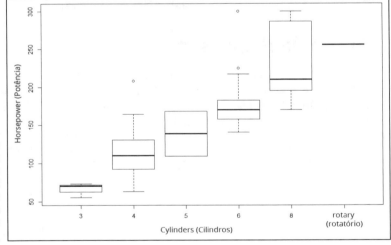

FIGURA 3-6: Diagrama de caixa da potência X número de cilindros no data frame `Cars93`.

Cada caixa representa um grupo de números. A da extrema esquerda, por exemplo, representa a potência de carros com três cilindros. A linha preta sólida dentro da caixa é a *mediana* ou o valor da potência que fica entre os números inferiores e superiores. As extremidades inferior e superior da caixa são chamadas de *quartis*. O mais baixo é o *quartil inferior*, o número abaixo do qual ficam 25% dos números. O mais alto é o quartil *superior*, o número que excede 75% dos números. (Falo sobre medianas no Capítulo 4 e percentis no Capítulo 6.)

Os elementos que saem dos quartis são chamados de *bigodes* (é possível ver esses gráficos sendo chamados de diagrama de *caixa e bigode*). Os bigodes incluem valores de dados que estão fora dos quartis. O bigode do limite superior pode ser o valor máximo ou o quartil superior mais 1,5 vezes o comprimento da caixa, o *menor* entre eles. O bigode do limite inferior pode ser o valor mínimo ou o quartil inferior menos 1,5 vezes o comprimento da caixa, o *maior* entre eles. Os pontos de dados fora dos bigodes são *valores discrepantes*. O diagrama de caixa mostra que os dados para quatro e para seis cilindros têm valores discrepantes.

Note que o gráfico mostra apenas uma linha sólida para o "rotatório", um tipo de motor que ocorre apenas uma vez nos dados.

Gráficos de Base R

A capacidade de criar gráficos, como mostrada nas seções anteriores, vem com sua instalação de R, que torna esses gráficos parte dos gráficos de base R. Começarei por eles. Depois, na seção seguinte, mostrarei o utilíssimo pacote ggplot2.

Na base R, o formato geral para criar gráficos é

```
graphics_function(data, arg1, arg2, ...)
```

Depois de criar um gráfico no RStudio, clique em Zoom na aba Plots do RStudio para abrir o gráfico em uma janela maior. Ele é mais claro na janela Zoom do que na aba Plots.

Histogramas

Hora de dar outra olhada no data frame `Cars93` que introduzi na seção "Encontrando Padrões", anteriormente neste capítulo. Para criar um histograma da distribuição de preços nesse data frame, digite

```
> hist(Cars93$Price)
```

que produz a Figura 3-7.

Você notará que ele não é tão elegante quanto o da Figura 3-2. Como é possível ajeitá-lo? Adicionando argumentos.

Um argumento muito usado nos gráficos de base R muda o rótulo do eixo x do padrão de R para algo mais significativo. Ele se chama `xlab`. Para o eixo x na Figura 3-2, eu adicionei

```
xlab= "Price (x $1,000)"
```

aos argumentos. É possível usar `ylab` para mudar o rótulo do eixo y, mas não fiz isso aqui.

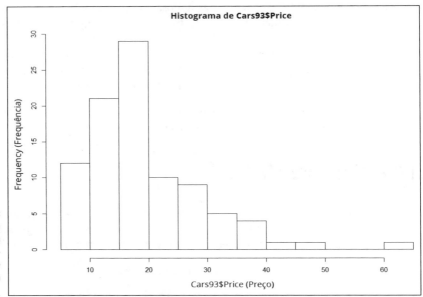

FIGURA 3-7: Histograma inicial da distribuição de preços em Cars93.

Eu queria que o eixo x aumentasse de um limite inferior 0 para um limite superior 70, e essa é a área do argumento xlim. Como esse argumento trabalha com um vetor, adicionei

```
xlim = c(0,70)
```

Eu também quis um título diferente, e para isso usei main:

```
main = "Prices of 93 Models of 1993 Cars"
```

Para produzir o histograma da Figura 3-2, a história toda é

```
> hist(Cars93$Price, xlab="Price (x $1,000)", xlim =
    c(0,70), main = "Prices of 93 Models of 1993 Cars")
```

DICA

Ao criar um histograma, R calcula qual é o melhor número de colunas para uma boa aparência. Aqui, R decidiu que 12 é um bom número. É possível variar o número de colunas adicionando um argumento chamado breaks e declarando seu valor. R nem sempre lhe dá o valor a ser atribuído, mas fornece algo próximo e tenta manter uma boa aparência. Adicione esse argumento, declare seu valor (breaks =4, por exemplo) e entenderá o que quero dizer.

Adicionando recursos gráficos

Um aspecto importante dos gráficos de base R é a habilidade de adicionar recursos a um gráfico depois de criá-lo. Para mostrar o que quero dizer, preciso começar com um tipo de gráfico levemente diferente.

Outra maneira de mostrar as informações do histograma é pensar nos dados como *probabilidades*, em vez de frequências. Então, em vez da frequência de uma faixa de preços específica, colocamos no gráfico a probabilidade de que um carro daquela faixa seja selecionado nos dados. Para isso, adicione

```
probability = True
```

aos argumentos. Agora o código R se parece com o seguinte:

```
> hist(Cars93$Price, xlab="Price (x $1,000)", xlim = c(0,70),
        main = "Prices of 93 Models of 1993 Cars",
        probability= TRUE)
```

O resultado está na Figura 3-8. O eixo y mede a *Density* (Densidade), um conceito relacionado à probabilidade que analisamos no Capítulo 8. O gráfico é chamado de *gráfico de densidade*.

O propósito de tudo isso é o que vem a seguir. Depois de criar o gráfico, é possível usar uma função adicional chamada `lines()` para adicionar uma linha ao gráfico de densidade:

```
> lines(density(Cars93$Price))
```

O gráfico agora se parece com o da Figura 3-9.

Então, nos gráficos de base R, é possível criar um gráfico e adicionar coisas a ele depois de ver o gráfico inicial. É parecido com pintar um quadro de um lago e depois adicionar montanhas e árvores como achar melhor.

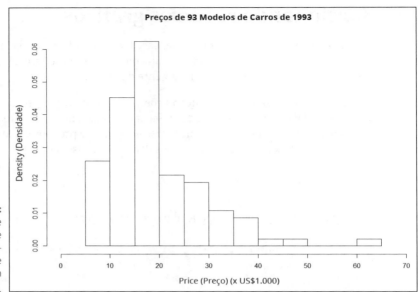

FIGURA 3-8: Gráfico de densidade da distribuição de preços em `Cars93`.

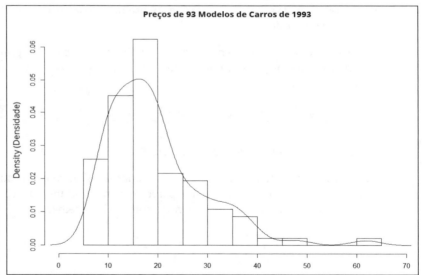

FIGURA 3-9: Gráfico de densidade com uma linha adicionada.

Gráficos de barras

Anteriormente, na seção "Encontrando Padrões", mostrei um gráfico de barras ilustrando os tipos e frequências de carros, além da Tabela 3-1. Como se vê, é preciso fazer esse tipo de tabela antes de poder usar `barplot()` para criar um gráfico de barras.

Para criar a Tabela 3-1, o código R é (muito adequadamente)

```
> table(Cars93$Type)

Compact    Large  Midsize    Small   Sporty      Van
     16       11       22       21       14        9
```

Para o gráfico de barras, então, ele é

```
> barplot(table(Cars93$Type))
```

o que cria o gráfico na Figura 3-10.

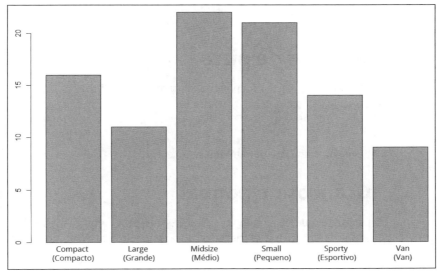

FIGURA 3-10: Gráfico de barra inicial de `table (Cars93 $Type)`.

Novamente, não é tão chamativo quanto o produto exibido na Figura 3-3. Os argumentos adicionais cuidam disso. Para colocar de 0 a 25 no eixo y, use `ylim`, que, como `xlim`, funciona com um vetor:

```
ylim = c(0,25)
```

Para os rótulos dos eixos x e y, use

```
xlab = "Type"
ylab = "Frequency"
```

Para desenhar um eixo sólido, trabalhe com `axis.lty`. Pense nisso como um "tipo de linha do eixo" que você define para `solid` escrevendo

```
axis.lty = "solid"
```

Os valores `dashed` e `dotted` de `axis.lty` resultam em aparências diferentes do eixo x.

Finalmente, use `space` para aumentar o espaçamento entre as barras:

```
space = .05
```

Veja a função completa para produzir o gráfico na Figura 3-3:

```
> barplot(table(Cars93$Type),ylim=c(0,25), xlab="Type",
        ylab="Frequency", axis.lty = "solid", space = .05)
```

Gráficos de pizza

Este tipo de gráfico não poderia ser mais fácil. A linha

```
> pie(table(Cars93$Type))
```

o leva diretamente para a Figura 3-4.

Gráficos de pontos

Espera. O quê? De onde veio isso? Essa é mais uma maneira de visualizar os dados da Tabela 3-1. O chefão da notação de gráficos William Cleveland acredita que as pessoas percebem valores ao lado de uma escala comum (como um gráfico de barras) melhor do que percebem áreas (como em um gráfico de pizza). Então ele inventou o *gráfico de pontos*, exibido na Figura 3-11.

Ele se parece um pouco com um ábaco deitado de lado, não parece? É um daqueles casos raros em que a variável independente está no eixo y e a dependente está no eixo x.

O formato para a função que cria o gráfico de pontos é

```
> dotchart(x, labels, arg1, arg2 ...)
```

Os dois primeiros argumentos são vetores e os outros são argumentos opcionais para modificar a aparência do gráfico de pontos. O primeiro vetor é o de valores (as frequências). O segundo é autoexplicativo; nesse caso, são rótulos para os tipos de veículos.

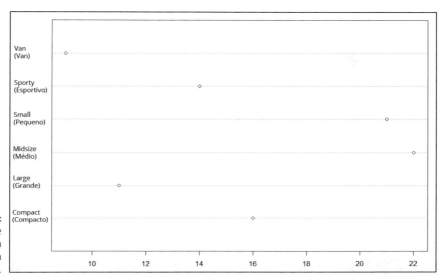

FIGURA 3-11: Gráfico de pontos para os dados da Tabela 3-1.

Para criar os vetores necessários, transforme a tabela em um data frame:

```
> type.frame <- data.frame(table(Cars93$Type))
> type.frame
      Var1 Freq
1  Compact   16
2    Large   11
3  Midsize   22
4    Small   21
5   Sporty   14
6      Van    9
```

Depois use esta linha para produzir o gráfico de pontos:

```
> dotchart(type.frame$Freq,type.frame$Var1)
```

O `type.frame$Freq` especifica que a coluna Frequency (Frequência) no data frame é o eixo x e `type.frame$Var1` especifica que a coluna Var1 (que contém os tipos de carros) é o eixo y.

Esta linha também funciona:

```
> dotchart(type.frame[,2],type.frame[,1])
```

Lembre-se, do Capítulo 2, que `[,2]` significa "coluna 2" e `[,1]` significa "coluna 1".

Revendo gráficos de barra

Em todos os gráficos anteriores, a variável dependente foi a frequência. Contudo, muitas vezes, a variável dependente é um ponto de dados em vez de uma frequência. Veja o que quero dizer.

A Tabela 3-2 mostra os dados para as receitas do espaço comercial no início da década de 1990. (Aliás, os dados são do Departamento de Comércio dos EUA, via Statistical Abstract of the U.S. ["Resumo Estatístico dos Estados Unidos", em tradução livre].)

TABELA 3-2 **Receitas do Espaço Comercial nos EUA 1990–1994 (Em Milhões de Dólares)**

Setor	1990	1991	1992	1993	1994
Commercial Satellites Delivered (Satélites Comerciais Entregues)	1.000	1.300	1.300	1.100	1.400
Satellite Services (Serviços por Satélite)	800	1.200	1.500	1.850	2.330
Satellite Grund Equipment (Equipamento Terrestre por Satélite)	860	1.300	1.400	1.600	1.970
Commercial Launches (Lançamentos Comerciais)	570	380	450	465	580
Remote Sensing Data (Dados de Detecção Remota)	155	190	210	250	300

Os dados são os números nas células, que representam a receita em milhares de dólares. Um diagrama de base R dos dados nessa tabela aparece na Figura 3-12.

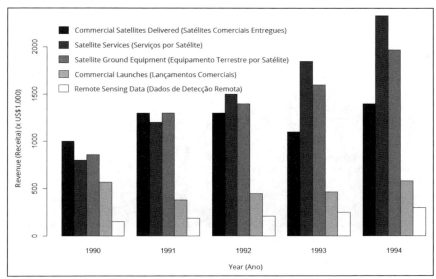

FIGURA 3-12:
Gráfico de barras dos dados da Tabela 3-2.

Se tivéssemos que fazer uma apresentação desses dados, acho que você concordaria que nosso público preferiria o gráfico à tabela. Embora a tabela seja informativa, ela não chama a atenção. É mais fácil ver tendências no gráfico — Satellite Services cresceu mais rápido, enquanto Commercial Launches permaneceu bem nivelado, por exemplo.

Esse gráfico é chamado de *gráfico de barras agrupadas*. Como um gráfico desse tipo é criado na base R?

A primeira coisa a fazer é criar um vetor de valores nas células:

```
rev.values <-
    c(1000,1300,1300,1100,1400,800,1200,1500,1850,
    2330,860,1300,1400,1600,1970,570,380,450,465,580,
    155,190,210,250,300)
```

CUIDADO

Embora os pontos apareçam nos valores da tabela (para os valores maiores que mil), não se pode ter pontos nos valores do vetor! (E por uma razão óbvia, também não se pode ter vírgulas, pois elas são usadas para separar os valores consecutivos no vetor.)

Em seguida, transforme esse vetor em uma matriz. É preciso informar a R quantas linhas (ou colunas) a matriz terá e quais valores carregar na matriz linha a linha:

```
space.rev <- matrix(rev.values,nrow=5,byrow = T)
```

Por fim, forneça os nomes das colunas e das linhas à matriz:

```
colnames(space.rev) <-
        c("1990","1991","1992","1993","1994")
rownames(space.rev) <- c("Commercial Satellites
        Delivered","Satellite Services","Satellite Ground
        Equipment","Commercial Launches","Remote Sensing
        Data")
```

Vejamos a matriz:

```
> space.rev
                              1990 1991 1992 1993 1994
Commercial Satellites Delivered 1000 1300 1300 1100 1400
Satellite Services             800 1200 1500 1850 2330
Satellite Ground Equipment     860 1300 1400 1600 1970
Commercial Launches            570  380  450  465  580
Remote Sensing Data            155  190  210  250  300
```

Perfeito. Está igualzinha à Tabela 3-2.

Com os dados em mãos, prossiga para o gráfico de barras. Crie um vetor de cores para as barras:

```
color.names = c("black","grey25","grey50","grey75","white")
```

DICA

Sobre os nomes das cores: é possível colocar qualquer número de 0 a 100 ao lado de "grey" e obter uma cor: "grey0" é equivalente a "black" e "grey100" é equivalente a "white". (Muito mais de 50 tons, se você entende o que eu quero dizer...)

E agora, o gráfico:

```
> barplot(space.rev, beside = T, xlab= "Year",ylab=
        "Revenue(X $1,000)", col=color.names)
```

`beside = T` significa que as barras ficarão lado a lado. (Você deve experimentar isso sem o argumento e ver o que acontece.) O argumento `col = color.names` fornece as cores especificadas no vetor.

O diagrama resultante é exibido na Figura 3-13.

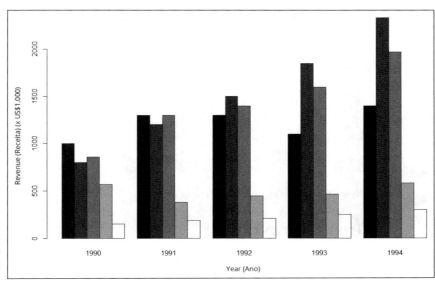

FIGURA 3-13: Gráfico de barras inicial dos dados na Tabela 3-2.

O que ainda falta é a legenda, claro. Adicione-a com a função `legend()` para produzir a Figura 3-12:

```
> legend(1,2300,rownames(space.rev), cex=0.7, fill =
  color.names, bty = "n")
```

Os dois primeiros valores são as coordenadas x e y para localizar a legenda. (Isso exigiu *muitos* ajustes!). O argumento seguinte mostra o que entra na legenda (os nomes dos setores). O argumento `cex` especifica o tamanho dos caracteres da legenda. O valor, `0.7`, indica que os caracteres têm 70% do tamanho que teriam normalmente. Essa é a única maneira de a legenda caber no gráfico. (Pense em "cex" como "expansão de caracteres", embora, nesse caso, seja "contração de caracteres".) `fill = color.names` coloca as amostras de cor na legenda, ao lado dos nomes das linhas. Definir `bty` (o "tipo de borda") para "n" ("none") é outro truque para que a legenda caiba no gráfico.

Diagramas de dispersão

Para visualizar o relacionamento entre potência e MPG (km/l) para dirigir na cidade (como na Figura 3-5), use a função `plot()`:

```
> plot(Cars93$Horsepower, Cars93$MPG.city,
       xlab="Horsepower",ylab="MPG City", main ="MPG
       City vs Horsepower")
```

Como você pode ver, adicionei os argumentos para rotular os eixos e o título.

Outra maneira de fazer isso é usar a notação da fórmula que mostro no Capítulo 2. Então, se quiser que o código R mostre que MPG-city depende da potência, digite

```
> plot(Cars93$MPG.city ~ Cars93$Horsepower,
       xlab="Horsepower",ylab="MPG City", main ="MPG
       City vs Horsepower")
```

LEMBRE-SE

para produzir o mesmo diagrama de dispersão.

O operador til (~) significa "depende de".

Uma reviravolta

R possibilita que você mude o símbolo que representa os pontos no gráfico. A Figura 3-5 mostra que o símbolo padrão é um círculo vazio. Para mudar o símbolo, chamado *caractere gráfico*, configure o argumento pch. R tem um conjunto de valores numéricos (0–25) incorporados para pch que correspondem a um conjunto de símbolos. Os valores de 0 a 15 correspondem a formas ocas e 16 a 25 são formas preenchidas.

O valor padrão é 1. Para mudar o caractere gráfico para quadrados, defina pch para 0. Para triângulos, é 2, e para círculos preenchidos, é 16:

```
> plot(Cars93$Horsepower,Cars93$MPG.city, xlab=
       "Horsepower", ylab="MPG City", main = "MPG
       City vs Horsepower",pch=16)
```

A Figura 3-14 mostra o gráfico com os círculos preenchidos.

Também é possível configurar o argumento col para mudar a cor de "black" (preto) para "blue" (azul) ou várias outras cores (que não ficariam bem em uma página em preto e branco como a que você está vendo agora).

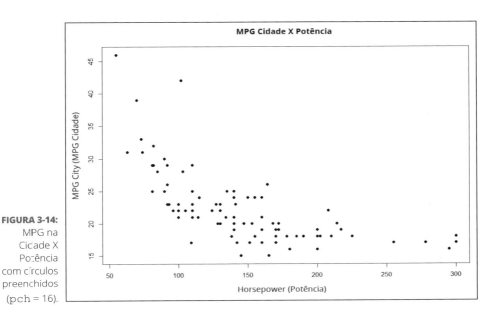

FIGURA 3-14: MPG na Cidade X Potência com círculos preenchidos (pch = 16).

Não estamos limitados aos valores numéricos incorporados para `pch`. Aqui, por exemplo, há um toque interessante: para ajudar a encontrar padrões nos dados, é possível desenhar cada ponto no gráfico como o número de cilindros no carro correspondente, em vez de um símbolo.

Para isso, tome cuidado ao configurar `pch`. Você não pode simplesmente atribuir `Cars93$.Cylinders` como o valor. É preciso garantir que o que for passado a `pch` seja um caractere (como "3", "4" ou "8"), em vez de um número (como 3, 4 ou 8). Outra complicação é que os dados contêm "rotatório" como um valor de `Cylinders`. Para forçar que o valor dos cilindros seja um caractere, aplique `as.character()` a `Cars93$Cylinders`:

```
pch = as.character(Cars93$Cylinders)
```

E a função `plot()` é

```
> plot(Cars93$Horsepower,Cars93$MPG.city, xlab=
        "Horsepower",ylab="MPG City", main = "MPG City
        vs Horsepower", pch = as.character
        (Cars93$Cylinders))
```

O resultado é o diagrama de dispersão na Figura 3-15. Curiosamente, `as.character()` passa "rotatório" como "r".

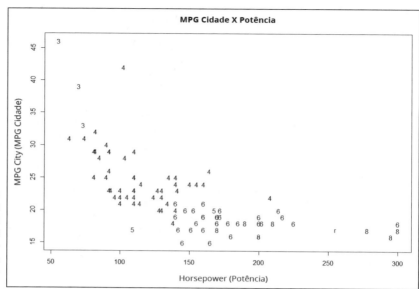

FIGURA 3-15:
MPG Cidade X Potência com pontos diagramados como número de cilindros.

Alinhado à nossa intuição sobre carros, esse diagrama mostra claramente que números baixos de cilindros se associam a potências mais baixas e quilometragens de combustível mais altas, e números mais altos de cilindros se associam a potências mais altas e quilometragens de combustível mais baixas. Também é possível ver rapidamente onde o motor rotatório se encaixa nisso tudo (baixa quilometragem de combustível, potência alta).

Matriz do diagrama de dispersão

A base R fornece uma bela maneira de visualizar relacionamentos entre mais de duas variáveis. Se adicionarmos o preço na mistura e quisermos mostrar todos os relacionamentos emparelhados entre MPG-city, preço e potência, precisaremos de vários diagramas de dispersão. R pode reuni-los em uma matriz, como mostra a Figura 3-16.

Os nomes das variáveis estão nas células da diagonal principal. Cada célula fora da diagonal mostra o diagrama de dispersão para sua própria variável de linha (no eixo y) e sua variável de coluna (no eixo x). Por exemplo, o diagrama de dispersão na primeira linha, segunda coluna, mostra MPG-city no eixo y e o preço no eixo x. Na segunda linha, primeira coluna, os eixos estão trocados: MPG-city no eixo x e o preço no eixo y.

A função R para diagramar essa matriz é `pairs()`. Para calcular as coordenadas de todos os diagramas de dispersão, essa função trabalha com colunas numéricas e uma matriz ou data frame.

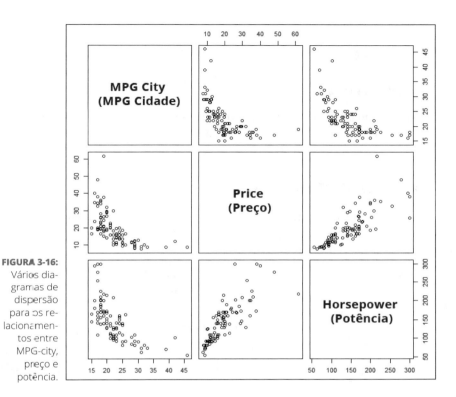

FIGURA 3-16: Vários diagramas de dispersão para os relacionamentos entre MPG-city, preço e potência.

Por conveniência, crie um data frame que seja um subconjunto do data frame `Cars93`. Esse novo data frame consiste em apenas três variáveis para diagramar. A função `subset()` lida com isso facilmente:

```
> cars.subset <- subset(Cars93, select = c(MPG.
        city,Price,Horsepower))
```

O segundo argumento de `subset` cria um vetor do que exatamente é preciso retirar de `Cars93`. Apenas para garantir que o novo data frame esteja como queremos, use a função `head()` para dar uma olhada nas primeiras seis linhas:

```
> head(cars.subset)
  MPG.city Price Horsepower
1       25  15.9        140
2       18  33.9        200
3       20  29.1        172
4       19  37.7        172
5       22  30.0        208
6       22  15.7        110
```

CAPÍTULO 3 **Gráficos**   71

E agora,

```
> pairs(cars.subset)
```

cria o diagrama da Figura 3-16.

Essa capacidade não é limitada a três variáveis, nem a variáveis contínuas. Para ver o que acontece com um tipo diferente de variável, adicione `Cylinders` ao vetor de `select` e use a função `pairs()` em `cars.subset`.

Diagramas de caixa

Para desenhar um diagrama de caixa como o exibido anteriormente na Figura 3-6, use uma fórmula para mostrar que `Horsepower` é a variável dependente e `Cylinders` é a variável independente:

```
> boxplot(Cars93$Horsepower ~ Cars93$Cylinders,
        xlab="Cylinders", ylab="Horsepower")
```

Veja outra maneira de fazer isso se cansar de digitar $:

```
> boxplot(Horsepower ~ Cylinders, data = Cars93,
        xlab="Cylinders", ylab="Horsepower")
```

DICA

Com os argumentos definidos como em qualquer um dos dois exemplos anteriores de código, `plot()` funciona exatamente como `boxplot()`.

Evoluindo para ggplot2

O conjunto de ferramentas gráficas de base R é o começo, mas se você quiser realmente brilhar nas visualizações, será uma boa ideia aprender o ggplot2. Criado pela megaestrela de R, Hadley Wickham, o "gg" no nome do pacote é relativo à "gramática dos gráficos" e é um bom indicador do que vem a seguir. Esse também é o título do livro (de Leland Wilkinson) que é a fonte dos conceitos desse pacote.

Em geral, uma *gramática* é um conjunto de regras para combinar coisas. Na gramática que estamos mais familiarizados, essas coisas são palavras, frases e orações: a gramática de nossa língua informa como combinar esses componentes para produzir frases válidas.

Então uma "gramática dos gráficos" é um conjunto de regras para combinar componentes gráficos e produzir gráficos. Wilkinson propôs que todos os gráficos têm componentes subjacentes em comum, como dados, um sistema de coordenadas (por exemplo, os eixos x e y que conhecemos bem), transformações estatísticas (como contagens de frequência) e objetos dentro do gráfico (por exemplo, pontos, barras, linhas ou fatias de pizza), para citar alguns.

Assim como combinar palavras e frases produz orações gramaticais, combinar componentes gráficos produz gráficos. E assim como algumas frases são gramaticais, mas não fazem sentido ("Ideias verdes sem cor dormem furiosamente."), algumas criações ggplot2 são lindos gráficos que nem sempre são úteis. Fica a cargo de quem fala/escreve passar o sentido ao público, e fica a cargo do desenvolvedor gráfico criar gráficos úteis para que as pessoas utilizem.

Histogramas

Em ggplot2, a implementação de Wickham da gramática de Wilkinson é uma estrutura fácil de aprender para o código de gráficos R. Para aprender essa estrutura, tenha o ggplot2 em sua biblioteca para que possa seguir o que vem agora. (Encontre ggplot2 na aba Packages e clique em sua caixa de verificação.)

Um gráfico começa com `ggplot()`, que recebe dois argumentos. O primeiro é a fonte dos dados. O segundo mapeia os componentes dos dados de interesse para os componentes do gráfico. A função que faz isso é `aes()`.

Para começar um histograma para `Price` em `Cars93`, a função é

```
> ggplot(Cars93, aes(x=Price))
```

A função `aes()` associa `Price` ao eixo x. No mundo de ggplot, isso é chamado de *mapeamento estético*. Na verdade, cada argumento de `aes()` é chamado de *estética*.

Essa linha de código desenha a Figura 3-17, que é apenas uma grade com um fundo cinza e `Price` no eixo x.

Bem, e o eixo y? Alguma coisa nos dados é mapeada nele? Não. Isso porque ele é um histograma e nada explicitamente nos dados fornece um valor de y para cada x. Então não é possível dizer "y=" em `aes()`. Em vez disso, deixamos que R calcule as alturas das barras no histograma.

E o histograma? Como o colocamos nessa grade em branco? É preciso adicionar algo indicando que queremos diagramar um histograma e deixar que R cuide do resto. Adicionamos a função `geom` ("geom" é a abreviação de "objeto geométrico").

Existem vários tipos de funções `geom`. ggplot2 fornece uma para quase todas as necessidades gráficas e dá a flexibilidade de trabalhar com casos especiais. Para desenhar um histograma, a função `geom` a ser usada é chamada de `geom_histogram()`.

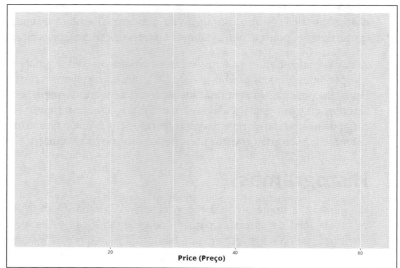

FIGURA 3-17: Aplicando apenas `ggplot()`.

Como adicionar `geom_histogram()` a `ggplot()`? Com um sinal de adição:

```
ggplot(Cars93, aes(x=Price)) +
  geom_histogram()
```

Isso produz a Figura 3-18. As regras gramaticais dizem a ggplot2 que quando o objeto geométrico é um histograma, R faz os cálculos necessários nos dados e produz o diagrama adequado.

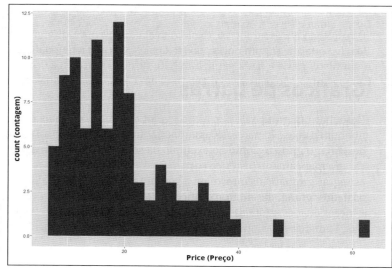

FIGURA 3-18: Histograma inicial para `Price` em `Cars93`.

No mínimo, o código gráfico de ggplot2 precisa ter dados, mapeamentos estéticos e um objeto geométrico. É como responder a uma sequência lógica de perguntas: Qual é a fonte dos dados? Você tem interesse em qual parte dos dados? Quais partes dos dados correspondem a quais partes do gráfico? Que aparência o gráfico deve ter?

Além dessas exigências mínimas, é possível modificar o gráfico. Cada barra é chamada de *bin* e um `ggplot()` padrão usa 30 delas. Depois de diagramar o histograma, `ggplot()` exibe uma mensagem na tela que aconselha experimentar `binwidth` (que especifica a largura de cada bin) para mudar a aparência do gráfico. Portanto, use `binwidth = 5` como um argumento em `geom_histogram()`.

Argumentos adicionais modificam a aparência das barras:

```
geom_histogram(binwidth=5, color = "black", fill = "white")
```

Com outra função, `labs()`, é possível modificar os rótulos dos eixos e fornecer um título para o gráfico:

```
labs(x = "Price (x $1000)", y="Frequency",title="Prices
      of 93 Models of 1993 Cars")
```

Tudo junto agora:

```
ggplot(Cars93, aes(x=Price)) +
  geom_histogram(binwidth=5,color="black",fill="white") +
    labs(x = "Price (x $1000)", y="Frequency", title=
          "Prices of93 Models of 1993 Cars")
```

O resultado é a Figura 3-19. (Note que ela é um pouco diferente da Figura 3-2. Eu tive que ajustar um pouco as duas para que ficassem iguais.)

Gráficos de barras

Desenhar um gráfico de barras no ggplot2 é um pouco mais fácil do que desenhar um na base R: não é necessário criar uma tabela como a Tabela 3-1 antes de desenhar o gráfico. Como no exemplo da seção anterior, não é preciso especificar um mapeamento estético para y. Dessa vez, a função geom é `geom_bar()` e as regras gramaticais informam a ggplot2 para fazer o trabalho necessário com os dados, então, desenhar o gráfico:

```
ggplot(Cars93, aes(x=Type))+
  geom_bar() +
```

```
labs(y="Frequency", title="Car Type and Frequency in
Cars93")
```

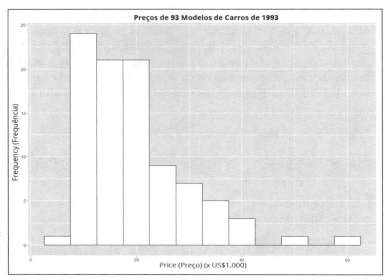

FIGURA 3-19: Histograma Price finalizado.

A Figura 3-20 mostra o gráfico de barras resultante.

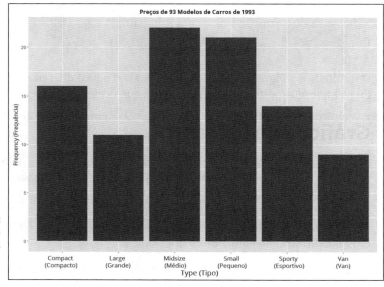

FIGURA 3-20: Gráfico de barras para Car Type.

Gráficos de pontos

Anteriormente neste capítulo, mostrei o gráfico de pontos como uma alternativa ao gráfico de pizza. Nesta seção mostro como usar `ggplot()` para desenhá-lo.

DICA

Por que eu não comecei com o gráfico de pizza e mostrei como criar um com o pacote ggplot2? É muito trabalhoso, e não vale tanto a pena. Se quiser criar um, a função `pie()` de base R é muito mais fácil e usar.

O começo da criação de um gráfico de pontos é bem parecido com o de base R: crie uma tabela para Type (Tipo) e transforme-a em um data frame.

```
type.frame <- data.frame(table(Cars$93.Type))
```

Para garantir que os nomes de variáveis sejam significativos para o mapeamento estético, aplique a função `colnames()` ao nome das colunas nesse data frame. (Esse passo não existe em base R.)

```
colnames(type.frame)<- c("Type","Frequency")
```

Agora `type.frame` se parece exatamente como a Tabela 3-1:

```
> type.frame
     Type Frequency
1 Compact        16
2   Large        11
3 Midsize        22
4   Small        21
5  Sporty        14
6     Van         9
```

E agora o gráfico. Para orientar o gráfico de pontos como na Figura 3-11, mapeie `Frequency` para o eixo x e `Type` para o eixo y:

```
ggplot(type.frame, aes(x=Frequency,y= Type))
```

Novamente, a variável independente geralmente fica no eixo x e a dependente no eixo y, mas esse não é o caso neste gráfico.

Em seguida, adicione uma função `geom`.

CUIDADO

Há uma função `geom` disponível chamada `geom_dotplot()`, mas, surpreendentemente, ela não é adequada aqui. Ela desenha algo diferente. No mundo ggplot, um *diagrama* de pontos é diferente de um *gráfico* de pontos. Vai entender!

A função geom para o gráfico de pontos é geom_point(). Então este código

```
ggplot(type.frame, aes(x=Frequency,y=Type)) +
   geom_point()
```

resulta na Figura 3-21.

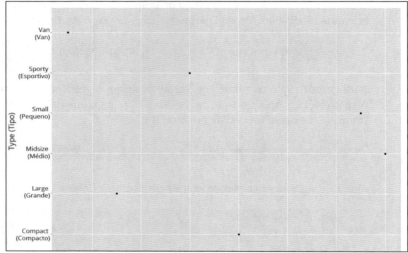

FIGURA 3-21:
Gráfico
de pontos
inicial de
Type.

Há algumas modificações a fazer. Primeiro, com um gráfico como este, é bom organizar as categorias no eixo y respeitando a ordem em que são medidas no eixo x. Isso pede uma pequena mudança no mapeamento estético do eixo y:

```
ggplot(type.frame, aes(x=Frequency,y=reorder(Type,Frequency))
```

Pontos maiores deixam a aparência do gráfico um pouco melhor:

```
geom_point(size =4)
```

Funções adicionais modificam a aparência geral do gráfico. Uma família dessas funções é chamada de *temas*. Um membro dessa família, theme_bw(), remove o fundo cinza. Adicionar theme() com os argumentos adequados a) remove as linhas verticais na grade e b) enegrece as linhas horizontais e as torna pontilhadas:

```
theme_bw() +
theme(panel.grid.major.x=element_blank(),
```

```
        panel.grid.major.y=element_line(color = "black",
            linetype = "dotted"))
```

Por fim, `labs()` muda o rótulo do eixo y:

```
labs(y= "Type")
```

Sem essa mudança, o rótulo do eixo y seria "reorder(Type,Frequency)". Embora seja pitoresco, o rótulo dá um leve sentido ao público comum.

Veja o código do início ao fim:

```
ggplot(type.frame, aes(x=Frequency,y=reorder(Type,Frequency))) +
  geom_point(size = 4) +
  theme_bw() +
  theme(panel.grid.major.x=element_blank(),
        panel.grid.major.y=element_line(color = "black",
            linetype= "dotted"))+
  labs(y="Type")
```

A Figura 3-22 mostra o gráfico de pontos.

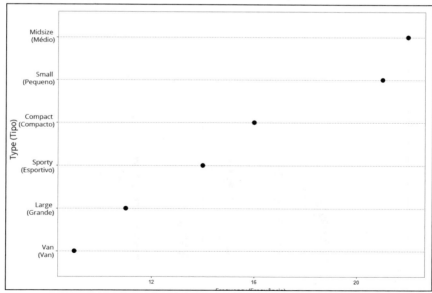

FIGURA 3-22: Gráfico de pontos modificado de Type.

Revendo de novo os gráficos de barra

Como no caso dos primeiros gráficos em base R, os mostrados até agora nesta seção têm frequências (ou "contagens") como a variável dependente. E claro, como mostra a Tabela 3-2, esse nem sempre é o caso.

Na seção sobre base R, mostro como criar um gráfico de barras agrupadas. Aqui eu mostro como usar `ggplot()` para criar um com `space.rev`, o conjunto de dados que criei com os dados da Tabela 3-2. O produto final será igual ao da Figura 3-23.

Primeiro, prepare os dados. Eles não estão no formato que `ggplot()` usa. Este formato

```
> space.rev
                                1990  1991  1992  1993  1994
Commercial Satellites Delivered 1000  1300  1300  1100  1400
Satellite Services               800  1200  1500  1850  2330
Satellite Ground Equipment       860  1300  1400  1600  1970
Commercial Launches              570   380   450   465   580
Remote Sensing Data              155   190   210   250   300
```

é chamado de formato *largo*. No entanto, `ggplot()` trabalha com o formato *longo*, que se parece com isto:

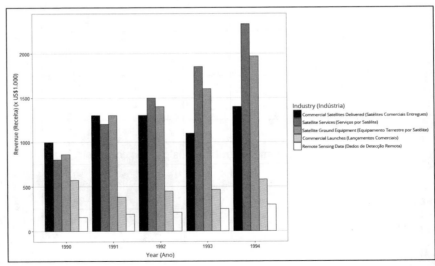

FIGURA 3-23: Gráfico de barras para os dados da Tabela 3-2 com `ggplot()`.

```
  Industry                          Year Revenue
1 Commercial Satellites Delivered   1990    1000
2              Satellite Services   1990     800
3       Satellite Ground Equipment  1990     860
4             Commercial Launches   1990     570
5             Remote Sensing Data   1990     155
6 Commercial Satellites Delivered   1991    1300
```

Essas são as seis primeiras linhas do conjunto de dados. O número total de linhas é 25 (porque 5 linhas e 5 colunas estão no formato largo).

Hadley Wickham (olha o nome de novo!) criou um pacote chamado `reshape2`, que fornece tudo para uma transformação suave. A função `melt()` transforma o formato largo em longo. Outra função, `cast()`, faz o contrário. Elas são de grande ajuda, pois eliminam a necessidade de ficar procurando em planilhas para reformatar um conjunto de dados.

Então, com `reshape2` na biblioteca (clique em sua caixa de verificação na aba Packages), o código é

```
> space.melt <- melt(space.rev)
```

Sim, é só isso. Veja, eu provo para você:

```
> head(space.melt)
                             Var1 Var2 value
1 Commercial Satellites Delivered 1990  1000
2              Satellite Services 1990   800
3      Satellite Ground Equipment 1990   860
4             Commercial Launches 1990   570
5             Remote Sensing Data 1990   155
6 Commercial Satellites Delivered 1991  1300
```

Em seguida, dê nomes significativos para as colunas:

```
> colnames(space.melt) <- c("Industry","Year","Revenue")
> head(space.melt)
                         Industry Year Revenue
1 Commercial Satellites Delivered 1990    1000
2              Satellite Services 1990     800
3      Satellite Ground Equipment 1990     860
4             Commercial Launches 1990     570
```

```
5        Remote Sensing Data 1990      155
6 Commercial Satellites Delivered 1991  1300
```

E agora estamos prontos. Comece com `ggplot()`. Os mapeamentos estéticos são fáceis:

```
ggplot(space.melt, aes(x=Year,y=Revenue,fill=Industry))
```

Adicione a função `geom` para a barra e especifique três argumentos:

```
geom_bar(stat = "identity", position = "dodge", color
   ="black")
```

O primeiro argumento é absolutamente necessário para um gráfico desse tipo. Se deixado por conta própria, `geom_bar` terá como padrão o gráfico de barras mostrado anteriormente, um gráfico baseado em frequências. Como definimos um mapeamento estético para y e esse tipo de gráfico é incompatível com uma estética para y, não configurar esse argumento resulta em uma mensagem de erro.

Assim, informe a `ggplot()` que esse é um gráfico baseado em valores de dados explícitos. Então `stat="identity"` significa "use os números apresentados como dados".

O valor do próximo argumento, `position`, é um nome bonitinho que significa que as barras "desviam" uma das outras e se alinham lado a lado. (Omita esse argumento e veja o que acontece.) Ele é análogo a `"beside =T"` em base R.

O terceiro argumento estabelece a cor das bordas de cada barra. O esquema de preenchimento de cor para as barras é a área da função a seguir:

```
scale_fill_grey(start = 0,end = 1)
```

Como o nome sugere, a função preenche as barras com tons de cinza. O valor start, 0, é preto e o valor end, 1, é branco. (Lembra "grey0" = "black" e "grey100" = "white".) O efeito é o preenchimento das cinco barras com cinco tons de preto a branco.

Renomeie o eixo y, assim

```
labs(y="Revenue (X $1,000)")
```

então remova o fundo cinza

```
theme_bw()
```

e, finalmente, remova as linhas verticais da grade

```
theme(panel.grid.major.x = element_blank())
```

Tudo que é necessário para produzir a Figura 3-23 é

```
ggplot(space.melt, aes(x=Year,y=Revenue,fill=Industry)) +
  geom_bar(stat = "identity", position = "dodge",
  color="black") +
  scale_fill_grey(start = 0,end = 1)+
  labs(y="Revenue (X $1,000)")+
  theme_bw()+
  theme(panel.grid.major.x = element_blank())
```

Diagramas de dispersão

Como descrevi anteriormente, um diagrama de dispersão é uma ótima maneira de mostrar o relacionamento entre duas variáveis, como potência e milhas por galão (km/l) para dirigir na cidade. E `ggplot()` é uma ótima maneira de desenhar um diagrama de dispersão. Se você chegou até aqui, a gramática para fazer isso será fácil:

```
ggplot(Cars93,aes(x=Horsepower,y=MPG.city))+
  geom_point()
```

A Figura 3-24 mostra o diagrama de dispersão. Deixo para que você mude o rótulo do eixo y para "Milhas por Galão (Cidade)" e adicione um título descritivo.

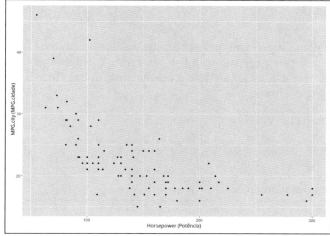

FIGURA 3-24: MPG.city X Horsepower em `Cars93`.

CAPÍTULO 3 **Gráficos** 83

E aquela reviravolta...

Dê outra olhada na Figura 3-15, o relacionamento entre MPG.city e Horsepower. Nele, as marcas do diagrama não são pontos. Em vez disso, cada marca de dado é o número de cilindros, que é um rótulo que aparece como um caractere de texto.

Como fazer isso no mundo do ggplot? Primeiro é preciso um mapeamento estético adicional em `aes()`. Esse mapeamento é `label` e está definido para `Cylinders`:

```
ggplot(Cars93, aes(x=Horsepower, y=MPG.city, label =
    Cylinders))
```

Adicione um objeto geométrico para o texto e *voilà*:

```
ggplot(Cars93, aes(x = Horsepower, y = MPG.city, label =
    Cylinders)) +
    geom_text()
```

A Figura 3-25 mostra o gráfico que esse código produz. Uma diferença da base R é o "rotatório", em vez de "r", como rótulo da marca de dados.

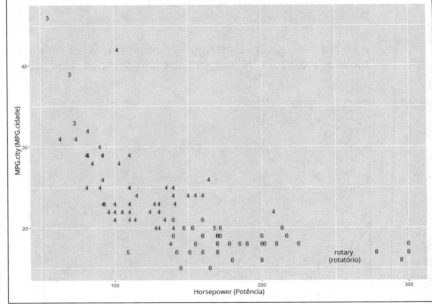

FIGURA 3-25: Diagrama de dispersão inicial para MPG.city X Horsepower com Cylinders como o rótulo da marca de dados.

Só por diversão, usei funções de tema (veja a seção anterior, "Gráficos de pontos") para deixar a aparência do gráfico como a apresentada na Figura 3-15. Como no exemplo do gráfico de pontos, `theme_bw()` elimina o fundo cinza. A função `theme()` (com um argumento específico) elimina a grade:

```
theme(panel.grid=element_blank())
```

`element_blank()` é uma função que desenha um elemento em branco.

Juntando tudo,

```
ggplot(Cars93, aes(x=Horsepower, y=MPG.city, label=Cylinders)) +
  geom_text() +
  theme_bw() +
  theme(panel.grid=element_blank())
```

produz a Figura 3-26. Mais uma vez, deixo para que você use `labs()` para mudar o rótulo do eixo y e adicione um título descritivo.

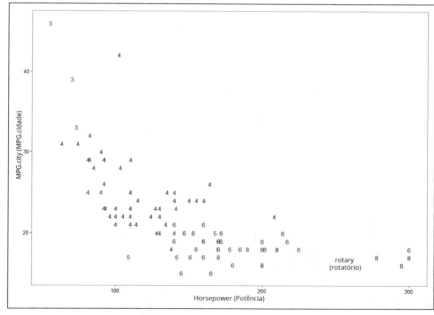

FIGURA 3-26: Diagrama de dispersão modificado para MPG.city X Horsepower com Cylinders como rótulo da marca de dados.

CAPÍTULO 3 **Gráficos** 85

Matriz do diagrama de dispersão

Uma matriz do diagrama de dispersão mostra os relacionamentos emparelhados entre duas variáveis. A Figura 3-16 mostra como a função `pairs()` de base R desenha esse tipo de matriz.

O pacote ggplot2 tinha uma função chamada `plotpairs()`, que fazia algo parecido, mas não tem mais. GGally, um pacote baseado no ggplot2, fornece `ggpairs()` para desenhar matrizes de diagramas de dispersão, e faz isso de forma extravagante.

DICA

O pacote GGally não está na aba Packages. É preciso selecionar Install e digitar **GGally** na caixa de diálogo Install Packages. Quando aparecer na aba Packages, clique na caixa de verificação ao lado dele.

Anteriormente, criei um subconjunto de `Cars93` que inclui MPG.city, Price e Horsepower:

```
> cars.subset <- subset(Cars93, select = c(MPG.
  city,Price,Horsepower))
```

Com o pacote GGally em sua biblioteca, este código cria a matriz do diagrama de dispersão na Figura 3-27:

```
> ggpairs(cars.subset)
```

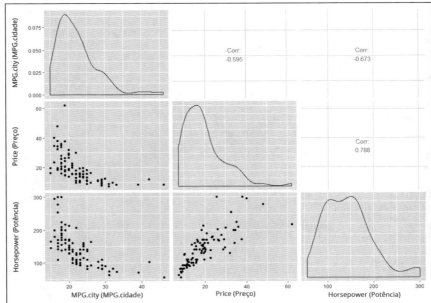

FIGURA 3-27: Matriz do diagrama de dispersão para MPG.city, Price e Horsepower.

Como mostra a Figura 3-27, ficou lindo. As células na diagonal principal apresentam diagramas de densidade das variáveis. (Veja a subseção anterior "Adicionando recursos gráficos" e também o Capítulo 8.) Uma desvantagem é que o eixo y fica visível para a variável MPG.city apenas na primeira linha e primeira coluna.

Os três diagramas de dispersão estão nas células abaixo da diagonal principal. Em vez de mostrar os mesmos diagramas de dispersão com os eixos trocados nas células acima da diagonal principal (como pairs() faz), cada célula acima mostra um *coeficiente de correlação* que resume o relacionamento entre as variáveis de linha e coluna da célula. (Coeficientes de correlação? Não, não vou explicá-los agora. Veja o Capítulo 15.)

Para ter um visual mais agradável, adicione Cylinders a cars.subset e aplique ggpairs():

```
> cars.subset <- subset(Cars93, select = c(MPG.
        city,Price,Horsepower,Cylinders))
> ggpairs(cars.subset)
```

A Figura 3-28 mostra a nova matriz do diagrama de dispersão com toda sua elegância.

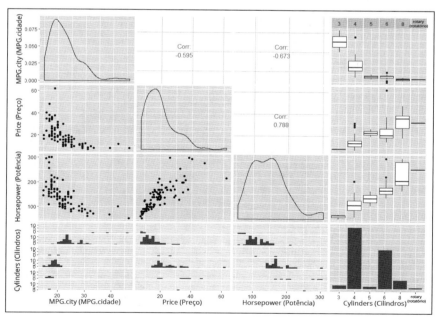

FIGURA 3-28: Adicionar Cylinders produz esta matriz do diagrama de dispersão.

Cylinders não é uma variável que serve para os diagramas de dispersão ou coeficientes de relação. (Pergunta: Por que não?) Assim, a célula na quarta coluna, quarta linha, tem um gráfico de barras, em vez de um diagrama da densidade. Os gráficos de barras relacionando `Cylinders` (em cada eixo y) às outras três variáveis (nos eixos x) ficam nas três células restantes da linha 4. Os diagramas de caixa relacionando `Cylinders` (em cada eixo x) às outras três variáveis (nos eixos y) ficam nas três células restantes da coluna 4.

O que nos leva ao próximo tipo de gráfico...

Diagramas de caixa

Os estatísticos usam diagramas de caixa para mostrar rapidamente como os grupos diferem uns dos outros. Como no exemplo de base R, mostro o diagrama de caixa para Cylinders (Cilindros) e Horsepower (Potência). É uma replicação do gráfico na linha 3, coluna 4 da Figura 3-28.

A essa altura você provavelmente pode adivinhar a função `ggplot()`:

```
ggplot(Cars93, aes(x=Cylinders, y= Horsepower))
```

Qual é a função `geom`? Se você chutou `geom_boxplot()`, acertou!

Então o código é

```
ggplot(Cars93, aes(x=Cylinders,y=Horsepower)) +
    geom_boxplot()
```

E isso nos dá a Figura 3-29.

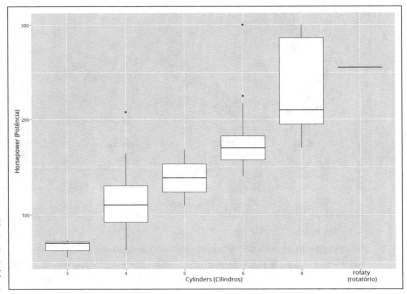

FIGURA 3-29: Diagrama de caixa para Horsepower X Cylinders.

Quer mostrar todas as marcas de dados além das caixas? Adicione a função geom para as marcas

```
ggplot(Cars93, aes(x=Cylinders,y=Horsepower)) +
  geom_boxplot()+
  geom_point()
```

para produzir o gráfico na Figura 3-30.

Lembre-se de que são dados de 93 carros. Você vê 93 marcas de dados? Nem eu. Isso, claro, acontece porque muitas se sobrepõem. Os gurus de gráficos chamam isso de *overplotting*.

Uma maneira de lidar com o overplotting é reposicionar aleatoriamente as marcas para que apareçam, mas não mudem o que representam. Isso é chamado de *jittering*. E o ggplot2 tem uma função geom para isso: geom_jitter(). Adicionar essa função ao código

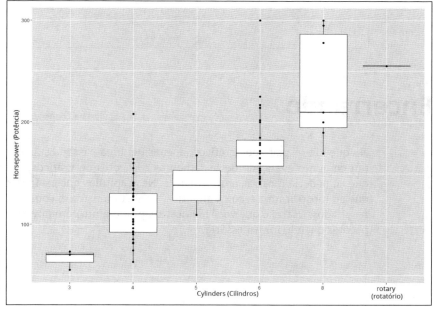

FIGURA 3-30: Diagrama de caixa com marcas de dados.

```
gplot(Cars93, aes(x=Cylinders,y=Horsepower)) +
  geom_boxplot()+
  geom_point()+
  geom_jitter()
```

CAPÍTULO 3 **Gráficos** 89

desenha a Figura 3-31.

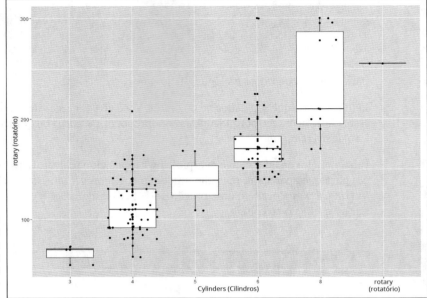

FIGURA 3-31: Diagrama de caixa com marcas de dados com jittering.

Encerrando

No que diz respeito aos gráficos, apenas dei uma passada superficial. O R tem um conjunto avançado de ferramentas e pacotes de gráficos, muito mais do que eu poderia mostrar neste capítulo. Nos capítulos que estão por vir, sempre que eu mostrar uma técnica analítica, também mostrarei como visualizar seus resultados. Usarei o que você leu neste capítulo junto com novas ferramentas e pacotes quando for necessário.

NESTE CAPÍTULO

» Trabalhando dentro das médias

» Satisfazendo condições

» Entendendo que a mediana é a mensagem

» Entrando na moda

Capítulo **4**

Encontrando Seu Centro

Se você já trabalhou com um conjunto de números e teve que descobrir como resumi-los em um único número, enfrentou uma situação que os estatísticos encaram o tempo todo. De onde vem esse "número único" ideal?

Uma boa ideia pode ser selecionar um número em algum lugar do meio do conjunto. Esse número poderia, então, representar o conjunto inteiro de números. Quando procuramos no meio do conjunto, observamos a *tendência central*. É possível abordar a tendência central de várias maneiras.

Médias: Atração

Todos já usamos *médias*. A média é uma maneira fácil de resumir seus gastos, suas notas escolares, sua performance esportiva ao longo do tempo.

No decorrer do trabalho, os cientistas calculam médias. Quando um pesquisador faz um estudo, ele aplica algum tipo de tratamento ou procedimento a uma pequena amostra de pessoas ou coisas. Então mede os resultados e estima os efeitos do procedimento na população que produziu a amostra. Os estatísticos demostram que a média amostral é a estimativa da média da população.

Acho que você sabe como calcular a média, mas a veremos de qualquer forma. Depois mostrarei a fórmula estatística. Meu objetivo é que você entenda as fórmulas estatísticas em geral, então mostrarei como R calcula as médias.

Uma *média* é apenas a soma de um conjunto de números dividido pela quantidade de números somados. Suponha que precisemos medir as alturas (em polegadas) de seis crianças de 5 anos de idade e descobrimos que suas alturas são

36, 42, 43, 37, 40, 45

A altura média dessas seis crianças é

$$\frac{36+42+43+37+40+45}{6} = 40,5$$

A média desse exemplo é, então, 40,5 polegadas (1,03m).

A primeira tentativa de uma fórmula para a média pode ser

$$\text{Média} = \frac{\text{Soma dos Números}}{\text{Quantidade de Números Somados}}$$

No entanto, as fórmulas normalmente envolvem abreviações. Uma abreviação comum para "Número" é *X*. Os estatísticos geralmente abreviam "Quantidade de Números Somados" como *N*. Então a fórmula fica

$$\text{Média} = \frac{\text{Soma de } X}{N}$$

Os estatísticos também usam uma abreviação para *Soma de* — a letra grega *S* maiúscula. Chamada de "sigma", ela tem essa aparência: Σ. Então a fórmula com sigma é

$$\text{Média} = \frac{\sum X}{N}$$

Ainda não terminamos. Os estatísticos também abreviam a "média". Você pode achar que a abreviação seria um *M*, e alguns estatísticos concordam com você, mas a maioria prefere um símbolo relacionado a *X*. Por isso, a abreviação mais popular para a média é $\bar{X}$, que lemos como "X barra". Veja a fórmula:

$$\bar{X} = \frac{\sum X}{N}$$

Preciso resolver mais uma pendência. No Capítulo 1 eu falo sobre amostras e populações. Os símbolos nas fórmulas devem refletir a distinção entre as duas. A convenção é que as letras do alfabeto latino, como $\bar{X}$, representam as características das amostras e as letras gregas representam as características das populações. Para a média da população, o símbolo é o equivalente grego de *M*, que é µ. Pronuncia-se "mi". A fórmula para a média da população é

$$\mu = \frac{\sum X}{N}$$

Média em R: mean()

R fornece uma maneira extremamente simples de calcular a média de um conjunto de números: `mean()`. Vamos aplicá-la ao exemplo das alturas das seis crianças.

Primeiro, crie um vetor das alturas:

```
> heights <- c(36, 42, 43, 37, 40, 45)
```

Depois aplique a função:

```
> mean(heights)
[1] 40.5
```

E é isso.

Qual é sua condição?

Quando trabalhamos com um data frame, às vezes queremos calcular a média apenas dos casos (linhas) que satisfazem certas condições, em vez da média de todos eles. Isso é fácil de fazer em R.

Para a análise que vem a seguir, usei o mesmo data frame `Cars93` do Capítulo 3. É aquele que tem dados de uma amostra de 93 carros de 1993. Está no pacote MASS. Então verifique se o pacote MASS está em sua biblioteca. (Encontre MASS na aba Packages e clique em sua caixa de verificação.)

Suponha que estejamos interessados na potência média dos carros feitos nos EUA. Primeiro selecione esses carros e coloque suas potências em um vetor:

```
Horsepower.USA <- Cars93$Horsepower[Cars93$Origin == "USA"]
```

(Se a parte do lado direito da linha parece estranha, releia o Capítulo 2.)

A potência média é, então,

```
> mean(Horsepower.USA)
[1] 147.5208
```

Hmm, imagino qual será a média para os carros não fabricados nos EUA:

```
Horsepower.NonUSA <- Cars93$Horsepower[Cars93$Origin ==
        "non-USA"]
> mean(Horsepower.NonUSA)
[1] 139.8889
```

As médias são um pouco diferentes. (Podemos examinar essa diferença mais de perto? Sim, podemos, e é o que faremos no Capítulo 11.)

Elimine os cifrões $ com `with()`

No código R anterior, os cifrões $ denotam variáveis no data frame `Cars93`. O R fornece uma maneira de não usar o nome do data frame (daí o cifrão) cada vez que nos referimos a uma de suas variáveis.

No Capítulo 3, mostrei que as funções gráficas recebem, como primeiro argumento, a fonte de dados. Depois, na lista de argumentos, não é necessário repetir a fonte junto do cifrão para indicar uma variável a ser diagramada.

A função `with()` faz isso para outras funções R. O primeiro argumento é a fonte de dados e o segundo é a função aplicada a uma variável na fonte de dados.

Para encontrar a potência média de carros dos EUA em Cars93:

```
> with(Cars93, mean(Horsepower[Origin == "USA"]))
[1] 147.5208
```

Isso também pula o passo de criar o vetor `Horsepower.USA`.

E que tal várias condições, como a potência média dos carros norte-americanos de quatro cilindros?

```
> with(Cars93, mean(Horsepower[Origin == "USA" & Cylinders ==4]))
[1] 104.0909
```

CUIDADO

O R também fornece a função `attach()` como uma maneira de eliminar os cifrões e as teclas pressionada. Anexe o data frame (`attach(Cars93)`, por exemplo) e não será necessário referir-se a ele novamente ao usar suas variáveis. Contudo, várias autoridades em R não recomendam isso, pois pode levar a erros.

Explorando os dados

Agora que examinamos as médias da potência dos carros norte-americanos e estrangeiros, que tal as distribuições gerais?

Isso pede um pouco de exploração de dados. Usamos o pacote ggplot2 (veja o Capítulo 3) para criar histogramas lado a lado a partir do data frame Cars93 para que possamos compará-los. (Verifique se ggplot2 está na biblioteca.) A Figura 4-1 exemplifica o que quero dizer.

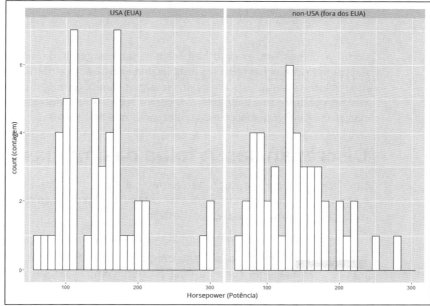

FIGURA 4-1: Histogramas de potência para carros norte-americanos e de outros países em Cars93.

Para criar os histogramas da figura, comece da maneira usual:

```
ggplot(Cars93, aes(x=Horsepower))
```

E depois adicione uma função geom:

```
geom_histogram(color="black", fill="white",binwidth = 10)
```

Eu ajustei um pouco para chegar ao valor binwidth.

Até agora, o código criou um histograma normal com Horsepower no eixo x. Como podemos criar a Figura 4-1? Para isso, adicione um recurso do ggplot chamado *facetagem*. Em termos simples, a facetagem divide os dados de acordo com uma variável nominal, como `Origin`, que pode ser "EUA" ou "fora dos EUA". Há algumas funções de facetagem disponíveis. A que usei aqui é chamada `facet_wrap()`. Para dividir os dados de acordo com `Origin`, insira

```
facet_wrap(~Origin)
```

Só um lembrete: o operador til (~) significa "depende de", então pense em `Origin` como uma variável independente. O código inteiro da Figura 4-1 é

```
ggplot(Cars93, aes(x=Horsepower)) +
  geom_histogram(color="black", fill="white",binwidth = 10)+
  facet_wrap(~Origin)
```

Como podemos ver, as distribuições têm formas gerais diferentes. Os carros norte-americanos parecem ter uma lacuna entre os 200 inferiores e os próximos valores mais altos; os estrangeiros nem tanto. Também podemos ver os valores máximos mais altos para os carros norte-americanos. Que outras diferenças você vê? (Eu abordo essas diferenças no Capítulo 7.)

Discrepâncias: A falha das médias

Uma *discrepância* é um valor extremo no conjunto de dados. Se o conjunto de dados for uma amostra e você estiver tentando estimar a média da população, a discrepância poderá enviesar a estimativa.

Os estatísticos lidam com as discrepâncias *aparando* a média, ou seja, eliminando os valores extremos inferior e superior antes de calcular a média amostral. A quantidade de cortes é uma porcentagem, como 5% das pontuações superiores e inferiores.

Por exemplo, o histograma à esquerda da Figura 4-1 mostra alguns valores extremos. Para cortar os 5% superiores e inferiores, adicione o argumento `trim` a `mean()`:

```
> mean(Horsepower.USA, trim =.05)
[1] 144.1818
```

O resultado é um pouco menor do que a média não aparada.

LEMBRE-SE

Qual é a porcentagem apropriada para `trim`? Isso é você quem decide. Depende do que você está medindo, quão extremas as pontuações podem ser e o quanto você conhece a área que está estudando. Ao reportar uma média aparada, informe ao seu público o que você fez e a porcentagem cortada.

Na próxima seção sobre a mediana, mostrarei outra maneira de lidar com as pontuações extremas.

Outros meios para um fim

Nesta seção, eu explico as duas médias adicionais diferentes daquelas com que estamos acostumados a trabalhar.

A média comum é chamada de *média aritmética*.

LEMBRE-SE

Quantos tipos diferentes de média são possíveis? Os matemáticos da Grécia antiga chegaram a 11!

Média geométrica

Suponha que você tenha um investimento de 5 anos que produz as seguintes porcentagens: 10%, 15%, 10%, 20% e 5%. (Sim, sim, eu sei. Isso é ficção.) Qual é a taxa de retorno médio anual?

Seu primeiro palpite deve ser a média dessas porcentagens. Essa média é 12%. E isso está incorreto.

Por quê? Ela deixa passar um ponto importante. No final do primeiro ano, você *multiplica* seu investimento por 0,10 e não adiciona 1,10 a ele. No final do segundo ano, multiplica o resultado do primeiro ano por 1,15, e assim por diante.

A média aritmética não fornece a taxa de retorno médio. Para isso, calcule a média da seguinte forma:

$$\text{Taxa de Retorno Médio} = \sqrt[5]{1{,}10 \times 1{,}15 \times 1{,}10 \times 1{,}20 \times 1{,}05} = 1{,}118847$$

A taxa de retorno médio é um pouco menor que 12%. Esse tipo de média é chamada de *média geométrica*.

Neste exemplo, a média geométrica é a raiz quinta do produto de cinco números. Ela é sempre a *enésima* raiz do produto de *n* números? Sim.

A base R não fornece uma função para calcular a média geométrica, mas ela é fácil de calcular.

Comece criando um vetor dos números:

```
invest <- c(1.10,1.15,1.10,1.20,1.05)
```

Eu usei a função `prod()` para calcular o produto dos números no vetor e a função `length()` para calcular quantos números existem no vetor. Então o cálculo é

```
> gm.invest <- prod(invest)^(1/(length(invest)))
> gm.invest
[1] 1.118847
```

CAPÍTULO 4 **Encontrando Seu Centro** 97

Média harmônica

Veja uma situação com a qual às vezes nos deparamos na vida, mas com mais frequência em livros de Álgebra.

Suponha que você não esteja com pressa de chegar ao trabalho de manhã e dirige de sua casa até o trabalho a uma velocidade de 30 milhas por hora (50km/h). Mas, no fim do dia, você gostaria de chegar em casa mais rápido. Então, na viagem de volta (com exatamente a mesma distância), dirige do trabalho até sua casa a 50 milhas por hora (80km/h). Qual é a taxa média de seu tempo total na estrada?

Não é 40 milhas por hora (65km/h), porque você tem uma quantidade de tempo diferente na estrada para cada viagem. Sem entrar em detalhes, a fórmula para descobrir isso é

$$\frac{1}{\text{Média}} = \frac{1}{2}\left[\frac{1}{30} + \frac{1}{50}\right] = \frac{1}{37,5}$$

A média é 37,5. Esse tipo de média é chamada de *média harmônica*. Este exemplo consiste em dois números, mas é possível calculá-la para qualquer quantidade de números. É só colocar cada número no denominador de uma fração com 1 como o numerador. Os matemáticos chamam isso de o *recíproco* de um número. (Então $1/30$ é o recíproco de 30.) Some todos os recíprocos e calcule a média. O resultado é o recíproco da média harmônica.

A base R não tem uma função para a média harmônica, mas (novamente) ela é fácil de calcular. Comece criando um vetor das duas velocidades:

```
speeds <- c(30,50)
```

Calcular o recíproco do vetor resulta em um vetor de recíprocos:

```
> 1/speeds
[1] 0.03333333 0.02000000
```

Então a média harmônica é

```
> hm.speeds <- 1/mean(1/speeds)
> hm.speeds
[1] 37.5
```

Medianas: Preso no Meio

A média é uma maneira útil de resumir um grupo de números. Uma desvantagem ("a falha das médias") é que ela é sensível a valores extremos. Se houver um número maluco, a média também ficará doida. Quando isso acontece, ela pode não ser uma boa representante do grupo.

Aqui, por exemplo, estão as velocidades de leitura (em palavras por minuto) de um grupo de crianças:

56, 78, 45, 49, 55, 62

A média é

```
> reading.speeds <- c(56, 78, 45, 49, 55, 62)
> mean(reading.speeds)
[1] 57.5
```

Suponha que a criança que lê 78 palavras por minuto deixe o grupo e um leitor excepcionalmente rápido a substitui. Sua velocidade de leitura será de fenomenais 180 palavras por minuto:

```
> reading.speeds.new <-
          replace(reading.speeds,reading.speeds == 78,180)
> reading.speeds.new
[1]  56 180  45  49  55  62
```

Agora a média é

```
> mean(reading.speeds.new)
[1] 74.5
```

A nova média engana. Exceto pela criança nova, mais ninguém no grupo lê tão rápido. Em casos como esse, é uma boa ideia usar uma medida diferente de tendência central: a mediana.

Mediana é um nome chique para um conceito simples: é o valor do meio de um grupo de números. Organize os números em ordem e a mediana será os valores abaixo e acima dos quais metade das pontuações fica:

```
> sort(reading.speeds)
[1] 45 49 55 56 62 78
```

```
> sort(reading.speeds.new)
[1]   45  49  55  56  62 180
```

Em cada caso, a mediana está no meio do caminho entre 55 e 56, ou seja, 55,5.

Mediana em R: median()

Então não é um grande mistério usar R para encontrar a mediana:

```
> median(reading.speeds)
[1] 55.5
> median(reading.speeds.new)
[1] 55.5
```

Com conjuntos de dados maiores, pode-se encontrar replicações de pontuações. Em qualquer caso, a mediana ainda é o valor do meio. Por exemplo, aqui estão as potências para os carros de quatro cilindros em Cars93:

```
> with(Cars93, Horsepower.Four <- Horsepower[Cylinders == 4])
> sort(Horsepower.Four)
 [1]   63  74  81  81  82  82  85  90  90  92  92  92  92  92
[15]   93  96 100 100 100 102 103 105 110 110 110 110 110 110
[29]  110 114 115 124 127 128 130 130 130 134 135 138 140 140
[43]  140 141 150 155 160 164 208
```

Podemos ver vários números duplicados aqui, particularmente perto do meio. Conte os valores e você verá que 24 pontuações são iguais ou menores que 110, e 24 pontuações são iguais ou maiores que 110, o que torna a mediana

```
> median(Horsepower.Four)
[1] 110
```

Estatística à Moda da Casa

Mais uma medida de tendência central, a *moda*, é importante. Ela é a pontuação que ocorre com mais frequência em grupos de pontuações.

Às vezes a moda é a melhor medida de tendência central para se usar. Imagine uma pequena empresa que consiste em 30 consultores e dois executivos de alto escalão. Cada consultor tem um salário anual de US$40.000. Cada executivo tem um salário anual de US$250.000. O salário médio nessa empresa é de US$53.125.

A média lhe dá uma imagem clara da estrutura salarial da empresa? Se você estiver procurando um emprego nela, a média influenciaria suas expectativas? Você teria uma ideia melhor se considerasse a moda, que nesse caso é US$40.000 (a não ser que você seja um executivo valoroso e de talento!).

Não há nada complicado em encontrar a moda. Observe as pontuações e encontre a que ocorre com mais frequência e você terá encontrado a moda. Há duas pontuações empatadas? Nesse caso, seu conjunto de pontuações tem duas modas. (O termo técnico para isso é *bimodal*.)

É possível ter mais de duas modas? Com certeza.

Se cada pontuação ocorrer com a mesma frequência, não haverá moda.

Moda em R

A base R não fornece uma função para encontrar a moda. Ela tem uma função `mode()`, mas é para algo *muito* diferente. Então você precisa de um pacote chamado *modeest* em sua biblioteca. (Na aba Packages, selecione Install e na caixa de diálogo Install, digite **modeest** na caixa Packages e clique em Install. Depois marque sua caixa de verificação quando aparecer na aba Packages.)

Uma função no pacote modeest é a `mfv()` ("most frequent value" ou valor mais frequente, em português) e é dela que você precisa. Veja um vetor com duas modas (2 e 4):

```
> scores <- c(1,2,2,2,3,4,4,4,5,6)
> mfv(scores)
[1] 2 4
```

NESTE CAPÍTULO

» Descobrindo do que trata a variação

» Trabalhando com variância e desvio padrão

» Explorando funções R que calculam a variação

Capítulo 5
Desviando da Média

Veja uma piada de estatístico bem conhecida: Três estatísticos saem para caçar cervos com arco e flecha. Eles veem um cervo e miram. Um atira e sua flecha voa três metros para a esquerda. O segundo atira e sua flecha voa três metros para a direita. O terceiro estatístico grita feliz: "Pegamos ele!"

Moral da história: calcular a média é uma ótima maneira de resumir um conjunto de números, mas a média pode enganá-lo. Como? Não dando todas as informações necessárias normalmente. Se depender da média, você pode deixar algo importante passar despercebido sobre o conjunto de números.

Para evitar perder informações importantes, é necessário outro tipo de estatística, aquela que mede a *variação*. Pense na variação como um tipo de média do quanto cada número em um grupo difere da média do grupo. Há várias estatísticas disponíveis para medir a variação. Todas elas funcionam do mesmo jeito: quanto maior o valor da estatística, mais os números diferem de sua média. Quanto menor o valor, menos eles diferem.

Medindo a Variação

Suponha que precisemos medir as alturas de um grupo de crianças e descobrimos que suas alturas (em polegadas) são

48, 48, 48, 48 e 48

Depois medimos outro grupo e descobrimos que suas alturas são

50, 47, 52, 46 e 45

Se calcularmos a média de cada grupo, descobriremos que são iguais: 48 polegadas (1,22m). Apenas olhando os números podemos ver que as alturas são diferentes. As alturas no primeiro grupo são todas iguais, enquanto as alturas do segundo grupo variam bastante.

Médias de desvios quadrados: Variância e como calculá-la

Uma maneira de mostrar a diferença entre os dois grupos é examinar os desvios de cada um. Pense em um "desvio" como a diferença entre uma pontuação e a média de todas as pontuações em um grupo.

Veja o que quero dizer. A Tabela 5-1 mostra o primeiro grupo de alturas e seus desvios.

TABELA 5-1 **Primeiro Grupo de Alturas e Seus Desvios**

Altura	Altura Média	Desvio
48	48-48	0
48	48-48	0
48	48-48	0
48	48-48	0
48	48-48	0

Uma maneira de proceder é calcular a média dos desvios. Claramente, a média dos números na coluna Desvio é zero.

A Tabela 5-2 mostra o segundo grupo de alturas e seus desvios.

TABELA 5-2 Segundo Grupo de Alturas e Seus Desvios

Altura	Altura Média	Desvio
50	50-48	2
47	47-48	−1
52	52-48	4
46	46-48	−2
45	45-48	−3

E a média dos desvios na Tabela 5-2? Ela é... zero!

E agora?

As médias dos desvios não nos ajudam a ver a diferença entre os dois grupos, porque a média dos desvios da média em qualquer grupo de números é *sempre* zero. Na verdade, os estatísticos experientes dirão que essa é uma propriedade definidora da média.

O coringa aqui são os números negativos. Como os estatísticos lidam com eles?

O truque é usar algo que você deve se lembrar da Álgebra: menos vezes menos é mais. Isso soa familiar?

Então... isso quer dizer que devemos multiplicar cada desvio por si mesmo e tirar a média dos resultados? Exatamente. Multiplicar um desvio por si mesmo é chamado de *elevar o desvio ao quadrado*. A média dos desvios quadrados é tão importante que tem um nome especial: *variância*.

A Tabela 5-3 mostra o grupo de alturas da Tabela 5-2, junto com seus desvios e desvios quadrados.

TABELA 5-3 Segundo Grupo de Alturas e Seus Desvios Quadrados

Altura	Altura Média	Desvio	Desvio Quadrado
50	50-48	2	4
47	47-48	−1	1
52	52-48	4	16
46	46-48	−2	4
45	45-48	−3	9

A variância, ou seja, a média dos desvios quadrados desse grupo, é (4 + 1 + 16 + 4 + 9) / 5 = 34 / 5 = 6,8. Isso, claro, é bem diferente do primeiro grupo, cuja variância é zero.

Para desenvolver a fórmula da variância e mostrar como ela funciona, utilizo símbolos. X representa o cabeçalho das Alturas na primeira coluna da tabela e $\bar{X}$ representa a média.

Um desvio é o resultado da subtração da média de cada número, então

$$\left(X - \bar{X}\right)$$

simboliza um desvio. E que tal multiplicar um desvio por ele mesmo? Isso seria

$$\left(X - \bar{X}\right)^2$$

Para calcular a variância, eleve cada desvio ao quadrado, some-os e encontre a média dos desvios quadrados. Se N representa a quantidade de desvios quadrados (neste exemplo, cinco), a fórmula para calcular a variância é

$$\frac{\sum\left(X - \bar{X}\right)^2}{N}$$

Σ é a letra grega sigma maiúscula e significa "a soma de".

Qual é o símbolo da variância? Como mencionei no Capítulo 1, as letras gregas representam os parâmetros da população e as letras latinas representam as estatísticas amostrais. Imagine que nosso pequeno grupo de cinco números seja uma população inteira. O alfabeto grego tem uma letra que corresponde a V, do mesmo jeito que μ (o símbolo para a média da população) corresponde a M?

Não. Em vez disso, usamos o sigma *minúsculo*! Ele é assim: σ. E além disso, como estamos falando sobre quantidades quadradas, o símbolo para a variância da população é σ^2.

Resumindo: A fórmula para calcular a variância da população é

$$\sigma^2 = \frac{\sum\left(X - \bar{X}\right)^2}{N}$$

LEMBRE-SE

Um valor grande para a variância informa que os números em um grupo variam muito de sua média. Um valor pequeno para a variância, que os números são bem similares à sua média.

Variância amostral

A fórmula da variância que acabei de mostrar será adequada se o grupo de cinco medidas for uma população. Isso significa que a variância de uma amostra é diferente? Sim, e aqui está o porquê.

Se seu conjunto de números for uma amostra retirada de uma população grande, seu objetivo provavelmente será usar a variância da amostra para estimar a variância da população.

A fórmula na seção anterior não funciona como uma estimativa para a variância da população. Embora a média calculada da maneira usual seja uma estimativa precisa da média populacional, esse não é o caso da variância, por razões que vão muito além do escopo deste livro.

LEMBRE-SE

É bem fácil calcular uma estimativa precisa da variância populacional. Só precisamos usar $N-1$ no denominador, em vez de N. (Repito, por razões que vão muito além do escopo deste livro.)

E como estamos trabalhando com uma característica de uma amostra (em vez da população), usamos o equivalente em português da letra grega — s, em vez de σ. Isso significa que a fórmula para a variância amostral (como uma estimativa da variância populacional) é

$$s^2 = \frac{\sum(X - \bar{X})^2}{N-1}$$

O valor de s^2, dados os desvios quadrados no conjunto de cinco números, é

$(4 + 1 + 16 + 4 + 9)/4 = 34/4 = 8{,}5$

Então, se esses números

50, 47, 52, 46 e 45

forem uma população inteira, sua variância será 6,8. Se forem uma amostra retirada de uma população maior, a melhor estimativa para a variância populacional será 8,5.

Variância em R

Calcular a variância em R é bem simples. Use a função `var()`. Mas qual variância ela nos dá? Com N ou $N-1$ no denominador? Vamos descobrir:

```
> heights <- c(50, 47, 52, 46, 45)
> var(heights)
[1] 8.5
```

Ela calcula a variância estimada (com $N-1$ no denominador). Para calcular a primeira variância que mostrei (com N no denominador), é preciso multiplicar esse número por $(N-1)/N$. Usando `length()` para calcular N, isso seria

```
> var(heights)*(length(heights)-1)/length(heights)
[1] 6.8
```

Se eu trabalhasse com esse tipo de variância com frequência, definiria uma função `var.p()`:

```
var.p = function(x){var(x)*(length(x)-1)/length(x)}
```

Veja como usá-la:

```
> var.p(heights)
[1] 6.8
```

Por razões que ficarão claras mais tarde, eu gostaria que você pensasse no denominador de uma estimativa de variância (como $N-1$) como um *grau de liberdade*. Por quê? Fique ligado. (O Capítulo 12 revelará tudo!)

De Volta às Raízes: Desvio-padrão

Depois de calcular a variância de um conjunto de números, temos um valor cujas unidades são diferentes de suas medidas originais. Por exemplo, se suas medidas originais são em polegadas, sua variância será em polegadas *quadradas*. Isso porque elevamos os desvios ao quadrado antes de calcular a média. Então a variância na população de cinco pontuações no exemplo anterior é 6,8 polegadas quadradas (17,27cm²).

Pode ser difícil compreender o que isso significa. Muitas vezes será mais claro se a variação estatística estiver nas mesmas unidades das medidas originais. É fácil transformar a variância nesse tipo de estatística. É só calcular sua raiz quadrada.

Como a variância, essa raiz quadrada é tão importante que tem um nome especial: desvio-padrão.

Desvio-padrão populacional

O *desvio-padrão* de uma população é a raiz quadrada da variância populacional. O símbolo para o desvio-padrão populacional é σ (sigma). Sua fórmula é

$$\sigma = \sqrt{\sigma^2} = \sqrt{\frac{\sum(X-\bar{X})^2}{N}}$$

Para essa população com cinco pontuações de medidas (em polegadas):

50, 47, 52, 46 e 45

a variância populacional é 6,8 polegadas quadradas (17,27cm²) e o desvio-padrão populacional é 2,61 polegadas (6,63cm) (arredondado).

Desvio-padrão amostral

O desvio-padrão de uma amostra, uma estimativa do desvio-padrão de uma população, é a raiz quadrada da variância amostral. Seu símbolo é *s* e sua fórmula é

$$s = \sqrt{s^2} = \sqrt{\frac{\sum(X-\bar{X})^2}{N-1}}$$

Para esta amostra de medidas (em polegadas):

50, 47, 52, 46 e 45

a variância populacional estimada é 8,4 polegadas quadradas (21,34cm²) e o desvio-padrão populacional estimado é 2,92 polegadas (7,42cm) (arredondado).

Desvio-padrão em R

Como no caso da variância, é fácil usar R para calcular o desvio-padrão: use a função sd(). E como o equivalente da variância, sd() calcula *s*, não σ:

```
> sd(heights)
[1] 2.915476
```

Para σ, em outras palavras, tratando os cinco números como uma população autônoma, é preciso multiplicar o resultado de sd() pela raiz quadrada de (N-1)/N:

```
> sd(heights)*(sqrt((length(heights)-1)/length(heights)))
[1] 2.607681
```

Novamente, se formos usar isso com frequência, será uma boa ideia definir uma função:

```
sd.p=function(x){sd(x)*sqrt((length(x)-1)/length(x))}
```

Veja como usar essa função:

```
> sd.p(heights)
[1] 2.607681
```

Condições, Condições, Condições...

No Capítulo 4, eu indico que, com data frames maiores, às vezes queremos calcular estatísticas em casos (linhas) que satisfazem certas condições, em vez de em todos os casos.

Como nos Capítulos 3 e 4, uso o data frame `Cars93` para a análise que vem a seguir. Esse data frame tem dados de uma amostra de 93 carros de 1993. Você o encontra no pacote MASS, então verifique se o pacote existe em sua biblioteca. (Encontre MASS na aba Packages e clique em sua caixa de verificação.)

Eu calculo a variância das potências dos carros originados nos EUA. Usando a função `with()` que mostrei no Capítulo 4, isso seria

```
> with(Cars93, var(Horsepower[Origin == "USA"]))
[1] 2965.319
```

Quantos desses carros estão nesse grupo?

```
> with(Cars93, length(Horsepower[Origin == "USA"]))
[1] 48
```

E os carros que não são dos EUA?

```
> with(Cars93, var(Horsepower[Origin == "non-USA"]))
[1] 2537.283
> with(Cars93, length(Horsepower[Origin == "non-USA"]))
[1] 45
```

É possível comparar essas variâncias? Claro, mas só no Capítulo 11.

Deixarei isso como um exercício para que você calcule os desvios-padrão para os carros norte-americanos e de outros países.

> **NESTE CAPÍTULO**
> » Padronizando notas
> » Fazendo comparações
> » Trabalhando com classificações em arquivos
> » Nadando em percentis

Capítulo 6
Satisfazendo Padrões e Posições

Na mão esquerda tenho 100 pesos filipinos. Na mão direita, 1.000 pesos colombianos. Qual vale mais? Ambos se chamam *pesos*, certo? Então os 1.000 não deveriam ser maiores que os 100? Não necessariamente. *Peso* é só uma coincidência nos nomes. Cada um vem de um país diferente, e cada país tem sua própria economia.

Para comparar as duas quantias de dinheiro é preciso converter cada moeda em uma unidade padrão. A mais fácil para os cidadãos brasileiros é nossa própria moeda. E a moeda mais utilizada como base no mundo é o dólar americano. Quanto vale cada quantidade em dólares e centavos? Quando escrevi isso, 100 pesos filipinos valiam mais de US$2 e 1.000 pesos colombianos valiam US$0,34.

Então o contexto é importante quando comparamos números. Para fazer comparações válidas entre contextos, frequentemente precisamos converter os números em unidades padrão. Neste capítulo, mostro como usar a estatística para fazer isso. As unidades padrão indicam onde a pontuação está em relação a outras pontuações em um grupo. Também mostrarei outras maneiras de determinar a posição de uma pontuação em um grupo.

Pegando Alguns Zs

Um número isolado não fornece muitas informações. Para entender completamente o que um número significa, é preciso levar em conta o processo que o produziu. Para comparar um número com outro, eles precisam estar na mesma escala.

Quando convertemos moedas, é fácil descobrir um padrão. Quando convertemos temperaturas de Fahrenheit em Celsius ou comprimentos de pés em metros, uma fórmula nos guia.

Quando não é tão claro, podemos usar a média e o desvio-padrão para padronizar as pontuações que vêm de processos diferentes. A ideia é pegar um conjunto de pontuações, usar sua média como ponto zero e seu desvio-padrão como unidade de medida. Então podemos fazer comparações: calculamos o desvio de cada pontuação em relação à média e o comparamos com o desvio-padrão. Você deve estar se perguntando: "Qual é o tamanho de um desvio específico em relação a (algo como) uma média de todos os desvios?"

Para fazer uma comparação, divida o desvio da pontuação pelo desvio-padrão. Isso transforma a pontuação em outro tipo, chamada de *pontuação padrão* ou *escore-z*.

Sua fórmula será

$$z = \frac{X - \bar{X}}{s}$$

se estiver lidando com uma amostra e

$$z = \frac{X - \mu}{\sigma}$$

se estiver lidando com uma população. Em qualquer caso, *x* representa a pontuação sendo transformada em um escore-z.

Características dos escores-z

Um escore-z pode ser positivo, negativo ou zero. Um escore-z negativo representa uma pontuação menor do que a média e um positivo representa uma pontuação maior do que a média. Quando a pontuação é igual à média, seu escore-z é zero.

Quando calculamos o escore-z para todas as notas no conjunto, a média desses escores-z é 0 e seu desvio-padrão é 1.

Depois de fazer isso com vários conjuntos de pontuações, é possível comparar legitimamente uma pontuação de um conjunto com a de outro. Se os dois conjuntos tiverem médias e desvios-padrão diferentes, comparar sem padronizar será como comparar maçãs e laranjas.

Nos exemplos a seguir, mostro como usar os escores-z para fazer comparações.

Bonds *versus* Bambino

Eis uma pergunta importante que frequentemente surge no contexto de análises metafísicas sérias: Quem é o maior rebatedor de home runs de todos os tempos: Barry Bonds ou Babe Ruth? Embora essa seja uma pergunta difícil de responder, uma possibilidade é observar a melhor temporada de cada jogador e compará-las. Bonds rebateu 73 home runs em 2001 e Ruth rebateu 60 em 1927. Superficialmente, Bond parece ter sido o rebatedor mais produtivo.

Contudo, o ano de 1927 foi bem diferente de 2001. O beisebol (e todo o resto) passou por mudanças enormes e há muito esperadas no decorrer dos anos, e as estatísticas dos jogadores refletem essas mudanças. Um home run era muito mais difícil de bater na década de 1920 do que nos anos 2000. Ainda assim, 73 contra 60? Hmmm...

As pontuações padrão podem ajudar a decidir de quem foi a melhor na temporada. Para padronizar, peguei os 50 melhores rebatedores de home run de 1927 e os 50 melhores de 2001. Calculei a média e o desvio-padrão de cada grupo, então, transformei os 60 de Ruth e os 73 de Bond em escores-z.

A média de 1927 é de 12,68 home runs, com um desvio-padrão de 10,49. A média de 2001 é de 37,02 home runs, com desvio-padrão de 9,64. Embora as médias sejam bem diferentes, os desvios-padrão são bem próximos.

E os escores-z? O de Ruth é

$$z = \frac{60 - 12,68}{10,49} = 4,51$$

O de Bond é

$$z = \frac{73 - 37,02}{9,64} = 3,73$$

O vencedor evidente na corrida de melhor escore-z da temporada de home run é Babe Ruth. Ponto.

Só para exemplificar como os tempos mudaram, Lou Gehrig rebateu 47 home runs em 1927 (terminando em segundo lugar), com um escore-z de 3,27. Em 2001, 47 home runs resultaram em um escore-z de 1,04.

Notas de prova

Deixando de lado os debates esportivos, uma aplicação prática dos escores-z é a atribuição das notas de provas. Com base em pontuações percentuais, os professores avaliam tradicionalmente uma nota de 90 pontos ou mais (de 100) como A, 80–89 pontos como B, 70–69 pontos como C, 60–69 pontos como D e menos de 60 pontos como E. Depois calculam a média de várias provas juntas para atribuir uma nota de curso.

Isso é justo? Assim como o peso filipino vale mais do que o peso colombiano, e um home run era mais difícil de rebater em 1927 do que em 2001, um "ponto" em uma prova vale o mesmo que um "ponto" em outra? Como "pesos", "pontos" não são só uma coincidência?

Certamente. Um ponto em uma prova difícil é, por definição, mais difícil de ganhar do que um ponto em uma prova fácil. Como os pontos podem não significar a mesma coisa de uma prova para a outra, a coisa mais justa a fazer é converter as notas de cada prova em escores-z antes de calcular a média. Assim, calculamos a média de números em igualdade de condições.

Eu faço isso nos cursos em que ensino. Muitas vezes descubro que uma nota numérica baixa em uma prova resulta em um escore-z mais alto do que uma nota numérica alta de outra prova. Por exemplo, em uma prova cuja média é 65 e o desvio-padrão é 12, uma nota 71 resulta em um escore-z de 0,5. Em outra prova, com uma média 69 e um desvio-padrão 44, uma nota 75 é equivalente a um escore-z de 0,429. (Sim, é como os 60 home runs de Ruth contra os 73 de Bond.) Moral da história: os números isolados dizem pouco. É preciso entender o processo que os produz.

Pontuações Padrão em R

A função R para calcular as pontuações padrão se chama `scale()`. Forneça um vetor de pontuações e `scale()` retornará um vetor com escores-z junto com média e o desvio-padrão.

Para mostrar `scale()` em ação, isolei um subconjunto do data frame `Cars93`. (Ele está no pacote MASS. Na aba Packages, selecione a caixa ao lado de MASS, se ainda não estiver marcada.)

Especificamente, criei um vetor de potências de carros norte-americanos de oito cilindros:

```
Horsepower.USA.Eight <- with (Cars93, Horsepower[Origin 
   == "USA" & Cylinders == 8])
```

```
> Horsepower.USA.Eight
[1] 200 295 170 300 190 210
```

E agora, para os escores-z:

```
> scale(Horsepower.USA.Eight)
           [,1]
[1,] -0.4925263
[2,]  1.2089283
[3,] -1.0298278
[4,]  1.2984785
[5,] -0.6716268
[6,] -0.3134259
attr(,"scaled:center")
[1] 227.5
attr(,"scaled:scale")
[1] 55.83458
```

O último valor é s, não σ. Se você precisar basear seus escores-z em σ, divida cada elemento do vetor pela raiz quadrada de $(N-1)/N$:

```
> N <- length(Horsepower.USA.Eight)
> scale(Horsepower.USA.Eight)/sqrt((N-1)/N)
           [,1]
[1,] -0.5395356
[2,]  1.3243146
[3,] -1.1281198
[4,]  1.4224120
[5,] -0.7357303
[6,] -0.3433408
attr(,"scaled:center")
[1] 227.5
attr(,"scaled:scale")
[1] 55.83458
```

Note que `scale()` ainda retorna s.

PEGANDO ALGUNS ZS

Como os escores-z negativos podem ter conotações negativas, os educadores às vezes mudam o escore-z quando avaliam os alunos. Na realidade, eles escondem o escore-z, mas o conceito é o mesmo: padronização com o desvio-padrão como unidade de medida.

Uma transformação popular é chamada de escore-T, que elimina os valores negativos, porque um conjunto de escores-T tem uma média 50 e um desvio-padrão, 10. A ideia é dar uma prova, dar nota para todos os testes e calcular a média e o desvio-padrão, em seguida, transformar cada nota em um escore-z. Então siga esta fórmula:

$$T = (z)(10) + 50$$

Pessoas que usam o escore-T frequentemente gostam de arredondá-lo para o número inteiro mais próximo.

Veja como transformar o vetor do exemplo em um conjunto de escores-T:

```
T.Hp.USA.Eight    <-    round((10*scale(Horsepower.USA.
   Eight)+50), digits = 0)
```

O argumento `digits=0` na função `round()` arredonda o resultado para o número inteiro mais próximo.

As notas do SAT (Scholastic Assessment Test; prova feita por alunos norte-americanos como critério de admissão em universidades) são outra transformação do escore-z. (Alguns se referem ao SAT como valor C.) No antigo sistema de notas, o SAT tem uma média 500 e um desvio-padrão 100. Depois que os exames são pontuados e suas médias e desvio-padrão são calculados, cada nota do exame é transformada em um escore-z da forma usual. Esta fórmula converte o escore-z em uma nota SAT:

$$SAT = (z)(100) + 50$$

Arredondar para o número inteiro mais próximo também faz parte do procedimento.

O valor do QI é outro z transformado. Sua média é 100 e seu desvio-padrão é 15. Qual é o procedimento para calcular o QI? Você adivinhou. Em um grupo de valores de QI, calcule a média e o desvio-padrão, então calcule o escore-z:

$$IQ = (z)(15) + 100$$

Como os outros dois exemplos, o QI é arredondado para o número inteiro mais próximo.

Onde Você Fica?

As pontuações padrão mostram a posição de uma pontuação em relação a outras no mesmo grupo. Para isso, usamos o desvio-padrão como unidade de medida.

Se você não quiser usar o desvio-padrão, poderá exibir a posição relativa de uma pontuação de maneira mais simples. É possível determinar a classificação da nota dentro de um grupo: em ordem ascendente, a pontuação mais baixa tem uma classificação 1, a segunda mais baixa, 2, e assim por diante. Em ordem descendente, a nota mais alta é classificada como 1, a segunda mais alta, 2, e assim por diante.

Classificação em R

A função `rank()` classifica as pontuações em um vetor. A ordem padrão é ascendente:

```
> Horsepower.USA.Eight
[1] 200 295 170 300 190 210
> rank(Horsepower.USA.Eight)
[1] 3 5 1 6 2 4
```

Para a ordem descendente, coloque um sinal de menos (–) na frente do nome do vetor:

```
> rank(-Horsepower.USA.Eight)
[1] 4 2 6 1 5 3
```

Pontuações empatadas

O R lida com as pontuações empatadas incluindo o argumento opcional `ties.method` em `rank()`. Para mostrar como funciona, criei um novo vetor que substitui o sexto valor (210) em `Horsepower.USA.Eight` por 200:

```
> tied.Horsepower <- replace(Horsepower.USA.Eight,6,200)
> tied.Horsepower
[1] 200 295 170 300 190 200
```

Uma maneira de lidar com as pontuações empatadas é dar a cada uma a média das classificações que teriam recebido. Então as duas pontuações 200 teriam sido classificadas em 3 e 4, e sua média 3,5 seria o que o método atribui a ambas:

```
> rank(tied.Horsepower, ties.method = "average")
[1] 3.5 5.0 1.0 6.0 2.0 3.5
```

Outro método atribui a menor das classificações:

```
> rank(tied.Horsepower, ties.method = "min")
[1] 3 5 1 6 2 3
```

E ainda outro atribui a maior das classificações:

```
> rank(tied.Horsepower, ties.method = "max")
[1] 4 5 1 6 2 4
```

Há alguns outros métodos disponíveis. Digite **?rank** na janela Console para obter detalhes (que aparecem na aba Help).

Enésimo menor, enésimo maior

Podemos virar o processo de classificação do avesso ao fornecer uma classificação (como a segunda mais baixa) e perguntar qual pontuação está nessa classificação. Esse procedimento começa com a função sort(), que organiza as pontuações em ordem crescente:

```
> sort(Horsepower.USA.Eight)
[1] 170 190 200 210 295 300
```

Para a segunda menor pontuação, forneça o valor do índice 2:

```
> sort(Horsepower.USA.Eight)[2]
[1] 190
```

E que tal começar na outra extremidade? Comece atribuindo o comprimento do vetor a *N*:

```
> N <- length(Horsepower.USA.Eight)
```

Depois, para encontrar a segunda pontuação mais alta, faça

```
> sort(Horsepower.USA.Eight)[N-1]
[1] 295
```

Percentis

Fortemente relacionado à classificação está o *percentil*, que representa a posição de uma pontuação no grupo como a porcentagem de pontuações abaixo dele. Se você já fez testes padronizados como o SAT, encontrou percentis. Na pontuação SAT, o 80º percentil é maior do que 80% das outras pontuações SAT.

Parece simples, não parece? Nem tanto. O "percentil" pode ter algumas definições e, por isso, há duas maneiras (ou mais) de calculá-lo. Alguns definem percentil como "maior que" (como no parágrafo anterior), outros o definem como "maior ou igual a". "Maior que" é igual a "exclusivo". "Maior ou igual a" significa "inclusivo".

A função `quantile()` calcula os percentis. Se deixada sozinha, ela calcula o 0º, 25º, 50º, 75º e 100º percentis. Ela calcula os percentis de maneira consistente com "inclusivo" e (se necessário) interpola os valores para os percentis.

Eu começo classificando o vetor `Horsepower.USA.Eight` para que você possa ver as pontuações em ordem e comparar os percentis:

```
> sort(Horsepower.USA.Eight)
[1] 170 190 200 210 295 300
```

E agora os percentis:

```
> quantile(Horsepower.USA.Eight)
    0%    25%    50%    75%   100%
170.00 192.50 205.00 273.75 300.00
```

Note que o 25º, 50º e 75º percentis são valores que não estão no vetor.

Para calcular os percentis consistentes com "exclusivo", adicione o argumento `type` e iguale-o a 6:

```
> quantile(Horsepower.USA.Eight, type = 6)
    0%    25%    50%    75%   100%
170.00 185.00 205.00 296.25 300.00
```

A propósito, o `type` padrão (o primeiro que mostrei) é 7. Há sete outros tipos (maneiras de calcular os percentis) disponíveis. Para dar uma olhada neles, digite **?quantile** na janela Console (e leia a documentação da aba Help).

Seguindo em frente, eu uso o tipo padrão para os percentis.

O 25º, 50º, 75º e 100º percentis são frequentemente usados para resumir um grupo de pontuações. Como dividem um grupo de notas em quartos, são chamados de *quartis*.

Contudo, você não está limitado aos quartis. É possível fazer `quantile()` retornar qualquer percentil. Suponha que queira encontrar o 54º, 68º e 91º percentis. Inclua um vetor desses números (expressados como proporções), e pronto:

```
> quantile(Horsepower.USA.Eight, c(.54, .68, .91))
    54%     68%     91%
 207.00  244.00  297.75
```

Classificações percentuais

A função `quantile()` fornece as pontuações que correspondem aos percentis dados. Também podemos trabalhar na direção oposta e encontrar as classificações percentuais que correspondem às pontuações dadas no conjunto de dados. Por exemplo, em `Horsepower.USA.Eight`, 170 é a menor na lista de seis, então sua classificação é 1 e sua classificação percentual é 1/6 ou 16,67%.

A base R não fornece uma função para isso, mas é bem fácil criar uma:

```
percent.ranks <-
    function(x){round((rank(x)/length(x))*100, digits = 2)}
```

A função `round()` com `digits = 2` arredonda os resultados em duas casas decimais.

Aplicando essa função:

```
> percent.ranks(Horsepower.USA.Eight)
[1]  50.00  83.33  16.67 100.00  33.33  66.67
```

Resumindo

Além das funções para calcular percentis e classificações, o R fornece algumas funções que resumem rapidamente os dados e fazem muito do trabalho visto neste capítulo.

UM TRUQUE LEGAL

Às vezes podemos querer saber apenas a classificação percentual de uma única pontuação em um conjunto de pontuações, mesmo que ela não esteja no conjunto de dados. Por exemplo, qual é a classificação percentual de 273 em `Horsepower.USA.Eight`?

Para responder a essa pergunta, podemos usar `mean()`. Essa função, usada junto com operadores lógicos, produz resultados interessantes. Veja o que quero dizer:

```
xx <- c(15,20,25,30,35,40,45,50)
```

Veja um resultado esperado:

```
> mean(xx)
[1] 32.5
```

Porém aqui está um que não é esperado:

```
> mean(xx > 15)
[1] 0.875
```

O resultado é a proporção das pontuações em `xx` maiores que 15.

Veja outros:

```
> mean(xx < 25)
[1] 0.25
> mean(xx <= 25)
[1] 0.375
> mean(xx <= 28)
[1] 0.375
```

Esse operador `<=`, claro, significa "menor ou igual a", então o último dá a proporção de notas em `xx` menores ou iguais a 28.

Você está conseguindo me acompanhar? Para encontrar a classificação percentual de uma pontuação (ou pontuação em potencial) em um vetor como `Horsepower.USA.Eight`, use

```
> mean(Horsepower.USA.Eight <= 273)*100
[1] 66.66667
```

Uma delas é a `fivenum()`. Essa função produz cinco números, que são os que o criador do diagrama de caixas, John Tukey, usou para resumir um conjunto de dados. Depois ele usou esses números em seus diagramas de caixa. (Veja o Capítulo 3.)

```
> fivenum(Horsepower.USA.Eight)
[1] 170 190 205 295 300
```

Da esquerda para a direita, são o mínimo, o quartil inferior, o mediano, o quartil superior e o máximo. Lembra da função `quantile()` e as nove maneiras (tipos) disponíveis de calcular os quantis? Os resultados dessa função são o que `type = 2` produz em `quantile()`.

Outra função, `summary()`, é mais usada:

```
> summary(Horsepower.USA.Eight)
   Min. 1st Qu.  Median    Mean 3rd Qu.    Max.
  170.0   192.5   205.0   227.5   273.8   300.0
```

Ela fornece a média e os quantis (como o tipo padrão em `quantile()` os calcula).

A função `summary()` é versátil. Podemos usá-la para resumir uma grande variedade de objetos e os resultados podem parecer bem diferentes de um objeto para outro. Eu a utilizo bastante nos próximos capítulos.

> NESTE CAPÍTULO
>
> » Trabalhando com grandes e pequenas coisas
> » Entendendo simetria, picos e platôs
> » Experimentando momentos especiais
> » Encontrando frequências
> » Descrevendo

Capítulo 7
Resumindo Tudo

As medidas de tendência central e variabilidade que analisei nos capítulos anteriores não são as únicas maneiras de resumir um conjunto de pontuações. Essas medidas são um subconjunto de estatísticas descritivas. Algumas delas, como máximo, mínimo e amplitude, são fáceis de entender. Outras, como assimetria e curtose, não.

Este capítulo trata das estatísticas descritivas e mostra como calculá-las em R.

Quantos?

Talvez a estatística descritiva fundamental seja o número de pontuações em um conjunto de dados. Nos capítulos anteriores, eu trabalho com `length()`, a função R que calcula esse número. Como nos capítulos anteriores, trabalho com o data frame `Cars93`, que está no pacote MASS. (Se você não selecionou, clique na caixa de verificação ao lado de MASS na aba Packages.)

`Cars93` contém dados de 27 variáveis para 93 carros disponíveis em 1993. O que acontece quando aplicamos `length()` no data frame?

```
> length(Cars93)
[1] 27
```

Então `length()` retorna o número de variáveis no data frame. A função `ncol()` faz a mesma coisa:

```
> ncol(Cars93)
[1] 27
```

Já sei o número de casos (linhas) no data frame, mas se eu tivesse que descobrir esse número, usaria `nrow()`:

```
> nrow(Cars93)
[1] 93
```

Se quisermos saber quantos casos do data frame satisfazem uma condição específica, como quantos carros são originados dos EUA, será preciso levar em consideração a maneira como o R trata as condições: R anexa o rótulo "TRUE" para casos que satisfazem uma condição e "FALSE" para casos que não a satisfazem. Além disso, o R atribui o valor 1 a "TRUE" e 0 a "FALSE".

Então, para contar o número de carros originados nos EUA, declare a condição e some todos os 1s:

```
> sum(Cars93$Origin == "USA")
[1] 48
```

Para contar o número de carros do data frame que não são norte-americanos, mude a condição para "non-USA", claro, ou use !=, o operador "diferente de":

```
> sum(Cars93$Origin != "USA")
[1] 45
```

Condições mais complexas são possíveis. Para o número de carros norte-americanos com quatro cilindros:

```
> sum(Cars93$Origin == "USA" & Cars93$Cylinders == 4)
[1] 22
```

Ou se preferir sem cifrões:

```
> with(Cars93, sum(Origin == "USA" & Cylinders == 4))
[1] 22
```

Para calcular o número de elementos em um vetor, use a função `length()`, como você deve ter lido antes. Aqui está um vetor de potências para carros norte-americanos de quatro cilindros:

```
> Horsepower.USA.Four <- Cars93$Horsepower[Origin ==
  "USA" & Cylinders == 4]
```

e aqui, o número de valores da potência nesse vetor:

```
> length(Horsepower.USA.Four)
[1] 22
```

Altos e Baixos

Duas estatísticas descritivas que não precisam de apresentações são os valores máximo e mínimo em um conjunto de pontuações:

```
> max(Horsepower.USA.Four)
[1] 155
> min(Horsepower.USA.Four)
[1] 63
```

Se precisarmos de ambos os valores ao mesmo tempo:

```
> range(Horsepower.USA.Four)
[1]  63 155
```

Vivendo os Momentos

Em Estatística, *momentos* são quantidades relacionadas à forma de um conjunto de números. Com "forma de um conjunto de números", quero dizer "aparência de um histograma baseado em números" ou sua dispersão, sua simetria e mais.

Um *momento bruto* de ordem k é a média de todos os números do conjunto, cada qual elevado à kº potência antes de a média ser calculada. Então, o *primeiro* momento bruto é a média aritmética, o *segundo* é a média das pontuações quadradas, o *terceiro* é a média das pontuações ao cubo, e assim por diante.

Um *momento central* é baseado na média dos *desvios* dos números de sua média. (Começou a parecer vagamente familiar?) Se elevarmos os desvios ao quadrado antes de calcular a média, teremos o *segundo* momento central. Se elevarmos os desvios ao cubo antes de calcular a média, teremos o *terceiro* momento central. Elevando cada um à quarta potência antes de calcular a média, teremos o *quarto* momento central. Eu poderia continuar, mas você entendeu a ideia.

Duas perguntas rápidas: 1. Para qualquer conjunto de números, qual é o primeiro momento central? 2. O segundo momento central é conhecido por qual nome?

Duas respostas rápidas: 1. Zero. 2. Variância populacional. Releia o Capítulo 5 se não acredita em mim.

Um momento de ensino

Antes de continuar, acho que é uma boa ideia traduzir para R tudo o que eu disse até agora neste capítulo. Assim, quando chegarmos à instalação do próximo pacote R (que calcula os momentos), você entenderá o que acontece nos bastidores.

Veja uma função para calcular um momento central de um vetor:

```
cen.mom <-function(x,y){mean((x - mean(x))^y)}
```

O primeiro argumento, x, é o vetor. O segundo argumento, y, é a ordem (segundo, terceiro, quarto...).

Aqui está um vetor para testar isso:

```
Horsepower.USA <- Cars93$Horsepower[Origin == "USA"]
```

E aqui estão o segundo, terceiro e quarto momentos centrais:

```
> cen.mom(Horsepower.USA,2)
[1] 2903.541
> cen.mom(Horsepower.USA,3)
[1] 177269.5
> cen.mom(Horsepower.USA,4)
[1] 37127741
```

De volta aos descritivos

O que todas essas coisas sobre momentos têm a ver com a estatística descritiva? Como eu informei... bem... pouco tempo atrás, pense em um histograma baseado em um conjunto de números. O primeiro momento bruto (a média) localiza o *centro* do histograma. O segundo momento central indica a *dispersão* do histograma. O terceiro está envolvido na *simetria* do histograma, que é chamada de *assimetria*. E o quarto momento central descobre a espessura das caudas (extremidades) do histograma. Isso se chama *curtose*. Os momentos maiores vão muito além do escopo deste livro.

Vejamos a simetria e as "caudas".

Assimetria

A Figura 7-1 mostra três histogramas. O primeiro é simétrico e os outros dois não. A simetria e a assimetria são refletidas na estatística de assimetria.

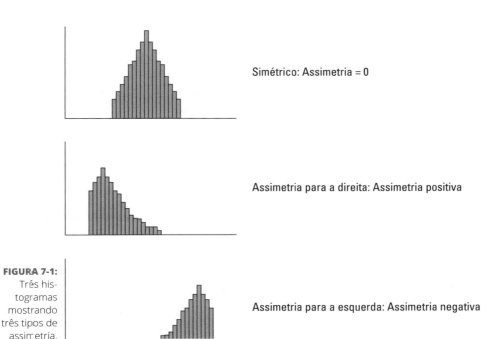

FIGURA 7-1: Três histogramas mostrando três tipos de assimetria.

Para o histograma simétrico, a assimetria é 0. Para o segundo histograma, com a cauda para a direita, o valor da estatística de assimetria é *positivo*. Também dizemos que é "assimétrico para a direita". Para o terceiro histograma (que tem a cauda para a esquerda), o valor da estatística de assimetria é *negativo*. Também dizemos que é "assimétrico para a esquerda".

Agora a fórmula. Faremos M_k representar o kº momento central. Para calcular a assimetria:

$$assimetria = \frac{\sum (X - \bar{X})^3}{(N-1)s^3}$$

Em português, a *assimetria* de um conjunto de números é o terceiro momento central dividido pelo segundo momento central elevado à potência de três meios. Com a função R que definimos antes, é mais fácil fazer do que falar:

```
> cen.mom(Horsepower.USA,3)/cen.mom(Horsepower.USA,2)^1.5
[1] 1.133031
```

Com o pacote `moments`, é ainda mais fácil. Na aba Packages, clique em Install, digite **moments** na caixa de diálogo Install Packages e clique em Install. Depois, na aba Packages, marque a caixa de verificação ao lado de `moments`.

Veja a função `skewness()` em ação:

```
> skewness(Horsepower.USA)
[1] 1.133031
```

Então a assimetria é positiva. Como isso se compara à potência de carros estrangeiros?

```
> Horsepower.NonUSA <- Cars93$Horsepower[Origin == "non-USA"]
> skewness(Horsepower.NonUSA)
[1] 0.642995
```

A assimetria é mais positiva para os carros norte-americanos do que os estrangeiros. E como são os dois histogramas?

Eu os produzi lado a lado na Figura 4-1, lá no Capítulo 4. Por conveniência, vou mostrá-los aqui, na Figura 7-2.

O código que os produz é

```
ggplot(Cars93, aes(x=Horsepower)) +
  geom_histogram(color="black", fill="white",binwidth = 10)+
  facet_wrap(~Origin)
```

Consistente com os valores da assimetria, os histogramas mostram que em relação aos carros norte-americanos, as pontuações são mais agrupadas à esquerda do que para os carros estrangeiros.

Às vezes é mais fácil ver tendências em um diagrama de densidade do que em um histograma. Um diagrama de densidade mostra as proporções das pontuações entre os limites inferior e superior (como a proporção de carros com potência entre 100 e 140). Analiso a densidade em mais detalhes no Capítulo 8.

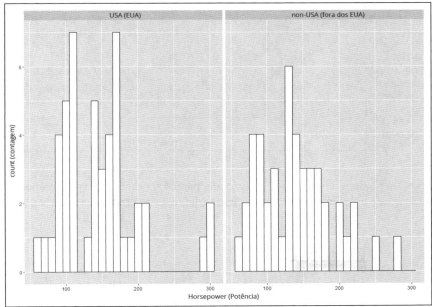

FIGURA 7-2: Histogramas de potência para carros norte-americanos e de outros países.

Mudar uma linha do código produz os gráficos de densidade:

```
ggplot(Cars93, aes(x=Horsepower)) +
  geom_density() +
  facet_wrap(~Origin)
```

A Figura 7-3 mostra os dois gráficos de densidade.

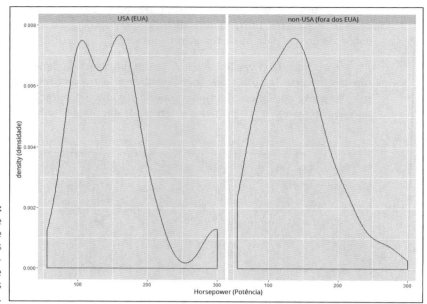

FIGURA 7-3: Gráficos de densidade para carros norte-americanos e de outros países.

Com os gráficos de densidade, parece ser mais fácil (pelo menos para mim) ver a inclinação para a esquerda (daí, a assimetria mais positiva) no diagrama da esquerda.

Curtose

A Figura 7-4 mostra dois histogramas. O primeiro tem caudas mais planas que o segundo. Diz-se que o primeiro é *leptocúrtico*. O segundo é *platicúrtico*. A curtose do primeiro histograma é maior do que a do segundo.

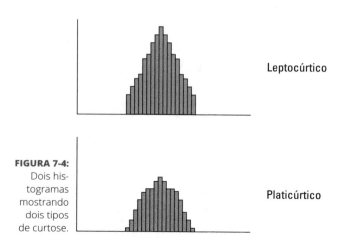

FIGURA 7-4: Dois histogramas mostrando dois tipos de curtose.

A fórmula da curtose é

$$curtose = \frac{\sum(X - \bar{X})^2}{(N-1)s^4} - 3$$

onde M_4 é o quarto momento central e M_2 é o segundo momento central. Então curtose é o quarto momento central dividido pelo quadrado do segundo momento central.

DICA

Muitos estatísticos subtraem 3 do resultado da fórmula de curtose. Eles se referem a esse valor como *excesso de curtose*. Com "excesso" eles querem dizer que a curtose é maior (ou possivelmente menor) do que a curtose de algo chamado *distribuição normal padrão*, que analiso no Capítulo 8. Por causa da subtração, o excesso de curtose pode ser negativo. Por que 3 representa a curtose da distribuição normal padrão? Não pergunte.

Usando a função definida anteriormente, a curtose da potência dos carros norte-americanos é

```
> cen.mom(Horsepower.USA, 4)/cen.mom(Horsepower.USA, 2)^2
[1] 4.403952
```

É claro que a função `kurtosis()` no pacote `moments` torna isso fácil:

```
> kurtosis(Horsepower.USA)
[1] 4.403952
```

A cauda mais espessa do lado esquerdo do gráfico de densidade na Figura 7-3 sugere que os carros norte-americanos têm uma curtose maior do que os carros de outros países. Isso é verdade?

```
> kurtosis(Horsepower.NonUSA)
[1] 3.097339
```

É sim!

DICA

Além de `skewness()` e `kurtosis()`, o pacote `moments` fornece uma função chamada `moment()`, que faz tudo o que `cen.mom()` faz e mais um pouco. Achei que seria uma boa ideia mostrar uma função definida pelo usuário que ilustra o que entra no cálculo de um momento central. (Eu fui "momentoso"... ou só "aproveitei o momento"? Tudo bem. Parei.)

Ajustando a Frequência

Uma boa maneira de explorar os dados é encontrar as frequências de ocorrência para cada categoria de uma variável nominal e cada intervalo de uma variável numérica.

Variáveis nominais: table() et alii

Para as variáveis nominais, como Tipos de Automóveis em `Cars93`, o modo mais fácil de obter as frequências é com a função `table()`, usada anteriormente:

```
> car.types <-table(Cars93$Type)
> car.types

Compact    Large  Midsize    Small   Sporty      Van
     16       11       22       21       14        9
```

Outra função, `prop.table()`, expressa essas frequências como proporções do total:

```
> prop.table(car.types)

   Compact       Large     Midsize       Small      Sporty         Van
0.17204301  0.11827957  0.23655914  0.22580645  0.15053763
0.09677419
```

LEMBRE-SE

Os valores aqui parecem doidos, porque a página não é tão larga quanto a janela Console. Se arredondarmos as proporções para duas casas decimais, o resultado ficará muito melhor na página:

```
> round(prop.table(car.types),2)

Compact   Large  Midsize   Small  Sporty    Van
   0.17    0.12    0.24    0.23    0.15   0.10
```

Outra função, `margin.table()`, soma as frequências:

```
> margin.table(car.types)
[1] 93
```

Variáveis numéricas: hist()

Tabular frequências para intervalos de dados numéricos faz parte da criação de histogramas. (Veja o Capítulo 3.) Para criar uma tabela de frequências, use a função gráfica `hist()`, que produz uma lista de componentes quando o argumento `plot` é FALSE:

```
> prices <- hist(Cars93$Price, plot=F, breaks=5)
> prices
$breaks
[1]  0 10 20 30 40 50 60 70

$counts
[1] 12 50 19  9  2  0  1

$density
[1] 0.012903226 0.053763441 0.020430108 0.009677419
    0.002150538 0.000000000
[7] 0.001075269

$mids
[1]  5 15 25 35 45 55 65

$xname
[1] "Cars93$Price"

$equidist
[1] TRUE
```

(Em Cars93, lembre-se, cada preço está em milhares de dólares.)

Embora eu tenha especificado cinco quebras, `hist()` usa um número de quebras que deixa tudo mais "bonito". A partir disso, posso usar `mids` (os pontos médios do intervalo) e `counts` para criar uma matriz das frequências e um data frame:

```
> prices.matrix <- matrix(c(prices$mids,prices$counts),
  ncol = 2)
> prices.frame <- data.frame(prices.matrix)
```

```
> colnames(prices.frame) <- c("Price Midpoint (X
  $1,000)","Frequency")
> prices.frame
  Price Midpoint (X $1,000) Frequency
1                         5        12
2                        15        50
3                        25        19
4                        35         9
5                        45         2
6                        55         0
7                        65         1
```

Frequência cumulativa

Outra maneira de observar as frequências é examinar as *frequências cumulativas*: Cada frequência cumulativa do intervalo é a soma de sua própria frequência e todas as frequências dos intervalos anteriores.

A função cumsum() faz as contas no vetor de frequências:

```
> prices$counts
[1] 12 50 19  9  2  0  1
> cumsum(prices$counts)
[1] 12 62 81 90 92 92 93
```

Para diagramar um histograma de frequência cumulativa, substitua o vetor original pelo vetor de frequências cumulativas:

```
> prices$counts <- cumsum(prices$counts)
```

Então aplique plot():

```
> plot(prices, main = "Cumulative Histogram", xlab =
  "Price", ylab = "Cumulative Frequency")
```

O resultado é a Figura 7-5.

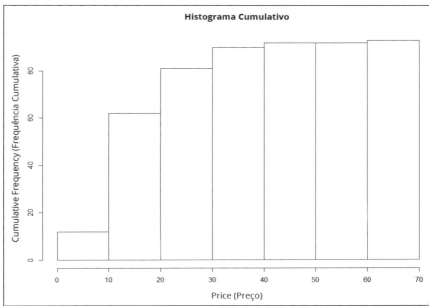

FIGURA 7-5: Histograma da frequência cumulativa dos dados de preço em Cars93.

Passo a passo: Função de distribuição cumulativa empírica

A *função de distribuição cumulativa empírica* (ecdf) é fortemente relacionada à frequência cumulativa. Contudo, em vez de mostrar a frequência em um intervalo, a ecdf mostra a proporção de pontuações menores ou iguais a cada pontuação. Se isso parece familiar, provavelmente é porque você leu sobre percentis no Capítulo 6.

Na base R, é fácil diagramar a ecdf:

```
> plot(ecdf(Cars93$Price), xlab = "Price", ylab =
  "Fn(Price)")
```

Isso produz a Figura 7-6.

O F maiúsculo no eixo y é uma convenção de notação para a distribuição cumulativa. Fn significa, na verdade, "função cumulativa", em oposição a f ou fn, que só significa "função". (O rótulo do eixo y também poderia ser Percentile(Price).)

Observe bem o diagrama. Quando pontos consecutivos estão longe (como os dois na à direita superior), podemos ver uma linha horizontal se estendendo à direita de um ponto. (Uma linha se estende de cada ponto, mas elas não são visíveis

CAPÍTULO 7 **Resumindo Tudo** 135

quando os pontos estão agrupados.) Pense nessa linha como um "passo" e o ponto seguinte é um passo em um degrau mais alto do que o anterior. Quanto mais alto? Isso seria 1/N, sendo N o número de pontuações na amostra. Para `Cars93`, seria 1/93, que é arredondado para 0,011. (Agora reconsidere o título dessa subseção. Viu o que eu fiz?)

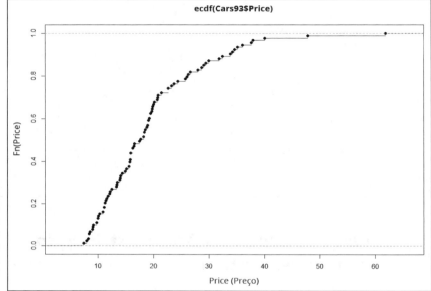

FIGURA 7-6: Função de distribuição cumulativa empírica para os dados de preço em `Cars93`.

Por que é chamada de função de distribuição cumulativa "empírica"? Algo *empírico* é baseado em observações, como os dados amostrais. É possível ter uma função de distribuição cumulativa não empírica (cdf)? Sim, e ela é a cdf da população de onde a amostra é retirada. (Veja o Capítulo 1.) Um uso importante da ecdf é como uma ferramenta para estimar a população cdf.

Então o ecdf diagramado é uma estimativa do cdf da população e a estimativa é baseada nos dados da amostra. Para criar uma estimativa, atribua uma probabilidade a cada ponto, então, some as probabilidades, ponto a ponto, do valor mínimo ao valor máximo. Isso produzirá a probabilidade cumulativa para cada ponto. A probabilidade atribuída a um valor da amostra é a estimativa da proporção de vezes que esse valor ocorre na população. Qual é a estimativa? É o já mencionado 1/N de cada ponto ou 0,011 para essa amostra. Para qualquer valor dado, essa pode não ser a proporção exata na população. É apenas a melhor estimativa da amostra.

Prefiro usar `ggplot()` para visualizar a ecdf. Como baseio o diagrama em um vetor (`Cars93$Price`), a fonte de dados é `NULL`:

```
ggplot(NULL, aes(x=Cars93$Price))
```

Em consonância com a natureza passo a passo dessa função, o diagrama consiste em passos e a função `geom` é `geom_step`. A estatística que localiza cada passo no diagrama é a ecdf:

```
geom_step(stat="ecdf")
```

E os rótulos dos eixos seriam:

```
labs(x= "Price X $1,000",y = "Fn(Price)")
```

Juntando essas três linhas de código

```
ggplot(NULL, aes(x=Cars93$Price)) +
  geom_step(stat="ecdf") +
  labs(x= "Price X $1,000",y = "Fn(Price)")
```

temos a Figura 7-7.

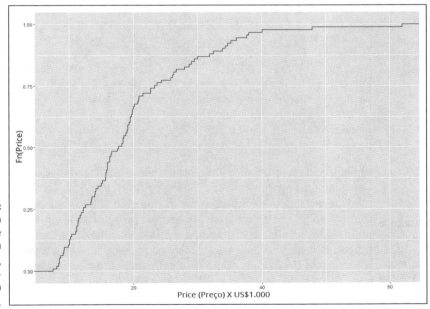

FIGURA 7-7: A ecdf para os dados de preço em `Cars93`, diagramados com `ggplot()`.

Para dar um pouco de vida ao gráfico, adicione uma linha vertical pontilhada em cada quartil. Antes de adicionar a função `geom` para uma linha vertical, coloque a informação do quartil em um vetor:

```
price.q <-quantile(Cars93$Price)
```

E agora

```
geom_vline(aes(xintercept=price.q),linetype = "dashed")
```

adicione as linhas verticais. O mapeamento estético estabelece o segmento de reta x de cada linha em um valor de quartil.

Então estas linhas de código

```
ggplot(NULL, aes(x=Cars93$Price)) +
  geom_step(stat="ecdf") +
  labs(x= "Price X $1,000",y = "Fn(Price)") +
  geom_vline(aes(xintercept=price.q),linetype = "dashed")
```

resultam na Figura 7-8.

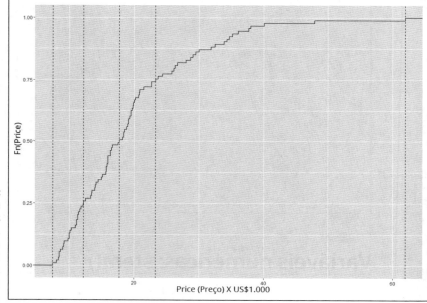

FIGURA 7-8: A ecdf para os dados de preço, com uma linha vertical tracejada em cada quartil.

Um belo toque final é colocar os valores do quartil no eixo x. A função `scale_x_continuous()` faz isso. Ela usa um argumento chamado `breaks` (que estabelece a localização dos valores a serem colocados no eixo) e outro chamado `labels` (que coloca os valores nessas localizações). Veja onde o vetor `price.q` é útil:

```
scale_x_continuous(breaks = price.q,labels = price.q)
```

E aqui está o código R que cria a Figura 7-9:

```
ggplot(NULL, aes(x=Cars93$Price)) +
  geom_step(stat="ecdf") +
  labs(x= "Price X $1,000",y = "Fn(Price)") +
  geom_vline(aes(xintercept=price.q),linetype = "dashed")+
  scale_x_continuous(breaks = price.q,labels = price.q)
```

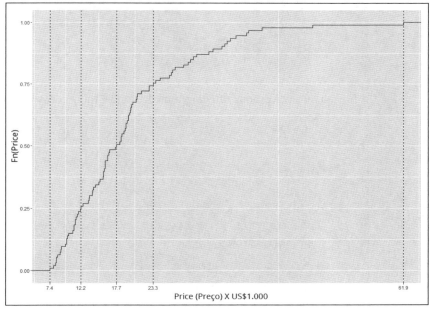

FIGURA 7-9: A ecdf para os dados de preço, com valores de quartis no eixo x.

Variáveis numéricas: stem()

O criador do diagrama de caixa, John Tukey, popularizou o *diagrama de ramo e folhas* como uma maneira de visualizar a distribuição dos números. Ele não é um "diagrama" no sentido usual de um gráfico na janela Plot. Em vez disso, é uma organização dos números na janela Console. Com cada pontuação arredondada para o número inteiro mais próximo, cada "folha" é o dígito à direita da pontuação. Cada "ramo" consiste em todos os outros dígitos.

Um exemplo nos ajudará. Aqui estão os preços dos carros em Cars93, organizados em ordem ascendente e arredondados para o número inteiro mais próximo (lembre-se de que cada preço está em milhares de dólares):

```
> rounded <- (round(sort(Cars93$Price),0))
```

Use cat() para exibir os valores arredondados nesta página. (Caso contrário, ficará uma bagunça.) O valor de seu argumento fill limita o número de caracteres (incluindo espaços) em cada linha:

```
> cat(rounded, fill = 50)
7 8 8 8 8 9 9 9 9 10 10 10 10 10 11 11 11 11 11
11 12 12 12 12 12 13 13 14 14 14 14 14 15 15 16
16 16 16 16 16 16 16 16 16 17 18 18 18 18 18 18
19 19 19 19 19 20 20 20 20 20 20 20 21 21 21 22
23 23 23 24 24 26 26 26 27 28 29 29 30 30 32 32
34 34 35 35 36 38 38 40 48 62
```

A função stem() produz um diagrama de ramo e folhas desses valores:

```
> stem(Cars93$Price)

  The decimal point is 1 digit(s) to the right of the |

  0 | 788889999
  1 | 000001111112222333444455666666667788888999999
  2 | 000000011123334446667899
  3 | 00234455688
  4 | 08
  5 |
  6 | 2
```

Em cada linha, o número à esquerda da linha vertical é o ramo. Os números restantes são as folhas dessa linha. A mensagem sobre o ponto decimal significa "multiplique cada ramo por 10". Então adicione cada folha a esse ramo. Assim, a linha inferior informa que uma pontuação arredondada nos dados é 62. A linha acima dela revela que não há pontuações arredondadas entre 50 e 59. A linha acima dessa indica que uma pontuação é 40 e outra é 48. Deixarei para que você descubra (e verifique) o restante.

CUIDADO

Enquanto revisava as folhas, notei que o diagrama de ramos mostra uma pontuação de 32 e outra de 33. Em contraste, as pontuações arredondadas mostram duas 32 e nenhuma 33. Aparentemente, `stem()` arredonda de forma diferente de `round()`.

Resumindo um Data Frame

Se buscarmos as estatísticas descritivas para as variáveis em um data frame, a função `summary()` as encontrará. Ilustro isso com um subconjunto do data frame `Cars93`:

```
> autos <- subset(Cars93, select = c(MPG.city,Type,
  Cylinders, Price, Horsepower))
> summary(autos)
    MPG.city           Type       Cylinders      Price
 Min.   :15.00   Compact:16    3      : 3    Min.   : 7.40
 1st Qu.:18.00   Large  :11    4      :49    1st Qu.:12.20
 Median :21.00   Midsize:22    5      : 2    Median :17.70
 Mean   :22.37   Small  :21    6      :31    Mean   :19.51
 3rd Qu.:25.00   Sporty :14    8      : 7    3rd Qu.:23.30
 Max.   :46.00   Van    : 9    rotary : 1    Max.   :61.90
   Horsepower
 Min.   : 55.0
 1st Qu.:103.0
 Median :140.0
 Mean   :143.8
 3rd Qu.:170.0
 Max.   :300.0
```

Note a máxima, a mínima e os quartis das variáveis numéricas, e as tabelas de frequência de `Type` e `Cylinders`.

Duas funções do pacote `Hmisc` também resumem os data frames. Para usar essas funções, você precisa de `Hmisc` em sua biblioteca. (Na aba Packages, clique em Install e digite **Hmisc** na caixa Packages na caixa de diálogo Install. Depois clique em Install.)

Uma função, `describe.data.frame()`, fornece resultados um pouco mais extensos do que os que obteríamos com `summary()`:

```
> describe.data.frame(autos)
autos

 5  Variables      93  Observations
---------------------------------------------------------------
MPG.city
        n missing  unique     Info     Mean      .05     .10
       93       0      21     0.99    22.37     16.6    17.0
      .25     .50     .75      .90      .95
     18.0    21.0    25.0     29.0     31.4

lowest : 15 16 17 18 19, highest: 32 33 39 42 46
---------------------------------------------------------------

Type
        n missing  unique
       93       0       6

            Compact Large Midsize Small Sporty Van
Frequency        16    11      22    21     14   9
%                17    12      24    23     15  10
---------------------------------------------------------------

Cylinders
        n missing  unique
       93       0       6
              3  4  5  6  8 rotary
Frequency     3 49  2 31  7      1
%             3 53  2 33  8      1
---------------------------------------------------------------
-----
```

```
Price
         n missing   unique       Info      Mean        .05        .10
        93        0       81          1     19.51       8.52       9.84
       .25      .50      .75        .90       .95
     12.20    17.70    23.30      33.62     36.74

lowest :   7.4  8.0  8.3  8.4  8.6
highest:  37.7 38.0 40.1 47.9 61.9
------------------------------------------------------------

Horsepower
         n missing   unique       Info      Mean        .05        .10
        93        0       57          1     143.8       78.2       86.0
       .25      .50      .75        .90       .95
     103.0    140.0    170.0      206.8     237.0

lowest :   55  63  70  73  74,  highest: 225 255 278 295 300
------------------------------------------------------------
```

Um valor rotulado `Info` aparece nos resumos das variáveis numéricas. Ele está relacionado ao número de pontuações empatadas, ou seja, quanto maior o número de empates, menor o valor de `Info`. (O cálculo do valor é bem complicado.)

Outra função `Hmisc`, `datadensity()`, dá os resumos gráficos, como na Figura 7-10:

```
> datadensity(autos)
```

CUIDADO

Se você pretende usar a função `datadensity()`, faça com que a primeira variável do data frame seja numérica. Se a primeira variável for categórica (e, portanto, aparecer no topo do gráfico), as barras mais longas nesse diagrama serão cortadas no topo.

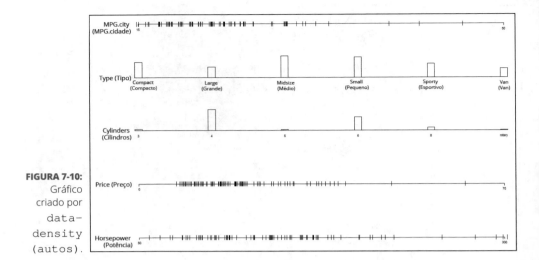

FIGURA 7-10: Gráfico criado por data-density (autos).

> **NESTE CAPÍTULO**
>
> » Conhecendo a família da distribuição normal
>
> » Trabalhando com desvios-padrão e a distribuição normal
>
> » Entendendo as funções de distribuição normal de R

Capítulo **8**

O que É Normal?

Um dos principais trabalhos de um estatístico é estimar as características de uma população e o trabalho ficará mais fácil se ele puder fazer algumas suposições sobre as populações estudadas.

Veja uma suposição que funciona repetidamente: um atributo específico, habilidade ou traço é distribuído por toda a população para que (1) a maioria das pessoas tenha uma quantidade média, ou quase, de atributos e (2) progressivamente menos pessoas tenham cada vez mais quantidades extremas do atributo. Neste capítulo, informarei sobre essa suposição e suas implicações na Estatística. Também veremos as funções R relacionadas a ela.

Acertando a Curva

Os atributos no mundo físico, como comprimento ou peso, têm tudo a ver com os objetos que podemos ver e tocar. Não é tão fácil no mundo dos cientistas sociais, estatísticos, pesquisadores de mercado e empresários. Eles precisam ser criativos quando medem traços que não conseguem tocar, como "inteligência", "habilidade musical" ou "vontade de comprar um novo produto".

A suposição que menciono na introdução deste capítulo, de que a maioria das pessoas está na média e progressivamente menos pessoas estão em direção aos extremos, parece funcionar bem para esses traços intangíveis. Como isso acontece com frequência, tornou-se uma suposição sobre como a maioria dos traços é distribuída.

É possível capturar essa suposição em um gráfico. A Figura 8-1 mostra a conhecida *curva do sino*, que descreve a distribuição de uma grande variedade de atributos. O eixo horizontal representa as medidas da habilidade considerada. Uma linha vertical desenhada no centro da curva corresponderia à média das medidas.

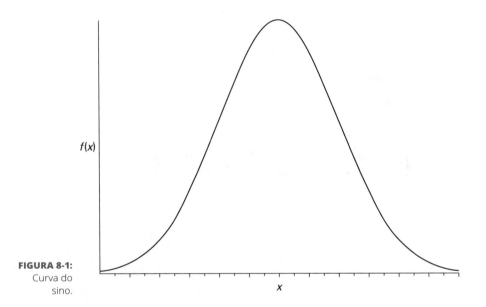

FIGURA 8-1: Curva do sino.

Suponha que seja possível medir um traço como a inteligência e suponha que essa curva represente a distribuição de inteligência na população: a curva do sino mostra que a maioria das pessoas tem uma inteligência média, apenas algumas têm pouca inteligência e apenas outras são gênios. Isso parece se encaixar bem com o que sabemos sobre as pessoas, não parece?

Indo mais fundo

No eixo horizontal da Figura 8-1 vemos x e no eixo vertical, $f(x)$. O que esses símbolos significam? O eixo horizontal, como disse, representa as medidas, então pense em cada medida como um x.

A explicação de $f(x)$ é um pouco mais complicada. Um relacionamento matemático entre x e $f(x)$ cria a curva do sino e nos permite visualizá-la. O relacionamento é bem complexo e não vou incomodá-lo com ele agora. (Falarei dele daqui a pouco.) Apenas saiba que *f(x)* representa a altura da curva para um valor específico de *x*. Isso significa que fornecemos um valor para *x* (e algumas outras coisas) e o relacionamento complexo retorna um valor de *f(x)*.

Vejamos os detalhes. O nome formal para a "curva do sino" é *distribuição normal*. O termo *f(x)* é chamado de *densidade de probabilidade*, então uma distribuição normal é um exemplo de *função de densidade de probabilidade*. Em vez de lhe dar uma definição técnica de densidade de probabilidade, peço que pense nela como algo que permite considerar a área sob a curva como probabilidade. Mas probabilidade... de quê? Isso virá na próxima subseção.

Parâmetros de uma distribuição normal

Frequentemente ouvimos as pessoas falando sobre "*a* distribuição normal". Esse termo está errado. Ela é, na verdade, uma *família* de distribuições. Os membros da família diferem uns dos outros em dois parâmetros — sim, *parâmetros*, porque estamos falando sobre população. Esses dois parâmetros são a média (μ) e o desvio-padrão (σ). A *média* informa onde o centro da distribuição está e o *desvio-padrão* informa sua dispersão ao redor da média. A média está no meio da distribuição. Cada membro da família da distribuição normal é simétrico, ou seja, o lado esquerdo da distribuição é uma imagem espelhada do lado direito. (Você se lembra da assimetria do Capítulo 7? "Simétrico" quer dizer que a assimetria da distribuição normal é zero.)

As características da família da distribuição normal são bem conhecidas pelos estatísticos. O mais importante é que podemos aplicá-las ao nosso trabalho.

Como? Isso nos leva de volta à probabilidade. Podemos encontrar probabilidades úteis se:

> » Conseguirmos dispor uma linha que represente a escala do atributo medido (ou seja, o eixo x).
>
> » Pudermos indicar na linha onde está a média das medidas.
>
> » Conhecermos o desvio-padrão.
>
> » Pudermos supor que o atributo é normalmente distribuído pela população.

Trabalharei com o QI para mostrar o que quero dizer. As pontuações no teste de QI seguem uma distribuição normal. A média da distribuição dessas pontuações é 100 e o desvio-padrão é 15. A Figura 8-2 mostra a densidade de probabilidade para essa distribuição.

PAPO DE ESPECIALISTA

Você já deve ter lido por aí que o desvio-padrão do QI é 16, em vez de 15. Esse é o caso da versão do teste de QI de Stanford-Binet. Para outras versões, o desvio-padrão é 15.

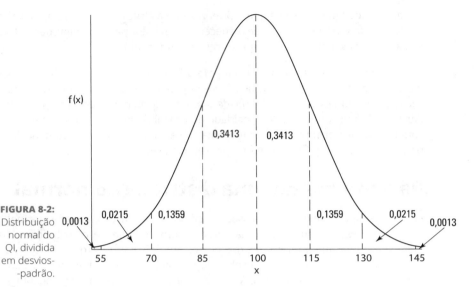

FIGURA 8-2: Distribuição normal do QI, dividida em desvios-padrão.

Como mostra a Figura 8-2, estabeleci uma linha para a escala de QI (o eixo x). Cada ponto na linha representa uma pontuação de QI. Com a média (100) como o ponto de referência, marquei a cada 15 pontos (o desvio-padrão). Desenhei uma linha tracejada da média até $f(100)$ (a altura da distribuição onde x = 100) e desenhei uma linha tracejada a partir de cada ponto do desvio-padrão.

A figura também mostra a proporção da área ligada pela curva e pelo eixo horizontal, e por pares sucessivos de desvios-padrão. Ela também mostra a proporção além de três desvios-padrão de cada lado (55 e 145). Note que a curva nunca toca a horizontal. Ela chega cada vez mais perto, mas nunca a toca. (Os matemáticos dizem que a curva é *assintótica* à horizontal.)

Então, entre a média e um desvio-padrão — entre 100 e 115 — estão 0,3413 (ou 34,13%) das pontuações na população. Outra maneira de dizer isso é: a probabilidade de uma pontuação de QI estar entre 100 e 115 é 0,3413. Nas extremidades, nas caudas da distribuição, 0,0013 (0,13%) das pontuações está em cada lado (menores que 55 ou maiores que 145).

LEMBRE-SE

As proporções na Figura 8-2 contêm cada membro da família de distribuição normal, não apenas as pontuações de QI. Por exemplo, no box "Pegando Alguns Zs", do Capítulo 6, mencionei as notas doo SAT, que têm uma média 500 e um desvio-padrão 100. Elas também são normalmente distribuídas. Isso significa que 34,13% das notas do SAT estão entre 500 e 600, 34,13% estão entre 400 e 500, e... bem, você pode usar a Figura 8-2 como guia para ver as outras proporções.

Trabalhando com Distribuições Normais

O relacionamento complexo do qual falei entre x e $f(x)$ é

$$f(x) = \frac{1}{\sigma\sqrt{2\pi}} e^{-\left[\frac{(x-\mu)^2}{2\sigma^2}\right]}$$

Se fornecermos valores para μ (a média), σ (o desvio-padrão) e x (uma pontuação), a equação retornará um valor de $f(x)$, a altura da distribuição normal em x. π e e são constantes importantes na Matemática: π é aproximadamente 3,1416 (a razão da circunferência de um círculo e seu diâmetro); e é aproximadamente 2,71828. Isso é relacionado a algo chamado logaritmo natural (descrito no Capítulo 16) e a vários outros conceitos matemáticos.

Distribuições em R

A família da distribuição normal é uma das muitas famílias de distribuição incluídas em R. Lidar com elas é fácil. Siga estas orientações:

- Comece com o nome da família de distribuição em R (`norm` para a família normal, por exemplo).

- Ao começo do nome da família, adicione `d` para trabalhar com a função de densidade de probabilidade. Então, para essa função na família normal, fica `dnorm()`, que é equivalente à equação que acabei de mostrar.

- Para a função de densidade cumulativa (cdf), adicione `p` (`pnorm()`, por exemplo).

- Para os quantis, adicione `q` (`qnorm()`, que, em termos matemáticos, é o *inverso* de cdf).

- Para gerar números aleatórios a partir de uma distribuição, adicione `r`. Então `rnorm()` gera números aleatórios a partir de um membro da família de distribuição normal.

Função de densidade normal

Ao trabalhar com qualquer função de distribuição normal, é preciso informar à função em qual membro da família de distribuição normal temos interesse. Faça isso especificando a média e o desvio-padrão.

Então, se precisarmos da altura da distribuição de QI para um QI = 100, é assim que a encontramos:

```
> dnorm(100,m=100,s=15)
[1] 0.02659615
```

LEMBRE-SE

Isso *não* significa que a probabilidade de encontrar uma pontuação 100 do QI seja 0,27. A densidade de probabilidade *não* é a mesma coisa que probabilidade. Com a função de densidade de probabilidade, só faz sentido falar sobre a probabilidade de uma pontuação entre dois limites, como a probabilidade de uma pontuação entre 100 e 115.

Diagramando uma curva normal

`dnorm()` é útil como uma ferramenta para diagramar uma distribuição normal. Eu a utilizo junto com `ggplot()` para desenhar um gráfico de QI como o da Figura 8-2.

Antes de configurar uma declaração `ggplot()`, criei três lindos vetores. O primeiro

```
x.values <- seq(40,160,1)
```

é o vetor que darei a `ggplot()` como um mapeamento estético do eixo x. Essa declaração cria uma sequência de 121 números, começando em 40 (4 desvios-padrão abaixo da média) até 160 (4 desvios-padrão acima da média).

O segundo

```
sd.values <- seq(40,160,15)
```

é o vetor dos nove valores de desvio-padrão de 40 a 160. Isso aparece na criação das linhas verticais tracejadas em cada desvio-padrão na Figura 8-2.

O terceiro vetor

```
zeros9 <- rep(0,9)
```

também será parte da criação das linhas verticais tracejadas. Ele é apenas um vetor de nove zeros.

Vamos a `ggplot()`. Como os dados são um vetor, o primeiro argumento é NULL. O mapeamento estético do eixo x, como mencionei, é o vetor `x.values`. E o mapeamento do eixo y? Bem, esse é um diagrama de uma função de densidade normal da média = 100 e dp = 15, então o esperado é que o mapeamento do eixo y seja `dnorm(x.values, m=100, s=15)`, não é? É isso mesmo! Veja a declaração `ggplot()`:

```
ggplot(NULL,aes(x=x.values,y=dnorm(x.values,m=100,s=15)))
```

Adicione uma linha de função `geom` para o diagrama e rotule os eixos, e veja o que temos:

```
ggplot(NULL,aes(x=x.values,y=dnorm(x.values,m=100,s=15))) +
    geom_line() +
    labs(x="IQ",y="f(IQ)")
```

E isso desenha a Figura 8-3.

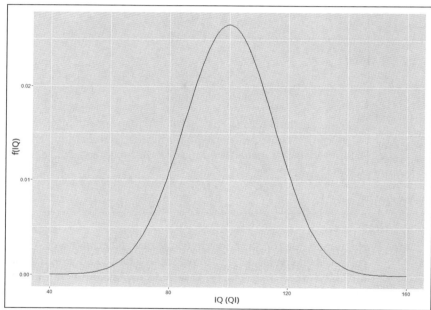

FIGURA 8-3: Diagrama inicial da função de densidade normal para QI.

Como podemos ver, `ggplot()` tem suas próprias ideias sobre os valores para diagramar no eixo x. Em vez de seguir os padrões, quero colocar `sd.values` no eixo x. Para mudar esses valores, usei `scale_x_continuous()` para alterar a escala do eixo x. Um de seus argumentos, `breaks`, define os pontos dos valores no eixo x e o outro, `labels`, fornece os valores. Para cada um, forneço `sd.values`:

```
scale_x_continuous(breaks=sd.values,labels = sd.values)
```

CAPÍTULO 8 **O que É Normal?** 151

Agora o código é

```
ggplot(NULL,aes(x=x.values,y=dnorm(x.values,m=100,s=15))) +
  geom_line() +
  labs(x="IQ",y="f(IQ)")+
  scale_x_continuous(breaks=sd.values,labels = sd.values)
```

e o resultado é a Figura 8-4.

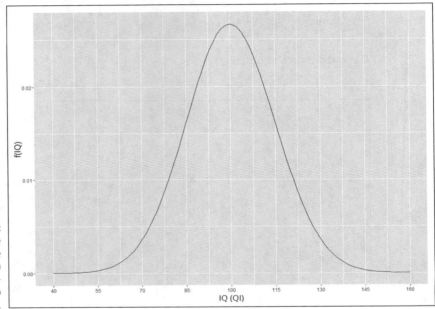

FIGURA 8-4: Função de densidade normal para QI com desvios-padrão no eixo x.

No mundo `ggplot`, as linhas verticais que começam no eixo x e terminam na curva são chamadas de *segmentos*. Então a função `geom` apropriada para desenhá-las é `geom_segment()`. Essa função exige um ponto inicial e final para cada segmento. Eu especifico esses pontos em um mapeamento estético dentro de geom. As coordenadas x para os pontos iniciais dos nove segmentos estão em `sd.values`. Os segmentos começam no eixo x, então as nove coordenadas y são todas zero, o que acaba sendo o conteúdo do vetor `zeros9`. Os segmentos terminam na curva, portanto as coordenadas x para os pontos finais são, novamente, `sd.values`. E as coordenadas y? Essas seriam `dnorm(sd.values, m=100, s=15)`. Adicionando uma declaração sobre as linhas tracejadas, a agitadíssima declaração `geom_segment()` é

```
geom_segment((aes(x=sd.values,y=zeros9,xend =
  sd.values,yend=dnorm(sd.values,m=100,s=15))),
    linetype = "dashed")
```

O código agora fica assim

```
ggplot(NULL,aes(x=x.values,y=dnorm(x.values,m=100,s=15))) +
  geom_line() +
  labs(x="IQ",y="f(IQ)")+
  scale_x_continuous(breaks=sd.values,labels = sd.values) +
  geom_segment((aes(x=sd.values,y=zeros9,xend =
    sd.values,yend=dnorm(sd.values,m=100,s=15))),
    linetype = "dashed")
```

e produz a Figura 8-5.

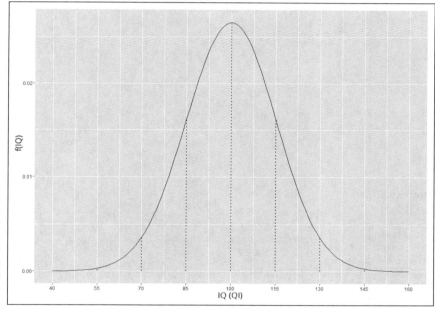

FIGURA 8-5: Diagrama de QI com segmentos de linhas verticais tracejadas nos desvios-padrão.

Mais um pequeno toque e acabamos. Não gosto muito do espaço entre os valores x e o eixo x. Gostaria de remover aquela pequena fatia do gráfico e mover os valores para mais perto de onde (eu acho que) deveriam ficar.

Para isso, uso `scale_y_continuous()`, cujo argumento `expand` controla o espaço entre os valores x e o eixo x. É um vetor de dois elementos com padrões que configuram a quantidade de espaço que vemos na Figura 8-5. Sem me aprofundar muito, para remover o espaço é só configurar `c(0,0)`.

Estas linhas de código desenham a Figura 8-6 com uma estética agradável:

CAPÍTULO 8 **O que É Normal?** 153

```
ggplot(NULL,aes(x=x.values,y=dnorm(x.values,m=100,s=15))) +
  geom_line() +
  labs(x="IQ",y="f(IQ)")+
  scale_x_continuous(breaks=sd.values,labels = sd.
  values) +
  geom_segment((aes(x=sd.values,y=zeros9,xend =
      sd.values,yend=dnorm(sd.values,m=100,s=15))),
      linetype = "dashed")+
  scale_y_continuous(expand = c(0,0))
```

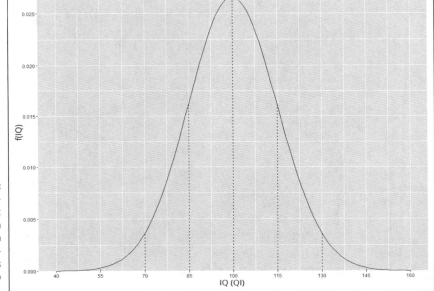

FIGURA 8-6: O produto final: diagrama de QI sem espaçamento entre os valores x e o eixo x.

Função de densidade cumulativa

A função de densidade cumulativa `pnorm(x,m,s)` retorna a probabilidade de uma pontuação ser menor do que x em uma distribuição com média m e desvio--padrão s.

Como esperado da Figura 8-2 (e dos gráficos subsequentes criados):

```
> pnorm(100,m=100,s=15)
[1] 0.5
```

E a probabilidade de ser menor que 85?

```
> pnorm(85,m=100,s=15)
[1] 0.1586553
```

Se quisermos encontrar a probabilidade de uma pontuação ser maior que 85, `pnorm()` também pode fazer isso. Ela tem um argumento chamado `lower.tail`, cujo valor padrão, `TRUE`, retorna a probabilidade de "menor que". Para "maior que", defina o valor para `FALSE`:

```
> pnorm(85,m=100,s=15, lower.tail = FALSE)
[1] 0.8413447
```

Normalmente queremos a probabilidade de uma pontuação estar entre um limite inferior e um superior, como a probabilidade de uma pontuação de QI estar entre 85 e 100. Várias chamadas de `pnorm()` e um pouco de cálculo cuidam disso.

Porém não é necessário. Uma função chamada `pnormGC()` em um ótimo pacote `tigerstats` faz isso e um pouco mais. As letras *GC* abreviam *g*raphical *c*alculator (calculadora gráfica), mas também poderiam abreviar Georgetown College (em Georgetown, Kentucky), a escola que originou o pacote. (Na aba Packages, clique em Install e na caixa de diálogo Install Packages, digite **tigerstats** e clique em Install. Quando vir `tigerstats` na aba Packages, marque sua caixa de verificação.)

Agora observe com atenção:

```
>pnormGC(c(85,100),region="between",m=100,s=15,graph=TRUE)
[1] 0.3413447
```

Além da resposta, o argumento `graph=TRUE` produz a Figura 8-7.

Diagramando a cdf

Dado que já fizemos todo o trabalho pesado quando mostrei como diagramar a função de densidade, o código R para a função de densidade cumulativa é mole:

```
ggplot(NULL,aes(x=x.values,y=pnorm(x.values,m=100,s=15))) +
  geom_line() +
  labs(x="IQ",y="Fn(IQ)")+
  scale_x_continuous(breaks=sd.values,labels = sd.values) +
  geom_segment((aes(x=sd.values,y=zeros9,xend =
     sd.values,yend=pnorm(sd.values,mean=100,sd=15))),
     linetype = "dashed")+
  scale_y_continuous(expand=c(0,0))
```

Sim, só precisamos mudar dnorm para pnorm e editar o rótulo do eixo y. A reutilização do código é uma coisa linda. Bem como (espero que você concorde) a Figura 8-8.

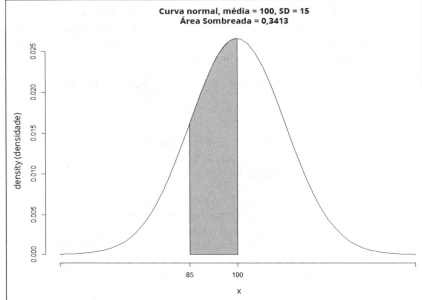

FIGURA 8-7: Visualizando a probabilidade de uma pontuação de QI entre 85 e 100 (no pacote `tigerstats`).

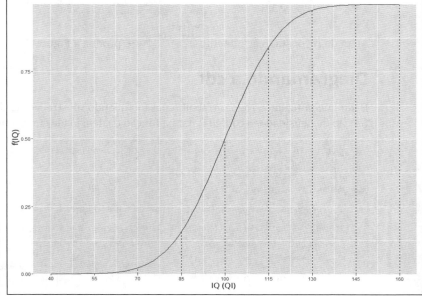

FIGURA 8-8: Função de densidade cumulativa da distribuição de QI.

156 PARTE 2 **Descrevendo Dados**

Os segmentos de linhas saindo do eixo x claramente mostram que 100 é o 50º percentil (0,50 das pontuações está abaixo de 100). O que nos leva aos quantis de distribuições normais, o tópico da próxima seção.

Quantis de distribuições normais

A função `qnorm()` é o inverso de `pnorm()`. Dê uma área a `qnorm()` e ela retornará a pontuação que corta aquela área (à esquerda) na distribuição normal especificada:

```
> qnorm(0.1586553,m=100,s=15)
[1] 85
```

A área (à esquerda), claro, é um percentil (descrito no Capítulo 6).

Para descobrir uma pontuação que corta uma área indicada à direita:

```
> qnorm(0.1586553,m=100,s=15, lower.tail = FALSE)
[1] 115
```

Veja como `qnormGC()` (no pacote `tigerstats`) lida com isso:

```
> qnormGC(.1586553, region = "below",m=100,s=15, graph=TRUE)
[1] 85
```

Essa função também cria a Figura 8-9.

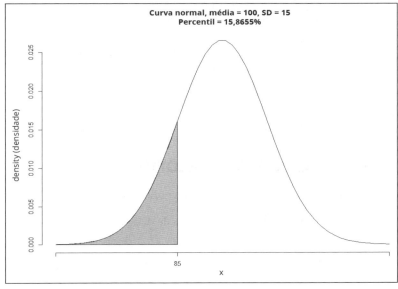

FIGURA 8-9: Gráfico criado por qnormGC().

Normalmente não nos preocupamos com o 15,86553º percentil. São os quartis que geralmente chamam nossa atenção:

```
> qnorm(c(0,.25,.50,.75,1.00),m=100,s=15)
[1]      -Inf   89.88265 100.00000 110.11735         Inf
```

O 0º e o 100º percentis (— Infinito e Infinito) mostram que a cdf nunca toca completamente o eixo x nem alcança um máximo exato. Os quartis intermediários são de maior interesse e ficam melhor se forem arredondados:

```
> round(qnorm(c(.25,.50,.75),m=100,s=15))
[1]   90 100 110
```

Diagramando a cdf com quartis

Para substituir os valores de desvio-padrão na Figura 8-8 com três valores de quartis, comece criando dois novos vetores:

```
> q.values <-round(qnorm(c(.25,.50,.75),m=100,s=15))
> zeros3 <- c(0,0,0)
```

Agora só precisamos colocar esses vetores nos lugares adequados em `scale_x_continuous()` e `geom_segment()`:

```
ggplot(NULL,aes(x=x.values,y=pnorm(x.values,m=100,s=15))) +
  geom_line() +
  labs(x="IQ",y="Fn(IQ)")+
  scale_x_continuous(breaks=q.values,labels = q.values) +
  geom_segment((aes(x=q.values,y=zeros3,xend =
    q.values,yend=pnorm(q.values,mean=100,sd=15))),
    linetype = "dashed")+
  scale_y_continuous(expand=c(0,0))
```

O código produz a Figura 8-10.

Amostragem aleatória

A função `rnorm()` gera números aleatórios a partir de uma distribuição normal.

Aqui estão cinco números aleatórios da distribuição de QI:

```
> rnorm(5,m=100,s=15)
[1] 127.02944  75.18125  66.49264 113.98305 103.39766
```

Veja o que acontece quando a executamos novamente:

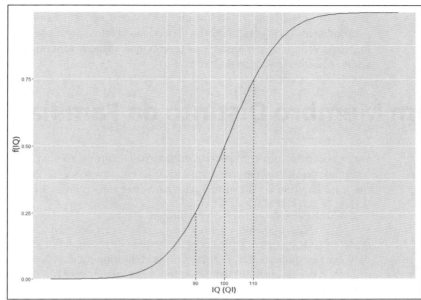

FIGURA 8-10: Função de densidade cumulativa normal com valores de quartis.

```
> rnorm(5,m=100,s=15)
[1] 73.73596 91.79841 82.33299 81.59029 73.40033
```

Sim, os números são todos diferentes. (Na verdade, sempre que executarmos `rnorm()`, posso quase garantir que seus números serão diferentes dos meus.) Cada vez que a função é executada, ela gera um novo conjunto de números aleatórios. O processo de randomização começa com um número chamado *seed* (valor inicial). Se você quiser reproduzir os resultados de randomização, use a função `set.seed()` para definir o valor inicial para um número específico antes de randomizar:

```
> set.seed(7637060)
> rnorm(5,m=100,s=15)
[1]   71.99120   98.67231   92.68848  103.42207   99.61904
```

Se configurarmos o valor inicial para o mesmo número da próxima vez que fizermos uma randomização, obteremos os mesmos resultados:

```
> set.seed(7637060)
> rnorm(5,m=100,s=15)
[1]   71.99120   98.67231   92.68848  103.42207   99.61904
```

Do contrário, não.

A randomização é a base da simulação, abordada nos Capítulos 9 e 19. Lembre-se de que R (ou a maioria dos softwares) não gera números aleatórios "verdadeiros". O R gera números "pseudoaleatórios", que são suficientemente imprevisíveis para a maioria das tarefas que exigem randomização, como as simulações analisadas mais tarde.

Um Membro Distinto da Família

Para padronizar um conjunto de pontuações a fim de compará-las com outros conjuntos de pontuações, converta cada uma em um escore-z. (Eu falo sobre escores-z no Capítulo 6.) A fórmula para converter uma pontuação em um escore-z (também conhecido como escore padrão) é $z = \frac{x - \mu}{\sigma}$

A ideia é usar o desvio-padrão como unidade de medida. Por exemplo, a versão de Wechsler do teste de QI (entre outras) tem uma média 100 e um desvio-padrão 15. A versão de Stanford-Binet tem uma média 100 e um desvio-padrão 16. Como uma pontuação Wechsler de, digamos, 110, se compara com uma pontuação Stanford-Binet de 110?

Uma maneira de responder a essa pergunta é colocar as duas versões em igualdade de condições padronizando-as. Para a Wechsler: $z = \frac{110 - 100}{15} = 0,667$

Para a Stanford-Binet: $z = \frac{110 - 100}{16} = 0,625$

Então, 110 na Wechsler é uma pontuação um pouco mais alta do que 110 na Stanford-Binet.

Agora, se padronizarmos todas as pontuações de uma distribuição normal (como qualquer versão de QI), teremos uma distribuição normal de escores-z. Qualquer conjunto de escores-z (normalmente distribuído ou não) tem uma média 0 e um desvio-padrão 1. Se uma distribuição normal tem esses parâmetros, é uma *distribuição normal padrão*, ou seja, uma distribuição normal de pontuações padrão. Sua equação é $f(z) = \frac{1}{\sqrt{2\pi}} e^{\left[\frac{-z^2}{2}\right]}$

A Figura 8-11 mostra a distribuição normal padrão. Ela se parece com a Figura 8-2, exceto pelo fato de que eu substituí a média por 0 e inseri unidades de desvio-padrão nos lugares adequados.

CUIDADO

Este é um membro da família de distribuição normal que a maioria das pessoas conhece. É o mais lembrado dos cursos de Estatística e é aquele em que as pessoas pensam quando (erroneamente) dizem *a* distribuição normal. Também é no que as pessoas pensam quando escutam falar sobre "escores-z". Essa distribuição leva muitos à ideia errada de que converter escores-z transforma, de algum jeito, um conjunto de pontuações em uma distribuição normal.

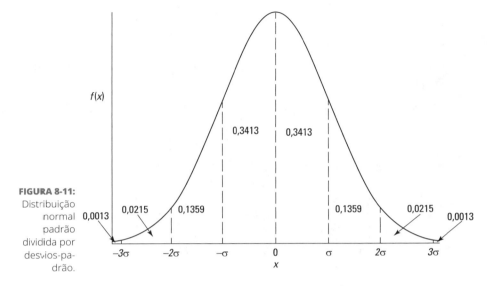

FIGURA 8-11: Distribuição normal padrão dividida por desvios-padrão.

Distribuição normal padrão em R

Trabalhar com a distribuição normal padrão em R não poderia ser mais fácil. A única mudança a ser feita nas quatro funções `norm` é *não* especificar uma média e um desvio-padrão; os padrões são 0 e 1.

Veja alguns exemplos:

```
> dnorm(0)
[1] 0.3989423
> pnorm(0)
[1] 0.5
> qnorm(c(.25,.50,.75))
[1] -0.6744898  0.0000000  0.6744898
> rnorm(5)
[1] -0.4280188 -0.9085506  0.6746574  1.0728058 -1.2646055
```

Isso também se aplica às funções `tigerstats`:

```
> pnormGC(c(-1,0),region="between")
[1] 0.3413447
> qnormGC(.50, region = "below")
[1] 0
```

CAPÍTULO 8 **O que É Normal?** 161

Diagramando a distribuição normal padrão

Para diagramar a distribuição normal padrão, crie alguns vetores novos

```
z.values <-seq(-4,4,.01)
z.sd.values <- seq(-4,4,1)
```

e faça algumas mudanças no código que usamos antes para diagramar a distribuição de QI:

```
ggplot(NULL,aes(x=z.values,y=dnorm(z.values))) +
  geom_line() +
  labs(x="z",y="f(z)")+
  scale_x_continuous(breaks=z.sd.values,labels=z.sd.
  values) +
  geom_segment((aes(x=z.sd.values,y=zeros9,xend =
     z.sd.values,yend=dnorm(z.sd.values))),linetype =
     "dashed")+
  scale_y_continuous(expand=c(0,0))
```

Além de colocar novos vetores em `scale_x_continuous()` e `geom_segment()`, a mudança marcante é retirar os argumentos da média e do desvio-padrão de `dnorm()`. O código cria a Figura 8-12.

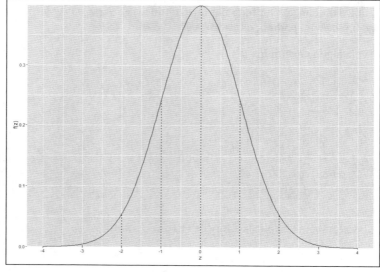

FIGURA 8-12: Distribuição normal padrão dividida por desvios-padrão e diagramada em ggplot().

Deixarei como exercício que você diagrame a função de densidade cumulativa para a distribuição normal padrão.

3 Tirando Conclusões dos Dados

NESTA PARTE. . .

Crie distribuições amostrais.

Entenda os limites de confiança.

Trabalhe com testes-t.

Trabalhe com análise de variância.

Visualize t, qui-quadrado e distribuições F.

Entendendo a correlação e a regressão.

Entendendo estatísticas não paramétricas.

> **NESTE CAPÍTULO**
>
> » **Introduzindo as distribuições amostrais**
>
> » **Entendendo o erro padrão**
>
> » **Simulando de maneira aproximada a distribuição amostral da média**
>
> » **Anexando limites de confiança às estimativas**

Capítulo **9**

Jogo da Confiança: Estimação

"**P**opulação" e "amostra" são conceitos bem fáceis de entender. *População* é uma coleção enorme de indivíduos e *amostra* é um grupo de indivíduos retirados da população. Meça os traços ou atributos dos membros da amostra, calcule as estatísticas que resumem a amostra e você estará pronto.

Além dessas estatísticas de resumo, podemos usar as estatísticas para estimar os parâmetros da população. Isso é importante: apenas com base em uma pequena porcentagem de indivíduos da população, podemos traçar uma imagem da população inteira.

O quanto conclusiva é essa imagem? Em outras palavras, quanta confiança podemos ter em nossas estimativas? Para responder a essa pergunta é preciso ter um contexto das estimativas. Quão prováveis elas são? Qual é a probabilidade de o valor real de um parâmetro estar entre um limite superior e um inferior específicos?

Neste capítulo, apresento o contexto das estimativas, mostro como ele participa da confiança nessas estimativas e como usar R para calcular os níveis de confiança.

Entendendo as Distribuições Amostrais

Então temos uma população e pegamos uma amostra dela. Medimos algum atributo dos membros da amostra e calculamos sua média. Retornamos os membros amostrais para a população. Retiramos outra amostra, avaliamos os novos membros e calculamos *sua* média. Repetimos esse processo várias vezes, sempre com o mesmo número de indivíduos da amostra original. Se pudéssemos fazer isso um infinito número de vezes (com o mesmo tamanho amostral todas as vezes), teríamos uma quantidade infinita de médias. Essas médias amostrais formam uma distribuição própria, que é chamada de *distribuição amostral da média*.

Para uma média amostral, esse é o "contexto" que mencionei no início do capítulo. Como qualquer outro número, uma estatística não faz sentido isoladamente. É preciso saber de onde ela vem para entendê-la. É claro que uma estatística *vem de* um cálculo realizado nos dados amostrais. Em outro sentido, uma estatística é parte de uma distribuição amostral.

LEMBRE-SE

Em geral, *uma distribuição amostral é a distribuição de todos os valores possíveis de uma estatística para um dado tamanho amostral.*

Eu coloquei a definição em itálico por uma razão: ela é extremamente importante. Depois de muitos anos ensinando Estatística, posso dizer que esse conceito normalmente estabelece o limiar entre as pessoas que entendem Estatística e as que não entendem.

Então... se você entender o que é uma distribuição amostral, saberá do que se trata o campo da Estatística. Do contrário, não. É simples assim.

Se você não sabe o que é uma distribuição amostral, a Estatística será como um livro de receitas para você: sempre que tiver que aplicá-la, se verá inserindo números em fórmulas e torcendo pelo melhor. Por outro lado, se estiver confortável com a ideia de uma distribuição amostral, compreenderá a imagem geral da estatística inferencial.

Para ajudar a esclarecer a ideia da distribuição amostral, dê uma olhada na Figura 9-1. Ela resume os passos para criar uma distribuição amostral da média.

Uma distribuição amostral, como qualquer outro grupo de pontuações, tem uma média e um desvio-padrão. O símbolo da média da distribuição amostral da média (sim, é bastante coisa para falar) é $\mu_{\bar{x}} = \mu$.

LEMBRE-SE

O desvio-padrão de uma distribuição amostral é um item desejado. Ele tem um nome especial: *erro padrão*. Para a distribuição amostral da média, o desvio-padrão é chamado de *erro padrão da média*. Seu símbolo é $\sigma_{\bar{x}} = \sigma/\sqrt{N}$.

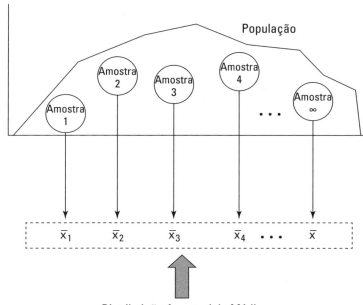

FIGURA 9-1: Criando a distribuição amostral da média.

Uma Ideia EXTREMAMENTE Importante: Teorema do Limite Central

A situação que pedi que você imaginasse nunca acontece no mundo real. Nunca pegamos uma quantidade infinita de amostras e calculamos suas médias, e nunca realmente criamos uma distribuição amostral da média. Geralmente retiramos uma amostra e calculamos suas estatísticas.

Então, se temos apenas uma amostra, como podemos saber alguma coisa da distribuição amostral, uma distribuição teórica que engloba um número infinito de amostras? É uma busca inútil?

Não, não é. Podemos descobrir muito sobre uma distribuição amostral por causa de um ótimo presente dos matemáticos para o campo da Estatística: o teorema do limite central.

LEMBRE-SE

De acordo com o *teorema do limite central*:

» A distribuição amostral da média será aproximadamente uma distribuição normal se o tamanho amostral for grande o suficiente.

Grande o suficiente significa cerca de 30 ou mais.

» A média da distribuição amostral da média é igual à média populacional.

Em forma de equação, isso seria

$\mu_{\bar{x}} = \mu$

» O desvio-padrão da distribuição amostral da média (também conhecido como erro padrão da média) é igual ao desvio-padrão populacional dividido pela raiz quadrada do tamanho amostral.

A equação para o erro padrão da média é

$\sigma_{\bar{x}} = \sigma / \sqrt{N}$

Note que o teorema do limite central não diz nada sobre a população. Tudo o que ele informa é que se a amostra for grande o suficiente, a distribuição amostral da média será uma distribuição normal, com os parâmetros indicados. A população que fornece a amostra não precisa ser uma distribuição normal para que o teorema do limite central funcione.

E se a população for uma distribuição normal? Nesse caso, a distribuição amostral da média será uma distribuição normal, independentemente do tamanho amostral.

A Figura 9-2 mostra uma imagem geral de uma distribuição amostral da média, particionada em unidades de erro padrão.

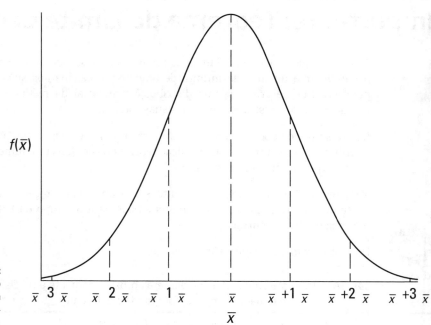

FIGURA 9-2: Distribuição amostral da média particionada.

168   PARTE 3 **Tirando Conclusões dos Dados**

Simulando (aproximadamente) o teorema do limite central

Quase não parece certo: como uma população que não é normalmente distribuída produz uma distribuição amostral normalmente distribuída?

Para dar uma ideia de como o teorema do limite central funciona, faremos uma simulação que cria algo como uma distribuição amostral da média para uma amostra muito pequena, com base em uma população que não é normalmente distribuída. Como veremos, embora a população não tenha uma distribuição normal e a amostra seja pequena, a distribuição amostral da média parece muito com uma distribuição normal.

Imagine uma população enorme que consiste em apenas três pontuações (1, 2 e 3) e cada uma tem a mesma probabilidade de aparecer na amostra. Esse tipo de população definitivamente *não* é uma distribuição normal.

Imagine também que possamos selecionar uma amostra de três pontuações dessa população. A Tabela 9-1 mostra todas as amostras possíveis e suas médias.

TABELA 9-1 TODAS as Amostras Possíveis de Três Pontuações (e Suas Médias) de uma População Consistindo nas Pontuações 1, 2 e 3

Amostra	Média	Amostra	Média	Amostra	Média
1, 1, 1	1,00	2, 1, 1	1,33	3, 1, 1	1,67
1, 1, 2	1,33	2, 1, 2	1,67	3, 1, 2	2,00
1, 1, 3	1,67	2, 1, 3	2,00	3, 1, 3	2,33
1, 2, 1	1,33	2, 2, 1	1,67	3, 2, 1	2,00
1, 2, 2	1,67	2, 2, 2	2,00	3, 2, 2	2,33
1, 2, 3	2,00	2, 2, 3	2,33	3, 2, 3	2,67
1, 3, 1	1,67	2, 3, 1	2,00	3, 3, 1	2,33
1, 3, 2	2,00	2, 3, 2	2,33	3, 3, 2	2,67
1, 3, 3	2,33	2, 3, 3	2,67	3, 3, 3	3,00

Se observarmos a tabela atentamente, quase podemos ver o que está prestes a acontecer na simulação. A média amostral que aparece mais frequentemente é 2,00. As médias amostrais que aparecem com menos frequência são 1,00 e 3,00. Hmmm...

Na simulação, selecionamos aleatoriamente uma pontuação da população, depois outras duas. Esse grupo de três pontuações é uma amostra. Depois calculamos a média dessa amostra. Repetimos o processo com um total de 600 amostras, resultando em 600 médias amostrais. Finalmente, diagramamos a distribuição das médias amostrais.

Como fica a distribuição amostral simulada da média? Veremos em R. Comece criando um vetor para as pontuações possíveis e outro para a probabilidade de amostragem de cada pontuação:

```
values <- c(1,2,3)
probabilities <- c(1/3,1/3,1/3)
```

Outro vetor conterá as 600 médias amostrais:

```
smpl.means <- NULL
```

Para retirar uma amostra, use a função `sample()`:

```
smpl <-sample(x=values,prob = probabilities, size=3,replace=TRUE)
```

Os dois primeiros argumentos, claro, fornecem as pontuações para a amostra e a probabilidade de cada uma. O terceiro é o tamanho amostral. O quarto indica que, depois de selecionar uma pontuação para a amostra, nós a devolvemos. (Em outras palavras, a colocamos de volta na população.) Esse procedimento (chamado de "amostragem com reposição") simula uma população enorme da qual podemos selecionar qualquer pontuação a qualquer momento.

Cada vez que retiramos uma amostra, calculamos sua média e a anexamos (adicionamos no final) ao vetor `smpl.means`:

```
smpl.means <- append(smpl.means, mean(smpl))
```

Eu não quero que você precise repetir todo esse processo 600 vezes manualmente. Felizmente, como todas as linguagens de computador, R tem um jeito de lidar com isso: seu loop `for` faz todo o trabalho. Para fazer a amostragem, o cálculo e a anexação 600 vezes, o loop `for` fica assim:

```
for(i in 1:600){
    smpl <-sample(x = values,prob = probabilities,
        size = 3,replace=TRUE)
    smpl.means <- append(smpl.means, mean(smpl))
    }
```

Como podemos ver, as chaves envolvem tudo o que acontece em cada iteração do loop e `i` é um contador para quantas vezes o loop ocorre.

Se quiser executar isso, aqui está o código do loop `for` anterior, incluindo o valor inicial (seed) para que você possa replicar meus resultados:

```
> values <- c(1,2,3)
> probabilities <- c(1/3,1/3,1/3)
> smpl.means <- NULL
> set.seed(7637060)
```

Então execute o loop `for`. Se quiser executar o loop repetidamente, redefina `smpl.means` para `NULL` todas as vezes. Se quiser obter resultados diferentes a cada vez, não defina seed para o mesmo número (ou não defina nada).

Como fica a distribuição amostral? Use `ggplot()` para começar. Os valores de dados (as 600 médias amostrais) estão em um vetor e o primeiro argumento é `NULL`. O vetor `smpl.means` mapeia o eixo x. E você está criando um histograma, portanto a função geom é `geom_histogram()`:

```
ggplot(NULL,aes(x=smpl.means)) +
  geom_histogram()
```

A Figura 9-3 mostra o histograma de uma distribuição amostral da média.

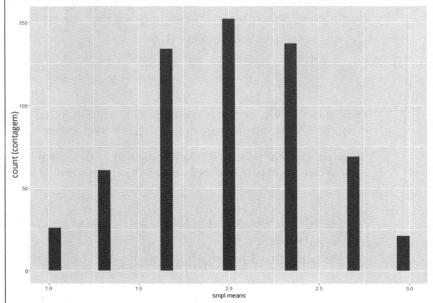

FIGURA 9-3: Distribuição amostral da média com base em 600 amostras de tamanho 3 de uma população formada por pontuações 1, 2 e 3 igualmente prováveis.

Parece muito com o início de uma distribuição normal, não é? Explorarei mais a fundo a distribuição daqui a pouco, mas primeiro mostrarei como deixar o gráfico um pouco mais informativo. Suponha que queiramos rotular pontos no eixo x para refletir os valores da média no vetor smpl.means. Não se pode simplesmente especificar os valores do vetor do eixo x, porque o vetor tem 600 deles. Em vez disso, liste os valores *únicos*:

```
> unique(smpl.means)
[1] 2.333333 1.666667 1.333333 2.000000 2.666667 3.000000
[7] 1.000000
```

Eles ficarão melhor se os arredondarmos para duas casas decimais:

```
> round(unique(smpl.means),2)
[1] 2.33 1.67 1.33 2.00 2.67 3.00 1.00
```

Finalmente, armazene esses valores em um vetor chamado m.values, que usaremos para alterar a escala do eixo x:

```
> m.values <-round(unique(smpl.means),2)
```

Para alterar a escala, use um truque que mostro no Capítulo 8:

```
scale_x_continuous(breaks=m.values,label=m.values)
```

Outro truque do Capítulo 8 elimina o espaço entre os valores do eixo x e o eixo x:

```
scale_y_continuous(expand = c(0,0))
```

Mais um truque usa a sintaxe `expression` de R para exibir $\bar{X}$ como o rótulo do eixo x e *frequency*$\left(\bar{X}\right)$ como o rótulo do eixo y:

```
labs(x=expression(bar(X)),y=expression(frequency(bar(X))))
```

Juntando tudo, temos a distribuição amostral da Figura 9-4:

```
ggplot(NULL,aes(x=smpl.means)) +
  geom_histogram()+
  scale_x_continuous(breaks=m.values,label=m.values)+
  scale_y_continuous(expand = c(0,0)) +

  labs(x=expression(bar(X)),y=expression
  (frequency(bar(X))))
```

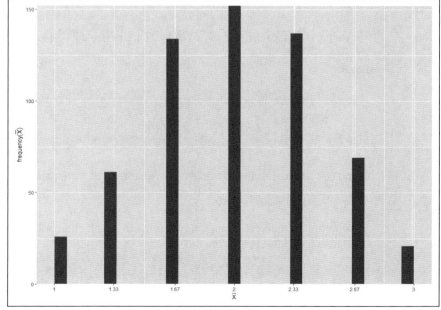

FIGURA 9-4: Distribuição amostral da média com a escala alterada do eixo x e rótulos legais para os eixos.

CAPÍTULO 9 **Jogo da Confiança: Estimação**   173

Previsões do teorema do limite central

Como as características da distribuição amostral combinam com o que o teorema do limite central prevê?

Para derivar as previsões, é preciso começar com a população. Pense em cada valor da população (1, 2 e 3) como um X e em cada probabilidade como pr(X). Os matemáticos se refeririam a X como uma *variável aleatória discreta*.

A média de uma variável aleatória discreta é chamada de *valor esperado*. A notação do valor esperado de X é E(X).

Para descobrir E(X), multiplique cada X por sua probabilidade e some todos os produtos. Para este exemplo, seria

$$E(X) = \sum X(pr(X)) = 1\left(\frac{1}{3}\right) + 2\left(\frac{1}{3}\right) + 3\left(\frac{1}{3}\right) = 2$$

Ou se preferir R:

```
> E.values<-sum(values*probabilities)
> E.values
[1] 2
```

Para encontrar a variância de X, subtraia E(X) de cada X, eleve cada desvio ao quadrado, multiplique cada desvio ao quadrado pela probabilidade de X e some os produtos. Para este exemplo:

$$\text{var}(X) = \sum (X - E(X))^2 pr(x) = (1-2)^2\left(\frac{1}{3}\right) + (2-2)^2\left(\frac{1}{3}\right) + (3-2)^2\left(\frac{1}{3}\right) = 0{,}67$$

Em R:

```
> var.values <- sum((values-E.values)^2*probabilities)
> var.values
[1] 0.6666667
```

Como sempre, o desvio-padrão é a raiz quadrada da variância:

$$\sigma = \sqrt{\text{var}(X)} = \sqrt{0{,}67} = 0{,}82$$

Novamente, em R:

```
> sd.values<-sqrt(var.values)
> sd.values
[1] 0.8164966
```

Então a população tem uma média 2 e um desvio-padrão 0,82.

De acordo com o teorema do limite central, a média da distribuição amostral deveria ser

$$\mu_{\bar{x}} = \mu = 2$$

e o desvio-padrão,

$$\sigma_{\bar{x}} = \sigma/\sqrt{N} = 0{,}82/\sqrt{3} = 0{,}4714$$

Como esses valores previstos combinam com as características da distribuição amostral?

```
> mean(smpl.means)
[1] 2.002222
> sd(smpl.means)
[1] 0.4745368
```

Ficam bem próximos! Até com uma população que não é normalmente distribuída e um tamanho amostral pequeno, o teorema do limite central dá uma imagem precisa da distribuição amostral da média.

Confiança: Ela Tem Seus Limites!

Mencionei as distribuições amostrais porque elas ajudam a responder à pergunta que fiz no início deste capítulo. Quanta confiança podemos ter nas estimativas que criamos?

O procedimento é calcular uma estatística, então, usá-la para estabelecer os limites superior e inferior para o parâmetro da população com, digamos, 95% de confiança. (A interpretação dos limites de confiança é um pouco mais complicada do que isso, como veremos.) Podemos fazer isso só conhecendo a distribuição amostral da estatística e seu erro padrão. Na próxima seção mostro como fazer com a média.

Encontrando limites de confiança para uma média

A FarBlonJet Corporation fabrica sistemas de navegação. (Slogan corporativo: "Vai viajar? Pegue um FarBlonJet.") A empresa desenvolveu uma nova bateria para seu modelo portátil. Para ajudar a vender esse sistema, a FarBlonJet quer saber quanto tempo, em média, cada bateria dura antes de acabar.

Os funcionários da FarBlonJet querem estimar essa média com 95% de confiança. Eles testaram uma amostra de 100 baterias e descobriram que a média amostral é de 60 horas, com um desvio-padrão de 20 horas. Lembre-se: o teorema do limite central informa que com uma amostra grande o suficiente (de 30 ou mais), a distribuição amostral da média é aproximadamente uma distribuição normal. O erro padrão da média (o desvio-padrão da distribuição amostral da média) é

$$\sigma_{\bar{x}} = \sigma / \sqrt{N}$$

O tamanho amostral, N, é 100. E σ? Não é conhecido, então precisamos estimá-lo. Se conhecêssemos σ, isso significaria que conheceríamos μ e seria desnecessário estabelecer os limites de confiança.

A melhor estimativa para σ é o desvio-padrão da amostra. Nesse caso, seria 20. Isso leva a uma estimativa do erro padrão da média.

$$s_{\bar{x}} = s/\sqrt{N} = 20/\sqrt{100} = 20/10 = 2$$

A melhor estimativa da média populacional é a média amostral: 60. Com essas informações (média estimada, erro padrão estimado da média, distribuição normal), podemos prever a distribuição amostral da média, que é exibida na Figura 9-5. Consistente com a Figura 9-2, cada desvio-padrão é um erro padrão da média.

Agora que temos a distribuição amostral, podemos estabelecer os limites de 95% de confiança da média. Começando pelo centro da distribuição, até que distância para as laterais temos que ir para que tenhamos 95% da área sob a curva? (Para saber mais sobre a área sob uma distribuição normal e o que isso significa, veja o Capítulo 8.)

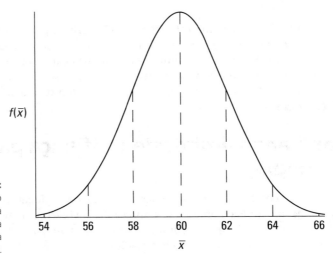

FIGURA 9-5: Distribuição amostral da média para a bateria da FarBlonJet.

Uma maneira de responder a essa pergunta é trabalhar com a distribuição normal padrão e encontrar o escore-z que corta 2,5% da área na cauda superior, depois multiplicar esse escore-z pelo erro padrão. Some o resultado da média amostral ao limite de confiança superior e subtraia o resultado da média para obter o limite de confiança inferior.

Veja como fazer tudo isso no R. Primeiro, a configuração:

```
> mean.battery <- 60
> sd.battery <- 20
> N <- 100
> error <- qnorm(.025,lower.tail=FALSE)*sd.battery/sqrt(N)
```

Depois, os limites:

```
> lower <- mean.battery - error
> upper <- mean.battery + error
> lower
[1] 56.08007
> upper
[1] 63.91993
```

A Figura 9-6 mostra esses limites na distribuição amostral.

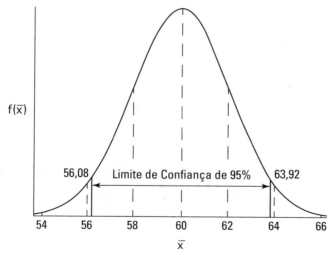

FIGURA 9-6: Limites de confiança de 95% da distribuição amostral da FarBlonjet.

O que isso informa exatamente? Uma interpretação é a de que, se quiséssemos repetir esse procedimento de amostragem e estimativa muitas vezes, os intervalos de confiança que calculamos (que seriam sempre diferentes) incluiriam a média populacional em 95% das vezes.

Encaixe em um t

O teorema do limite central especifica (aproximadamente) uma distribuição normal para grandes amostras. Contudo, no mundo real, lidamos com amostras menores, e a distribuição normal não é adequada. O que fazer?

Primeiro, pagamos um preço por usar uma amostra menor — temos um erro padrão maior. Suponha que a FarBlonJet Corporation tenha encontrado uma média 60 e um desvio-padrão 20 em uma amostra de 25 baterias. O erro padrão estimado é

$$s_{\bar{x}} = s/\sqrt{N} = 20/\sqrt{25} = 20/5 = 4$$

com o dobro do tamanho do erro padrão para $N=100$.

Segundo, não podemos usar a distribuição normal padrão para caracterizar a distribuição amostral da média. Para as amostras pequenas, a distribuição amostral da média é um membro de uma família de distribuições chamada *distribuição-t*. O parâmetro que distingue os membros dessa família uns dos outros é chamado de *grau de liberdade*.

LEMBRE-SE

Como dito no Capítulo 5, pense em "graus de liberdade" como o denominador da sua estimativa de variância. Por exemplo, se sua amostra consiste em 25 indivíduos, a variância amostral que estima a variância populacional é

$$s^2 = \frac{\sum(x-\bar{x})^2}{N-1} = \frac{\sum(x-\bar{x})^2}{25-1} = \frac{\sum(x-\bar{x})^2}{24}$$

O número no denominador é 24 e é o valor do parâmetro dos graus de liberdade. Em geral, graus de liberdade (df) = $N-1$ (N é o tamanho amostral) quando usamos a distribuição-t da maneira como mostro nesta seção.

A Figura 9-7 mostra dois membros da família de distribuição-t (df = 3 e df = 10), junto com uma distribuição normal para comparação. Como mostra a figura, quanto maior o df, mais próxima t está de uma distribuição normal.

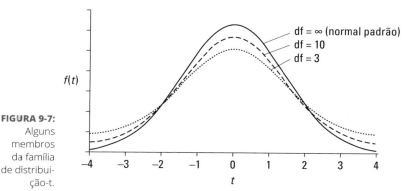

FIGURA 9-7: Alguns membros da família de distribuição-t.

Para determinar os limites inferior e superior do nível de confiança de 95% para uma amostra pequena, trabalhe com o membro da família de distribuição-t que tenha o df adequado. Encontre o valor que corta os 2,5% superiores da área na cauda superior da distribuição, depois multiplique esse valor pelo erro padrão.

Some o resultado à média para obter o limite de confiança superior; subtraia o resultado da média para obter o limite de confiança inferior.

R fornece dt() (função densidade), pt() (função densidade cumulativa), qt() (quantil) e rt() (geração de número aleatório) para trabalhar com a distribuição-t. Para os intervalos de confiança, eu uso qt().

No exemplo das baterias da FarBlonJet:

```
> mean.battery <- 60
> sd.battery <- 20
> N <- 25
> error <- qt(.025,N-1,lower.tail=FALSE)*sd.battery/sqrt(N)
> lower <- mean.battery - error
> upper <- mean.battery + error
> lower
[1] 51.74441
> upper
[1] 68.25559
```

Os limites inferior e superior são 51,74 e 68,26. Note que com uma amostra menor, a amplitude é maior do que no exemplo anterior.

CAPÍTULO 9 **Jogo da Confiança: Estimação** 179

Se tivermos dados brutos, poderemos usar `t.test()` para gerar intervalos de confiança:

```
> battery.data <- c(82,64,68,44,54,47,50,85,51,41,61,84,
   53,83,91,43,35,36,33,87,90,86,49,37,48)
```

Veja como usar `t.test()` para gerar os limites inferior e superior para uma confiança de 90%; o valor padrão é 0,95:

```
> t.test(battery.data, conf.level=.90)

        One Sample t-test

data:   c(82, 64, 68, 44, 54, 47, 50, 85, 51, 41, 61, 84,
    53, 83, 91,  ...
t = 15, df = 24, p-value = 1.086e-13
alternative hypothesis: true mean is not equal to 0
90 percent confidence interval:
 53.22727 66.93273
sample estimates:
mean of x
    60.08
```

Na verdade, a função `t.test()` é mais apropriada para o próximo capítulo...

> **NESTE CAPÍTULO**
> » Apresentando testes de hipóteses
> » Testando hipóteses sobre médias
> » Testando hipóteses sobre variâncias
> » Visualizando distribuições

Capítulo 10
Teste de Hipóteses para Amostra Única

Qualquer que seja a profissão, muitas vezes precisamos avaliar alguma coisa nova e diferente do que aconteceu. Às vezes começamos com uma população sobre a qual sabemos muito (como sua média e desvio-padrão) e retiramos uma amostra. Essa amostra é como o resto da população ou representa algo fora do comum?

Para responder a essa pergunta, medimos cada indivíduo na amostra e calculamos suas estatísticas. Então comparamos essas estatísticas com os parâmetros populacionais. São iguais? São diferentes? A amostra é extraordinária de alguma forma? O uso adequado da estatística nos ajuda a tomar uma decisão.

Porém, às vezes, não conhecemos os parâmetros da população da qual vem a amostra. Então o que acontece? Neste capítulo, falarei sobre técnicas estatísticas e funções R para lidar com ambos os casos.

Hipóteses, Testes e Erros

Hipótese é um palpite sobre como o mundo funciona. É uma tentativa de explicação de algum processo, ocorra ele na natureza ou em um laboratório.

LEMBRE-SE

Antes de estudar e medir os indivíduos em uma amostra, um pesquisador formula hipóteses que preveem como os dados devem ser.

Geralmente, uma hipótese prevê que os dados não exibirão nada novo ou fora do comum. Isso é chamado de *hipótese nula* (abreviada como H_0). De acordo com a hipótese nula, se os dados desviarem da norma de algum jeito, esse desvio se deverá estritamente ao acaso. Outra hipótese, a *hipótese alternativa* (abreviada como H_1), explica as coisas de um jeito diferente. De acordo com ela, os dados mostram algo importante.

Depois de reunir os dados, cabe ao pesquisador tomar uma decisão. A lógica funciona de forma que a decisão é centrada na hipótese nula. O pesquisador deve decidir rejeitar ou não a hipótese nula.

No *teste de hipótese*, você

- Formula hipóteses nula e alternativa.
- Reúne dados.
- Decide rejeitar ou não a hipótese nula.

LEMBRE-SE

Nada na lógica envolve *aceitar* qualquer uma das hipóteses. Nem tomar decisões sobre a hipótese alternativa. Tudo é uma questão de rejeitar ou não H_0.

Independentemente da decisão de rejeitar ou não, é possível cometer um erro. Um tipo de erro ocorre quando acreditamos que os dados mostram algo importante e rejeitamos H_0, mas, na verdade, os dados só estavam expostos ao acaso. Isso é chamado de *erro Tipo I*. No início de um estudo, estabelecemos os critérios para rejeitar H_0. Ao fazer isso, estabelecemos a probabilidade de um erro Tipo I. Essa probabilidade é chamada *alfa* (α).

Outro tipo de erro ocorre quando não rejeitamos H_0 e os dados realmente estavam expostos a algo fora do comum. Por qualquer razão, deixamos algo passar. Isso é chamado de *erro Tipo II*. Sua probabilidade é chamada *beta* (β). A Tabela 10-1 resume as decisões e os erros possíveis.

TABELA 10-1   **Decisões e Erros em Testes de Hipótese**

		"Estado Real" do Mundo	
		H_0 é Verdadeira	H_1 é Verdadeira
	Rejeitar H_0	Erro Tipo I	Corrigir Decisão
Decisão			
	Não Rejeitar H_0	Corrigir Decisão	Erro Tipo II

Note que nunca sabemos o verdadeiro estado do mundo. (Se soubéssemos, não precisaríamos fazer o estudo!) Tudo o que podemos fazer é medir os indivíduos em uma amostra, calcular as estatísticas e tomar uma decisão sobre H_0. (Eu explico as hipóteses e os testes de hipótese no Capítulo 1.)

Testes de Hipótese e Distribuições Amostrais

No Capítulo 9 eu analiso as distribuições amostrais. Lembre-se de que uma distribuição amostral é o conjunto de todos os valores possíveis de uma estatística para um tamanho amostral dado.

Também no Capítulo 9 explico o teorema do limite central. Esse teorema informa que a distribuição amostral da média se aproxima de uma distribuição normal se o tamanho amostral é grande (de, pelo menos, 30, para propósitos práticos). Isso funciona com uma população normalmente distribuída ou não. Se a população tiver uma distribuição normal, a distribuição amostral será normal para qualquer tamanho de amostra. Veja dois outros pontos do teorema do limite central:

» A média da distribuição amostral da média é igual à média populacional.

A equação para isso é

$\mu_{\bar{x}} = \mu$

» O erro padrão da média (o desvio-padrão da distribuição amostral) é igual ao desvio-padrão populacional dividido pela raiz quadrada do tamanho da amostra.

A equação é

$\sigma_{\bar{x}} = \sigma / \sqrt{N}$

A distribuição amostral da média aparece com destaque no tipo de teste de hipótese visto neste capítulo. Teoricamente, quando testamos uma hipótese nula e uma hipótese alternativa, cada hipótese corresponde a uma distribuição amostral separada.

A Figura 10-1 mostra o que quero dizer. Ela tem duas distribuições normais. Posicionei-as arbitrariamente. Cada distribuição normal representa uma distribuição amostral da média. A da esquerda representa a distribuição de médias amostrais possíveis se a hipótese nula é realmente como o mundo funciona. A da direita representa a distribuição de médias amostrais possíveis se a hipótese alternativa é como o mundo funciona.

CAPÍTULO 10 **Teste de Hipóteses para Amostra Única**

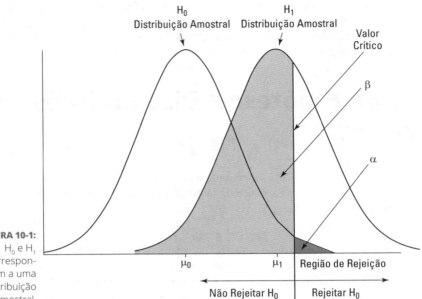

FIGURA 10-1: H_0 e H_1 correspondem a uma distribuição amostral.

É claro que quando fazemos um teste de hipótese, nunca sabemos qual distribuição produz os resultados. Trabalhamos com uma média amostral ou um ponto no eixo horizontal. A decisão de rejeitar ou não se resume a decidir de qual distribuição a média amostral faz parte. Estabelecemos um *valor crítico*, um critério de decisão. Se a média amostral estiver de um lado do valor crítico, rejeitaremos H_0. Do contrário, não.

Nessa linha, a figura também mostra α e β. Como já mencionado, são as probabilidades dos erros de decisão. A área que corresponde a α está na distribuição H_0, sombreada em cinza escuro. Ela representa a probabilidade de uma média amostral vir da distribuição H_0, mas ser tão extrema que rejeitamos H_0.

LEMBRE-SE

O que determina α é onde o valor crítico é estabelecido. Na maioria dos testes de hipótese, estabelecemos α como 0,05. Isso significa que estamos dispostos a tolerar um erro Tipo I (rejeitar H_0 quando não deveríamos) em 5% das vezes. Graficamente, o valor crítico corta 5% da área da distribuição amostral. A propósito, se estamos falando de 5% da área na cauda direita da distribuição (veja a Figura 10-1), estamos falando sobre os 5% *superiores*. Se forem os 5% na cauda esquerda, são os 5% *inferiores*.

A área que corresponde a β está na distribuição H_1, sombreada em cinza claro. Essa área representa a probabilidade de uma média amostral vir da distribuição H_1, mas estar tão próxima do centro da distribuição H_0 que não rejeitamos H_0 (mas deveríamos). Não podemos definir β. O tamanho dessa área depende da separação entre as médias das duas distribuições, e isso é de responsabilidade do mundo em que vivemos, não nossa.

Essas distribuições amostrais são adequadas quando nosso trabalho corresponde às condições do teorema do limite central: se sabemos que a população em que trabalhamos tem uma distribuição normal ou se temos uma amostra grande.

Pegando Alguns Zs de Novo

Veja um exemplo de teste de hipótese que envolve uma amostra de uma população normalmente distribuída. Como a população é normalmente distribuída, qualquer tamanho de amostra resulta em uma distribuição amostral normalmente distribuída. Como é uma distribuição normal, usamos escores-z no teste de hipótese:

$$z = \frac{\bar{x} - \mu}{\sigma/\sqrt{N}}$$

Mais uma "explicação": como usamos o escore-z no teste de hipótese, ele é chamado de *estatística de teste*.

Suponha que pensemos que as pessoas vivendo em um CEP específico tenham QIs acima da média. Pegamos uma amostra de nove pessoas desse CEP, aplicamos testes de QI, tabulamos os resultados e calculamos as estatísticas. Para a população de pontuações de QI, $\mu = 100$ e $\sigma = 15$.

As hipóteses são

H_0: $\mu_{ZIP\ cep} \leq 100$

H_1: $\mu_{ZIP\ cep} > 100$

Suponha que $\alpha = 0{,}05$. Essa é a área sombreada na cauda da distribuição H_0 na Figura 10-1.

Por que o sinal $\leq$ em H_0? Usamos esse símbolo porque rejeitaremos H_0 apenas se a média amostral for maior do que o valor hipotético. Qualquer outra coisa é prova a favor de não rejeitar H_0.

Suponha que a média amostral seja 108,67. Podemos rejeitar H_0?

O teste envolve transformar 108,67 em uma pontuação padrão na distribuição amostral da média:

$$z = \frac{\bar{x} - \mu}{\sigma/\sqrt{N}} = \frac{108{,}67 - 100}{\left(15/\sqrt{9}\right)} = \frac{8{,}67}{\left(15/3\right)} = \frac{8{,}67}{5} = 1{,}73$$

O valor da estatística de teste é grande o suficiente para possibilitar a rejeição de H₀ com α = 0,05? Sim. O valor crítico, ou seja, o valor de z que corta 5% da área em uma distribuição padrão normal, é 1,645. (Depois de anos trabalhando com a distribuição normal padrão, agora sei disso. Leia o Capítulo 8, descubra a função `qnorm()` de R e você também terá informações como essa na ponta da língua.) O valor calculado, 1,73, excede 1,645, então está na área de rejeição. A decisão é rejeitar H₀.

Isso significa que se H₀ for verdadeira, a probabilidade de obter um valor de estatística de teste que seja, pelo menos, desse tamanho será menor que 0,05. É uma evidência forte a favor de rejeitar H₀.

LEMBRE-SE

No jargão estatístico, sempre que rejeitamos H₀, falamos que o resultado é *estatisticamente significante*.

Esse tipo de teste de hipótese é *unicaudal*, porque a região de rejeição está em uma cauda da distribuição amostral.

Um teste de hipótese pode ser unicaudal na outra direção. Suponha que tenhamos razões para acreditar que as pessoas nesse CEP têm QIs abaixo da média. Nesse caso, as hipóteses são

$H_0: \mu_{CEP} \geq 100$

$H_1: \mu_{CEP} < 100$

Para esse teste de hipótese, o valor crítico da estatística de teste é −1,645 se α = 0,05.

Um teste de hipótese pode ser *bicaudal*, o que significa que a região de rejeição está em ambas as caudas da distribuição amostral H₀. Isso acontece quando as hipóteses são como estas:

$H_0: \mu_{CEP} = 100$

$H_1: \mu_{CEP} \neq 100$

Nesse caso, a hipótese alternativa apenas especifica que a média é diferente do valor da hipótese nula, sem dizer se é para mais ou para menos. A Figura 10-2 mostra como fica uma região de rejeição bicaudal para α = 0,05. Os 5% estão divididos igualmente entre as caudas esquerda (também chamada de *cauda inferior*) e direita (*cauda superior*).

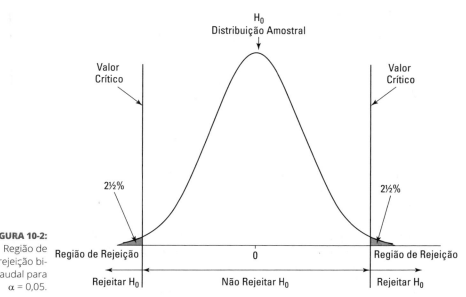

FIGURA 10-2: Região de rejeição bi-caudal para α = 0,05.

Para uma distribuição normal, aliás, o escore-z que corta 2,5% na cauda direita é de 1,96. O que corta 2,5% na cauda esquerda é de −1,96. (Novamente, conheço esses valores depois de anos trabalhando com distribuições normais padrão.) O escore-z no exemplo anterior, 1,73, não excede 1,96. A decisão, no caso bicaudal, é a de *não* rejeitar H_0.

DICA

Isso levanta um ponto importante. Um teste de hipótese unicaudal pode rejeitar H_0, enquanto um teste bicaudal nos mesmos dados pode não fazê-lo. Um teste bicaudal indica que estamos procurando uma diferença entre a média amostral e a média da hipótese nula, mas não sabemos em qual direção. Um teste unicaudal mostra que temos uma boa ideia da diferença que deve resultar. Para propósitos práticos, isso significa que devemos tentar ter conhecimento suficiente para sermos capazes de especificar um teste unicaudal: isso nos dá uma chance melhor de rejeitar H_0 quando é necessário.

Teste Z em R

Uma função R chamada `z.test()` seria ótima para fazer o tipo de teste analisado na seção anterior. O problema é que essa função não existe na base R. Embora possamos encontrá-la em outros pacotes, é fácil criar uma e aprender um pouco sobre programação R no processo.

A função funciona assim:

```
> IQ.data <- c(100,101,104,109,125,116,105,108,110)
```

```
> z.test(IQ.data,100,15)
 z = 1.733
 one-tailed probability = 0.042
 two-tailed probability = 0.084
```

Comece criando o nome da função e seus argumentos:

```
z.test = function(x,mu,popvar){
```

O primeiro argumento é o vetor de dados, o segundo é a média da população e o terceiro é a variância populacional. A chave esquerda significa que o restante do código acontece dentro da função.

Em seguida, crie um vetor que conterá a probabilidade unicaudal do escore-z que será calculado:

```
one.tail.p <- NULL
```

Depois calcule o escore-z e arredonde-o para três casas decimais:

```
z.score <- round((mean(x)-mu)/(popvar/sqrt(length(x))),3)
```

Sem arredondar, R pode calcular muitas casas decimais e o resultado ficará confuso.

Por fim, calcule a probabilidade unicaudal (a proporção da área além do escore-z calculado) e novamente arredonde para três casas decimais:

```
one.tail.p <- round(pnorm(abs(z.score),lower.tail = FALSE),3)
```

Por que colocar `abs()` (valor absoluto) no argumento para `pnorm`? Lembre-se de que uma hipótese alternativa pode especificar um valor abaixo da média e os dados podem resultar em um escore-z negativo.

O próximo passo é configurar a exibição do resultado. Para isso, use a função `cat()`. Eu utilizei essa função no Capítulo 7 para exibir um conjunto razoável de números de maneira organizada. O nome *cat* é a abreviação de *concatenate and print* (concatenar e imprimir), que é exatamente o que queremos fazer aqui: concatenar (reunir) strings (como `one-tailed probability =`) com expressões (como `one.tail.p`), então, exibir tudo na tela. Também queremos começar uma nova linha para cada concatenação, e R faz isso com `\n`.

Veja a declaração cat:

```
cat(" z =",z.score,"\n",
    "one-tailed probability =", one.tail.p,"\n",
    "two-tailed probability =", 2*one.tail.p )}
```

O espaço entre as aspas do lado esquerdo e z alinha a primeira linha com as outras duas na tela. As chaves do lado direito fecham a função.

Veja tudo reunido:

```
z.test = function(x,mu,popvar){
  one.tail.p <- NULL
  z.score <- round((mean(x)-mu)/(popvar/sqrt(length(x))),3)
  one.tail.p <- round(pnorm(abs(z.score),lower.tail
       = FALSE),3)
  cat(" z =",z.score,"\n",
      "one-tailed probability =", one.tail.p,"\n",
      "two-tailed probability =", 2*one.tail.p )}
```

Executar essa função produz o que vimos no começo desta seção.

t para Um

No exemplo anterior trabalhamos com pontuações de QI. A população de pontuações de QI é uma distribuição normal com uma média e desvio-padrão bem conhecidos. Assim, podemos trabalhar com o teorema do limite central e descrever a distribuição amostral da média como uma distribuição normal. Depois podemos usar z como a estatística de teste.

Contudo, no mundo real, normalmente não temos o luxo de trabalhar com populações bem definidas. Geralmente temos amostras pequenas e medimos algo que não é tão bem conhecido quanto o QI. Resumindo, em geral não sabemos os parâmetros populacionais nem se a população é normalmente distribuída.

Quando isso acontece, usamos os dados amostrais para estimar o desvio-padrão populacional e tratamos a distribuição amostral da média como um membro de uma família de distribuição chamada distribuição-t. Usamos t como uma estatística de teste. No Capítulo 9 apresento essa distribuição e menciono que distinguimos os membros dessa família por um parâmetro chamado *grau de liberdade* (df).

A fórmula para a estatística de teste é

$$t = \frac{\bar{x} - \mu}{s/\sqrt{N}}$$

Pense em df como o denominador da estimativa da variância da população. Para os testes de hipótese nesta seção, isso será $N-1$, onde N é o número de pontuações na amostra. Quanto maior o df, mais a distribuição-t lembra a distribuição normal.

Veja um exemplo: a FarKlempt Robotic, Inc., comercializa microrrobôs. A empresa afirma que seu produto tem, em média, quatro defeitos por unidade. Um grupo de consumidores acredita que essa média é maior. Eles pegam uma amostra de nove microrrobôs da FarKlempt e encontram uma média de sete defeitos, com um desvio-padrão de 3,12. O teste de hipótese é

H_0: $\mu \leq 4$

H_1: $\mu > 4$

$\alpha = 0,05$

A fórmula é

$$t = \frac{\bar{x} - \mu}{s/\sqrt{N}} = \frac{7-4}{(3,12/\sqrt{9})} = \frac{3}{(3,12/3)} = 2,88$$

Podemos rejeitar H_0? A função R na próxima seção lhe dirá.

Teste t em R

Fiz uma prévia da função `t.test()` no Capítulo 2 e falei sobre ela em mais detalhes no Capítulo 9. Aqui vamos usá-la para o teste de hipótese.

Comece com os dados da FarKlempt Robotics:

```
> FarKlempt.data <- c(3,6,9,9,4,10,6,4,12)
```

Depois aplique `t.test()`. Para o exemplo, fica assim:

```
t.test(FarKlempt.data,mu=4, alternative="greater")
```

O segundo argumento especifica que estamos testando em uma média hipotética de 4 e o terceiro argumento indica que a hipótese alternativa é a de que a média real é maior que 4.

Observe-a em ação:

```
> t.test(FarKlempt.data,mu=4, alternative="greater")

        One Sample t-test

data:  c(3, 6, 9, 9, 4, 10, 6, 4, 12)
t = 2.8823, df = 8, p-value = 0.01022
alternative hypothesis: true mean is greater than 4
95 percent confidence interval:
 5.064521      Inf
sample estimates:
mean of x
       7
```

O resultado fornece o valor-t e o valor-p baixo mostra que podemos rejeitar a hipótese nula com α = 0,05.

Essa função `t.test()` é versátil. Trabalharemos com ela novamente no Capítulo 11, quando testaremos hipóteses sobre duas amostras.

Trabalhando com Distribuições-t

Assim como podemos usar os prefixos `d`, `p`, `q` e `r` para a família da distribuição normal, podemos usar `dt()` (função densidade), `pt()` (função densidade cumulativa), `qt()` (quantis) e `rt()` (geração de número aleatório) para a família de distribuição-t.

Veja `dt()` e `rt()` em ação para uma distribuição-t com df 12:

```
> t.values <- seq(-4,4,1)
> round(dt(t.values,12),2)
[1] 0.00 0.01 0.06 0.23 0.39 0.23 0.06 0.01 0.00
> round(pt(t.values,12),2)
[1] 0.00 0.01 0.03 0.17 0.50 0.83 0.97 0.99 1.00
```

Mostrarei como usar mais `dt()` na próxima seção. (Muito mais. Acredite.)

Para obter informações de quantis sobre a distribuição-t com df 12:

```
> quartiles <- c(0,.25,.50,.75,1)
```

```
> qt(quartiles,12)
[1]       -Inf -0.6954829  0.0000000  0.6954829        Inf
```

`-Inf` e `Inf` informam que a curva nunca toca o eixo x em nenhuma cauda.

Para gerar oito números aleatórios (arredondados) da distribuição-t com df 12:

```
> round(rt(8,12),2)
[1]  0.73  0.13 -1.32  1.33 -1.27  0.91 -0.48 -0.83
```

Todas essas funções nos dão a opção de trabalhar com distribuições-t não centradas em zero. Fazemos isso inserindo um valor para `ncp` (o parâmetro de *não centralidade*). Na maioria das aplicações da distribuição-t, a não centralidade não aparece. Para completar, explico esse conceito em mais detalhes no Apêndice 3 online.

Visualizando as Distribuições-t

Visualizar uma distribuição-t normalmente nos ajuda a entendê-la. O processo pode ser um pouco complicado em R, mas vale o esforço. A Figura 9-7 mostra três membros da família de distribuição-t no mesmo gráfico. O primeiro tem df=3, o segundo, df=10 e o terceiro é uma distribuição normal padrão (df=infinito).

Nesta seção mostro como criar esse gráfico em gráficos de base R e em ggplot2.

Com qualquer método, o primeiro passo é configurar um vetor dos valores que as funções de densidade utilizarão:

```
t.values <- seq(-4,4,.1)
```

Mais uma coisa e vamos começar. Depois que os gráficos estiverem completos, colocaremos o símbolo de infinito, ∞, nas legendas, para indicar o df da distribuição normal padrão. Para isso, instale um pacote chamado `grDevices`: na aba Packages, clique em Install, depois, na caixa de diálogo Install Packages, digite **grDevices** e clique em Install. Quando `grDevices` aparecer na aba Packages, marque sua caixa de verificação.

Ter `grDevices` instalado adiciona o símbolo de infinito à legenda:

```
expression(infinity)
```

Fugi do assunto...

Diagramando t em gráficos de base R

Comece com a função `plot()` e diagrame a distribuição-t com df 3:

```
plot(x = t.values,y = dt(t.values,3),   type = "l", lty =
      "dotted", ylim = c(0,.4),  xlab = "t", ylab =
      "f(t)")
```

Os dois primeiros argumentos são bem claros. Os dois seguintes estabelecem o tipo de gráfico; `type = "l"` significa *gráfico de linha* (é um "L" minúsculo, não o número 1) e `lty = "dotted"` indica o tipo de linha. O argumento `ylim` estabelece os limites inferior e superior do eixo y: `ylim = c(0,.4)`. Alguns ajustes mostram que se não fizermos isso, as curvas subsequentes serão cortadas no topo. Os dois últimos argumentos rotulam os eixos. A Figura 10-3 mostra o gráfico que temos até agora:

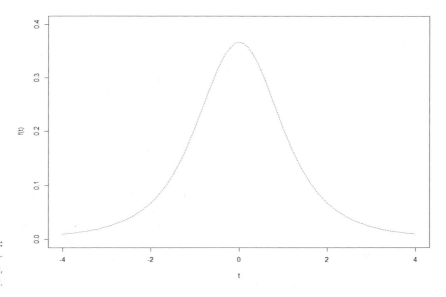

FIGURA 10-3: Distribuição--t com df 3, base R.

As duas linhas seguintes adicionam a distribuição-t para df=10 e para a normal padrão (df=infinito).

```
lines(t.values,dt(t.values,10),lty = "dashed")
lines(t.values,dnorm(t.values))
```

A linha para a normal padrão é sólida (o valor padrão de `lty`). A Figura 10-4 mostra o progresso. Tudo o que falta é a legenda identificando as curvas.

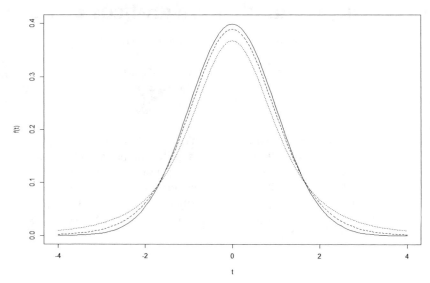

FIGURA 10-4: Três distribuições em busca de uma legenda.

Uma vantagem da base R é que não é difícil posicionar e preencher a legenda:

```
legend("topright", title = "df",legend =
        c(expression(infinity),"10","3"), lty =
        c("solid","dashed","dotted"), bty = "n")
```

O primeiro argumento posiciona a legenda no canto superior direito. O segundo dá título a ela. O terceiro argumento é um vetor que especifica o que está na legenda. Como podemos ver, o primeiro elemento é a expressão infinita que mostrei anteriormente e corresponde ao df da normal padrão. O segundo e terceiro elementos são os df das duas distribuições-t restantes. Organizamos assim porque é a ordem na qual as curvas aparecem em seus centros. O argumento lty é o vetor que especifica a ordem dos tipos de linhas (correspondem ao df). O argumento final bty="n" remove a borda da legenda.

E isso produz a Figura 10-5.

Diagramando t em ggplot2

A abordagem "gramática dos gráficos" exige consideravelmente mais esforço do que a base R. Mas siga em frente e você aprenderá muito sobre ggplot2.

Comece colocando os números relevantes em um data frame:

```
t.frame = data.frame(t.values,
                     df3 = dt(t.values,3),
```

```
                  df10 = dt(t.values,10),
                  std_normal = dnorm(t.values))
```

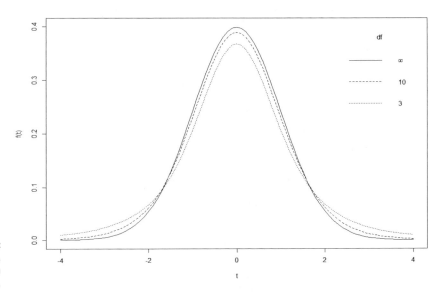

FIGURA 10-5: Gráfico final, incluindo a legenda.

As seis primeiras linhas do data frame são como a seguir:

```
> head(t.frame)
  t.values         df3         df10      std_normal
1     -4.0 0.009163361 0.002031034 0.0001338302
2     -3.9 0.009975671 0.002406689 0.0001986555
3     -3.8 0.010875996 0.002854394 0.0002919469
4     -3.7 0.011875430f 0.003388151 0.0004247803
5     -3.6 0.012986623 0.004024623 0.0006119019
6     -3.5 0.014224019 0.004783607 0.0008726827
```

É um data frame bem bonito, mas está no formato largo. Como aponto no Capítulo 3, ggplot() prefere o formato longo, que tem três colunas de números de densidade empilhados em uma única coluna. Para chegar a esse formato, que chamamos de *remodelagem* de dados, verifique se o pacote reshape2 está instalado. Marque sua caixa de verificação na aba Packages e pronto.

Remodelar do formato largo para o longo é chamado de *melting* (derretimento) de dados, então a função é

```
t.frame.melt <- melt(t.frame,id="t.values")
```

CAPÍTULO 10 **Teste de Hipóteses para Amostra Única**

O argumento `id` especifica que `t.values` é a variável cujos números *não* são empilhados com o restante. Pense nela como a variável que armazena os dados. As seis primeiras linhas de `t.frame.melt` são:

```
> head(t.frame.melt)
  t.values variable      value
1     -4.0      df3 0.009163361
2     -3.9      df3 0.009975671
3     -3.8      df3 0.010875996
4     -3.7      df3 0.011875430
5     -3.6      df3 0.012986623
6     -3.5      df3 0.014224019
```

É sempre uma boa ideia ter nomes significativos de colunas, então...

```
> colnames(t.frame.melt)= c("t","df","density")
> head(t.frame.melt)
    t   df    density
1 -4.0 df3 0.009163361
2 -3.9 df3 0.009975671
3 -3.8 df3 0.010875996
4 -3.7 df3 0.011875430
5 -3.6 df3 0.012986623
6 -3.5 df3 0.014224019
```

Agora, mais uma coisa antes de começarmos o gráfico. Este é um vetor que será útil quando organizarmos o eixo x:

```
x.axis.values <- seq(-4,4,2)
```

Comece com `ggplot()`:

```
ggplot(t.frame.melt, aes(x=t,y=f(t),group =df))
```

O primeiro argumento é o data frame. Os mapeamentos estéticos informam que `t` está no eixo x, `density` está no eixo y e os dados ficam em grupos especificados pela variável `df`.

É um gráfico de linhas, então a função `geom` adequada é `geom_line`:

```
geom_line(aes(linetype=df))
```

As funções `geom` podem trabalhar com mapeamentos estéticos. Aqui o mapeamento estético mapeia `df` para o tipo de linha.

Redimensione o eixo x para que vá de −4 a 4, de dois em dois. Veja onde usar esse vetor `x.axis.values`:

```
scale_x_continuous(breaks=x.axis.values,labels=x.axis.
   values)
```

O primeiro argumento define os pontos de quebra para o eixo x e o segundo fornece os rótulos para esses pontos. Juntar essas três declarações

```
ggplot(t.frame.melt, aes(x=t,y=density,group =df)) +
   geom_line(aes(linetype=df)) +
   scale_x_continuous(breaks = x.axis.values,labels =
         x.axis.values)
```

resulta na Figura 10-6. Um dos benefícios de ggplot2 é que o código produz automaticamente a legenda.

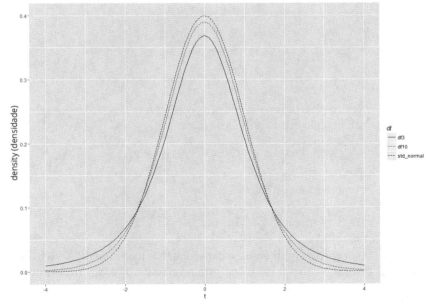

FIGURA 10-6: Três curvas de distribuições-t, diagramadas em ggplot2.

Ainda temos trabalho a fazer. Primeiro, as atribuições `linetype` padrão não são as que queremos, então precisamos refazê-las:

```
scale_linetype_manual(values =
        c("dotted","dashed","solid"),
labels = c("3","10", expression(infinity)))
```

As quatro declarações

```
ggplot(t.frame.melt, aes(x=t,y=density,group =df)) +
    geom_line(aes(linetype=df)) +
    scale_x_continuous(breaks = x.axis.values,labels =
        x.axis.values)+
    scale_linetype_manual(values =
            c("dotted","dashed","solid"),
        labels = c("3","10", expression(infinity)))
```

produzem a Figura 10-7.

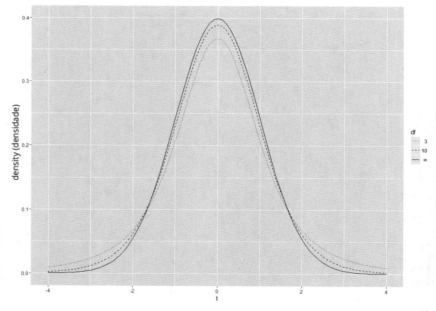

FIGURA 10-7: Três curvas de distribuições-t, com os tipos de linhas reatribuídos.

Como podemos ver, os itens na legenda não estão na ordem em que as curvas aparecem em seus centros. Insisto nisso. Acho que o gráfico fica mais compreensível quando os elementos do gráfico e da legenda estão em sincronia. ggplot2 fornece funções `guide` que possibilitam controlar os detalhes da legenda. Para inverter a ordem dos tipos de linha na legenda, faça o seguinte:

```
guides(linetype=guide_legend(reverse = TRUE))
```

Reunir todo o código, finalmente, produz a Figura 10-8.

```
ggplot(t.frame.melt, aes(x=t,y=density,group =df)) +
  geom_line(aes(linetype=df)) +
  scale_x_continuous(breaks = x.axis.values,labels =
      x.axis.values)+
  scale_linetype_manual(values =
          c("dotted","dashed","solid"),
          labels = c("3","10", expression(infinity)))+
  guides(linetype=guide_legend(reverse = TRUE))
```

Deixo como um exercício para que você refaça os rótulos do eixo y `f(t)`.

Gráficos de base R versus ggplot2: é como dirigir um carro com câmbio manual versus câmbio automático; mas eu nem sempre sei qual é qual!

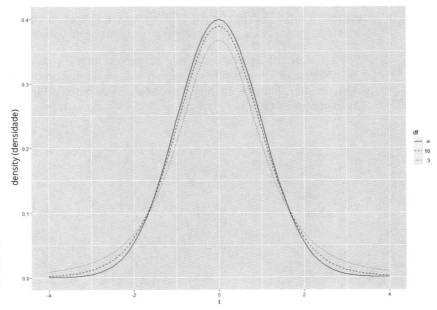

FIGURA 10-8: Produto final, com a legenda reorganizada.

Mais uma coisa sobre ggplot2

Poderíamos ter diagramado tudo isso sem criar e remodelar um data frame. Uma abordagem alternativa é definir `NULL` como a fonte de dados, mapear `t.values` para o eixo x e adicionar três declarações `geom_line`. Cada uma dessas declarações mapearia um vetor de densidade (criado na hora) para o eixo y e cada um teria seu próprio `linetype`.

Qual é o problema com essa abordagem? Quando fazemos desse jeito, a gramática não cria automaticamente uma legenda. Sem um data frame, não há base para criar uma legenda. É como usar `ggplot()` para criar um gráfico de base R.

É uma boa ideia usar essa abordagem em alguma situação? Sim, quando não queremos incluir uma legenda, mas explicar o gráfico de alguma maneira. Eu forneço um exemplo na seção posterior "Visualizando Distribuições Qui-quadradas".

Testando uma Variância

Até agora falei sobre teste de hipóteses de uma amostra para médias. Também podemos testar hipóteses sobre variâncias.

Esse tópico às vezes surge no contexto de produção. Suponha que a FarKlempt Robotics, Inc. produza uma peça que precisa ter certo comprimento de variabilidade muito baixa. Podemos pegar uma amostra das peças, medi-las, encontrar a variabilidade amostral e realizar um teste de hipótese na variabilidade desejada.

A família de distribuições para o teste é chamada de *qui-quadrado*. Seu símbolo é χ^2. Não entrarei nos detalhes matemáticos. Só direi, novamente, que df é o parâmetro que distingue um membro da família do outro. A Figura 10-9 mostra dois membros da família de qui-quadrados.

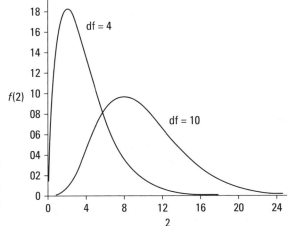

FIGURA 10-9: Dois membros da família de qui-quadrados.

Como mostra a figura, o qui-quadrado não é como as famílias de distribuição já mostradas anteriormente. Os membros dessa família podem ser assimétricos e nenhum deles pode receber um valor menor que zero.

A fórmula para a estatística de teste é

$$\chi^2 = \frac{(N-1)s^2}{\sigma^2}$$

N é o número de pontuações na amostra, s^2 é a variância amostral e σ^2 é a variância populacional especificada em H_0.

Com esse teste, precisamos supor que estamos medindo uma distribuição normal.

Suponha que seja permitido ao processo de produção de peças da FarKlempt apresentar um desvio-padrão de, no máximo, 1,5 polegada no comprimento. (Note que eu uso *desvio-padrão*. Isso permite que falemos em termos de polegadas. Se eu usasse *variância*, as unidades seriam polegadas quadradas.) Depois de medir uma amostra de dez peças, descobrimos um desvio-padrão de 1,8 polegada.

As hipóteses são

H_0: $\sigma^2 \leq 2{,}25$ (lembre-se de elevar ao quadrado o desvio-padrão de "no máximo" 1,5 polegada)

H_1: $\sigma^2 > 2{,}25$

$\alpha = 0{,}05$

Trabalhando com a fórmula,

$$\chi^2 = \frac{(N-1)s^2}{\sigma^2} = \frac{(10-1)(1,80)^2}{(1,5)^2} = \frac{(9)(3,25)}{2,25} = 12,96$$

podemos rejeitar H_0? Continue lendo.

Testando em R

A essa altura, podemos pensar que a função `chisq.test()` responderia a pergunta. Embora a base R forneça essa função, ela não é adequada aqui. Como podemos ver nos Capítulos 18 e 20, os estatísticos usam essa função para testar outros tipos de hipóteses.

Em vez disso, use a função chamada `varTest`, que está no pacote `EnvStats`. Na aba Packages, clique em Install. Depois digite **EnvStats** na caixa de diálogo Install Packages e clique em Install. Quando EnvStats aparecer na aba Packages, marque sua caixa de verificação.

Antes de usar o teste, crie um vetor para conter as dez medidas descritas no exemplo da seção anterior:

```
FarKlempt.data2 <- c(12.43, 11.71, 14.41, 11.05, 9.53,
         11.66, 9.33, 11.71, 14.35, 13.81)
```

E agora, o teste:

```
varTest(FarKlempt.data2,alternative="greater",conf.level
     = 0.95,sigma.squared = 2.25)
```

O primeiro argumento é o vetor de dados. O segundo especifica a hipótese alternativa de que a variância verdadeira é maior do que a hipotética, o terceiro dá o nível de confiança $(1-\alpha)$ e o quarto é a variância hipotética.

Executar essa linha de código produzirá os seguintes resultados:

```
Results of Hypothesis Test
--------------------------

Null Hypothesis:            variance = 2.25

Alternative Hypothesis:   True variance is greater than 2.25

Test Name:                  Chi-Squared Test on Variance
```

```
Estimated Parameter(s):    variance = 3.245299

Data:                      FarKlempt.data2

Test Statistic:            Chi-Squared = 12.9812

Test Statistic Parameter: df = 9

P-value:                   0.163459

95% Confidence Interval:   LCL = 1.726327
                           UCL =      Inf
```

Entre outras estatísticas, o resultado mostra o qui-quadrado (12,9812) e o valor-p (0,163459). (O valor qui-quadrado na seção anterior é um pouco mais baixo porque está arredondado.) O valor-p é maior que 0,05, portanto, não podemos rejeitar a hipótese nula.

Quão alto deveria ser o qui-quadrado (com df=9) para que pudéssemos rejeitar? Hmmm...

Trabalhando com Distribuições Qui-quadradas

Como é o caso das famílias de distribuição analisadas neste capítulo, R fornece funções para trabalhar com a família de distribuição qui-quadrado: `dchisq()` (para a função densidade), `pchisq()` (para a função densidade cumulativa), `qchisq()` (para quantis) e `rchisq()` (para a geração de números aleatórios).

Para responder à pergunta feita no final da seção anterior, usaremos `qchisq()`:

```
> qchisq(.05,df=9,lower.tail = FALSE)
[1] 16.91898
```

O valor observado deixou passar o valor crítico por uma margem grande.

Veja exemplos de outras funções `chisq` com df=9. Para esse conjunto de valores,

```
> chisq.values <- seq(0,16,2)
```

aqui estão as densidades

```
> round(dchisq(chisq.values,9),3)
[1] 0.000 0.016 0.066 0.100 0.101 0.081 0.056 0.036 0.021
```

e as densidades cumulativas

```
> round(pchisq(chisq.values,9),3)
[1] 0.000 0.009 0.089 0.260 0.466 0.650 0.787 0.878
    0.933
```

Veja seis números aleatórios selecionados nessa distribuição qui-quadrado:

```
> round(rchisq(n=6,df=9),3)
[1] 13.231   5.674   7.396   6.170  11.806   7.068
```

Visualizando as Distribuições Qui-quadradas

A Figura 10-9 exibe alguns membros da família qui-quadrado, com cada membro anotado com seus graus de liberdade. Nesta seção mostro como usar os gráficos de base R e ggplot2 para recriar a imagem. Você aprenderá um pouco mais sobre gráficos e saberá como visualizar qualquer membro dessa família.

Diagramando qui-quadrado em gráficos de base R

Para começar, crie um vetor de valores a partir do qual dchisq() calcula as densidades:

```
chi.values <- seq(0,25,.1)
```

Comece a diagramação com uma declaração plot:

```
plot(x=chi.values,
     y=dchisq(chi.values,df=4),
     type = "l",
     xlab=expression(chi^2),
     ylab="")
```

Os dois primeiros argumentos indicam o que estamos diagramando; a distribuição qui-quadrado com quatro graus de liberdade versus o vetor `chi.values`. O terceiro argumento especifica uma linha (que é um "L" minúsculo, não o número 1). O terceiro argumento rotula o eixo x com a letra grega chi (χ) elevada à segunda potência. O quarto argumento dá um rótulo em branco para o eixo y.

Por que fizemos isso? Quando criei o gráfico pela primeira vez, descobri que `ylab` coloca o rótulo do eixo y muito para a esquerda e ele fica um pouco cortado. Para corrigir isso, cancelo `ylab` e uso `mtext()`:

```
mtext(side = 2, text = expression(f(chi^2)), line = 2.5)
```

O argumento `side` especifica o lado do gráfico em que o rótulo deve ser inserido: embaixo = 1, à esquerda = 2, em cima = 3 e à direita = 4. O argumento `text` define $f(\chi^2)$ como o rótulo do eixo. O argumento `line` especifica a distância do rótulo até o eixo y: ela aumenta com o valor.

Em seguida, adicione a curva do qui-quadrado com dez graus de liberdade:

```
lines(x=chi.values,y=dchisq(chi.values,df= 10))
```

Em vez de adicionar uma legenda, siga a Figura 10-9 e acrescente uma explicação para cada curva. Veja como:

```
text(x=6,y=.15, label="df=4")
text(x=16, y=.07, label = "df=10")
```

Os dois primeiros argumentos colocam a explicação e o terceiro fornece o conteúdo.

Juntando tudo,

```
plot(x=chi.values,
     y=dchisq(chi.values,df=4),
     type = "l",
     xlab=expression(chi^2),
     ylab="")
mtext(side = 2, expression(f(chi^2)), line = 2.5)
lines(x=chi.values,y=dchisq(chi.values,df= 10))
text(x=6,y=.15, label="df=4")
text(x=16, y=.07, label = "df=10")
```

cria-se a Figura 10-10.

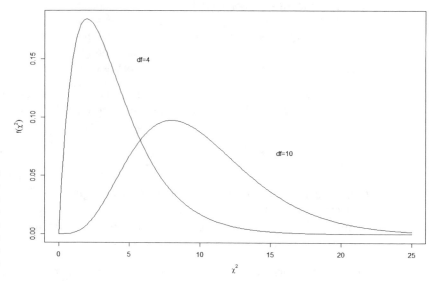

FIGURA 10-10: Dois membros da família de qui-quadrados diagramados nos gráficos de base R.

Diagramando o qui-quadrado em ggplot2

Neste diagrama, novamente usaremos explicações no lugar de legendas, então defina NULL como a fonte de dados e trabalhe com um vetor em cada linha. A primeira estética mapeia chi.values para o eixo x:

```
ggplot(NULL, aes(x=chi.values))
```

Depois adicionamos uma geom_line para cada curva qui-quadrado, com o mapeamento para o eixo y como indicado:

```
geom_line(aes(y=dchisq(chi.values,4)))
geom_line(aes(y=dchisq(chi.values,10)))
```

Como destaco anteriormente neste capítulo, é como usar ggplot2 para criar um gráfico de base R, mas nesse caso, funciona (porque não cria uma legenda indesejada).

Em seguida, rotule os eixos:

```
labs(x=expression(chi^2),y=expression(f(chi^2)))
```

E, finalmente, a função `annotate()` adiciona as explicações:

```
annotate(geom = "text",x=6,y=.15,label="df=4")
annotate(geom = "text",x=16,y=.07,label="df=10")
```

O primeiro argumento especifica que a explicação é um objeto de texto. Os dois seguintes a colocam no gráfico e o quarto fornece o rótulo.

Então tudo isso

```
ggplot(NULL, aes(x=chi.values))+
  geom_line(aes(y=dchisq(chi.values,4))) +
  geom_line(aes(y=dchisq(chi.values,10))) +
  labs(x=expression(chi^2),y=expression(f(chi^2)))+
  annotate(geom = "text",x=6,y=.15,label = "df=4")+
  annotate(geom = "text",x=16,y=.07,label = "df=10")
```

desenha a Figura 10-11.

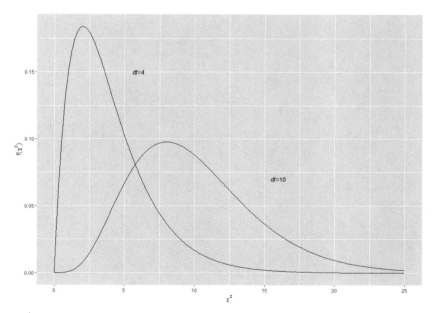

FIGURA 10-11: Dois membros da família de qui-quadrados diagramados em ggplot2.

> **NESTE CAPÍTULO**
>
> » Testando diferenças entre as médias de duas amostras
>
> » Testando médias de amostras emparelhadas
>
> » Testando hipóteses sobre variâncias
>
> » Entendendo as distribuições-*F*

Capítulo 11
Teste de Hipóteses para Duas Amostras

E m vários campos, frequentemente surge a necessidade de comparar uma amostra com outra. Às vezes as amostras são independentes e outras, combinam-se de alguma forma. Cada amostra vem de uma população separada. O objetivo é decidir se essas populações são diferentes umas das outras.

Em geral isso envolve testes de hipóteses sobre médias populacionais. Também podemos testar hipóteses sobre variâncias populacionais. Neste capítulo, mostro como executar esses testes e usar R para fazer isso.

Hipóteses para Dois

Como no caso de amostra única (veja o Capítulo 10), o teste de hipóteses com duas amostras começa com uma hipótese nula (H_0) e uma hipótese alternativa (H_1). A hipótese nula especifica que qualquer diferença observada entre as duas amostras é devida estritamente ao acaso. A hipótese alternativa informa que, na realidade, qualquer diferença observada é real, e não devida ao acaso.

É possível executar um *teste unicaudal*, em que a hipótese alternativa especifica a direção da diferença entre as duas médias, ou um *teste bicaudal*, em que a hipótese alternativa não especifica a direção da diferença.

Para um teste unicaudal, as hipóteses se parecem com as seguintes:

$H_0: \mu_1 - \mu_2 = 0$

$H_1: \mu_1 - \mu_2 > 0$

Ou com as seguintes:

$H_0: \mu_1 - \mu_2 = 0$

$H_1: \mu_1 - \mu_2 < 0$

Para um teste bicaudal, as hipóteses são:

$H_0: \mu_1 - \mu_2 = 0$

$H_1: \mu_1 - \mu_2 \neq 0$

O zero nessas hipóteses é o caso típico. Contudo, é possível testar para qualquer valor; basta substituir zero por esse valor.

Para executar o teste, primeiro definimos α, a probabilidade de um erro Tipo I que estamos dispostos a tolerar. (Veja o Capítulo 10.) Depois calculamos a média e o desvio-padrão de cada amostra, subtraímos uma média da outra e usamos uma fórmula para converter o resultado em uma estatística de teste. Comparamos a estatística de teste a uma distribuição amostral da estatística de teste. Se ela estiver na região de rejeição especificada por α (de novo, veja o Capítulo 10), rejeitaremos H_0. Do contrário, não rejeitaremos H_0.

Revendo as Distribuições Amostrais

No Capítulo 9, apresentei a ideia de uma distribuição amostral, ou seja, uma distribuição de todos os possíveis valores de uma estatística para um tamanho amostral específico. Naquele capítulo, descrevi a distribuição amostral da média, e no Capítulo 10, mostrei sua conexão com o teste de hipóteses com amostra única.

Para os testes de hipóteses com duas amostras, necessitamos de outra distribuição amostral. É a distribuição amostral da diferença entre as médias.

LEMBRE-SE

A *distribuição amostral da diferença entre as médias* é a distribuição de todos os possíveis valores das diferenças entre pares de médias amostrais e os tamanhos amostrais constantes de par em par. (Sim, é bastante coisa.) *Constantes de par em par* significa que a primeira e a segunda amostras no par sempre têm o mesmo tamanho. Os dois tamanhos amostrais não são necessariamente iguais.

Dentro de cada par, cada amostra vem de uma população diferente. Todas as amostras são independentes umas das outras, para que escolher indivíduos de uma amostra não tenha efeito na escolha dos indivíduos da outra.

A Figura 11-1 mostra os passos para criar essa distribuição amostral. É algo que nunca fazemos na prática. É tudo teórico. Como mostra a figura, a ideia é pegar uma amostra de uma população e uma amostra da outra, calcular suas médias e subtrair uma média da outra. Retorne as amostras para a população e repita várias vezes. O resultado do processo é um conjunto de diferenças entre as médias. Esse conjunto de diferenças é a distribuição amostral.

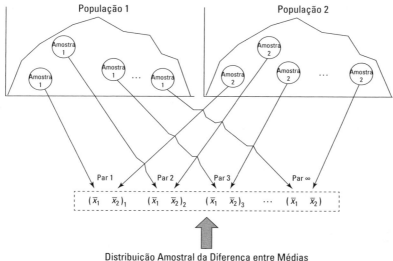

FIGURA 11-1: Criando a distribuição amostral da diferença entre médias.

Aplicando o teorema do limite central

Como qualquer outro conjunto de números, essa distribuição amostral tem uma média e um desvio-padrão. Como é o caso da distribuição amostral da média (veja os Capítulos 9 e 10), o teorema do limite central se aplica aqui.

De acordo com esse teorema, se as amostras forem grandes, a distribuição amostral da diferença entre as médias será aproximadamente uma distribuição normal. Se as populações forem normalmente distribuídas, a distribuição amostral será uma distribuição normal, mesmo que as amostras sejam pequenas.

O teorema do limite central também tem algo a informar sobre a média e o desvio-padrão dessa distribuição amostral. Suponha que os parâmetros da primeira população sejam μ_1 e σ_1, e os parâmetros da segunda população sejam μ_2 e σ_2. A média da distribuição amostral é

$$\mu_{\bar{x}_1-\bar{x}_2} = \mu_1 - \mu_2$$

O desvio-padrão da distribuição amostral é

$$\sigma_{\bar{x}_1-\bar{x}_2} = \sqrt{\frac{\sigma_1^2}{N_1} + \frac{\sigma_2^2}{N_2}}$$

N_1 é o número de indivíduos na amostra da primeira população e N_2 é o número de indivíduos na amostra da segunda.

LEMBRE-SE

Esse desvio-padrão é chamado de *erro padrão das diferenças entre as médias*.

A Figura 11-2 mostra a distribuição amostral com seus parâmetros, como especificado pelo teorema do limite central.

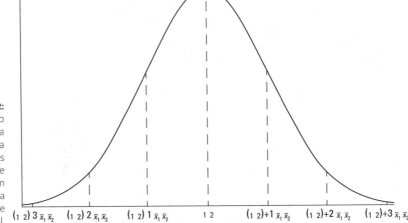

FIGURA 11-2: Distribuição amostral da diferença entre as médias, de acordo com o teorema do limite central.

Zs mais uma vez

Como o teorema do limite central informa que a distribuição amostral é aproximadamente normal para as amostras grandes (ou para as amostras pequenas de populações normalmente distribuídas), usamos o escore-z como estatística de teste. Outra maneira de dizer "usamos o escore-z como estatística de teste" é "realizamos um teste-z". Veja a fórmula:

$$z = \frac{(\bar{x}_1 - \bar{x}_2) - (\mu_1 - \mu_2)}{\sigma_{\bar{x}_1-\bar{x}_2}}$$

O termo $(\mu_1-\mu_2)$ representa a diferença entre as médias em H_0.

Essa fórmula converte a diferença entre as médias amostrais em uma pontuação padrão. Compare a pontuação padrão com uma distribuição normal padrão, ou seja, uma distribuição normal com $\mu = 0$ e $\sigma = 1$. Se a pontuação estiver na região de rejeição definida por α, rejeite H_0. Do contrário, não rejeite H_0.

Use essa fórmula quando souber o valor de σ_1^2 e σ_2^2.

Veja um exemplo: Imagine uma nova técnica de treinamento projetada para aumentar o QI. Pegue uma mostra de nove pessoas e treine-as com essa nova técnica. Pegue outra amostra de nove pessoas e não lhes dê treinamento especial. Suponha que a média amostral para a amostra da nova técnica seja 110,222, e para a amostra sem treinamento seja 101. O teste de hipótese é

$H_0: \mu_1 - \mu_2 \leq 0$

$H_1: \mu_1 - \mu_2 > 0$

Definirei α como 0,05.

Sabe-se que o QI tem um desvio-padrão 15, e suponho que esse desvio deva ser o mesmo na população de pessoas treinadas com a nova técnica. É claro que essa população não existe. A suposição é a de que, se existisse, deveria ter o mesmo valor do desvio-padrão da população regular de pontuações de QI. A média dessa população (teórica) tem o mesmo valor da população regular? H_0 indica que sim. H_1 informa que é maior.

A estatística de teste é

$$z = \frac{(\bar{x}_1 - \bar{x}_2) - (\mu_1 - \mu_2)}{\sigma_{\bar{x}_1 - \bar{x}_2}} = \frac{(\bar{x}_1 - \bar{x}_2) - (\mu_1 - \mu_2)}{\sqrt{\frac{\sigma_1^2}{N_1} + \frac{\sigma_2^2}{N_2}}} = \frac{(107 - 101,2)}{\sqrt{\frac{16^2}{25} + \frac{16^2}{25}}} = \frac{5,8}{4,53} = 1,28$$

Com $\alpha = 0,05$, o valor crítico de z, o valor que corta os 5% superiores da área sob a distribuição normal padrão, é de 1,645. (Você pode usar a função `qnorm()` do Capítulo 8 para verificar isso.) O valor calculado da estatística de teste é menor do que o valor crítico, então a decisão é de não rejeitar H_0. A Figura 11-3 resume tudo.

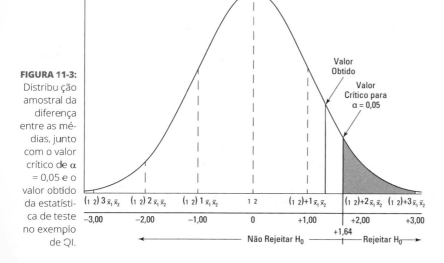

FIGURA 11-3: Distribuição amostral da diferença entre as médias, junto com o valor crítico de $\alpha = 0,05$ e o valor obtido da estatística de teste no exemplo de QI.

Teste-z para duas amostras em R

Como é o caso para o teste de amostra única (explicado no Capítulo 10), a base R não fornece funções para o teste-z de duas amostras. Se a função existisse, provavelmente gostaríamos que funcionasse assim para o exemplo:

```
> sample1 <-c(100,118,97,92,118,125,136,95,111)
> sample2 <-c(91,109,83,88,115,108,127,102,86)
> z.test2(sample1,sample2,15,15)
 mean1 = 110.2222     mean2 = 101
 standard error = 7.071068
 z = 1.304
 one-tailed probability = 0.096
 two-tailed probability = 0.192
```

Como essa função não está disponível, mostrarei como criar uma.

Comece com o nome da função e seus argumentos:

```
z.test2 = function(x,y,popsd1,popsd2){
```

Os dois primeiros argumentos são vetores de dados e os dois seguintes são os desvios-padrão da população. A chave esquerda indica que declarações subsequentes são o que ocorre dentro da função.

Em seguida, inicialize um vetor que conterá a probabilidade unicaudal:

```
one.tail.p <- NULL
```

Depois calcule o erro padrão da diferença entre as médias

```
std.error <- sqrt((popsd1^2/length(x) + popsd2^2/length(y)))
```

então, o escore-z (arredondado)

```
z.score <- round((mean(x)-mean(y))/std.error,3)
```

Por fim, calcule a probabilidade unicaudal arredondada:

```
one.tail.p <- round(pnorm(abs(z.score),lower.tail = FALSE),3)
```

A função `abs()` (valor absoluto) garante o cálculo adequado para um escore-z negativo.

Por último, mas não menos importante, uma declaração `cat()` (concatenar e imprimir) exibe o resultado:

```
cat(" mean1 =", mean(x)," ", "mean2 =", mean(y), "\n",
    "standard error =", std.error, "\n",
    "z =", z.score,"\n",
    "one-tailed probability =", one.tail.p,"\n",
    "two-tailed probability =", 2*one.tail.p )}
```

Eu utilizo uma função `cat()` como esta para o caso de amostra única no Capítulo 10. A chave direita fecha a função.

Veja a função recém-definida:

```
z.test2 = function(x,y,popsd1,popsd2){
  one.tail.p <- NULL
  std.error <- sqrt((popsd1^2/length(x) + popsd2^2/length(y)))
  z.score <- round((mean(x)-mean(y))/std.error,3)
  one.tail.p <- round(pnorm(abs(z.score),lower.tail = FALSE),3)
  cat(" mean1 =", mean(x)," ", "mean2 =", mean(y), "\n",
      "standard error =", std.error, "\n",
      "z =", z.score,"\n",
      "one-tailed probability =", one.tail.p,"\n",
      "two-tailed probability =", 2*one.tail.p )}
```

t para Dois

O exemplo na seção anterior envolve uma situação que raramente encontramos — variâncias populacionais conhecidas. Se conhecermos a variância da população, provavelmente conheceremos a média populacional. Se conhecermos a média, provavelmente não precisaremos realizar testes de hipótese sobre ela.

Não conhecer as variâncias tira o teorema do limite central da jogada. Isso significa que não podemos usar a distribuição normal como uma aproximação da distribuição amostral da diferença entre as médias. Em vez disso, usamos a distribuição-t, uma família de distribuições que apresento no Capítulo 9 e aplico nos testes de hipótese para amostra única no Capítulo 10. Os membros dessa família de distribuição diferem uns dos outros em termos de um parâmetro chamado *graus de liberdade* (df). Pense em df como o denominador da estimativa de variância que usamos quando calculamos um valor de t como uma estatística de teste. Outra maneira de dizer "calculamos um valor de t como uma estatística de teste" é "realizamos um teste-t".

Variâncias populacionais desconhecidas levam a duas possibilidades para os testes de hipótese. Uma delas é a de que, embora as variâncias sejam desconhecidas, temos uma razão para supor que sejam iguais. A outra possibilidade é que não podemos supor que sejam iguais. Na seção a seguir analiso essas possibilidades.

Cara de Um, Focinho do Outro: Variâncias Iguais

LEMBRE-SE

Quando não conhecemos a variância populacional, usamos a variância amostral para estimá-la. Se temos duas amostras, tiramos (mais ou menos) a média das variâncias das duas amostras para chegar na estimativa.

Juntar as variâncias amostrais para estimar a variância populacional é chamado de *combinação*. Com variâncias de duas amostras, veja como fazer:

$$s_p^2 = \frac{(N_1-1)s_1^2 + (N_2-1)s_2^2}{(N_1-1)+(N_2-1)}$$

Nessa fórmula, s_p^2 representa a estimativa combinada. Note que o denominador dessa estimativa é $(N_1-1) + (N_2-1)$. Isso é o df? Com certeza!

A fórmula para calcular t é

$$t = \frac{(\bar{x}_1 - \bar{x}_2) - (\mu_1 - \mu_2)}{s_p\sqrt{\frac{1}{N_1} + \frac{1}{N_2}}}$$

Vamos a um exemplo. A FarKlempt Robotics está tentando escolher entre duas máquinas para produzir um componente para seu novo microrrobô. A velocidade é essencial, então a empresa faz cada máquina produzir dez cópias do componente e cronometra cada produção. As hipóteses são:

$H_0: \mu_1 - \mu_2 = 0$

$H_1: \mu_1 - \mu_2 \neq 0$

Eles definem α como 0,05. É um teste bicaudal, porque eles não sabem com antecedência qual máquina pode ser mais rápida.

A Tabela 11-1 apresenta os dados dos tempos de produção em minutos.

TABELA 11-1 Estatísticas da Amostra do Estudo da Máquina da FarKlempt

	Máquina 1	Máquina 2
Tempo Médio de Produção	23,00	20,00
Desvio-padrão	2,71	2,79
Tamanho Amostral	10	10

A estimativa combinada de σ^2 é

$$s_p^2 = \frac{(N_1-1)s_1^2 + (N_2-1)s_2^2}{(N_1-1)+(N_2-1)} = \frac{(10-1)(2,71)^2 + (10-1)(2,79)^2}{(10-1)+(10-1)}$$

$$= \frac{(9)(2,71)^2 + (9)(2,79)^2}{(9)+(9)} = \frac{66+70}{18} = 7,56$$

A estimativa de σ é 2,75, a raiz quadrada de 7,56.

A estatística de teste é

$$t = \frac{(\bar{x}_1 - \bar{x}_2) - (\mu_1 - \mu_2)}{s_p\sqrt{\frac{1}{N_1}+\frac{1}{N_2}}} = \frac{(23-20)}{2,75\sqrt{\frac{1}{10}+\frac{1}{10}}} = \frac{3}{1,23} = 2,44$$

Para essa estatística de teste, df = 18, o denominador da estimativa da variância. Em uma distribuição-t com df 18, o valor crítico é de 2,10 para a cauda do lado direito (superior) e −2,10 para a cauda do lado esquerdo (inferior). Se não acredita em mim, aplique `qt()`. (Veja o Capítulo 10.) O valor calculado da estatística de teste é maior do que 2,10, então a decisão é rejeitar H₀. Os dados fornecem evidências de que a Máquina 2 é significativamente mais rápida do que a Máquina 1. (Podemos usar a palavra *significante* sempre que rejeitamos H₀.)

Teste-t em R

Veja alguns vetores para os dados amostrais no exemplo da seção anterior:

```
machine1 <-c(24.58, 22.09, 23.70, 18.89, 22.02, 28.71,
   24.44, 20.91, 23.83, 20.83)
machine2 <- c(21.61, 19.06, 20.72, 15.77, 19, 25.88,
   21.48, 17.85, 20.86, 17.77)
```

R fornece duas maneiras de realizar o teste-t e ambas envolvem `t.test()`, usada nos Capítulos 9 e 10.

Trabalhando com dois vetores

Veja como testar as hipóteses com dois vetores e suposições iguais de variâncias:

```
t.test(machine1,machine2,var.equal = TRUE,
   alternative="two.sided", mu=0)
```

O argumento `alternative=two-sided` reflete o tipo de hipótese alternativa especificada no exemplo e o último argumento indica a diferença hipotética entre as médias.

Executar essa função produz este resultado:

```
Two Sample t-test
data:  c(24.58, 22.09, 23.7, 18.89, 22.02, 28.71, 24.44,
   20.91, 23.83,  ... and c(21.61, 19.06, 20.72, 15.77,
   19, 25.88, 21.48, 17.85, 20.86, ...
t = 2.4396, df = 18, p-value = 0.02528
alternative hypothesis: true difference in means is not
   equal to 0
95 percent confidence interval:
 0.4164695 5.5835305
sample estimates:
mean of x mean of y
       23        20
```

O valor-t e o baixo valor-p indicam que podemos rejeitar a hipótese nula. A Máquina 2 é significativamente mais rápida do que a Máquina 1.

Trabalhando com um data frame e uma fórmula

Outra maneira de executar esse teste é criar um data frame e usar uma fórmula parecida com esta:

```
prod.time ~ machine
```

A fórmula expressa a ideia de que o tempo de produção depende da máquina usada. Embora não seja necessário fazer o teste assim, é uma boa ideia acostumar-se com as fórmulas. Eu as uso bastante nos capítulos posteriores.

A primeira coisa a fazer é criar um data frame em formato longo. Primeiro crie um vetor para os 20 tempos de produção; primeiro os tempos de machine1 (máquina1), depois os de machine2 (máquina2):

```
prod.time <- c(machine1,machine2)
```

Em seguida crie um vetor dos nomes das duas máquinas:

```
machine <-c("machine1","machine2")
```

Depois transforme esse vetor em um vetor de dez repetições de `"machine1"` seguidas de dez repetições de `"machine2"`. É complicadinho, mas veja como:

```
machine <- rep(machine, times = c(10,10))
```

E o data frame é:

```
FarKlempt.frame <-data.frame(machine,prod.time)
```

Suas seis linhas são:

```
> head(FarKlempt.frame)
  machine prod.time
1 machine1    24.58
2 machine1    22.09
3 machine1    23.70
4 machine1    18.89
5 machine1    22.02
6 machine1    28.71
```

A função `t.test()` então é:

```
with (FarKlempt.frame,t.test(prod.time~machine,
                  var.equal = TRUE,
                  alternative="two.sided",
                  mu=0))
```

Isso produz o mesmo resultado da versão de dois vetores.

Visualizando os resultados

Em estudos como o da seção anterior, duas maneiras de apresentar os resultados são diagramas de caixa e gráficos de barra.

Diagramas de caixa

Os *diagramas de caixa* retratam os dados em cada amostra junto com a mediana amostral (como explicado no Capítulo 3). São fáceis de criar em base R e ggplot2. Para os gráficos de base R, o código se parece um pouco com o método da fórmula para t.test():

```
with (FarKlempt.frame,boxplot(prod.time~machine, xlab =
    "Machine", ylab="Production Time (minutes)"))
```

O diagrama se parece com a Figura 11-4.

A Figura 11-5 mostra o diagrama de caixa reproduzido em ggplot2. O código que produz esse diagrama de caixa é:

```
ggplot(FarKlempt.frame, aes(x=machine, y=prod.time))+
    stat_boxplot(geom="errorbar", width =.5) +
    geom_boxplot()
```

A única função nova é stat_boxplot(), que adiciona a linha perpendicular ao fim de cada bigode. A largura padrão dessas linhas é a largura da caixa. Eu adicionei width =.5 para diminuir essa largura pela metade.

PAPO DE ESPECIALISTA

Em ggplot2, stat é uma maneira de resumir os dados para que a função geom possa utilizá-los. A função stat é utilizada para desconsiderar a aparência padrão do diagrama de caixa, que não tem a linha perpendicular no fim de cada bigode. Nos exemplos anteriores (e no próximo), usamos stat= "identity" para instruir geom_bar() a usar dados tabelados, em vez de contagens.

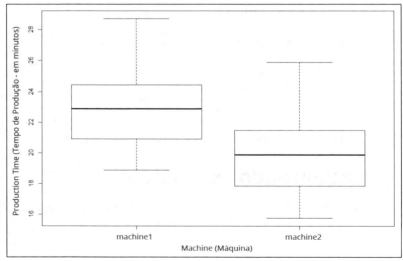

FIGURA 11-4: Diagrama de caixa dos dados da FarKlempt Machines em base R.

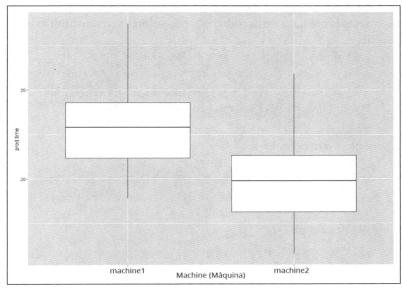

FIGURA 11-5: Diagrama de caixa dos dados da FarKlempt Machines em ggplot2.

Gráficos de barras

Tradicionalmente, os pesquisadores relatam e diagramam médias amostrais e erros padrão. É fácil fazer isso no ggplot2. A Figura 11-6 mostra o que quero dizer.

As barras em forma de t que se estendem acima e abaixo do topo de cada barra são as *barras de erro*, que indicam o erro padrão da média.

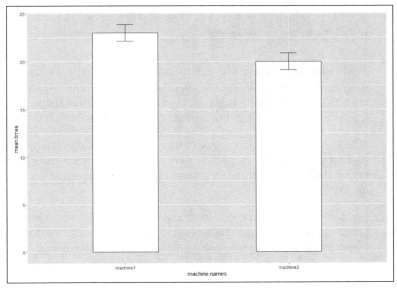

FIGURA 11-6: Médias e erros padrão da FarKlempt Machine.

CAPÍTULO 11 **Teste de Hipóteses para Duas Amostras**   221

Para usar o ggplot2, precisamos criar um data frame dos nomes das máquinas, tempos médios e erros padrão. Os três vetores que constituirão o data frame são:

```
machine.names <-c("machine1","machine2")
mean.times <- c(mean(machine1),mean(machine2))
se.times <- c(sd(machine1)/sqrt(length(machine1)),
   sd(machine2)/sqrt(length(machine2)))
```

Então, o data frame é:

```
FKmeans.frame <-data.frame(machine.names,mean.times,se.
   times)
```

Ele fica assim:

```
> FKmeans.frame
  machine.names mean.times  se.times
1      machine1         23 0.8570661
2      machine2         20 0.8818339
```

O código para criar a Figura 11-6 é:

```
ggplot(FKmeans.frame, aes(x=machine.names, y=mean.
   times))+
  geom_bar(stat="identity", width=.4,color="black",
   fill="white")+
  geom_errorbar(aes(ymin=mean.times-se.times, ymax=mean.
   times+se.times),width=.1)
```

A primeira função prepara o cenário com os mapeamentos estéticos e a segunda diagrama as barras. O argumento stat = identity instrui geom_bar a usar as estatísticas tabeladas, em vez de contar as instâncias de machine1 e machine2. Os outros argumentos configuram a aparência das barras.

A terceira função é geom, que diagrama as barras de erro. Os mapeamentos estéticos configuram os pontos mínimo e máximo para cada barra de erro. O argumento width configura a largura da linha perpendicular no fim de cada barra de erro.

DICA

Na maioria das publicações científicas vemos gráficos como esse apenas com a barra de erro positiva, a que se estende acima da média. Para diagramar dessa forma no exemplo, configure ymin=mean.times, em vez de ymin=mean.times-se.times.

Como ps e qs: Variâncias desiguais

O caso de variâncias desiguais apresenta um desafio. Como acontece, quando as variâncias não são iguais, a distribuição-t com $(N_1-1) + (N_2-1)$ graus de liberdade não é tão próxima da distribuição amostral como os estatísticos gostariam que fosse.

Os estatísticos resolvem esse desafio reduzindo os graus de liberdade. Para fazer a redução, eles usam uma fórmula bem complicada que depende dos desvios amostrais padrão e dos tamanhos amostrais.

Como as variâncias não são iguais, uma estimativa combinada não é adequada. Então calculamos o teste-t de um jeito diferente:

$$t = \frac{(\bar{x}_1 - \bar{x}_2) - (\mu_1 - \mu_2)}{\sqrt{\frac{s_1^2}{N_1} + \frac{s_2^2}{N_2}}}$$

Avaliamos a estatística de teste em um membro da família de distribuição-t que tenha graus de liberdade reduzidos.

Veja o que `t.test()` produz para o exemplo da FarKlempt, supondo que as variâncias sejam desiguais:

```
with (FarKlempt.frame,t.test(prod.time~machine,
                    var.equal = FALSE,
                    alternative="two.sided",
                    mu=0))
Welch Two Sample t-test
data:  prod.time by machine
t = 2.4396, df = 17.985, p-value = 0.02529
alternative hypothesis: true difference in means is not
  equal to 0
95 percent confidence interval:
 0.4163193 5.5836807
sample estimates:
mean in group machine1 mean in group machine2
                    23                     20
```

Podemos ver a leve redução nos graus de liberdade. As variâncias estão tão próximas que pouca coisa muda.

Conjunto Combinado: Teste de Hipóteses para Amostras Emparelhadas

Nos testes de hipótese que descrevi até agora, as amostras são independentes umas das outras. Escolher um indivíduo em uma amostra não influencia a escolha de um indivíduo na outra.

Às vezes as amostras são combinadas. O caso mais óbvio é quando o mesmo indivíduo fornece uma pontuação sob cada condição, como em um estudo de antes e depois. Suponha que dez pessoas participem de um programa de perda de peso. Elas se pesam antes de começar o programa e novamente um mês depois. Os dados importantes são o conjunto de diferenças entre o antes e o depois. A Tabela 11-2 mostra os dados.

A ideia é pensar nessas diferenças como uma amostra das pontuações e tratá-las como se fosse um teste-t de amostra única. (Veja o Capítulo 10.)

Realize um teste nessas hipóteses:

$H_0: \mu_d \leq 0$

$H_1: \mu_d > 0$

O *d* nos subscritos significa "diferença". Defina $\alpha = 0,05$.

TABELA 11-2 Dados para o Exemplo de Perda de Peso

Pessoa	Peso Antes do Programa	Peso Depois de Um Mês	Diferença
1	198	194	4
2	201	203	-2
3	210	200	10
4	185	183	2
5	204	200	4
6	156	153	3
7	167	166	1
8	197	197	0
9	220	215	5
10	186	184	2

Pessoa	Peso Antes do Programa	Peso Depois de Um Mês	Diferença
Média			2,9
Desvio-padrão			3,25

A fórmula para esse tipo de teste-t é

$$t = \frac{\bar{d} - \mu_d}{s_{\bar{d}}}$$

Aqui, $\bar{d}$ é a média das diferenças. Para encontrar $s_{\bar{d}}$, calcule o desvio-padrão das diferenças e divida pela raiz quadrada do número de pares:

$$s_{\bar{d}} = \frac{s}{\sqrt{N}}$$

O df é N 1 (onde N é o número de pares).

Da Tabela 11-2,

$$t = \frac{\bar{d} - \mu_d}{s_{\bar{d}}} = \frac{2,9}{\left(3,25/\sqrt{10}\right)} = 2,82$$

Com df = 9 (Número de pares − 1), o valor crítico de α = 0,05 é 1.83. (Use qt() para verificar.) O valor calculado excede esse valor, então a decisão é rejeitar H_0.

Teste-t de Amostra Emparelhada em R

Para os testes-t de amostras emparelhadas usamos a mesma fórmula dos testes-t de amostras independentes. Como veremos, adicionamos um argumento. Veja os dados da Tabela 11-2:

```
before <-c(198,201,210,185,204,156,167,197,220,186)
after <- c(194,203,200,183,200,153,166,197,215,184)
```

E o teste-t:

```
t.test(before,after,alternative = "greater",paired=TRUE)
```

O último argumento, claro, especifica um teste de amostras emparelhadas. O valor padrão para ele é FALSE.

Executar esse teste produz

```
            Paired t-test

data:  before and after
t = 2.8241, df = 9, p-value = 0.009956
alternative hypothesis: true difference in means is greater
   than 0
95 percent confidence interval:
 1.017647        Inf
sample estimates:
mean of the differences
              2.9
```

Por causa do valor-p muito baixo, rejeitamos a hipótese nula.

Testando Duas Variâncias

O teste de hipótese para duas amostras que descrevo neste capítulo se refere às médias. Também é possível testar hipóteses sobre variâncias.

Nesta seção, amplio o exemplo de produção com uma variância usado no Capítulo 10. A Farklempt Robotics, Inc., produz uma peça que precisa ter certo comprimento com uma variabilidade muito pequena. A empresa está considerando duas máquinas para produzir essa peça e quer escolher a que resulta em menos variabilidade. A FarKlempt Robotics pega uma amostra de peças de cada máquina, faz medições, encontra a variância de cada amostra e realiza um teste de hipótese para ver se a variância de uma máquina é significativamente maior do que a da outra.

As hipóteses são:

$H_0: \sigma_1^2 = \sigma_2^2$

$H_1: \sigma_1^2 \neq \sigma_2^2$

O α é um item necessário e, como sempre, é definido para 0,05.

Quando testamos duas variâncias, não subtraímos uma da outra. Em vez disso, dividimos uma pela outra para calcular a estatística de teste. O sr. Ronald Fisher é um estatístico famoso que criou os cálculos e a família de distribuições para trabalhar com variâncias dessa forma. A estatística de teste recebe seu nome, como homenagem. Ela é chamada de *razão-F* e o teste é *teste-F*. A família de distribuição para o teste é chamada de *distribuição-F*.

Sem passar por todos os cálculos, só quero dizer, mais uma vez, que df é o parâmetro que distingue um membro da família do outro. O diferente nessa família é que há duas estimativas de variâncias envolvidas, então cada membro da família é associado a dois valores de df, em vez de um, como no teste-t. Outra diferença entre a distribuição-F e as outras já vistas é que F não pode ter um valor negativo. A Figura 11-7 mostra dois membros da família de distribuição-F.

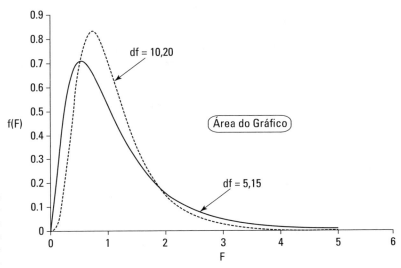

FIGURA 11-7: Dois membros da família de distribuição-F.

A estatística de teste é

$$F = \frac{s^2 \, maior}{s^2 \, menor}$$

Suponha que a FarKlempt Robotics produza 10 peças com a Máquina 1 e encontre uma variância amostral de 0,81 polegadas quadradas (2,06cm²). Ela produz 15 peças com a Máquina 2 e descobre uma variância amostral de 0,64 polegadas quadradas (1,62cm²). A empresa pode rejeitar H_0?

Calculando a estatística de teste,

$$F = \frac{0,81}{0,64} = 1,27$$

Os dfs são 9 e 14: a estimativa de variância no numerador da razão-F é baseada em 10 casos e a no denominador é baseada em 15 casos.

Quando os dfs são 9 e 14, e é um teste bicaudal com α = 0,05, o valor crítico de F é 3,21. (Daqui a pouco mostrarei uma função R que calcula isso.) O valor calculado é menor do que o valor crítico, então a decisão é não rejeitar H_0.

LEMBRE-SE

Faz diferença qual df está no numerador e qual está no denominador. A distribuição-F para df = 9 e df = 14 é diferente da distribuição-F para df = 14 e df = 9. Por exemplo, o valor crítico no último caso é 3,80, e não 3,21.

Teste-F em R

R fornece uma função para testar hipóteses como a do exemplo de duas máquinas da FarKlempt Robotics. Ela é chamada `var.test()`. Deveria se chamar `F.test()`? Bem, talvez.

O importante é não confundir essa função com `varTest()`, que eu uso no Capítulo 10 para testar hipóteses sobre a variância de amostra única (com qui-quadrado). Essa função está no pacote EnvStats.

Para aplicar `var.test()`, primeiro crie os vetores que contêm os dados das peças que as máquinas 1 e 2 produzem:

```
> var.test(m1.parts,m2.parts,ratio=1,alternative="two.sided")

Results of Hypothesis Test
--------------------------

Null Hypothesis:                 ratio of variances = 1

Alternative Hypothesis:          True ratio of variances is not equal to 1

Test Name:                       F test to compare two variances

Estimated Parameter(s):          ratio of variances = 1.26482

Data:                            m1.parts and m2.parts

Test Statistic:                  F = 1.26482

Test Statistic Parameters:       num df   = 9
                                 denom df = 14
P-value:                         0.6690808

95% Confidence Interval:         LCL = 0.3941108
                                 UCL = 4.8037262
```

A razão-F baixa e o valor-p alto indicam que não podemos rejeitar a hipótese nula. (A leve discrepância entre essa razão-F e a calculada no exemplo deve-se ao arredondamento.)

F em conjunção com t

Um uso da distribuição-F está em sua combinação com o teste-t para as amostras independentes. Antes de fazer o teste-t, usamos F para ajudar a decidir se devemos supor variâncias iguais ou desiguais nas amostras.

No exemplo do teste-t de variâncias iguais que mostro antes, os desvios-padrão são 2,71 e 2,79. As variâncias são 7,34 e 7,78. A razão-F dessas variâncias é

$$F = \frac{7,78}{7,34} = 1,06$$

Cada amostra é baseada em dez observações, então df = 9 para cada variância amostral. Uma razão-F de 1,06 corta os 47% superiores da distribuição-F cujos dfs são 9 e 9, então podemos usar a versão das variâncias iguais do teste-t para esses dados.

Como isso tudo acontece no contexto do teste de hipótese? Em raras ocasiões, H_0 é um resultado desejado e é preferível não rejeitá-lo. Nesse caso, ajeitamos as coisas para *não* rejeitar configurando α em um nível alto, para que pequenas diferenças façam com que H_0 seja rejeitado.

É uma dessas ocasiões raras. É mais desejável usar o teste-t de variâncias iguais, que normalmente fornece mais graus de liberdade, do que o teste-t de variâncias desiguais. Estabelecer um valor alto de α (0,20 é bom) para o teste-t permite que tenhamos confiança quando supomos variâncias iguais.

Trabalhando com Distribuições-F

Assim como as outras famílias de distribuição tratadas anteriormente (normal, t, qui-quadrada), o R fornece funções para lidar com as distribuições-F: `qf()` para informações de quantis, `df()` fornece a função densidade, `pf()` fornece a função densidade cumulativa e `rf()` gera números aleatórios.

DICA

Note que ao longo desta seção eu escrevo "graus de liberdade", em vez da abreviação "df", como em outros lugares. Faço isso para evitar a confusão com a função de densidade `df()`.

O valor crítico sobre o qual falo anteriormente para um teste-F bicaudal com 9 e 14 graus de liberdade é

```
> qf(.025,9,14,lower.tail = FALSE)
[1] 3.2093
```

É um teste bicaudal com α = 0,05, então 0,025 em cada cauda.

Para ver df() e pf() em ação, criamos um vetor:

```
F.scores <-seq(0,5,1)
```

Com 9 e 14 graus de liberdade, as densidades (arredondadas) para esses valores são:

```
> round(df(F.scores,9,14),3)
[1] 0.000 0.645 0.164 0.039 0.011 0.004
```

As densidades cumulativas (arredondadas) são:

```
> round(pf(F.scores,9,14),3)
[1] 0.000 0.518 0.882 0.968 0.990 0.996
```

Para gerar cinco números aleatórios a partir desse membro da família-F:

```
> rf(5,9,14)
[1] 0.6409125 0.4015354 1.1601984 0.6552502 0.8652722
```

Visualizando Distribuições-F

Como já informei, visualizar as distribuições ajuda a aprendê-las. As distribuições-F não são uma exceção, e é fácil diagramá-las com as funções de densidade e o ggplot2. Meu objetivo nesta seção é mostrar como usar o ggplot2 para criar um gráfico que se pareça com a Figura 11-7, que retrata uma distribuição-F com 5 e 15 graus de liberdade, e outra com 10 e 20 graus de liberdade. Para que o gráfico se pareça com a figura, precisamos adicionar explicações com flechas apontando para as curvas adequadas.

Comece com um vetor de valores para df() fazer seu trabalho:

```
F.values <-seq(0,5,.05)
```

Depois crie um vetor de densidades para uma distribuição-F com 5 e 15 graus de liberdade:

```
F5.15 <- df(F.values,5,15)
```

e outro para uma distribuição-F com 10 e 20 graus de liberdade:

```
F10.20 <- df(F.values,10,20)
```

Agora um data frame para ggplot2:

```
F.frame <- data.frame(F.values,F5.15,F10.20)
```

As seis primeiras linhas de F.frame ficam assim:

```
> head(F.frame)
  F.values       F5.15       F10.20
1     0.00  0.00000000  0.000000000
2     0.05  0.08868702  0.001349914
3     0.10  0.21319965  0.015046816
4     0.15  0.33376038  0.053520748
5     0.20  0.43898395  0.119815721
6     0.25  0.52538762  0.208812406
```

Está no formato largo. Como destaco anteriormente, ggplot() prefere o formato longo, no qual os valores dos dados são empilhados em uma coluna. Isso é chamado de *melting* (derretimento) de dados e faz parte do pacote reshape2. (Na aba Packages, encontre a caixa de verificação ao lado de reshape2. Se não estiver selecionada, clique nela.)

Para remodelar apropriadamente os dados:

```
F.frame.melt <- melt(F.frame,id="F.values")
```

O argumento id informa a melt() o que *não* incluir na pilha. (Em outras palavras, F.values é o "identificador".) Depois nomeie as colunas de modo significativo:

```
colnames(F.frame.melt)=c("F","deg.fr","density")
```

As seis primeiras linhas do data frame modificado são:

```
> head(F.frame.melt)
     F  deg.fr    density
1 0.00   F5.15 0.00000000
2 0.05   F5.15 0.08868702
3 0.10   F5.15 0.21319965
```

```
4  0.15    F5.15   0.33376038
5  0.20    F5.15   0.43898395
6  0.25    F5.15   0.52538762
```

Para começar a visualização, a primeira declaração, como sempre, é `ggplot()`:

```
ggplot(F.frame.melt,aes(x=F,y=density,group=deg.fr))
```

O primeiro argumento é o data frame. Os dois mapeamentos estéticos associam F ao eixo x e a densidade ao eixo y. O terceiro mapeamento forma grupos baseados na variável `deg.fr`.

Em seguida, adicione `geom_line`:

```
geom_line(stat="identity",aes(linetype=deg.fr))
```

O argumento `stat` informa à função `geom` para usar dados tabelados. O mapeamento estético associa o tipo de linha ("solid" [sólida] e "dotted" [pontilhada] são os valores padrão) a `deg.fr`.

Se preferir "solid" e "dashed" [tracejada], como na Figura 11-7, é preciso fazer as mudanças manualmente:

```
scale_linetype_manual(values = c("solid","dashed"),
    labels = c("5,15","10,20"))
```

Os valores e ps rótulos aparecerão na legenda que a gramática cria automaticamente.

O código até agora:

```
ggplot(F.frame.melt,aes(x=F,y=density,group=deg.fr)) +
    geom_line(stat="identity",aes(linetype=deg.fr))+
    scale_linetype_manual(values = c("solid","dashed"),
    labels = c("5,15","10,20"))
```

A Figura 11-8 mostra o progresso:

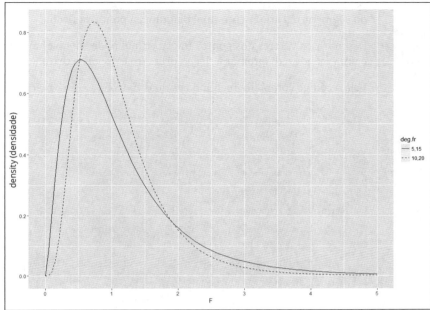

FIGURA 11-8: Dois membros da família de distribuição-F em ggplot2; gráfico intermediário.

Porém o objetivo é criar um gráfico sem legenda, como o da Figura 11-7. Use `guides()` para manipular a legenda e ela será baseada em `linetype`. Então veja como removê-la:

```
guides(linetype=FALSE)
```

Por fim, adicione algumas explicações que mostram os graus de liberdade para cada curva. A explicação da curva com 10 e 20 graus de liberdade é:

```
annotate(geom="text",x=1.98,y=.78,label="df=10,20")
```

O primeiro argumento especifica `text geom`, os dois seguintes posicionam `text geom` no gráfico (centralizada nas coordenadas indicadas) e o quarto define o que a explicação informa.

Agora a flecha que aponta da explicação para a curva. Ela consiste em um segmento de linha e uma ponta. A parte do segmento de linha é `segment geom`. A parte da ponta da flecha é o produto de uma função chamada `arrow()`, que está no pacote `grid`. Na aba Packages, encontre a caixa de verificação ao lado de `grid` e clique nela.

Outra função `annotate()` define a flecha:

```
annotate(geom="segment",x=2.0,xend=1.15,y=0.75,yend =
.6, arrow=arrow())
```

DICA

Os quatro argumentos depois da função `geom` colocam os pontos inicial e final do segmento. O argumento final diagrama a ponta da flecha.

Descobrir os valores dos pontos inicial e final pode envolver alguns testes. Não é uma má ideia diagramar a flecha primeiro e depois o texto.

Veja o código completo, incluindo as duas funções `annotate()` da outra curva:

```
ggplot(F.frame.melt,aes(x=F,y=density,group=deg.fr)) +
    geom_line(stat="identity",aes(linetype=deg.fr))+
    scale_linetype_manual(values = c("solid","dashed"),
           labels = c("5,15","10,20")) +
    guides(linetype=FALSE) +
    annotate(geom="text",x=1.98,y=.78,label="df=10,20")+
    annotate(geom="segment",y=0.75,yend=.6,
    arrow=arrow())+
    annotate(geom="text",x=3.3,y=.28,label="df=5,15")+
    annotate(geom="segment",x = 3.35, xend=2.45,y =0.25,
           yend=.1,arrow=arrow())
```

E o resultado é a Figura 11-9.

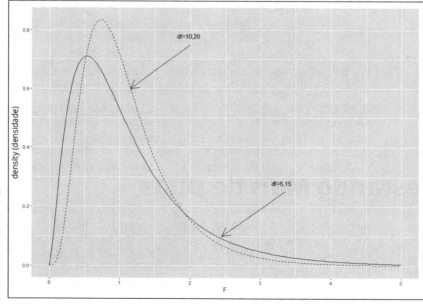

FIGURA 11-9: Dois membros da família de distribuição-*F* em ggplot2; produto final.

Experimente outros valores de graus de liberdade e veja como ficam as curvas.

234 PARTE 3 **Tirando Conclusões dos Dados**

NESTE CAPÍTULO

» **Entendendo por que múltiplos testes-t não funcionam**

» **Analisando a variância**

» **Próximo passo depois de uma ANOVA**

» **Trabalhando com medidas repetidas**

» **Realizando uma análise de tendência**

Capítulo **12**

Testando Mais de Duas Amostras

A estatística seria limitada se pudéssemos fazer inferências apenas sobre uma ou duas amostras. Neste capítulo, explico os procedimentos para testar hipóteses sobre três ou mais amostras. Mostro o que fazer quando as amostras são independentes umas das outras e o que fazer quando não são. Em ambos os casos, analiso o que fazer depois do teste de hipóteses. Também falo sobre as funções R que fazem o trabalho por você.

Testando Mais de Duas

Imagine esta situação: Sua empresa pede que você avalie três métodos diferentes para treinar seus empregados em um serviço específico. Você atribui aleatoriamente 30 empregados a um dos três métodos. Seu plano é treiná-los, testá-los, tabular os resultados e tirar algumas conclusões. Antes de terminar o estudo, três pessoas saem da empresa: uma do grupo Método 1 e duas do grupo Método 3.

A Tabela 12-1 mostra os dados.

TABELA 12-1 Dados dos Três Métodos de Treinamento

	Método 1	Método 2	Método 3
	95	83	68
	91	89	75
	89	85	79
	90	89	74
	99	81	75
	88	89	81
	96	90	73
	98	82	77
	95	84	
		80	
Média	93,44	85,20	75,25
Variância	16,28	14,18	15,64
Desvio-padrão	4,03	3,77	3,96

Os três métodos fornecem resultados diferentes ou são tão parecidos que você não consegue fazer distinção entre eles? Para decidir, é preciso realizar um teste de hipótese:

$H_0: \mu_1 = \mu_2 = \mu_3$

$H_1:$ Não H_0

com $\alpha = 0,05$.

Um problema controverso

Encontrar diferenças entre três grupos parece bem fácil, particularmente se você leu o Capítulo 11. É só pegar a média das pontuações do Método 1, a média das pontuações do Método 2 e fazer um teste-t para ver se são diferentes. Depois seguir o mesmo procedimento para o Método 1 versus o Método 3 e para o Método 2 versus o Método 3. Se pelo menos um desses testes-t mostrar uma diferença significativa, rejeitaremos H_0. Nada de mais, certo? Errado. Se seu α é 0,05 para cada teste-t, você estará cometendo um erro Tipo I com uma probabilidade maior do que a planejada. A probabilidade de que pelo menos um dos três resultados de teste-t tenha uma diferença significativa é muito maior que 0,05. Na verdade, é 0,14, que é muito além do aceitável. (A matemática por trás dos cálculos desse número é um pouco complicada, então não detalharei.)

Com mais de três amostras, a situação piora. Quatro grupos exigem seis testes-t e a probabilidade de pelo menos um deles ser significativo é de 0,26. A Tabela 12-2 mostra o que acontece com números cada vez maiores de amostras.

TABELA 12-2   O Incrível Aumento de Alfa

Número de Amostras t	Número de Testes	Pr (Pelo Menos Um t Significativo)
3	3	0,14
4	6	0,26
5	10	0,40
6	15	0,54
7	21	0,66
8	28	0,76
9	36	0,84
10	45	0,90

Realizar vários testes-t claramente não é a resposta. O que fazer?

Uma solução

É preciso seguir uma abordagem diferente. A ideia é pensar em termos de variâncias, não em médias.

Eu gostaria que você pensasse na variância de forma um pouco diferente. Lembre-se: a fórmula para estimar a variância populacional é

$$s^2 = \frac{\sum(x - \bar{x})^2}{N-1}$$

Como a variância é quase uma média dos desvios quadrados da média, os estatísticos também se referem a ela como *quadrado médio*. De certa forma, é um apelido infeliz: ele deixa fora o "desvio da média", mas é isso.

O numerador da variância — desculpe-me, o quadrado médio — é a soma dos desvios quadrados da média. Isso leva a outro apelido, *soma dos quadrados*. O denominador, como informado no Capítulo 10, são os *graus de liberdade* (df). Então, a maneira diferente de pensar na variância é

$$\text{Quadrado Médio} = \frac{\text{Soma dos Quadrados}}{df}$$

Podemos abreviar isso como

$$MS = \frac{SS}{df}$$

Agora vamos resolver o problema controverso. Um passo importante é descobrir os quadrados médios escondidos nos dados. Outro é entender que usamos esses quadrados médios para estimar as variâncias das populações que produziram as amostras. Nesse caso, suponha que as variâncias sejam iguais, então estamos realmente estimando uma variância. O passo final é entender que usamos essas estimativas para testar as hipóteses mostradas no começo do capítulo.

Há três quadrados médios diferentes nos dados da Tabela 12-1. Comece com o conjunto inteiro de 27 pontuações, esquecendo por um momento que estão divididas em três grupos. Suponha que você queira usar essas 27 pontuações para calcular uma estimativa da variância populacional. (Uma ideia arriscada, mas me surpreenda.) A média dessas 27 pontuações é 85. Eu chamo isso de *média global*, porque é a média de tudo.

Então o quadrado médio seria

$$\frac{(95-85)^2 + (91-85)^2 + \ldots + (73-85)^2 + (77-85)^2}{(27-1)} = 68{,}08$$

O denominador tem 26 (27 − 1) graus de liberdade. Eu me refiro a essa variância como variância total ou, no novo jeito de pensar, MS_{Total}. Muitas vezes é abreviado como MS_T.

Veja outra variância a ser considerada. No Capítulo 11 descrevi o teste-t para duas amostras com variâncias iguais. Para esse teste, juntamos as variâncias das duas amostras para criar uma estimativa *combinada* da variância populacional. Os dados na Tabela 12-1 fornecem três variâncias amostrais para uma estimativa combinada: 16,28; 14,18; e 15,64. Supondo que esses números representam variâncias populacionais iguais, a estimativa combinada é

$$s_p^2 = \frac{(N_1-1)s_1^2 + (N_2-1)s_2^2 + (N_3-1)s_3^2}{(N_1-1) + (N_2-1) + (N_3-1)}$$

$$= \frac{(9-1)(16{,}28) + (10-1)(14{,}18) + (8-1)(15{,}64)}{(9-1) + (10-1) + (8-1)} = 15{,}31$$

Como essa estimativa combinada vem da variância dentro dos grupos, ela é chamada de MS_{Within} ou MS_W.

Falta mais um quadrado médio, a variância das médias amostrais em torno da média global. Neste exemplo, isso significa a variância nos números 93,44; 85,20; e 75,25 — mais ou menos. Eu digo "mais ou menos" porque são médias, não pontuações. Quando lidamos com médias, temos que levar em conta o número de pontuações que produziram cada média. Para isso, multiplicamos cada desvio quadrado pelo número de pontuações na amostra.

Então a variância é

$$\frac{(9)(93,44-85)^2 + (10)(85,20-85)^2 + (8)(75,25-85)^2}{3-1} = 701,34$$

O df para essa variância é 2 (o número de amostras – 1).

Os estatísticos, conhecidos por não usarem palavras claras, se referem a isso como a variância *entre* médias amostrais. Essa variância é conhecida como $MS_{Between}$ ou MS_B.

Então agora temos três estimativas da variância populacional: MS_T, MS_W e MS_B. O que podemos fazer com elas?

Lembre-se de que o objetivo original é testar uma hipótese sobre três médias. De acordo com H_0, qualquer diferença vista entre as três médias amostrais se deve estritamente ao acaso. A implicação é que a variância entre essas médias é igual à variância de quaisquer três números selecionados aleatoriamente na população.

Se pudéssemos comparar, de alguma forma, a variância entre as médias (lembre-se: MS_B) com a variância populacional, poderíamos ver se isso acontece. Se tivéssemos uma estimativa da variância populacional independente das diferenças entre os grupos, seria perfeito.

Ah... mas nós temos essa estimativa! Temos MS_W, uma estimativa baseada na combinação das variâncias dentro das amostras. Supondo que essas variâncias representam variâncias populacionais iguais, ela é uma estimativa sólida. Neste exemplo, está baseada em 24 graus de liberdade.

O raciocínio agora é: se MS_B for mais ou menos igual a MS_W, teremos provas consistentes com H_0. Se MS_B for significativamente maior do que MS_W, teremos provas inconsistentes com H_0. Na verdade, transformamos essas hipóteses

H_0: $\mu_1 = \mu_2 = \mu_3$

H_1: Não H_0

nestas

H_0: $\sigma_B^2 \leq \sigma_W^2$

H_1: $\sigma_B^2 > \sigma_W^2$

Em vez de realizar múltiplos testes-t entre as médias amostrais, fazemos um teste da diferença entre duas variâncias.

Que teste é esse? No Capítulo 11 mostro o teste para hipóteses sobre duas variâncias: o teste-F. Para realizá-lo, dividimos uma variância pela outra e avaliamos o resultado em uma família de distribuições chamada distribuição-F. Como há duas variâncias envolvidas, dois valores para os graus de liberdade definem cada membro da família.

Para este exemplo, F tem df = 2 (para MS_B) e df = 24 (para MS_W). A Figura 12-1 mostra esse membro da família F. Para nossos propósitos, será a distribuição de possíveis valores-f se H_0 for verdadeira. (Veja a seção no Capítulo 11 sobre a visualização das distribuições-F.)

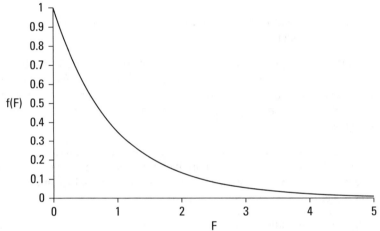

FIGURA 12-1: Distribuição--F com 2 e 24 graus de liberdade.

A estatística de teste para o exemplo é

$$F = \frac{701{,}34}{15{,}31} = 45{,}82$$

Que proporção da área esse valor corta na cauda superior da distribuição-F? Na Figura 12-1 podemos ver que essa proporção é microscópica, pois os valores no eixo horizontal só vão até 5. (E a proporção da área além de 5 é minúscula.) É muito menor do que 0,05.

Isso significa que é muito improvável que as diferenças entre as médias sejam devidas ao acaso. E também significa que devemos rejeitar H_0.

LEMBRE-SE

Todo esse procedimento para testar mais de duas amostras é chamado de *análise de variância*, muitas vezes abreviada como ANOVA. No contexto de uma ANOVA, o denominador de uma razão-F tem o nome genérico *termo de erro*. A variável independente às vezes é chamada de *fator*. Então esta é uma ANOVA de fator único (1-fator).

Neste exemplo, o fator é o Método de Treinamento. Cada instância da variável independente é chamada de *nível*. A variável independente no exemplo tem três níveis.

Estudos mais complexos têm mais de um fator, e cada fator tem muitos níveis.

Relacionamentos significativos

Dê outra olhada nos quadrados médios deste exemplo, cada um com sua soma dos quadrados e graus de liberdade. Antes, quando calculamos cada quadrado médio, não mostrei explicitamente cada soma dos quadrados, mas aqui estão eles:

$$MS_B = \frac{SS_B}{df_B} = \frac{1402,68}{2} = 701,34$$

$$MS_W = \frac{SS_W}{df_W} = \frac{367,32}{24} = 15,31$$

$$MS_T = \frac{SS_T}{df_T} = \frac{1770}{26} = 68,08$$

Comece com os graus de liberdade: df_B = 2, df_W = 24 e df_T = 26. A soma deles é uma coincidência? Dificilmente. É sempre assim

$$df_B + df_W = df_T$$

E as somas dos quadrados?

$$1402,68 + 367,32 = 1770$$

Novamente, não é uma coincidência. Na análise de variância, isso sempre acontece:

$$SS_B + SS_W = SS_T$$

Na verdade, os estatísticos que trabalham com análise de variância falam em particionar (leia "dividir em partes não sobrepostas") SS_T em uma porção para SS_B e outra para SS_W, e particionar df_T em uma quantia para df_B e outra para df_W.

ANOVA em R

Nesta seção veremos os exemplos detalhados da seção anterior e como a análise de variância em R é simples. Na verdade, começaremos pelo final, para que possamos ver para onde estamos caminhando.

A função R para ANOVA é `aov()`. Veja o formato geral:

```
aov(Dependent_variable ~ Independent_variable, data)
```

No exemplo, as pontuações são a variável dependente, e o método é a variável independente. Então precisamos de um data frame com duas colunas com *Method* (Método) na primeira coluna e Score (Pontuação) na segunda. (Isso equivale ao formato "longo" de data frame, sobre o qual falei nos Capítulos 10 e 11.)

Comece com um vetor para cada coluna na Tabela 12-1:

```
method1.scores <- c(95,91,89,90,99,88,96,98,95)
method2.scores <- c(83,89,85,89,81,89,90,82,84,80)
method3.scores <- c(68,75,79,74,75,81,73,77)
```

Depois crie um único vetor que consiste em todas essas pontuações:

```
Score <- c(method1.scores, method2.scores, method3.scores)
```

Em seguida, crie um vetor que consiste nos nomes dos métodos, combinados com as pontuações. Ou seja, esse vetor precisa consistir em `"method1"` repetido nove vezes, seguido por `"method2"` repetido dez vezes, seguido por `"method3"` repetido oito vezes:

```
Method <- rep(c("method1", "method2", "method3"),
   times=c(length(method1.scores),
   length(method2.scores), length(method3.scores)))
```

Então, o data frame é:

```
Training.frame <- data.frame(Method,Score)
```

E a ANOVA é:

```
analysis <-aov(Score ~ Method,data = Training.frame)
```

Para uma tabela da análise, use `summary()`.

```
> summary(analysis)
            Df Sum Sq Mean Sq F value  Pr(>F)
Method       2 1402.7   701.3   45.82 6.38e-09 ***
Residuals   24  367.3    15.3
```

242 PARTE 3 **Tirando Conclusões dos Dados**

```
Signif. codes: 0 '***' 0.001 '**' 0.01 '*' 0.05 '.' 0.1 ' ' 1
```

A primeira coluna consiste em Method (Método) e Residuals (Resíduos), que mapeiam Between e Within na seção anterior. Um *resíduo*, nesse contexto, é o desvio de uma pontuação da média de seu grupo. (Mais sobre resíduos no Capítulo 14.) A coluna seguinte fornece os graus de liberdade, SS, MS, F e p.

O valor alto de F e o valor minúsculo de p (listado aqui como `Pr(>F)`) informam para rejeitarmos a hipótese nula. Os códigos de significância indicam que F é tão alto que podemos rejeitar a hipótese nula mesmo que α seja 0,0001.

Visualizando os resultados

Uma maneira de diagramar as descobertas é exibi-las em um diagrama de caixas. Veja como fazer isso no ggplot2.

A primeira declaração mapeia as variáveis para os eixos:

```
ggplot(Training.frame, aes(x=Method, y=Score))
```

A seguinte configura as barras transversais para os bigodes:

```
stat_boxplot(geom="errorbar", width =.5)
```

E a última diagrama a função `geom` adequada:

```
geom_boxplot()
```

Então estas linhas de código R

```
ggplot(Training.frame, aes(x=Method, y=Score))+
   stat_boxplot(geom="errorbar", width =.5) +
   geom_boxplot()
```

produzem a Figura 12-2.

Depois da ANOVA

A análise ANOVA possibilita a decisão de rejeitar ou não H_0. E depois da decisão de rejeitá-la? Tudo o que posso afirmar é que em algum lugar desse conjunto de médias, há algo diferente de outra coisa. A análise não especifica quais são essas "coisas" diferentes.

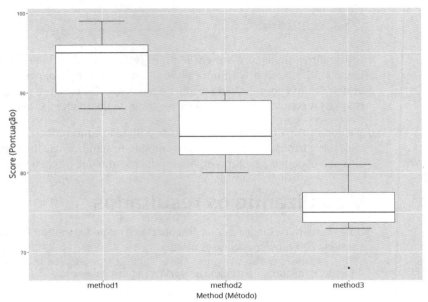

FIGURA 12-2: Diagrama de caixas dos resultados amostrais.

Comparações planejadas

Para detalhar mais, precisamos de outros testes. Não só isso, precisamos planejar esses testes antes de executar a ANOVA.

Esses testes pós-ANOVA são chamados de *comparações planejadas*. Alguns estatísticos os chamam de *testes a priori* ou *contrastes*. Ilustrarei com um exemplo. Suponha que antes de reunir os dados tivéssemos razões para acreditar que o Método 2 resultaria em pontuações mais altas do que o Método 3, e que o Método 1 resultaria em pontuações mais altas do que a média dos Métodos 2 e 3 juntos. Assim, planejamos com antecedência comparar as médias dessas amostras caso a decisão baseada na ANOVA seja rejeitar H_0.

Como já mencionado, a análise geral particiona SS_T em SS_B e SS_W, e df_T em df_B e df_W. As comparações planejadas particionam ainda mais SS_B e df_B. Cada contraste (lembre-se de que esse é outro nome para "comparação planejada") tem sua própria SS junto com df 1. Refiro-me a Método 2 X Método 3 como *Contrast1* (Contraste1) e Método 1 X a média dos métodos 2 e 3 como *Contrast2* (Contraste2). Para este exemplo,

$$SS_{Contrast1} + SS_{Contrast2} = SS_B$$

e

$$df_{Contrast1} + df_{Contrast2} = df_B$$

Como cada SS tem 1 df, são iguais a seus MS correspondentes. Dividir SS do contraste por MS_w produz uma razão-F do contraste. F tem df = 1 e df_w. Se esse F corta menos que 0,05 na cauda superior de sua distribuição-F, rejeitamos a hipótese nula para esse contraste (e nos referimos a ele como "estatisticamente significativo").

É possível configurar um contraste entre duas médias como uma expressão envolvendo todas as três médias amostrais. Por exemplo, para comparar o Método 2 com o Método 3, escrevemos a diferença entre eles como

$$(0)\bar{x}_1 + (+1)\bar{x}_2 + (-1)\bar{x}_3$$

0, +1 e −1 são os *coeficientes de comparação*. Refiro-me a eles, de maneira geral, como c_1, c_2 e c_3. Para comparar o Método 1 com a média dos Métodos 2 e 3:

$$(+2)\bar{x}_1 + (-1)\bar{x}_2 + (-1)\bar{x}_3$$

O importante aqui é que os coeficientes somem 0. Como usamos os coeficientes de comparação e as médias para calcular um SS do contraste? Para este exemplo, veja $SS_{Contrast1}$:

$$SS_{Contrast1} = \frac{\left((0)(93,44) + (+1)(85,20) + (-1)(75,25)\right)^2}{\frac{(0)^2}{9} + \frac{(+1)^2}{10} + \frac{(-1)^2}{8}} = 358,5$$

E aqui está o $SS_{Contrast2}$:

$$SS_{Contrast2} = \frac{\left((+2)(93,44) + (-1)(85,20) + (-1)(75,25)\right)^2}{\frac{(2)^2}{9} + \frac{(-1)^2}{10} + \frac{(-1)^2}{8}} = 1044,2$$

No geral, a fórmula é

$$SS_{Contrast} = \frac{\sum c_j \bar{x}_j}{\sum \left(\frac{c_j^2}{n_j}\right)}$$

em que o *j* subscrito representa o "nível da variável independente" (para o Método 1, *j* = 1, por exemplo).

Para o Contraste 1

$$F_{1,24} = \frac{SS_{Contrast1}}{MS_{Within}} = \frac{358,5}{15,3} = 23,42$$

e para o Contraste 2

$$F_{1,24} = \frac{SS_{Contrast2}}{MS_{Within}} = \frac{1044,2}{15,3} = 68,22$$

Esses contrastes são significativos? Sim, eles são, e isso quer dizer que o Método 2 produz um aprendizado significativamente maior do que o Método 3 e o Método 1 resulta em um aprendizado significativamente maior do que a média dos Métodos 2 e 3. Podemos usar `pf()` para verificar isso (ou você pode esperar até a próxima subseção, chamada "Contrastes em R").

Mais um pouco sobre contrastes

Anteriormente mencionei que o importante do contraste é que seus coeficientes somem 0. Outra coisa importante é o relacionamento entre os coeficientes em um conjunto de contrastes. Nos dois contrastes mostrados, a soma dos produtos dos coeficientes correspondentes é 0:

$$((0)(+2)) + ((+1)(-1)) + ((-1)(-1)) = 0$$

Quando isso acontece, os contrastes são *ortogonais*. Significa que não possuem informações sobrepostas. Mas é possível haver outros contrastes, e eles apenas seriam parte de um conjunto (ou conjuntos) diferente de contrastes ortogonais.

Os outros dois conjuntos de contrastes ortogonais desse exemplo são: (1) Método 1 X Método 2 e Método 3 X a média dos Métodos 1 e 2; (2) Método 1 X Método 3 e Método 2 X a média dos Métodos 1 e 3.

Contrastes em R

O objetivo aqui é criar uma tabela de ANOVA que mostre os contrastes particionando SS_B, as razões-F e valores-p associados. Funciona assim:

```
                      Df Sum Sq Mean Sq F value   Pr(>F)
Method                 2 1402.7   701.3   45.82 6.38e-09 ***
  Method: 2 vs 3       1  358.5   358.5   23.42 6.24e-05 ***
  Method: 1 vs 2 & 3   1 1044.2  1044.2   68.22 1.78e-08 ***
Residuals             24  367.3    15.3
---
Signif. codes:  0 '***' 0.001 '**' 0.01 '*' 0.05 '.' 0.1 ' ' 1
```

Para configurar os contrastes, primeiro criamos uma matriz dos coeficientes no conjunto de contrastes ortogonais:

```
contrasts(Training.frame$Method) <- matrix(c(0,1,-1,2,-1,-1),3,2)
```

À esquerda, o termo entre parênteses especifica o que contrastar, ou seja, os níveis da variável independente `Method` em `Training.frame`. À direita, a função `matrix()` cria uma matriz com os coeficientes nas colunas:

```
> contrasts(Training.frame$Method)
        [,1] [,2]
method1   0    2
method2   1   -1
method3  -1   -1
```

Em seguida, executamos a análise de variância, mas com um argumento `contrasts` dessa vez:

```
Anova.w.Contrasts <-aov(Score ~ Method,data=Training.
   frame,contrasts = contrasts(Training.frame$Method))
```

Como criamos a tabela no começo desta subseção? Com uma declaração `summary()` que inclui um pequeno detalhe:

```
summary(Anova.w.Contrasts,split=list(Method=list("2 vs
   3"= 1,"1 vs 2 & 3" = 2)))
```

O pequeno detalhe (na verdade, uma pequena "divisão") está no segundo argumento. O objetivo é particionar o Método em duas partes: uma que corresponda ao primeiro contraste e outra que corresponda ao segundo. Fazemos isso com `split`, que divide uma lista no número indicado de componentes e a reúne novamente com um nome atribuído a cada componente. Nesse caso, a lista é `Method` dividida em uma lista com dois componentes, cujos nomes correspondem ao que existe no contraste.

Executar essa declaração `summary` produz a tabela no início desta subseção.

Comparações não planejadas

As coisas ficariam chatas se o teste pós-ANOVA fosse limitado a comparações planejadas. Às vezes queremos bisbilhotar os dados e ver se alguma coisa interessante é revelada. Outras, surge algo inesperado.

Quando isso acontece, podemos fazer comparações não planejadas. Elas são chamadas de *testes a posteriori*, *testes post hoc* ou simplesmente *comparações não planejadas*. Os estatísticos criaram vários desses testes, muitos com nomes exóticos e muitos dependentes de distribuições amostrais especiais.

A ideia por trás desses testes é que precisamos pagar um preço por não os ter planejado. Esse preço não tem nada a ver com arranjar as coisas para rejeitar H_o para fazer uma comparação em particular.

Um dos membros mais conhecidos do mundo post-hoc é o teste HSD (Honest Significant Difference ou Diferença Honestamente Significativa). Esse teste realiza todas as comparações emparelháveis possíveis entre as médias amostrais.

Espera aí. Como é que é? Na seção anterior "Um problema controverso" analisei o motivo dos múltiplos testes-t emparelhados não funcionarem; se cada teste tiver um $\alpha = 0,05$, a probabilidade geral de um erro Tipo I aumentará com o número de médias.

Então qual é a história? A história é que o teste de Tukey ajusta-se ao número de médias amostrais e compara as diferenças, não com as distribuições-t, mas com a distribuição de *Amplitude Estudentizada*. O efeito geral é dificultar mais a rejeição da hipótese nula sobre qualquer comparação emparelhada do que seria se comparássemos a diferença com a distribuição-t. (Nunca ouvi falar de múltiplos testes-t sendo chamados de "Diferenças Desonestamente Significativas", mas quem sabe um dia...

Esse teste é fácil de fazer em R:

```
> TukeyHSD(analysis)
  Tukey multiple comparisons of means
    95% family-wise confidence level

Fit: aov(formula = Score ~ Method, data = Training.frame)

$Method
                    diff        lwr        upr     p adj
method2-method1  -8.244444  -12.73337   -3.755523 0.0003383
method3-method1 -18.194444  -22.94172  -13.447166 0.0000000
method3-method2  -9.950000  -14.58423   -5.315769 0.0000481
```

A tabela mostra cada comparação emparelhada junto com diferença, limites de confiança de 95% inferior e superior, e probabilidade ajustada. Cada probabilidade é muito menor do que 0,05, então a conclusão é que cada diferença é estatisticamente significativa.

Outro Tipo de Hipótese, Outro Tipo de Teste

A ANOVA anterior funciona com amostras independentes. Como explicado no Capítulo 11, às vezes trabalhamos com amostras combinadas. Por exemplo, às vezes uma pessoa fornece dados em várias condições diferentes. Nesta seção apresento a ANOVA usada quando temos mais de duas amostras combinadas.

Esse tipo de ANOVA é chamada de *medidas repetidas*. Ela também pode ter outros nomes, como *blocos aleatorizados* ou *intraindivíduos*.

Trabalhando com a ANOVA de medidas repetidas

Para mostrar como funciona, estenderei um exemplo do Capítulo 11. Nele, dez homens participam de um programa de perda de peso. A Tabela 12-3 mostra seus dados em um período de três meses.

TABELA 12-3 Dados do Exemplo de Perda de Peso

Pessoa	Antes	Um Mês	Dois Meses	Três Meses	Média
Al	198	194	191	188	192,75
Bill	201	203	200	196	200,00
Charlie	210	200	192	188	197,50
Dan	185	183	180	178	181,50
Ed	204	200	195	191	197,50
Fred	156	153	150	145	151,00
Gary	167	166	167	166	166,50
Harry	197	197	195	192	195,25
Irv	220	215	209	205	212,25
Jon	186	184	179	175	181,00
Média	192,4	189,5	185,8	182,4	187,525

O programa é eficaz? Essa pergunta pede um teste de hipótese:

H_0: $\mu_{Antes} = \mu_1 = \mu_2 = \mu_3$

H_1: Não H_0

Novamente, estabelecemos $\alpha = 0,05$.

Como na ANOVA anterior, comece com as variâncias nos dados. O MS_T é a variância de todas as 40 pontuações da média global, que é 187,525:

$$MS_T = \frac{(198-187,525)^2 + (201-187,525)^2 + ... + (175-187,525)^2}{(40-1)} = 318,20$$

As pessoas que participaram do programa de perda de peso também fornecem a variância. A média geral de cada uma (sua média em quatro medições) varia da média global. Como esses dados estão em linhas, chamo isso de MS$_{Rows}$:

$$MS_{Rows} = \frac{(192,75-187,525)^2 + (200-187,525)^2 + ... + (181-187,525)^2}{(10-1)} = 1292,41$$

As médias das colunas também variam da média global:

$$MS_{Columns} = \frac{(192,4-187,525)^2 + (189,5-187,525)^2 + (185,8-187,525)^2 + (182,4-187,525)^2}{(4-1)}$$
$$= 189,69$$

Há mais uma fonte de variância nos dados. Pense nela como a variância restante depois de tirar todas as variâncias nas linhas e nas colunas do total de variâncias. Na verdade, é mais correto dizer que é a soma dos quadrados que sobrou quando subtraímos SS$_{Rows}$ e SS$_{Columns}$ de SS$_T$.

Essa variância é chamada de MS$_{Error}$. Como dito anteriormente, na ANOVA o denominador de F é chamado de *termo de erro*. Então a palavra *erro* aqui dá uma dica de que esse MS é um denominador de F.

Para calcular MS$_{Error}$ usamos os relacionamentos entre as somas dos quadrados e entre os df.

$$MS_{Error} = \frac{SS_{Error}}{df_{Error}} = \frac{SS_T - SS_{Rows} - SS_{Columns}}{df_T - df_{Rows} - df_{Columns}} = \frac{209,175}{27} = 7,75$$

Veja outra maneira de calcular df$_{Error}$:

$$df_{Error} = (\text{number of rows - 1})(\text{number of columns - 1})$$

Para fazer o teste de hipótese, calculamos F:

$$F = \frac{MS_{Columns}}{MS_{Error}} = \frac{189,69}{7,75} = 24,49$$

Com 3 e 27 graus de liberdade, o F crítico para um α = 0,05 é 2,96. (Use qf() para verificar.) O F calculado é maior do que o F crítico, então a decisão é rejeitar H$_0$.

E se F envolver MS$_{Rows}$? Esse não aparece em H$_0$ para este exemplo. Se encontrarmos um F significativo, tudo o que ele fará é mostrar que as pessoas são diferentes umas das outras em relação ao peso, e isso não é muita coisa.

ANOVA de medidas repetidas em R

Para preparar uma análise de medidas repetidas, coloque as colunas da Tabela 12-3 em vetores:

```
Person <-c("Al", "Bill", "Charlie", "Dan", "Ed", "Fred",
    "Gary","Harry","Irv","Jon")
```

```
Before    <- c(198,201,210,185,204,156,167,197,220,186)
OneMonth  <- c(194,203,200,183,200,153,166,197,215,184)
TwoMonths <- c(191,200,192,180,195,150,167,195,209,179)
ThreeMonths <- c(188,196,188,178,191,145,166,192,205,175)
```

Depois crie um data frame:

```
Weight.frame <- data.frame(Person, Before, OneMonth,
    TwoMonths, ThreeMonths)
```

O data frame fica assim:

```
> Weight.frame
    Person Before OneMonth TwoMonths ThreeMonths
1       Al    198      194       191         188
2     Bill    201      203       200         196
3  Charlie    210      200       192         188
4      Dan    185      183       180         178
5       Ed    204      200       195         191
6     Fred    156      153       150         145
7     Gary    167      166       167         166
8    Harry    197      197       195         192
9      Irv    220      215       209         205
10     Jon    186      184       179         175
```

Ele está no formato largo e precisamos reformatá-lo. Com o pacote `reshape2` instalado (na aba Packages, marque a caixa de verificação ao lado de `reshape2`), modifique os dados para o formato longo:

```
Weight.frame.melt <- melt(Weight.frame, id="Person")
```

Em seguida, atribua nomes de colunas ao data frame modificado:

```
colnames(Weight.frame.melt) = c("Person","Time","Weight")
```

E agora, as seis primeiras linhas do novo data frame são:

```
> head(Weight.frame.melt)
```

```
  Person   Time  Weight
1     Al Before     198
2   Bill Before     201
3 Charlie Before    210
4    Dan Before     185
5     Ed Before     204
6   Fred Before     156
```

Além de `Person`, temos `Time` como uma variável independente.

Utilizarei R como uma ferramenta de ensino: para que você tenha uma ideia de como essa análise funciona, começarei fingindo que ela é uma análise de amostras independentes, como a primeira neste capítulo. Depois a executarei como uma análise de medidas repetidas, para que você possa ver as diferenças e, talvez, entender melhor o que uma análise de medidas repetidas faz.

Como amostras independentes:

```
> ind.anova <- aov(Weight ~ Time, data=Weight.frame.melt)
> summary(ind.anova)
            Df Sum Sq Mean Sq F value Pr(>F)
Time         3    569   189.7   0.577  0.634
Residuals   36  11841   328.9
```

Essa análise não mostra diferenças significativas entre os níveis de `Time`. O segredo é arrancar os efeitos de ter cada linha representando os dados de uma pessoa. Isso dividirá o SS de `Residuals` em dois componentes: um SS para `Person` (que tem nove graus de liberdade) e outro SS para os 27 graus de liberdade restantes. Divida esse segundo SS por seus graus de liberdade e teremos o MS_{Error} mencionado anteriormente (embora R não o chame assim).

Veja como fazer:

```
rm.anova <- aov(Weight ~ Time + Error(Person/Time),
                data = Weight.frame.melt)
```

O novo termo indica que `Weight` não depende só de `Time`, mas também de `Person` e que cada `Person` experimenta todos os níveis de `Time`. O efeito de `Time` (peso corporal decrescente ao longo dos quatro períodos de `Time`) é evidente em cada `Person`. (É mais fácil ver isso no formato largo do que no longo.)

LEMBRE-SE Em alguns campos, a palavra *indivíduo* significa *pessoa*: é por isso que uma análise de medidas repetidas também é chamada de análise *intraindivíduos*, como apontado anteriormente.

E agora, a tabela:

```
> summary(rm.anova)

Error: Person
          Df Sum Sq Mean Sq F value Pr(>F)
Residuals  9  11632    1292


Error: Person:Time
          Df Sum Sq Mean Sq F value  Pr(>F)
Time       3  569.1  189.69   24.48 7.3e-08 ***
Residuals 27  209.2    7.75
---
Signif. codes:  0 '***' 0.001 '**' 0.01 '*' 0.05 '.' 0.1 ' ' 1
```

A análise mostra o efeito significativo de `Time`.

Visualizando os resultados

Uma maneira de visualizar os resultados é diagramar a perda média de peso no eixo y e o mês (0, 1, 2, 3) no eixo x. Note o uso de 0-3 para representar os níveis de `Time` (Before [Antes], OneMonth [1Mês], TwoMonths [2Meses], ThreeMonths [3Meses]).

A Figura 12-3 mostra o diagrama, junto com o erro padrão da média (refletido nas barras de erro).

A base do diagrama é um data frame que contém o tempo (por conveniência, como uma variável numérica), o peso médio e o erro padrão:

```
time <- c(0,1,2,3)

mean.weight <- c(mean(Before),mean(OneTime),
   mean(TwoTimes),mean(ThreeTimes))

se.weight <- c(sd(Before), sd(OneTime), sd(TwoTimes),
   sd(ThreeTimes))/sqrt(length(Person))

wt.means.frame <- data.frame(time,mean.weight,se.weight)

> wt.means.frame
  time mean.weight se.weight
```

1	0	192.4	6.144917
2	1	189.5	5.856146
3	2	185.8	5.466667
4	3	182.4	5.443038

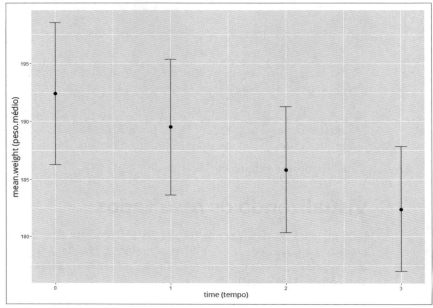

FIGURA 12-3: As médias e os erros padrão para o exemplo de perda de peso.

Diagramando em ggplot2:

```
ggplot(wt.means.frame,aes(x=time,y=mean.weight)) +
    geom_point(size=3)+
    geom_errorbar(aes(ymin=mean.weight-se.weight,
    ymax=mean.weight+se.weight),width=.1)
```

A primeira declaração mapeia a variável independente no eixo x e a variável dependente no eixo y. A segunda declaração especifica um ponto como o objeto geométrico e define seu tamanho. A terceira declaração dá os limites e o tamanho das barras de erro.

Tendências

Em situações como a do exemplo da perda de peso, temos uma variável independente quantitativa, seus níveis são números (0 mês, 1 mês, 2 meses, 3 meses). E não é só isso. Nesse caso, os intervalos são iguais.

Com esse tipo de variável independente, muitas vezes é uma boa ideia procurar tendências nos dados, em vez de apenas planejar comparações entre as médias. Como mostra a Figura 12-3, as médias no exemplo de perda de peso parecem estar alinhadas.

Análise de tendência é o procedimento estatístico que examina esse padrão. O objetivo é ver se o padrão contribui com as diferenças significativas entre as médias.

Uma tendência pode ser linear, como aparentemente é neste exemplo, ou não linear (o que significa que faz uma curva). Os dois tipos não lineares de curvas para as quatro médias são chamados de *quadrática* e *cúbica*. Se as médias mostrarem uma tendência quadrática, elas se alinharão em um padrão que mostra uma mudança de direção. A Figura 12-4 mostra o que quero dizer.

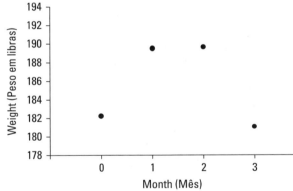

FIGURA 12-4: Uma tendência quadrática com quatro médias.

Se as médias mostrarem uma tendência cúbica, elas se alinharão em um padrão que mostra duas mudanças de direção. A Figura 12-5 exemplifica uma tendência cúbica.

Os três componentes são ortogonais, então

$$SS_{Linear} + SS_{Quadratic} + SS_{Cubic} = SS_{Time}$$

e

$$df_{Linear} + df_{Quadratic} + df_{Cubic} = df_{Time}$$

Para analisar uma tendência, usamos coeficientes de comparação, aqueles números que usamos nos contrastes. Eles são utilizados de maneira um pouco diferente. A fórmula para calcular um SS para um componente de tendência é

$$SS_{Component} = \frac{N\left(\sum c\bar{x}\right)^2}{\sum c^2}$$

Nessa fórmula, N é o número de pessoas e c representa os coeficientes.

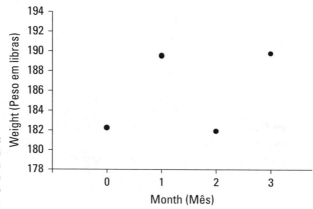

FIGURA 12-5: Uma tendência cúbica com quatro médias.

Então começamos usando coeficientes de comparação para encontrar uma soma dos quadrados para a tendência linear, que abreviamos como SS_{Linear}.

Os coeficientes de comparação são diferentes para os números diferentes de amostras. Para quatro amostras, eles são -3, -1, 1 e 3.

O jeito mais fácil de obter os coeficientes é pesquisá-los em um livro de Estatística ou na internet!

DICA

Para este exemplo, o SS_{Linear} é

$$SS_{Linear} = \frac{N\left(\sum c\bar{x}\right)^2}{\sum c^2} = \frac{10\left[(-3)(192,4)+(-1)(189,5)+(1)(185,8)+(3)(182,4)\right]^2}{(-3)^2+(-1)^2+(3)^2+(1)^2} = 567,845$$

Depois de calcular o SS_{Linear}, divida-o por df_{Linear} para produzir o MS_{Linear}. Isso é extremamente fácil, porque $df_{Linear} = 1$. Divida MS_{Linear} por MS_{Erro} e terá F. Se esse F for maior do que o valor crítico de F com $df = 1$ e df_{Erro} em seu α, então o peso estará decrescendo de maneira linear ao longo do período do programa. A razão-F aqui é

$$F = \frac{MS_{Linear}}{MS_{Error}} = \frac{567,85}{7,75} = 73,30$$

256 PARTE 3 **Tirando Conclusões dos Dados**

O valor crítico para F com 1 e 27 graus de liberdade e α = 0,05 é 4,21. Como o valor calculado é maior do que o valor crítico, os estatísticos diriam que os dados mostram um *componente linear significativo*. Isso, claro, confere com o que vemos na Figura 12-3.

O componente linear de SS_{Time} é tão grande que os outros dois componentes são muito pequenos. Vejamos os cálculos.

Os coeficientes do componente quadrático são 1, −1, −1, 1. Então $SS_{Quadratic}$ é

$$SS_{Quadratic} = \frac{N(\sum c\bar{x})^2}{\sum c^2} = \frac{10\left[(1)(192,4)+(-1)(189,5)+(-1)(185,8)+(1)(182,4)\right]^2}{(1)^2+(-1)^2+(-1)^2+(1)^2} = 0,6$$

Os coeficientes do componente cúbico são −1, 3, −3, 1 e o SS_{Cubic} é

$$SS_{Cubic} = \frac{N(\sum c\bar{x})^2}{\sum c^2} = \frac{10\left[(-1)(192,4)+(3)(189,5)+(-3)(185,8)+(1)(182,4)\right]^2}{(-1)^2+(3)^2+(-3)^2+(1)^2} = 0,6$$

Em vez de completar os cálculos finais para obter razões-F microscópicas, deixarei R fazer o trabalho na próxima subseção.

UM POUCO MAIS SOBRE TENDÊNCIAS

Linear, quadrática e cúbica é o máximo que conseguimos com quatro médias. Com cinco médias, podemos procurar essas três, mais um *componente quártico* (três mudanças de direção), e com seis, podemos tentar encontrar todas as anteriores e mais um *componente quíntico* (quatro mudanças de direção). Como são esses coeficientes?

Para cinco médias, são:

Linear: −2, −1, 0, 1, 2

Quadrático: 2, −1, −2, −1, 2

Cúbico: -1, 2, 0, −2, 1

Quártico: 1, −4, 6, −4, 1

E para seis médias, são:

Linear: −5, −3, −1, 1, 3, 5

Quadrático: 5, −1, −4, −4, −1, 5

Cúbico: −5, 7, 4, −4, −7, 5

Quártico: 1, −3, 2, 2, −3, 1

Quíntico: −1, 5, −10, 10, −5, 1

Eu poderia continuar com mais médias, coeficientes e nomes exóticos de componentes (sêxtico? sético?), mas já chega. Isso deve bastar por enquanto.

Análise de Tendência em R

Trato essa análise praticamente como os contrastes para o exemplo de amostras independentes. Começo criando uma matriz dos coeficientes para os três componentes de tendência:

```
contrasts(Weight.frame.melt$Time) <-
    matrix(c(-3,-1,1,3,1,-1, -1,1,-1,3,-3,1), 4, 3)
```

Depois executo a ANOVA adicionando o argumento `contrasts`:

```
rm.anova <- aov(Weight ~ Time + Error(factor(Person)/
    Time), data=Weight.frame.melt, contrasts =
    contrasts(Weight.frame.melt$Time))
```

Por fim, aplico `summary()` (incluindo a divisão de `Time` em três componentes) para imprimir a tabela das análises:

```
summary(rm.anova, split=list(Time=list("Linear" =1,
    "Quadratic"=2,"Cubic" =3)))
```

Executar essa declaração produz esta tabela:

```
Error: factor(Person)
          Df Sum Sq Mean Sq F value Pr(>F)
Residuals  9  11632    1292


Error: factor(Person):Time
                Df Sum Sq Mean Sq F value   Pr(>F)
Time             3  569.1   189.7  24.485 7.30e-08 ***
  Time: Linear   1  567.8   567.8  73.297 3.56e-09 ***
  Time: Quadratic 1   0.6     0.6   0.081    0.779
  Time: Cubic    1    0.6     0.6   0.078    0.782
Residuals       27  209.2     7.7
---
Signif. codes: 0 '***' 0.001 '**' 0.01 '*' 0.05 '.' 0.1
    ' ' 1
```

Mais uma vez, podemos ver a linearidade imensa da tendência, assim como esperaríamos da Figura 12-3.

NESTE CAPÍTULO

» Trabalhando com duas variáveis

» Trabalhando com replicações

» Entendendo as interações

» Misturando tipos de variáveis

» Trabalhando com múltiplas variáveis dependentes

Capítulo **13**

Testes Mais Complicados

No Capítulo 11 mostro como testar hipóteses com duas amostras. No Capítulo 12 mostro como testar hipóteses quando temos mais de duas amostras. O ponto em comum em ambos os capítulos é uma variável independente (também chamada de *fator*).

Muitas vezes, precisamos testar os efeitos de mais de um fator. Neste capítulo, mostro como analisar dois fatores dentro de um mesmo conjunto de dados. Vários tipos de situações são possíveis, e descrevo as funções R que lidam com cada uma delas.

Decifrando as Combinações

Imagine que uma empresa tenha dois métodos para apresentar suas informações de treinamento: um é por meio de uma pessoa que as apresenta oralmente e outro é por meio de um documento de texto. Imagine também que as informações sejam apresentadas com humor ou técnica. Refiro-me ao primeiro fator como Método de Apresentação (Presentation Method) e ao segundo, como Estilo de Apresentação (Presentation Style).

Combinando os dois níveis de Método de Apresentação com os dois de Estilo de Apresentação, temos quatro combinações. A empresa atribui aleatoriamente 4 pessoas a cada combinação, em um total de 16 pessoas. Depois de dar treinamento, ela testa as 16 pessoas quanto sua compreensão do material.

A Figura 13-1 mostra as combinações, as quatro pontuações de compreensão em cada combinação e estatísticas de resumo das combinações, linhas e colunas.

FIGURA 13-1: Combinando os níveis de Método de Apresentação com os níveis de Estilo de Apresentação.

	Estilo de Apresentação		
	Humorística	Técnica	
Falada	Falada e Humorística: 57, 56, 60, 64	Falada e Técnica: 22, 21, 29, 25	
(Método de Apresentação)	Média = 59,25 Variância = 12,92	Média = 24,25 Variância = 12,92	Média = 41,75
Texto	Texto e Humorístico: 33, 25, 28, 31	Texto e Técnico: 66, 65, 71, 72	
	Média = 29,25 Variância = 12,25	Média = 68,50 Variância = 12,33	Média = 48,88
	Média = 44,25	Média = 46,38	Média Global = 44,31

LEMBRE-SE

Com cada dois níveis de um fator combinados com dois níveis do outro, esse tipo de estudo é chamado de design *fatorial* 2 X 2.

Veja as hipóteses

H_0: $\mu_{Spoken} = \mu_{Text}$

H_1: Não H_0

e

H_0: $\mu_{Humorous} = \mu_{Technical}$

H_1: Não H_0

Como os dois métodos de apresentação (Spoken [Falada] e Text [Texto]) estão em linhas, refiro-me ao Tipo de Apresentação como *fator linha*. Os dois estilos de apresentação (Humorous [Humorística] e Technical [Técnica]) estão em colunas, o Estilo de Apresentação é o *fator coluna*.

260 PARTE 3 **Tirando Conclusões dos Dados**

Interações

Quando temos linhas e colunas de dados, e estamos testando hipóteses sobre os fatores linha e coluna, há mais uma consideração: temos que nos preocupar com as combinações de linha e coluna. As combinações resultam em efeitos peculiares?

Para o exemplo apresentado, é possível que a combinação de Spoken e Text com Humorous e Technical produza um resultado inesperado. Na verdade, podemos ver nos dados da Figura 13-1: para a apresentação Falada, o estilo Humorous produz uma média mais alta do que um estilo Technical. Para a apresentação em Text, o estilo Humorous produz uma média mais baixa do que o estilo Technical.

LEMBRE-SE

Uma situação como essa é chamada de *interação*. Em termos formais, uma interação ocorre quando os níveis de um fator afetam os níveis de outro fator de maneira diferente. O rótulo para a interação é fator linha X fator coluna, então, para esse exemplo, isso seria Método X Tipo.

As hipóteses são

H_0: Método de Apresentação não interage com Estilo de Apresentação

H_1: Não H_0

Análise

A análise estatística é, novamente, uma análise de variância (ANOVA). Como nos casos das ANOVAs anteriores, ela depende das variâncias nos dados. É chamada de ANOVA *bifatorial* ou ANOVA *bidimensional*.

A primeira variância é a total, rotulada como MS_T. É a variância de todas as 16 pontuações em torno de sua média (a média global), que é de 44,81:

$$MS_T = \frac{(57-45,31)^2 + (56-45,31)^2 + ... + (72-45,31)^2}{16-1} = \frac{5885,43}{15} = 392,36$$

O denominador informa que df = 15 para MS_T.

A próxima variância vem do fator linha. É o MS_{Method} e é a variância das médias da linha em torno da média global:

$$MS_{Method} = \frac{(8)(41,75-45,31)^2 + (8)(48,88-45,31)^2}{2-1} = \frac{203,06}{1} = 203,06$$

O 8 na equação multiplica cada desvio quadrado, porque temos que levar em conta as pontuações que produziram cada média de linha. O df para MS_{Method} é o número de linhas – 1, que é 1.

De maneira similar, a variância para o fator coluna é:

$$MS_{Style} = \frac{(8)(43{,}25 - 45{,}31)^2 + (8)(46{,}38 - 45{,}31)^2}{2-1} = \frac{18{,}06}{1} = 18{,}06$$

O df para MS_{Style} é 1 (o número de colunas – 1).

Outra variância é a estimativa combinada com base nas variâncias dentro das quatro combinações de linha e coluna. É chamada de MS_{Within} ou MS_W. (Para obter detalhes sobre MS_W e estimativas combinadas, veja o Capítulo 12.). Para este exemplo,

$$MS_W = \frac{(4-1)(12{,}92) + (4-1)(12{,}92) + (4-1)(12{,}25) + (4-1)(12{,}33)}{(4-1) + (4-1) + (4-1) + (4-1)}$$

$$= \frac{151{,}25}{12} = 12{,}60$$

É o termo de erro (denominador) de cada F calculado. Seu denominador informa que df = 12 para esse MS.

A última variância vem da interação entre o fator linha e o fator coluna. Nesse exemplo, ela é rotulada como $MS_{Method \; X \; Type}$. Ela pode ser calculada de algumas maneiras. A mais fácil é aproveitar este relacionamento geral:

$$SS_{Row \; X \; Column} = SS_T - SS_{Row \; Factor} - SS_{Column \; Factor} - SS_W$$

E este:

$$df_{Row \; X \; Column} = df_T - df_{Row \; Factor} - df_{Column \; Factor} - df_W$$

Outra maneira de calcular é:

$$df_{Row \; X \; Column} = (\text{número de linhas } -1)(\text{número de colunas } -1)$$

O MS é:

$$MS_{Row \; X \; Column} = \frac{SS_{Row \; X \; Column}}{df_{Row \; X \; Column}}$$

Para este exemplo,

$$MS_{Method \; X \; Style} = \frac{SS_{Method \; X \; Style}}{df_{Method \; X \; Style}} = \frac{5885{,}43 - 203{,}06 - 18{,}06 - 151{,}25}{15 - 12 - 1 - 1}$$

$$= \frac{5513{,}06}{1} = 5513{,}06$$

Para testar as hipóteses, calculamos três Fs:

$$F = \frac{MS_{Style}}{MS_W} = \frac{18,06}{12,60} = 1,43$$

$$F = \frac{MS_{Method}}{MS_W} = \frac{203,06}{12,60} = 16,12$$

$$F = \frac{MS_{Method \, X \, Style}}{MS_W} = \frac{5513,06}{12,60} = 437,54$$

Para df = 1 e 12, o F crítico em α = 0,05 é 4,75. (Podemos usar `qf()` para verificar). A decisão é rejeitar H_0 para o Método de Apresentação e a interação Método X Estilo, e não rejeitar H_0 para o Estilo de Apresentação.

LEMBRE-SE

É possível, claro, ter mais de dois níveis de cada fator. Também é possível ter mais de dois fatores. Nesse caso, as coisas (como interações) ficam ainda mais complexas.

ANOVA Bidimensional em R

Como em qualquer análise, o primeiro passo é deixar os dados organizados, e em R isso significa colocar os dados no formato longo.

Comece com os vetores das pontuações em cada uma das colunas na Figura 13-1:

```
humorous <- c(57,56,60,64,33,25,28,31)
technical <- c(22,21,29,25,66,65,71,72)
```

Depois combine-os para produzir um vetor de todas as pontuações:

```
Score = c(humorous,technical)
```

Em seguida, crie vetores para Method e Style:

```
Method =rep(c("spoken","text"),each=4,2)
Style =rep(c("humorous","technical"),each=8)
```

E coloque tudo em um data frame:

```
pres.frame <-data.frame(Method,Style,Score)
```

CAPÍTULO 13 **Testes Mais Complicados** 263

que fica assim:

```
> pres.frame
   Method     Style Score
1  spoken  humorous    57
2  spoken  humorous    56
3  spoken  humorous    60
4  spoken  humorous    64
5    text  humorous    33
6    text  humorous    25
7    text  humorous    28
8    text  humorous    31
9  spoken technical    22
10 spoken technical    21
11 spoken technical    29
12 spoken technical    25
13   text technical    66
14   text technical    65
15   text technical    71
16   text technical    72
```

E veja a análise de variância bidimensional:

```
> two.way <- aov(Score ~ Style*Method,
  data = pres.frame)
```

A expressão Style*Method indica que todos os níveis de Style (humorous e technical) combinam com todos os níveis de Method (spoken e text).

Veja a tabela ANOVA:

```
> summary(two.way)
             Df Sum Sq Mean Sq F value   Pr(>F)
Style         1     18      18   1.433  0.25438
Method        1    203     203  16.111  0.00172 **
Style:Method  1   5513    5513 437.400 8.27e-11 ***
Residuals    12    151      13
---
Signif. codes:  0 '***' 0.001 '**' 0.01 '*' 0.05 '.' 0.1
  ' ' 1
```

Novamente, os valores-f e os valores-p indicam a rejeição da hipótese nula para `Method` e a interação `Style X Method`, mas não para `Style`.

Com apenas dois níveis de cada fator, nenhum teste pós-análise é necessário para explorar um resultado significativo.

Visualizando os resultados bidimensionais

A melhor maneira de visualizar os resultados de um estudo como esse é com um gráfico de barras agrupadas que mostra as médias e os erros padrão. A base para o gráfico é o data frame que contém as estatísticas para cada combinação de níveis das variáveis independentes:

```
> mse.frame
  Method    Style   Mean       SE
1 spoken humorous 59.25 1.796988
2   text humorous 29.25 1.750000
3 spoken technical 24.25 1.796988
4   text technical 68.50 1.755942
```

Para criar esse data frame, comece criando quatro vetores:

```
Score.spk.hum <- with(pres.frame, Score[Method=="spoken" &
        Style=="humorous"])
Score.txt.hum <- with(pres.frame, Score[Method=="text" &
        Style=="humorous"])
Score.spk.tec <- with(pres.frame, Score[Method=="spoken" &
        Style=="technical"])
Score.txt.tec <- with(pres.frame, Score[Method=="text" &
        Style=="technical"])
```

Depois concatene as médias do vetor em outro vetor:

```
mean.Scores <- c(mean(Score.spk.hum), mean(Score.txt.hum),
        mean(Score.spk.tec), mean(Score.txt.tec))
```

e concatene os erros padrão em mais um vetor:

```
se.Scores <- c(sd(Score.spk.hum), sd(Score.txt.hum),
        sd(Score. spk.tec), sd(Score.txt.tec))/2
```

Ao dividir por 2, eu trapaceei um pouco no último. Cada combinação consiste em quatro pontuações e a raiz quadrada de 4 é 2.

Crie um vetor dos níveis de Method e outro dos níveis de Style:

```
mse.Method =rep(c("spoken","text"),2)
mse.Style =rep(c("humorous","technical"),each=2)
```

Depois crie o data frame:

```
mse.frame  <-  data.frame(mse.Method,mse.Style,mean.Scores,se.Scores)
```

Por fim, deixe os nomes das colunas um pouco mais bonitos:

```
colnames(mse.frame)=c("Method","Style","Mean","SE")
```

Vamos para a visualização. Em ggplot2, comece com uma declaração `ggplot()` que mapeie os componentes dos dados para os componentes do gráfico:

```
ggplot(mse.frame,aes(x=Method,y=Mean,fill=Style))
```

Agora use uma `geom_bar` que receba a média dada como sua estatística:

```
geom_bar(stat = "identity", position = "dodge",
         color = "black", width = .5)
```

O argumento `position` configura esse gráfico como um de barras agrupadas, o argumento `color` especifica "black" como a cor da borda e `width` configura um tamanho para barras bonitas. Você pode experimentar um pouco para ver se outra largura é mais agradável.

Se você não mudar as cores das barras, elas aparecerão vermelhas-claras e azuis-claras, o que é bem agradável, mas seriam impossíveis de diferenciar em uma página em preto e branco. Veja como mudar as cores:

```
scale_fill_grey(start = 0,end = .8)
```

Em grey scale, 0 corresponde a preto e 1, a branco. Por fim, `geom_errorbar` adiciona as barras para os erros padrão:

```
geom_errorbar(aes(ymin=Mean,ymax=Mean+SE), width=.2,
              position=position_dodge(width=.5))
```

Usar `Mean` como o valor de `ymin` garante que somente a barra de erro superior seja diagramada, o que normalmente vemos nos diagramas de barras publicados. O argumento `position` usa a função `position_dodge()` para centralizar as barras de erro.

Então, estas linhas de código

```
ggplot(mse.frame,aes(x=Method,y=Mean,fill=Style)) +
   geom_bar(stat = "identity", position = "dodge",
         color = "black", width = .5)+
   scale_fill_grey(start = 0,end = .8)+
   geom_errorbar(aes(ymin=Mean,ymax=Mean+SE), width=.2,
         position=position_dodge(width=.5))
```

produzem a Figura 13-2.

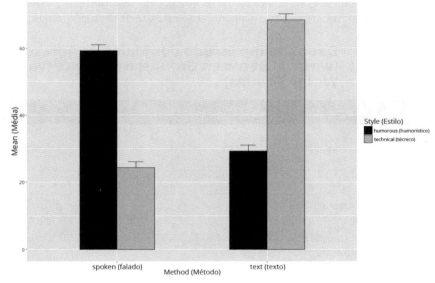

FIGURA 13-2: Médias e erros padrão do estudo de apresentação.

Esse gráfico mostra claramente a interação Method X Style. Para a apresentação falada (spoken), o humorístico (humorous) é mais eficaz que o técnico (technical), e é o contrário para a apresentação em texto (text).

Dois Tipos de Variáveis... ao Mesmo Tempo

O que acontece quando temos uma variável Between Groups (Entre Grupos) e uma variável Within Groups (Intragrupos)... ao mesmo tempo? Como isso pode acontecer?

Muito fácil. Veja um exemplo: Suponha que queiramos estudar os efeitos dos meios de apresentação nas velocidades de leitura de crianças do quarto ano. Atribuímos aleatoriamente os alunos (vamos chamá-los de *indivíduos*) para ler um livro ou leitor eletrônico. Então o "Medium" (Meio) é a variável Between Groups (Entre Grupos).

Digamos que também estejamos interessados nos efeitos da fonte. Então atribuímos cada indivíduo para ler cada uma destas fontes: Haettenschweiler, Arial e Calibri. (Eu nunca vi um documento em Haettenschweiler, mas é a minha fonte favorita porque é muito divertido dizer "Haettenschweiler". Tente. Estou errado?) Como cada indivíduo lê todas as fontes, "Font" (Fonte) é a variável Within Groups (Intragrupos). Para completar, temos que ordenar aleatoriamente as fontes para cada indivíduo.

A Tabela 13-1 mostra os dados que podem resultar de um estudo como esse. A variável dependente é a pontuação no teste de compreensão de leitura.

TABELA 13-1 **Dados de um Estudo dos Meios de Apresentação (variável Between Groups) e da Fonte (variável Within Groups)**

Meio	Indivíduo	Haettenschweiler	Arial	Calibri
Livro	Alice	48	40	38
	Brad	55	43	45
	Chris	46	45	44
	Donna	61	53	53
Leitor eletrônico	Eddie	43	45	47
	Fran	50	52	54
	Gil	56	57	57
	Harriet	53	53	55

LEMBRE-SE

Como esse tipo de análise mistura uma variável Between Groups com uma Within Groups, é chamada de *ANOVA Mista*.

Para mostrar como a análise funciona, apresento o tipo de tabela que resulta de uma ANOVA Mista. É um pouco mais completa do que o resultado da ANOVA em R, mas siga comigo. A Tabela 13-2 mostra isso de maneira genérica. Ela está categorizada em um conjunto de fontes (origens) que formam a variabilidade Between Groups e um conjunto de fontes que formam a variabilidade Within Groups (também conhecida como Medidas Repetidas).

Na categoria Between, A é o nome da variável Between Groups. (No exemplo, é Medium [Meio].) Leia "S/A" como "Indivíduos em A". Isso informa apenas que as pessoas em um nível de A são diferentes das pessoas em outros níveis de A.

Na categoria Within, B é o nome da variável Within Groups. (No exemplo, é Font.) A X B é a interação das duas variáveis. B X S/A é algo como a variável B interagindo com indivíduos em A. Como podemos ver, qualquer coisa associada a B entra na categoria Within Groups.

TABELA 13-2 Tabela ANOVA para a ANOVA Mista

Origem	SS	df	MS	F
Between	$SS_{Between}$	$df_{Between}$		
A	SS_A	df_A	SS_A/df_A	$MS_A/MS_{S/A}$
S/A	$SS_{S/A}$	$df_{S/A}$	$SS_{S/A}/df_{S/A}$	
Within	SS_{Within}	df_{Within}		
B	SS_B	df_B	SS_B/df_B	$MS_B/MS_{B \times S/A}$
A X B	$SS_{A \times B}$	$df_{A \times B}$	$SS_{A \times B}/df_{A \times B}$	$MS_{A \times B}/MS_{B \times S/A}$
B X S/A	$SS_{B \times S/A}$	$df_{B \times S/A}$	$SS_{B \times S/A}/df_{B \times S/A}$	
Total	SS_{Total}	df_{Total}		

A primeira coisa a notar são as três razões-F. A primeira testa as diferenças entre os níveis de A; a segunda, de B; e a terceira, a interação entre os dois. Note também que o denominador da primeira razão-F é diferente do denominador das outras duas. Isso acontece cada vez mais à medida que as ANOVAS ficam mais complexas.

Em seguida, é importante estar ciente de alguns relacionamentos. No nível superior:

$$SS_{Between} + SS_{Within} = SS_{Total}$$

$$df_{Between} + df_{Within} = df_{Total}$$

O componente Between se divide ainda mais:

$$SS_A + SS_{S/A} = SS_{Between}$$

$$df_A + df_{S/A} = df_{Between}$$

O componente Within também se divide:

$$SS_B + SS_{A \times B} + SS_{B \times S/A} = SS_{Within}$$

$$df_B + df_{A \times B} + df_{B \times S/A} = df_{Within}$$

LEMBRE-SE

É possível ter mais de um fator Between Groups e mais de uma medida repetida em um estudo.

Vamos à análise...

ANOVA Mista em R

Primeiro, mostro como usar os dados da Tabela 13-1 para criar o data frame no formato longo. Quando terminado, ele ficará assim:

```
> mixed.frame
     Medium            Font  Subject Score
1      Book Haettenschweiler   Alice    48
2      Book Haettenschweiler    Brad    55
3      Book Haettenschweiler   Chris    46
4      Book Haettenschweiler   Donna    61
5      Book            Arial   Alice    40
6      Book            Arial    Brad    43
7      Book            Arial   Chris    45
8      Book            Arial   Donna    53
9      Book          Calibri   Alice    38
10     Book          Calibri    Brad    45
11     Book          Calibri   Chris    44
12     Book          Calibri   Donna    53
13 E-reader Haettenschweiler   Eddie    43
14 E-reader Haettenschweiler    Fran    50
15 E-reader Haettenschweiler     Gil    56
16 E-reader Haettenschweiler Harriet    53
17 E-reader            Arial   Eddie    45
18 E-reader            Arial    Fran    52
19 E-reader            Arial     Gil    57
20 E-reader            Arial Harriet    53
21 E-reader          Calibri   Eddie    47
22 E-reader          Calibri    Fran    54
23 E-reader          Calibri     Gil    57
24 E-reader          Calibri Harriet    55
```

Começo com um vetor para as pontuações de Book (Livro) e outro para as pontuações de leitor eletrônico (e-reader):

```
BkScores <- c(48,55,46,61,40,43,45,53,38,45,44,53)
ErScores <- c(43,50,56,53,45,52,57,53,47,54,57,55)
```

Depois combino ambos em um vetor:

```
Score <-c(BkScores,ErScores)
```

Completo um processo similar para os indivíduos: um vetor para os indivíduos dos Books (Livros) e outro para os de leitor eletrônico (e-reader). Note que preciso repetir cada lista três vezes:

```
BkSubjects <- rep(c("Alice","Brad","Chris","Donna"),3)
ErSubjects <- rep(c("Eddie","Fran","Gil","Harriet"),3)
```

Depois as combino:

```
Subject <- c(BkSubjects,ErSubjects)
```

Em seguida, veja um vetor para Book X e-reader e note que repeti a lista 12 vezes:

```
Medium <- rep(c("Book","E-reader"),each=12)
```

O vetor para Font (Fonte) é um pouco complicado. Preciso repetir cada nome de fonte quatro vezes, e depois repetir *isso*:

```
Font <- rep(c("Haettenschweiler","Arial","Calibri"),
        each=4,2)
```

Agora posso criar o data frame:

```
mixed.frame <-data.frame(Medium,Font,Subject,Score)
```

A análise é:

```
mixed.anova <- aov(Score ~ Medium*Font + Error(Subject/
        Font),data=mixed.frame)
```

O argumento mostra que cada `Score` (Pontuação) depende de `Medium` (Meio) e `Font` (Fonte), e que `Font` é repetida em cada `Subject` (Indivíduo).

Para ver a tabela:

```
> summary(mixed.anova)

Error: Subject
          Df Sum Sq Mean Sq F value Pr(>F)
Medium     1  108.4  108.37   1.227   0.31
Residuals  6  529.9   88.32


Error: Subject:Font
            Df Sum Sq Mean Sq F value  Pr(>F)
Font         2  40.08   20.04   5.681 0.018366 *
Medium:Font  2 120.25   60.13  17.043 0.000312 ***
Residuals   12  42.33    3.53
---
Signif. codes: 0 '***' 0.001 '**' 0.01 '*' 0.05 '.' 0.1
   ' ' 1
```

Podemos rejeitar a hipótese nula sobre `Font` e a interação entre `Medium` e `Font`, mas não sobre `Medium`.

Visualizando os resultados da ANOVA Mista

Use `ggplot()` para criar um gráfico de barras e erros padrão. Comece criando este data frame, que contém as informações necessárias:

```
> mse.frame
    Medium            Font  Mean       SE
1     Book Haettenschweiler 52.50 3.427827
2     Book           Arial 45.25 2.780138
3     Book          Calibri 45.00 3.082207
4 E-reader Haettenschweiler 50.50 2.783882
5 E-reader           Arial 51.75 2.495830
6 E-reader          Calibri 53.25 2.174665
```

Para criar o data frame, siga os mesmos passos da seção "Visualizando os resultados bidimensionais", com as mudanças adequadas. O código `ggplot` também é o mesmo da seção anterior, com mudanças nos nomes das variáveis.

```
ggplot(mse.frame,aes(x=Medium,y=Mean,fill=Font)) +
  geom_bar(stat = "identity", position =
           "dodge",color="black",width = .5) +
  scale_fill_grey(start = 0,end = .8) +
  geom_errorbar(aes(ymin=Mean,ymax=Mean+SE),
           width=.2,position=position_dodge(width=.5))
```

O resultado é a Figura 13-3. Ela mostra a variável Between Groups no eixo x e os níveis da medida repetida nas barras, mas é apenas a minha preferência. Você pode gostar do contrário. Nesse layout, a organização diferente das alturas das barras de Book e e-reader reflete a interação.

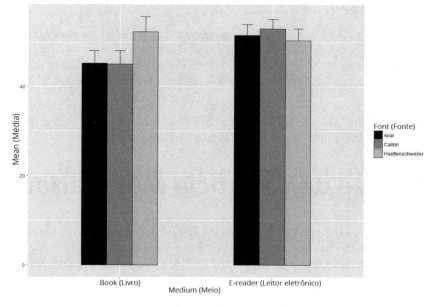

FIGURA 13-3: Médias e erros padrão para o estudo de Book X e-reader.

Depois da Análise

Como aponto no Capítulo 12, um resultado significativo em uma ANOVA informa que há um efeito em algum lugar dos dados. Os testes pós-análise mostram onde. Há dois tipos possíveis de testes: planejado ou não planejado. O Capítulo 12 fornece os detalhes.

Neste exemplo, a variável Between Groups tem apenas dois níveis. Por isso, se o resultado for estatisticamente significativo, nenhum outro teste será necessário. A variável Within Groups, `Font`, é significativa. Normalmente o teste procederia como descrito no Capítulo 12. Neste caso, no entanto, a interação entre `Media` e `Font` precisa de um caminho diferente.

Com a interação, os testes pós-análise podem proceder de uma das duas maneiras (ou ambas). Podemos examinar os efeitos de cada nível da variável A (Between Groups) nos níveis da variável B (medida repetida) ou podemos examinar os efeitos de cada nível da variável B nos níveis da variável A. Os estatísticos se referem a isso como *efeitos principais simples.*

Para este exemplo, a primeira maneira examina as médias das três fontes em um livro e as médias das três fontes em um leitor eletrônico. A segunda examina as médias dos livros X a média do leitor eletrônico com as fontes Haettenschweiler, Arial e Calibri.

Os textos estatísticos fornecem fórmulas complicadas para calcular essas análises. O R facilita tudo isso. Para analisar as três fontes no livro, faça uma ANOVA de medidas repetidas para os Indivíduos 1–4. Para analisar as três fontes no leitor eletrônico, faça uma ANOVA de medidas repetidas para os Indivíduos 5–8.

Para a análise do livro X leitor eletrônico com a fonte Haettenschweiler, use uma ANOVA de fator único para os dados Haettenschweiler. Depois realize um procedimento similar para cada uma das outras fontes.

Análise de Variância Multivariada

Os exemplos até agora, neste capítulo, envolveram uma variável dependente e mais de uma variável independente. É possível ter mais de uma variável dependente? Com certeza! Isso nos dá MANOVA, a abreviatura do título desta seção.

Quando podemos encontrar esse tipo de situação? Suponha que estejamos pensando em adotar um livro didático escolhido entre três para um curso básico de Ciências. Temos 12 alunos e atribuímos 4 deles aleatoriamente para ler o Book 1, outros 4 para o Book 2 e os últimos 4 para o Book 3. Estamos interessados em como cada livro promove o conhecimento em Física, Química e Biologia, então os alunos realizam um teste de conhecimentos básicos depois de ler os livros das três ciências.

A variável independente é `Book` e a variável dependente é multivariada, ou seja, é um vetor que consiste em pontuações de Física, Química e Biologia. A Tabela 13-3 mostra os dados.

TABELA 13-3 Dados para o Estudo MANOVA do Livro Didático de Ciências

Student (Aluno)	Book (Livro)	Physics (Física)	Chemistry (Química)	Biology (Biologia)
Art	Book 1	50	66	71
Brenda	Book 1	53	45	56
Cal	Book 1	52	48	65
Dan	Book 1	54	51	68
Eva	Book 2	75	55	88
Frank	Book 2	72	58	85
Greg	Book 2	64	59	79
Hank	Book 2	76	59	82
Iris	Book 3	68	67	55
Jim	Book 3	61	56	59
Kendra	Book 3	62	66	63
Lee	Book 3	64	78	61

A variável dependente para o primeiro aluno na amostra de Book 1 é um vetor consistindo em 50, 66 e 71.

Quais são as hipóteses nesse caso? A hipótese nula precisa levar em conta todos os componentes do vetor, então veja a nula e a alternativa:

$$H_0 : \begin{pmatrix} \mu_{Book1,Phys} \\ \mu_{Book1,Chem} \\ \mu_{Book1,Bio} \end{pmatrix} = \begin{pmatrix} \mu_{Book2,Phys} \\ \mu_{Book2,Chem} \\ \mu_{Book2,Bio} \end{pmatrix} = \begin{pmatrix} \mu_{Book3,Phys} \\ \mu_{Book3,Chem} \\ \mu_{Book3,Bio} \end{pmatrix}$$

H_1 : Não H_0

Não entro muito em detalhes sobre a MANOVA neste capítulo, como fiz com a ANOVA. Não analiso SS, MS e df. Isso exigiria conhecimento matemático (Álgebra matricial) e de outras matérias que vão além do escopo deste capítulo. Em vez disso, vamos direto a como a análise é feita.

MANOVA em R

O data frame para a MANOVA se parece com a Tabela 13-3:

```
> Textbooks.frame
```

```
  Student   Book  Physics Chemistry Biology
1    Art   Book1    50       66       71
2  Brenda  Book1    53       45       56
3    Cal   Book1    52       48       65
4    Dan   Book1    54       51       68
5    Eva   Book2    75       55       88
6   Frank  Book2    72       58       85
7    Greg  Book2    64       59       79
8    Hank  Book2    76       59       82
9    Iris  Book3    68       67       55
10   Jim   Book3    61       56       59
11 Kendra  Book3    62       66       63
12   Lee   Book3    64       78       61
```

Na ANOVA, a variável dependente para a análise é uma única coluna. Na MANOVA, a variável dependente para a análise é uma matriz. Nesse caso, é uma matriz com 12 linhas (uma para cada aluno) e 3 colunas (Física, Química e Biologia).

Para criar a matriz, use a função `cbind()` para *vincular* as colunas adequadas. É possível fazer isso na função `manova()` que realiza a análise:

```
m.analysis <- manova(cbind(Physics,Chemistry,Biology) ~
          Book, data = Textbooks.frame)
```

A fórmula entre parênteses mostra a matriz 12 X 3 (o resultado de `cbind()`) dependendo de `Book`, com `Textbooks.frame` como a fonte (origem) dos dados.

Como sempre, aplique `summary()` para ver a tabela:

```
> summary(m.analysis)
          Df Pillai approx F num Df den Df   Pr(>F)
Book       2 1.7293  17.036      6     16 3.922e-06 ***
Residuals  9
---
Signif. codes: 0 '***' 0.001 '**' 0.01 '*' 0.05 '.' 0.1 ' ' 1
```

O único item novo é `Pillai`, uma estatística de teste que resulta de uma MANOVA. É um pouco complicado, então deixarei de lado. Basta dizer que R transforma `Pillai` em uma razão-F (com dfs 6 e 16), e é isso que usamos como estatística de teste. O F alto e o valor-p excepcionalmente baixo indicam a rejeição da hipótese nula.

`Pillai` é o teste padrão. Na declaração de resumo, podemos especificar outra estatística de teste MANOVA. Elas se chamam `"Wilks"`, `"Hotelling-Lawley"` e `"Roy"`. Por exemplo:

```
> summary(m.analysis, test = "Roy")
            Df    Roy approx F num Df den Df     Pr(>F)
Book         2 10.926   29.137      3      8  0.0001175 ***
Residuals    9
---
Signif. codes: 0 '***' 0.001 '**' 0.01 '*' 0.05 '.' 0.1 ' ' 1
```

Testes diferentes resultam em valores de F e df diferentes, mas a decisão geral é a mesma.

LEMBRE-SE

Esse exemplo é uma extensão MANOVA de uma ANOVA com apenas um fator. É possível ter múltiplas variáveis dependentes com designs mais complexos (como as analisadas anteriormente neste capítulo).

Visualizando os resultados de MANOVA

O objetivo do estudo é mostrar como a distribuição de pontuações de Física, Química e Biologia diferem entre os livros. Um conjunto separado de diagramas de caixas para cada livro exibe as diferenças. A Figura 13-4 mostra isso.

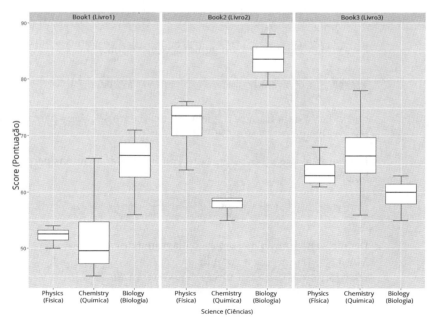

FIGURA 13-4: Três diagramas de caixa mostram a distribuição de pontuações para Física, Química e Biologia de cada livro.

CAPÍTULO 13 **Testes Mais Complicados** 277

A capacidade de *facetagem* de ggplot2 divide os dados por `Book` e cria os três gráficos lado a lado. Cada gráfico é chamado de *faceta*. (Veja a seção "Explorando os dados" no Capítulo 4.)

Para configurar tudo isso, precisamos remodelar `Textbooks.frame` para o formato longo. Com o pacote `reshape2` instalado (na aba Packages, marque a caixa de verificação ao lado de `reshape2`), aplique a função `melt()`:

```
Textbooks.frame.melt = melt(Textbooks.frame)
```

Depois de atribuir os nomes das colunas

```
colnames(Textbooks.frame.melt) = c("Student", "Book",
        "Science","Score")
```

as seis primeiras linhas do frame modificado são:

```
> head(Textbooks.frame.melt)
  Student  Book Science Score
1     Art Book1 Physics    50
2   Brenda Book1 Physics   53
3     Cal Book1 Physics    52
4     Dan Book1 Physics    54
5     Eva Book2 Physics    75
6   Frank Book2 Physics    72
```

Para criar a Figura 13-4 em ggplot2, comece com

```
ggplot(Textbooks.frame.melt, (aes(x=Science,y=Score)))
```

que indica o data frame e mapeia esteticamente `Science` para o eixo x e `Score` para o eixo y.

Em seguida, use `stat_boxplot()` para calcular as linhas perpendiculares dos bigodes:

```
stat_boxplot(geom="errorbar", width =.5)
```

Depois, uma função `geom` para o diagrama de caixa:

```
geom_boxplot()
```

E, finalmente, a declaração que divide os dados por Book e cria a linha de três gráficos (desculpe-me, *facetas*):

```
facet_grid(. ~ Book)
```

O ponto seguido pelo til (~) seguido por Book organiza as facetas lado a lado. Para colocar os três gráficos em uma coluna, faça

```
facet_grid(Book ~ .)
```

Juntando tudo, o código para criar a Figura 13-4 é:

```
ggplot(Textbooks.frame.melt,(aes(x=Science,y=Score)))+
  stat_boxplot(geom="errorbar", width =.5) +
  geom_boxplot() +
  facet_grid(. ~ Book)
```

Depois da análise

Quando uma MANOVA resulta em rejeição da hipótese nula, uma maneira de proceder é realizando uma ANOVA em cada componente da variável dependente. Os resultados informam quais componentes contribuem para a MANOVA significativa.

A função `summary.aov()` faz isso por você. Lembre-se de que `m.analysis` contém os resultados da MANOVA no exemplo desta seção:

```
> summary.aov(m.analysis)
 Response Physics :
            Df Sum Sq Mean Sq F value   Pr(>F)
Book         2 768.67  384.33  27.398 0.0001488 ***
Residuals    9 126.25   14.03
---
Signif. codes: 0 '***' 0.001 '**' 0.01 '*' 0.05 '.' 0.1
   ' ' 1


 Response Chemistry :
            Df Sum Sq Mean Sq F value  Pr(>F)
Book         2  415.5 207.750  3.6341 0.06967 .
Residuals    9  514.5  57.167
---
```

```
Signif. codes:  0 '***' 0.001 '**' 0.01 '*' 0.05 '.' 0.1
  ' ' 1


Response Biology :
            Df Sum Sq Mean Sq F value    Pr(>F)
Book         2 1264.7  632.33  27.626 0.0001441 ***
Residuals    9  206.0   22.89
---
Signif. codes:  0 '***' 0.001 '**' 0.01 '*' 0.05 '.' 0.1
  ' ' 1
```

Essas análises mostram que Physics e Biology contribuem com o efeito geral, e Chemistry só perde a significância.

DICA

Note a palavra Response nessas tabelas. É a terminologia R para "variável dependente".

PAPO DE ESPECIALISTA

Esses procedimentos de ANOVAs separadas não consideram os relacionamentos entre os pares de componentes. O relacionamento é chamado de *correlação*, que analiso no Capítulo 15.

> **NESTE CAPÍTULO**
>
> » Resumindo um relacionamento
> » Trabalhando com regressão
> » Dando outra olhada em ANOVA
> » Explorando a análise de covariância
> » Examinando o modelo linear geral

Capítulo **14**

Regressão: Linear, Múltipla e Modelo Linear Geral

Uma das coisas principais que fazemos quando trabalhamos com estatística é fazer previsões. A ideia é usar dados de uma ou mais variáveis para prever o valor de outra variável. Para isso, é preciso entender como resumir os relacionamentos entre as variáveis e testar hipóteses sobre eles.

Neste capítulo, apresento a *regressão*, o jeito estatístico de fazer exatamente isso. A regressão possibilita o uso dos detalhes dos relacionamentos para fazer previsões. Primeiro mostrarei como analisar o relacionamento entre uma variável e outra. Depois, como analisar o relacionamento entre uma variável e outras duas. Por fim, informarei sobre a conexão entre regressão e ANOVA.

A Trama da Dispersão

A FarMisht Consulting, Inc. é uma empresa de consultoria com muitas especialidades. Ela recebe várias inscrições de pessoas interessadas em ser consultoras

CAPÍTULO 14 Regressão: Linear, Múltipla e Modelo Linear Geral   281

FarMisht. Assim, o RH da FarMisht precisa ser capaz de prever quais candidatos terão sucesso ou não. Eles desenvolveram uma medida de Performance que usam para avaliar seus funcionários atuais. A escala vai de 0 a 100, em que 100 indica a melhor performance.

Qual é a melhor previsão para um novo candidato? Sem saber nada sobre ele e conhecendo apenas as pontuações de Performance de seus próprios funcionários, a resposta é clara: é a pontuação de Performance média entre seus funcionários. Independentemente de quem seja o candidato, é tudo o que a equipe de RH pode dizer se seu conhecimento sobre os membros for limitado.

Com mais conhecimento sobre os funcionários e os candidatos é possível fazer uma previsão mais precisa. Por exemplo, se a FarMisht desenvolver um teste de aptidão e avaliar seus funcionários, o RH poderá combinar a pontuação de Performance de cada funcionário com sua pontuação de Aptidão (Aptitude) e ver se os dois dados são relacionados de alguma forma. Se forem, um candidato poderá fazer o teste de aptidão da FarMisht e o RH poderá usar essa pontuação (e o relacionamento entre Aptidão e Performance) para ajudar a fazer uma previsão.

A Figura 14-1 mostra a combinação de Aptidão e Performance de forma gráfica. Como os pontos estão espalhados, isso é chamado de *diagrama de dispersão*. Por convenção, o eixo vertical (*eixo y*) representa o que estamos tentando prever. É chamado de *variável dependente* ou *variável y*. Nesse caso, é a Performance. Também por convenção, o eixo horizontal (*eixo x*) representa o que usamos para fazer nossa previsão, que também pode ser chamado de *variável independente* ou *variável x*. Aqui ela é a Aptidão.

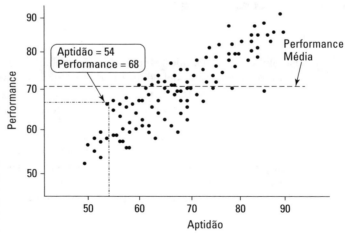

FIGURA 14-1: Aptidão e Performance na FarMisht Consulting.

Cada ponto no gráfico representa a Performance e a Aptidão de um indivíduo. Em um diagrama de dispersão para uma empresa real, veríamos muito mais pontos do que os mostrados aqui. A tendência geral do conjunto de pontos parece ser a de que as pontuações altas de Aptidão são associadas a pontuações altas de Performance e as pontuações baixas de Aptidão são associadas a pontuações baixas de Performance.

Eu selecionei um dos pontos. Ele mostra um funcionário da FarMisht com uma pontuação de 54 em Aptidão e 58 em Performance. Também apresento a pontuação média de Performance para mostrar que conhecer o relacionamento entre Aptidão e Performance tem mais vantagem do que conhecer apenas a média.

Como aproveitamos essa vantagem? Começamos resumindo o relacionamento entre Aptidão e Performance. O resumo é uma linha passando pelos pontos. Como e onde queremos desenhá-la?

Já chegaremos lá. Primeiro preciso explicar as linhas em geral.

Diagramando Linhas

No mundo da Matemática, uma linha é uma maneira de representar um relacionamento entre uma variável independente (x) e uma variável dependente (y). Nesse relacionamento,

$y = 4 + 2x$

Se fornecermos o valor de x, poderemos descobrir o valor correspondente de y. A equação informa para multiplicar o valor de x por 2 e depois somar 4.

Se $x = 1$, por exemplo, $y = 6$. Se $x = 2$, $y = 8$. A Tabela 14-1 mostra alguns pares x-y no relacionamento, incluindo o par em que $x = 0$.

TABELA 14-1 Pares x-y em $y = 4 + 2x$

x	y
0	4
1	6
2	8
3	10
4	12
5	14
6	16

A Figura 14-2 mostra os pares como pontos em um conjunto de eixos x-y, junto com uma linha passando pelos pontos. Cada vez que listo um par x-y entre parênteses, o *valor x* é o primeiro.

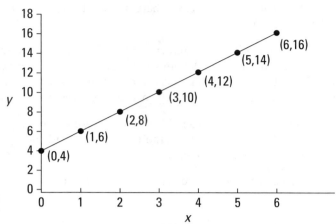

FIGURA 14-2:
O gráfico de
$y = 4 + 2x$.

Como mostra a figura, os pontos ficam bem na linha. A linha *desenha* a equação $y = 4 + 2x$. Na verdade, sempre que temos uma equação como essa, em que x não está elevado ao quadrado, ao cubo ou a qualquer outra potência maior que 1, temos o que os matemáticos chamam de equação *linear*. (Se x está elevado a uma potência maior que 1, conectamos os pontos com uma curva, não com uma linha.)

LEMBRE-SE

Algumas coisas que devem ser lembradas sobre uma linha: podemos descrever uma linha em termos de sua inclinação e onde ela encontra o eixo y.

A parte "de sua inclinação" se chama *declive* e informa o quanto y muda quando x muda em uma unidade. Na linha exibida na Figura 14-2, quando x muda em 1 (de 4 para 5, por exemplo), y muda em 2 (de 12 para 14).

A parte "onde ela encontra o eixo y" é chamada de *intercepto-y* (ou, às vezes, apenas *intercepto*). É o valor de y quando $x = 0$. Na Figura 14-2, o intercepto-y é 4.

Podemos ver esses números na equação. O declive é o número que multiplica x, e o intercepto é o número adicionado a x. Em geral,

$$y = a + bx$$

onde a representa o intercepto e b representa o declive.

O declive pode ser um número positivo, negativo ou 0. Na Figura 14-2, o declive é positivo. Se for negativo, a linha ficará inclinada na direção oposta ao que vemos na Figura 14-2. Um declive negativo significa que o y diminui à medida que x aumenta. Se o declive for 0, a linha será paralela ao eixo horizontal e y não mudará à medida que x muda.

O mesmo se aplica ao intercepto; pode ser um número positivo, negativo ou 0. Se for positivo, a linha cortará o eixo y *acima* do eixo x. Se for negativo, cortará o eixo y *abaixo* do eixo x. Se for 0, irá interceptar os eixos y e x no ponto chamado *origem*.

E agora voltamos ao assunto original.

Regressão: Que Linha!

Já mencionei que uma linha é a melhor maneira de resumir o relacionamento no diagrama de dispersão da Figura 14-1. É possível desenhar uma quantidade infinita de linhas retas no diagrama de dispersão. Qual delas resume melhor o relacionamento?

Intuitivamente, a linha "mais adequada" deve ser a que passa pelo maior número de pontos e não está muito longe dos pontos pelos quais não passa. Para os estatísticos, essa linha tem uma propriedade especial: se você desenhar essa linha no diagrama de dispersão, desenhar as distâncias (na direção vertical) entre os pontos e a linha, elevar ao quadrado e somar, a soma das distâncias quadradas será um mínimo.

Os estatísticos chamam essa linha de *linha de regressão*, e a indicam assim:

$y' = a + bx$

Cada y' é um ponto na linha. Ele representa a melhor previsão de y para um valor dado de x.

Para descobrir onde a linha está exatamente, calculamos seu declive e seu intercepto. Para uma linha de regressão, o declive e o intercepto são chamados de *coeficientes de regressão*.

As fórmulas para os coeficientes de regressão são bem simples. Para o declive, a fórmula é

$$b = \frac{\sum(x - \bar{x})(y - \bar{y})}{\sum(x - \bar{x})^2}$$

A fórmula do intercepto é

$a = \bar{y} - b\bar{x}$

Ilustrarei com um exemplo. Para manter os números viáveis e compreensíveis, utilizo uma amostra pequena, em vez das centenas (ou talvez milhares) de funcionários que encontraríamos em um diagrama de dispersão de uma corporação. A Tabela 14-2 apresenta uma amostra de dados de 16 consultores FarMisht.

TABELA 14-2 Pontuações de Aptidão e Performance de 16 Consultores FarMisht

Consultor	Aptidão	Performance
1	45	56
2	81	74
3	65	56
4	87	81
5	68	75
6	91	84
7	77	68
8	61	52
9	55	57
10	66	82
11	82	73
12	93	90
13	76	67
14	83	79
15	61	70
16	74	66
Média	72,81	70,63
Variância	181,63	126,65
Desvio-padrão	13,48	11,25

Para esse conjunto de dados, o declive da linha de regressão é

$$b = \frac{(45-72,81)(56-70,63)+(81-72,81)(74-70,63)+\ldots+(74-72,81)(66-70,63)}{(45-72,81)^2+(81-72,81)^2+\ldots+(74-72,81)^2}$$
$$= 0,654$$

O intercepto é

$$a = \bar{y} - b\bar{x} = 70,63 - 0,654(72,81) = 23,03$$

Então a equação da linha mais adequada desses 16 pontos é

$$y' = 23,03 + 0,654x$$

PARTE 3 **Tirando Conclusões dos Dados**

Ou em termos de Performance e Aptidão, é

Performance Prevista = 23,03 + 0,654 (Aptidão)

LEMBRE-SE

O declive e o intercepto de uma linha de regressão são genericamente chamados de *coeficientes de regressão*.

Usando a regressão para prever

Com base nessa amostra e em sua linha de regressão, podemos pegar a pontuação de Aptidão de um candidato, digamos 85, e prever sua Performance:

Performance Prevista = 23,03 + 0,654(85) = 78,59

Sem essa linha de regressão, a única previsão é a Performance média: 70,63.

Variação em torno da linha de regressão

No Capítulo 5 descrevo como a média não conta a história toda sobre um conjunto de dados. Precisamos mostrar como as pontuações variam em torno da média. Por isso, introduzo a variância e o desvio-padrão.

Temos aqui uma situação parecida. Para obter a imagem completa do relacionamento em um diagrama de dispersão, precisamos mostrar como as pontuações variam em torno da linha de regressão. Aqui introduzo a *variância residual* e o *erro padrão da estimativa*, que são análogos à variância e ao desvio-padrão.

A variância residual é um tipo de média dos desvios quadrados dos valores-y observados em torno dos valores-y previstos. Cada desvio de um ponto de dados de um ponto previsto (y - y') é chamado de *residual*, por isso, o nome. A fórmula é

$$s_{yx}^2 = \frac{\sum(y-y')^2}{N-2}$$

Uso "um tipo de" porque o denominador é $N-2$, em vez de N. A razão de -2 vai além do escopo desta análise. Como já mencionado, o denominador de uma estimativa de variância são os *graus de liberdade* (df), e esse conceito será útil em instantes.

O erro padrão da estimativa é

$$s_{yx} = \sqrt{s_{yx}^2} = \sqrt{\frac{\sum(y-y')^2}{N-2}}$$

Para mostrar como o erro residual e o erro padrão da estimativa ocorrem nos dados do exemplo, veja a Tabela 14-3. Ela amplia a Tabela 14-2, mostrando a pontuação de Performance prevista para cada pontuação de Aptidão.

TABELA 14-3 Pontuações de Aptidão, Performance e Performance Prevista de 16 Consultores FarMisht

Consultor	Aptidão	Performance	Performance Prevista
1	45	56	52,44
2	81	74	75,98
3	65	56	65,52
4	87	81	79,90
5	68	75	67,48
6	91	84	82,51
7	77	68	73,36
8	61	52	62,90
9	55	57	58,98
10	66	82	66,17
11	82	73	76,63
12	93	90	83,82
13	76	67	72,71
14	83	79	77,28
15	61	70	62,90
16	74	66	71,40
Média	72,81	70,63	
Variância	181,63	126,65	
Desvio-padrão	13,48	11,25	

Como vemos na tabela, às vezes a pontuação prevista de Performance é bem próxima, outras vezes não.

Para esses dados, a variância residual é

$$s_{yx}^2 = \frac{\sum(y-y')^2}{N-2} = \frac{(56-52,44)^2 + (74-75,98)^2 + \ldots + (66-71,40)^2}{16-2} = \frac{735,65}{14}$$
$$= 52,54$$

O erro padrão da estimativa é

$$s_{yx} = \sqrt{s_{yx}^2} = \sqrt{52,54} = 7,25$$

Se a variância residual e o erro padrão da estimativa forem pequenos, a linha de regressão combinará bem com os dados do diagrama de dispersão. Se a variância residual e o erro padrão da estimativa forem grandes, a linha de regressão não será uma boa combinação.

O que é "pequeno"? O que é "grande"? O que é "uma boa combinação"?

Continue lendo.

Testando hipóteses sobre regressão

A equação de regressão com a qual trabalhamos:

$y' = a + bx$

resume um relacionamento em um diagrama de dispersão de uma amostra. Os coeficientes de regressão a e b são estatísticas amostrais. Podemos usá-las para testar hipóteses sobre parâmetros populacionais, e é isso que faremos nesta seção.

A linha de regressão que passa pela população e produz a amostra (como o conjunto inteiro de consultores FarMisht) é o gráfico de uma equação que consiste em parâmetros, em vez de estatísticas. Por convenção, lembre-se de que as letras gregas representam parâmetros, então a equação de regressão da população é

$y' = \alpha + \beta x + \varepsilon$

As duas primeiras letras gregas à direita são α (alfa) e β (beta), equivalentes a a e b. E a última? Parece com algo equivalente a e. O que faz ali?

O último termo é a letra grega *épsilon*. Ela representa o "erro" na população. De certa maneira, *erro* é um termo infeliz. É algo abrangente para indicar as "coisas que não conhecemos ou sobre as quais não temos controle". O erro é refletido nos resíduos, os desvios das previsões. Quanto mais entendemos o que medimos, mais diminuímos o erro.

Não podemos medir o erro no relacionamento entre a Aptidão e a Performance, mas ele está lá. Alguém pode ter uma pontuação baixa em Aptidão, por exemplo, e depois passar a ter uma carreira maravilhosa como consultor com uma Performance maior do que a prevista. Em um diagrama de dispersão, a pontuação de Aptidão-Performance dessa pessoa parece um erro na previsão. À medida que investigamos mais sobre essa pessoa, podemos descobrir que ela estava doente no dia da Aptidão, e isso explica o "erro".

Podemos testar hipóteses sobre α, β e ε, e é isso o que faremos nas próximas subseções.

Testando a adequação

Começamos com um teste de adequação da linha de regressão no diagrama de dispersão. É um teste de ε, o erro no relacionamento.

O objetivo é decidir se a linha realmente representa um relacionamento entre as variáveis ou não. É possível que o que parece um relacionamento seja apenas devido ao acaso e a equação da linha de regressão não signifique nada (porque a quantidade de erro é imensa) ou é possível que as variáveis estejam fortemente relacionadas.

Essas possibilidades podem ser testadas e configuramos hipóteses para testá-las:

H_0: Nenhum relacionamento real

H_1: Não H_0

Embora essas hipóteses sejam fáceis de ler, não configuram um teste estatístico. Para tanto, precisamos considerar as variâncias, portanto começamos com os desvios. A Figura 14-3 foca um ponto no diagrama de dispersão e seu desvio da linha de regressão (residual) e da média da variável y. Ela também mostra o desvio entre a linha de regressão e a média.

Como mostra a figura, a distância entre o ponto e a linha de regressão, e a distância entre a linha de regressão e a média somam a distância entre o ponto e a média:

$$(y - y') + (y' - \bar{y}) = (y - \bar{y})$$

Isso prepara o terreno para outros relacionamentos importantes.

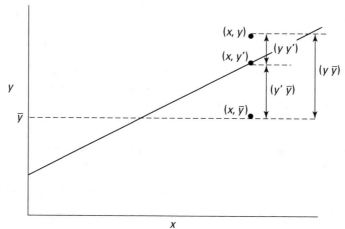

FIGURA 14-3: Desvios em um diagrama de dispersão.

Começamos elevando cada desvio ao quadrado. Isso nos dá $(y-y')^2$, $(y'-\bar{y})^2$ e $(y-\bar{y})^2$. Se somarmos cada um dos desvios quadrados, teremos

$$\sum(y-y')^2$$

Acabamos de ver isso. Esse é o numerador da variância residual. Ele representa a variabilidade em torno da linha de regressão, o "erro" que mencionei. Na terminologia do Capítulo 12, o numerador de uma variância é chamado de soma dos quadrados ou SS. Então é o $SS_{Residual}$.

$$\sum(y'-\bar{y})^2$$

Isso é novo. O desvio $(y'-\bar{y})$ representa o ganho na previsão devido ao uso da linha de regressão no lugar da média. A soma reflete esse ganho e é chamada de $SS_{Regression}$.

$$\sum(y-\bar{y})^2$$

Mostrei isso no Capítulo 5, embora use x, em vez de y. É o numerador da variância de y. Em termos do Capítulo 12, é o numerador da *variância total* e é o SS_{Total}.

O relacionamento se mantém entre essas três somas:

$$SS_{Residual} + SS_{Regression} = SS_{Total}$$

Cada um é associado ao valor de graus de liberdade, o denominador da estimativa de variância. Como apontado na seção anterior, o denominador de $SS_{Residual}$ é $N-2$. O df de SS_{Total} é $N-1$. (Veja os Capítulos 5 e 12.) Como em SS, os graus de liberdade somam:

$$df_{Residual} + df_{Regression} = df_{Total}$$

Isso deixa um grau de liberdade para a Regressão.

Para onde tudo isso está nos levando e o que tem a ver com o teste de hipóteses? Bem, já que você perguntou, obtemos estimativas de variância dividindo SS por df. Cada estimativa de variância é chamada de *quadrado médio*, abreviado como MS (novamente, veja o Capítulo 12):

$$MS_{Regression} = \frac{SS_{Regression}}{df_{Regression}}$$

$$MS_{Residual} = \frac{SS_{Residual}}{df_{Residual}}$$

$$MS_{Total} = \frac{SS_{Total}}{df_{Total}}$$

Agora a parte da hipótese. Se H_0 for verdadeira e o que parece um relacionamento entre x e y realmente não for nada de mais, a parte que representa o ganho na previsão por causa da linha de regressão ($MS_{Regression}$) não deverá ser maior do que a variabilidade em torno da linha de regressão ($MS_{Residual}$). Se H_0 não for verdadeira e o ganho na previsão for substancial, então $MS_{Regression}$ deverá ser muito maior do que $MS_{Residual}$.

Então as hipóteses agora são

$H_0: \sigma^2_{Regression} \leq \sigma^2_{Residual}$

$H_1: \sigma^2_{Regression} > \sigma^2_{Residual}$

Podemos testar? Como? Para testar uma hipótese sobre duas variâncias, usamos um teste F. (Veja o Capítulo 11.) A estatística de teste aqui é

$$F = \frac{MS_{Regression}}{MS_{Residual}}$$

Para mostrar como tudo funciona, aplico as fórmulas ao exemplo da FarMisht. O $MS_{Residual}$ é igual ao syx2 da seção anterior, e esse valor é de 18,61. O $MS_{Regression}$ é

$$MS_{Regression} = \frac{(59,64 - 70,63)^2 + (71,40 - 70,63)^2 + \ldots + (66,17 - 70,63)^2}{1} = 1164,1$$

Isso configura o F:

$$F = \frac{MS_{Regression}}{MS_{Residual}} = \frac{1164,1}{52,55} = 22,15$$

Com dfs 1 e 14 e $\alpha = 0,05$, o valor crítico de F é 4,60. (Use `qf()` para verificar.) O F calculado é maior do que o F crítico, então a decisão é rejeitar H_0. Isso significa que a linha de regressão bem adequada aos dados da amostra.

Testando o declive

Outra questão que surge na regressão linear é se o declive da linha de regressão é significativamente diferente de zero. Se não for, a média será tão boa previsora quanto a linha de regressão.

As hipóteses para esse teste são:

$H_0: \beta \leq 0$

$H_1: \beta > 0$

O teste estatístico é t, que analiso nos Capítulos 9, 10 e 11, em conexão com as médias. O teste-t para o declive é

$$t = \frac{b - \beta}{s_b}$$

com df = N − 2. O denominador estima o erro padrão do declive. Esse termo parece mais complicado do que é. A fórmula é

$$s_b = \frac{s_{yx}}{s_x\sqrt{(N-1)}}$$

onde s_x é o desvio-padrão da variável x. Para os dados no exemplo,

$$s_b = \frac{s_{yx}}{s_x\sqrt{(N-1)}} = \frac{7,25}{(13,48)\sqrt{(16-1)}} = 0,139$$

$$t = \frac{b-\beta}{s_b} = \frac{0,654-0}{0,139} = 4,71$$

Isso é maior do que o valor crítico de t para df 14 e α = 0,05 (2,14), então a decisão é rejeitar H_0.

Testando o intercepto

Por fim, aqui está o teste de hipóteses para o intercepto. As hipóteses são:

H_0: α = 0

H_1: α ≠ 0

O teste, novamente, é um teste-t. A fórmula é:

$$t = \frac{a-\alpha}{s_a}$$

O denominador é a estimativa do erro padrão do intercepto. Sem entrar em detalhes, a fórmula para s_a é:

$$s_a = s_{yx}\sqrt{\left[\frac{1}{N} + \frac{\bar{x}^2}{(N-1)s_x^2}\right]}$$

onde s_x é o desvio-padrão da variável x, s_x^2 é a variância da variável x e $\bar{x}^2$ é a média quadrada da variável x. Aplicando a fórmula aos dados no exemplo,

$$s_a = s_{yx}\sqrt{\left[\frac{1}{N} + \frac{\bar{x}^2}{(N-1)s_x^2}\right]} = 10,27$$

O teste-t é:

$$t = \frac{a-\alpha}{s_a} = \frac{23,03}{10,27} = 2,24$$

Com 15 graus de liberdade e a probabilidade de um erro Tipo I em 0,05, o t crítico é de 2,13 para um teste bicaudal. É um teste bicaudal porque H_1 é o intercepto diferente de zero; não especifica se é maior ou menor que zero. Como o valor calculado é maior do que o valor crítico, a decisão é rejeitar H_0.

Regressão Linear em R

Hora de ver como R lida com a regressão linear. Para começar a análise deste exemplo, criamos um vetor para as pontuações de Aptidão e outro para as de Performance:

```
Aptitude <- c(45, 81, 65, 87, 68, 91, 77, 61, 55, 66,
        82, 93, 76, 83, 61, 74)
Performance <- c(56, 74, 56, 81, 75, 84, 68, 52, 57, 82,
        6 73, 90, 7, 79, 70, 66)
```

Depois usamos os dois vetores para criar um data frame:

```
FarMisht.frame <- data.frame(Aptitude,Performance)
```

A função `lm()` (modelo linear) faz a análise:

```
FM.reg <-lm(Performance ~ Aptitude, data=FarMisht.frame)
```

Como sempre, o operador til (~) significa "depende de", então é um exemplo perfeito de uma variável dependente e uma variável independente.

Aplicar `summary()` em `FM.reg` produz a informação da regressão:

```
> summary(FM.reg)

Call:
lm(formula = Performance ~ Aptitude, data = FarMisht.frame)

Residuals:
    Min      1Q  Median      3Q     Max
-10.9036 -5.3720 -0.4379  4.2111 15.8281

Coefficients:
            Estimate Std. Error t value Pr(>|t|)
(Intercept)  23.0299    10.2732   2.242 0.041697 *
Aptitude      0.6537     0.1389   4.707 0.000337 ***
---
Signif. codes:  0 '***' 0.001 '**' 0.01 '*' 0.05 '.' 0.1 ' ' 1

Residual standard error: 7.249 on 14 degrees of freedom
```

294   PARTE 3 **Tirando Conclusões dos Dados**

```
Multiple R-squared:  0.6128,    Adjusted R-squared:  0.5851
F-statistic: 22.15 on 1 and 14 DF,   p-value: 0.0003368
```

As duas primeiras linhas fornecem informações resumidas sobre os resíduos. A tabela de coeficientes mostra o intercepto e o declive da linha de regressão. Se dividirmos cada número da coluna `Estimate` pelo número adjacente na coluna `Std. Error`, obteremos um número da coluna `t value`. Esses valores-*t*, claro, são os testes de significância que mencionei para o intercepto e o declive. Os valores-*p* extremamente baixos indicam a rejeição da hipótese nula (um coeficiente = 0) para cada coeficiente.

A parte inferior da saída mostra as informações de adequação da linha no diagrama de dispersão. Apresenta o erro padrão do resíduo, seguido por `Multiple R-squared` e `Adjusted R-squared`. Esses dois últimos variam de 0 a 1,00 (quanto maior o valor, melhor a adequação). Vejo isso no Capítulo 15, então os deixarei de lado por enquanto. `F-statistic` corresponde à razão-*F* mostrada anteriormente. Seu valor alto associado ao baixo valor-*p* indica que a linha é uma ótima adequação para o diagrama de dispersão.

LEMBRE-SE

Refiro-me ao resultado da análise de regressão linear como "modelo linear".

Características do modelo linear

O modelo linear produzido por `lm()` é um objeto que fornece informações, se estas forem pedidas da maneira certa. Como já mostrei, aplicar `summary()` fornece toda a informação necessária sobre a análise.

Também podemos nos concentrar nos coeficientes:

```
> coefficients(FM.reg)
 (Intercept)      Aptitude
   23.029869      0.653667
```

e nos intervalos de confiança:

```
> confint(FM.reg)
                 2.5 %        97.5 %
(Intercept)  0.9961369    45.0636002
Aptitude     0.3558034     0.9515307
```

Aplicar `fitted(FM.reg)` produz os valores adequados e `residuals(FM.reg)` fornece os resíduos.

CAPÍTULO 14 **Regressão: Linear, Múltipla e Modelo Linear Geral**   295

Fazendo previsões

O valor da regressão linear é o que nos dá a habilidade de prever e R fornece uma função que faz exatamente isso: `predict()` aplica um conjunto de valores-x no modelo linear e retorna os valores previstos. Imagine dois candidatos com pontuações 85 e 62 de Aptidão:

```
predict(FM.reg,data.frame(Aptitude=c(85,62)))
```

O primeiro argumento é o modelo linear e o segundo cria um data frame a partir dos vetores de valores da variável independente. Executar essa função produz os seguintes valores previstos:

```
        1        2
78.59157 63.55723
```

Visualizando o diagrama de dispersão e a linha de regressão

Com o pacote `ggplot2`, podemos visualizar um diagrama de dispersão e sua linha de regressão em três declarações. A primeira, como sempre, indica a fonte de dados e mapeia os componentes dos dados para os componentes do diagrama:

```
ggplot(FarMisht.frame,aes(x=Aptitude,y=Performance))
```

A segunda declaração diagrama pontos no gráfico:

```
geom_point()
```

e a terceira, especifica uma função `geom` que adiciona a linha de regressão (como indicado pelo argumento `method = lm`):

```
geom_smooth(method=lm)
```

Juntando tudo

```
ggplot(FarMisht.frame,aes(x=Aptitude,y=Performance)) +
   geom_point()+
   geom_smooth(method=lm)
```

produzimos a Figura 14-4.

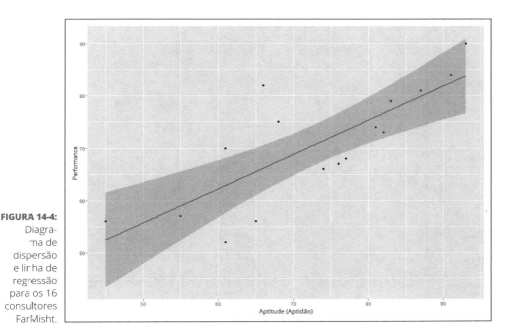

FIGURA 14-4: Diagrama de dispersão e linha de regressão para os 16 consultores FarMisht.

A linha sombreada representa o intervalo de 95% de confiança em torno da linha de regressão.

Diagramando os resíduos

Depois de uma análise de regressão, é uma boa ideia diagramar os resíduos em relação aos valores previstos. Se os resíduos formarem um padrão aleatório em torno da linha horizontal em zero, isso será uma evidência a favor de um relacionamento linear entre as variáveis independente e dependente.

A Figura 14-5 mostra o diagrama residual do exemplo. O padrão de resíduos em torno da linha é consistente com um modelo linear.

CAPÍTULO 14 **Regressão: Linear, Múltipla e Modelo Linear Geral**   297

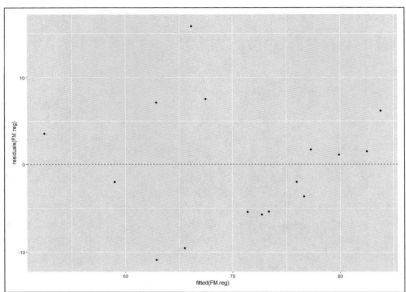

FIGURA 14-5:
Diagrama de resíduos para o exemplo FarMisht.

O diagrama é baseado em FM.reg, o modelo linear. Veja a declaração ggplot():

```
ggplot(FM.reg, aes(x=fitted(FM.reg), y=residuals(FM.reg)))
```

Os mapeamentos x e y são baseados em informações da análise. Como você pode adivinhar, fitted(FM.reg) recupera os valores previstos e residuals(FM.reg) recupera os resíduos.

Para diagramar os pontos, adicione a função geom adequada:

```
geom_point()
```

E depois uma função geom para a linha horizontal tracejada cujo intercepto-y é 0:

```
geom_hline(yintercept = 0, linetype = "dashed" )
```

Então o código para a Figura 14-5 é:

```
ggplot(FM.reg, aes(x=fitted(FM.reg), y=residuals(FM.reg)))+
   geom_point() +
   geom_hline(yintercept = 0, linetype = "dashed" )
```

Fazendo Malabarismos com Muitos Relacionamentos: Regressão Múltipla

A regressão linear é uma ótima ferramenta para fazer previsões. Quando conhecemos o declive e o intercepto da linha que relaciona duas variáveis, podemos pegar um novo valor-x e prever um novo valor-y. No exemplo com o qual trabalhamos neste capítulo, pegamos uma pontuação de Aptidão e previmos uma pontuação de Performance para um candidato FarMisht.

E se soubéssemos mais sobre cada candidato além de sua pontuação de Aptidão? Por exemplo, imagine que a equipe gerencial da FarMisht decida que um tipo específico de personalidade seja ideal para seus consultores. Então desenvolvem o Inventário de Personalidade FarMisht, uma escala de 20 pontos em que uma pontuação mais alta indica uma maior compatibilidade com a cultura corporativa da FarMisht e, presumivelmente, prevê uma performance melhor. A ideia é usar esses dados junto com as pontuações de Aptidão para prever a performance.

A Tabela 14-4 mostra as pontuações de Aptidão, Performance e Personalidade dos 16 consultores atuais. É claro que, em uma corporação real, poderíamos ter muito mais funcionários na amostra.

TABELA 14-4 Pontuações de Aptidão, Performance e Personalidade de 16 Consultores FarMisht

Consultor	Aptidão	Performance	Personalidade
1	45	56	9
2	81	74	15
3	65	56	11
4	87	81	15
5	68	75	14
6	91	84	19
7	77	68	12
8	61	52	10
9	55	57	9
10	66	82	14
11	82	73	15

(continua)

(continuação)

Consultor	Aptidão	Performance	Personalidade
12	93	90	14
13	76	67	16
14	83	79	18
15	61	70	15
16	74	66	12
Média	72,81	70,63	13,63
Variância	181,63	126,65	8,65
Desvio-padrão	13,48	11,25	2,94

Quando trabalhamos com mais de uma variável independente, estamos no domínio da *regressão múltipla*. Como na regressão linear, encontramos coeficientes de regressão. No caso das duas variáveis independentes, procuramos a melhor adequação *plana* em um diagrama de dispersão tridimensional. Novamente, "melhor adequação" significa que a soma das distâncias quadradas dos pontos de dados do plano é um mínimo.

Veja a equação para o plano de regressão:

$$\text{resíduo padrão} = \frac{\text{resíduo - resíduo médio}}{s_{yx}}$$

Para este exemplo, isso é traduzido como

$$y' = a + b_1 x_1 + b_2 x_2$$

Podemos testar hipóteses sobre a adequação geral e todos os três coeficientes de regressão.

Não mostrarei as fórmulas para encontrar os coeficientes, porque isso fica *muito* complicado. Vamos direto à análise R.

Aqui estão algumas coisas das quais nos lembrar antes de começarmos:

» Podemos ter qualquer número de variáveis-x. (Eu uso duas neste exemplo.)

» É esperado que o coeficiente de Aptidão mude da regressão linear para a regressão múltipla. O intercepto também.

» É esperado que o erro padrão da estimativa diminua da regressão linear para a regressão múltipla. Como a regressão múltipla usa mais informações do que a linear, ela reduz o erro.

Regressão múltipla em R

Começo adicionando um vetor para as pontuações de personalidade na Coluna 4 da Tabela 14-4:

```
Personality <- c(9, 15, 11, 15, 14, 19, 12, 10, 9, 14,
         15, 14, 16, 18, 15, 12)
```

E depois adiciono esse vetor ao data frame:

```
FarMisht.frame["Personality"] = Personality
```

Aplicar `lm()` produz a análise:

```
FM.multreg <- lm(Performance ~ Aptitude + Personality,
           data = FarMisht.frame)
```

E aplicar `summary()` fornece as informações:

```
> summary(FM.multreg)

Call:
lm(formula = Performance ~ Aptitude + Personality, data
       = FarMisht.frame)

Residuals:
   Min     1Q Median     3Q    Max
-8.689 -2.834 -1.840  2.886 13.432

Coefficients:
            Estimate Std. Error t value Pr(>|t|)
(Intercept)  20.2825     9.6595   2.100   0.0558 .
Aptitude      0.3905     0.1949   2.003   0.0664 .
Personality   1.6079     0.8932   1.800   0.0951 .
---
Signif. codes:  0 '***' 0.001 '**' 0.01 '*' 0.05 '.' 0.1 ' ' 1

Residual standard error: 6.73 on 13 degrees of freedom
```

CAPÍTULO 14 **Regressão: Linear, Múltipla e Modelo Linear Geral**

```
Multiple R-squared:    0.69,     Adjusted R-squared:   0.6423
F-statistic: 14.47 on 2 and 13 DF,   p-value: 0.0004938
```

Então a equação genérica para o plano de regressão é:

GPA Previsto = $a + b_1(SAT) + b_2(Média\ do\ Ensino\ Médio)$

Ou nos termos deste exemplo:

$y' = a + 0{,}0025x_1 + 0{,}043x_2$

Novamente, o alto valor-*F* e baixo valor-*p* indicam que o plano de regressão é uma excelente adequação para o diagrama de dispersão.

Fazendo previsões

Mais uma vez, `predict()` possibilita a previsão de Performance. Desta vez utilizo-a com o modelo de regressão múltipla: `FM.multreg`. Imagine dois candidatos: um tem pontuações 85 e 14 de Aptidão e Personalidade, e o outro, 62 e 17. Isso requer dois vetores: um para as pontuações de Aptidão e outro para as de Personalidade:

```
> predict(FM.multreg, data.frame(Aptitude = c(85,62),
        Personality=c(14,17)))
       1        2
75.98742 71.82924
```

Visualizando o diagrama de dispersão 3D e o plano de regressão

O pacote `ggplot2`, com todos os seus recursos maravilhosos, não fornece uma maneira de desenhar gráficos tridimensionais, como o diagrama de dispersão para uma variável dependente e duas independentes. Mas não se preocupe: o R tem várias outras maneiras de fazer isso. Nesta seção mostro duas delas.

Pacote scatterplot3d

Se quiser fazer um diagrama de dispersão tridimensional elegante como o da Figura 14-6, que fica bem impressa, a função `scatterplot3d()` foi feita para você.

FIGURA 14-6:
Diagrama de dispersão do exemplo de regressão múltipla da FarMisht, renderizado em scatterplot3d().

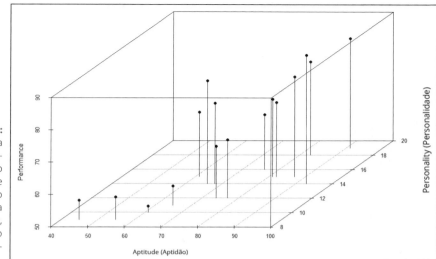

Primeiro, instale o pacote scatterplot3d. Na aba Packages, encontre scatterplot3d e marque sua caixa de verificação.

Em seguida, escreva uma declaração que crie o diagrama:

```
with (FarMisht.frame,
 (splot <- scatterplot3d(Performance ~ Aptitude +
       Personality, type = "h", pch = 19)))
```

Se usar with, não precisará repetir o nome do data frame três vezes. O primeiro argumento de scatterplot3d() é a fórmula para configurar o modelo linear. O segundo argumento adiciona linhas verticais do plano x-y aos pontos de dados. Essas linhas verticais não são necessárias, mas eu acho que ajudam a entender onde estão os pontos no diagrama. O terceiro argumento especifica como serão os caracteres do diagrama.

A função produz um objeto que podemos usar para embelezar o diagrama. Por exemplo, veja como adicionar o plano de regressão e produzir a Figura 14-7:

```
splot$plane3d(FM.multreg,lty="dashed")
```

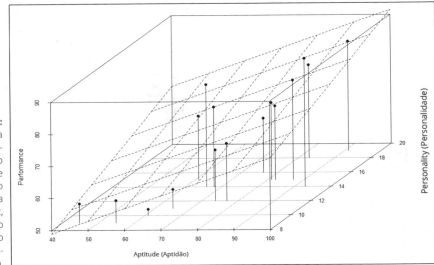

FIGURA 14-7: Diagrama de dispersão para o exemplo de regressão múltipla da FarMisht, concluído com o plano de regressão.

car e rgl: Dois pacotes por um

Se precisar apresentar um diagrama de dispersão 3D para um público e quiser impressioná-lo com um diagrama interativo, use o método a seguir.

A função que cria diagramas se chama scatter3d() e está no pacote car. Na aba Packages, clique em Install. Na caixa de diálogo Install Packages, digite **car** e clique em Install. Quando car aparecer na aba Packages, marque sua caixa de verificação.

Essa função trabalha com o pacote rgl, que usa ferramentas da Open Graphics Library (OpenGL), um conjunto de ferramentas para criar gráficos 2D e 3D. Você encontra as ferramentas OpenGL em ação na realidade virtual, em design assistido por computador, em simulações de voo e várias outras aplicações.

Na aba Packages, encontre rgl e marque sua caixa de verificação.

Com esses dois pacotes instalados, execute esta função:

```
scatter3d(Performance ~ Aptitude + Personality,
    data=FarMisht.frame)
```

Isso abre uma janela RGL com o diagrama de dispersão 3D exibido na Figura 14-8. Como podemos ver, o diagrama de dispersão mostra o plano de regressão e os resíduos.

Podemos mover o mouse dentro desse diagrama, pressionar o botão esquerdo e girar o diagrama para apresentar ângulos diferentes. Podemos também usar a rolagem para ter mais ou menos zoom no diagrama. Experimente!

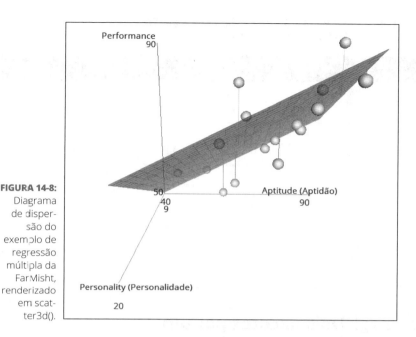

FIGURA 14-8: Diagrama de dispersão do exemplo de regressão múltipla da FarMisht, renderizado em scatter3d().

ANOVA: Outra Visão

Aqui está outra declaração que você pode achar radical: a análise de variância e a regressão linear *são, na verdade, a mesma coisa*.

Ambas fazem parte do que chamamos de General Linear Model (GLM ou Modelo Linear Geral — em tradução livre). Na regressão linear, o objetivo é prever um valor de uma variável dependente, dado o valor de uma variável independente. Na ANOVA, o objetivo é decidir se várias médias amostrais diferem o suficiente umas das outras para possibilitar a rejeição da hipótese nula sobre os níveis da variável independente.

Quais similaridades? Será mais fácil ver a conexão se repensarmos a ANOVA: considerando os dados, imagine que o objetivo seja prever a variável dependente, dado o nível da variável independente. Qual seria a melhor previsão? Para qualquer nível de variável independente, seria a média da amostra para aquele nível, também conhecida como "média do grupo". Isso significa que os desvios da média do grupo (o melhor valor previsto) são resíduos e é por isso que, em uma ANOVA de R, o MS_{Error} é chamado de $MS_{Residuals}$.

Isso vai além. Para mostrar como, iremos rever o exemplo ANOVA do Capítulo 12. Por conveniência, aqui está a Tabela 12-1 reproduzida como Tabela 14-5.

TABELA 14-5 Dados dos Três Métodos de Treinamento (Exemplo ANOVA do Capítulo 12)

	Método 1	Método 2	Método 3
	95	83	68
	91	89	75
	89	85	79
	90	89	74
	99	81	75
	88	89	81
	96	90	73
	98	82	77
	95	84	
		80	
Média	93,44	85,20	75,25
Variância	16,28	14,18	15,64
Desvio-padrão	4,03	3,77	3,96

Precisamos testar

$H_0: \mu_1 = \mu_2 = \mu_3$

H_1: Não H_0

Para usar a função `aov()` para produzir uma análise de variância, configure os dados no formato longo. Veja as seis primeiras linhas:

```
> head(Training.frame)
  Method  Score
1 method1    95
2 method1    91
3 method1    89
4 method1    90
5 method1    99
6 method1    88
```

O resultado da análise é:

```
> analysis <-aov(Score~Method,data = Training.frame)
> summary(analysis)
```

```
              Df Sum Sq Mean Sq F value   Pr(>F)
Method         2 1402.7   701.3   45.82 6.38e-09 ***
Residuals     24  367.3    15.3
---
Signif. codes: 0 '***' 0.001 '**' 0.01 '*' 0.05 '.' 0.1 ' ' 1
```

E se tentássemos uma análise de regressão linear nesses dados?

```
> reg.analysis <-lm(Score~Method,data = Training.frame)
> summary(reg.analysis)

Call:
lm(formula = Score ~ Method, data = Training.frame)

Residuals:
   Min     1Q Median     3Q    Max
-7.250 -2.822 -0.250  3.775  5.750

Coefficients:
              Estimate Std. Error t value Pr(>|t|)
(Intercept)     93.444      1.304  71.657  < 2e-16 ***
Methodmethod2   -8.244      1.798  -4.587 0.000119 ***
Methodmethod3  -18.194      1.901  -9.571 1.15e-09 ***
---
Signif. codes: 0 '***' 0.001 '**' 0.01 '*' 0.05 '.' 0.1 ' ' 1

Residual standard error: 3.912 on 24 degrees of freedom
Multiple R-squared:  0.7925,    Adjusted R-squared:  0.7752
F-statistic: 45.82 on 2 and 24 DF,  p-value: 6.381e-09
```

Vemos bem mais informações do que na tabela ANOVA, mas o resumo mostra a mesma razão-F e as informações associadas como a análise de variância. Além disso, os coeficientes fornecem as médias do grupo: o intercepto (93,444) é a média do Método 1, o intercepto mais o segundo coeficiente (−8,244) é a média do Método 2 (85,20), e o intercepto mais o terceiro coeficiente (−18,194) é a média do Método 3 (75,25). Confira as Médias na Tabela 14-1 se não acreditar em mim.

Mais um pouco sobre coeficientes: o intercepto representa o Método 1, que é uma linha base de comparação. O valor-t para o Método 2 (junto com sua probabilidade associada, que é muito menor que 0,05) mostra que o Método 2 difere muito do Método 1. É a mesma coisa para o Método 3, que também difere muito do Método 1.

Esta pergunta deve estar na sua cabeça agora: Como realizar uma regressão linear quando a variável independente (Método) é categórica, em vez de numérica?

Que bom que você perguntou!

LEMBRE-SE

Para formar uma análise de regressão com dados categóricos, o R (e outros pacotes de softwares estatísticos) registra os níveis de uma variável como Method em combinações de *variáveis mudas* numéricas. Os únicos valores que uma variável muda pode receber são 0 ou 1: 0 indica a *ausência* de um valor categórico e 1 indica a *presença*.

Farei isso manualmente. Para os três níveis de Método (1, 2 e 3), preciso de duas variáveis mudas. Vamos chamá-las de D1 e D2. Veja como eu (arbitrariamente) atribuo os valores:

» Para o Método 1, D1 = 0 e D2 = 0
» Para o Método 2, D1 = 1 e D2 = 0
» Para o Método 3, D1 = 0 e D2 = 1

Para ilustrar ainda mais, aqui está um data frame chamado Training.frame.w.Dummies. Normalmente eu não exibiria todas as 27 linhas de um data frame, mas aqui acho instrutivo:

```
> Training.frame.w.Dummies
    Method  D1 D2 Score
1   method1  0  0   95
2   method1  0  0   91
3   method1  0  0   89
4   method1  0  0   90
5   method1  0  0   99
6   method1  0  0   88
7   method1  0  0   96
8   method1  0  0   98
9   method1  0  0   95
10  method2  1  0   83
11  method2  1  0   89
12  method2  1  0   85
13  method2  1  0   89
14  method2  1  0   81
15  method2  1  0   89
```

308 PARTE 3 **Tirando Conclusões dos Dados**

```
16  method2  1  0  90
17  method2  1  0  82
18  method2  1  0  84
19  method2  1  0  80
20  method3  0  1  68
21  method3  0  1  75
22  method3  0  1  79
23  method3  0  1  74
24  method3  0  1  75
25  method3  0  1  81
26  method3  0  1  73
27  method3  0  1  77
```

Estas linhas de código

```
model.w.Dummies <- lm(Score ~ D1 + D2,
                 data= Training.frame.w.Dummies)
summary(model.w.Dummies)
```

produzem o mesmo resultado da análise de variância e da regressão linear mostradas anteriormente. A única diferença é que os coeficientes são expressos em termos de variáveis mudas:

```
Coefficients:
            Estimate Std. Error t value Pr(>|t|)
(Intercept)   93.444      1.304  71.657  < 2e-16 ***
D1            -8.244      1.798  -4.587 0.000119 ***
D2           -18.194      1.901  -9.571 1.15e-09 ***
```

Então as variáveis mudas possibilitam um modelo de regressão linear com variáveis independentes categóricas. Na verdade, essa regressão é a análise de variância.

Análise de Covariância: Componente Final da GLM

Neste capítulo, mostrei como a regressão linear funciona com uma variável independente (previsora) numérica e uma variável independente (previsora) categórica. É possível ter um estudo com ambas?

Com certeza! A ferramenta analítica para esse tipo de estudo é chamada de Análise de Covariância (ANCOVA). É o terceiro e último componente do General Linear Model. (A regressão linear e a ANOVA são os dois primeiros.) A maneira mais fácil de descrever isso é com um exemplo.

Verifique se o pacote MASS está instalado. Na aba Packages, encontre sua caixa de verificação e marque-a, se já não estiver selecionada. No pacote MASS está o data frame chamado anorexia. (Utilizado no Capítulo 2.) Ele contém dados de 72 jovens mulheres selecionadas aleatoriamente para um dos três tipos de tratamento para anorexia: Cont (uma condição de controle sem terapia), CBT (terapia cognitivo-comportamental) ou FT (tratamento familiar).

Veja as seis primeiras linhas:

```
> head(anorexia)
  Treat Prewt Postwt
1  Cont  80.7   80.2
2  Cont  89.4   80.1
3  Cont  91.8   86.4
4  Cont  74.0   86.3
5  Cont  78.1   76.1
6  Cont  88.3   78.1
```

Prewt é o peso antes do tratamento e Postwt é o peso depois do tratamento. Precisamos, então, de uma variável que indique a quantidade de peso ganho durante o tratamento. Vamos chamá-la de WtGain, e é assim que a adicionamos ao data frame:

```
anorexia["WtGain"]=anorexia["Postwt"]-anorexia["Prewt"]
```

Agora:

```
> head(anorexia)
  Treat Prewt Postwt WtGain
1  Cont  80.7   80.2   -0.5
2  Cont  89.4   80.1   -9.3
3  Cont  91.8   86.4   -5.4
4  Cont  74.0   86.3   12.3
5  Cont  78.1   76.1   -2.0
6  Cont  88.3   78.1  -10.2
```

A Figura 14-9 diagrama os pontos de dados para esse data frame.

Veja o código do diagrama, caso esteja curioso:

```
ggplot(anorexia,aes(x=Treat,y=WtGain))+
  geom_point()
```

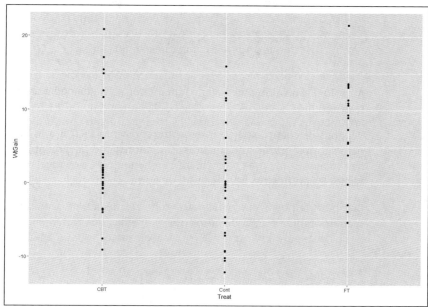

FIGURA 14-9: Ganho de peso X Tratamento no data frame de anorexia.

Uma análise de variância ou uma análise de regressão linear seria adequada para testar:

H_0: $\mu_{Cont} = \mu_{CBT} = \mu_{FT}$

H_1: Não H_0

Veja o modelo de regressão linear:

```
> anorexia.linreg <-lm(WtGain ~ Treat, data=anorexia)
> summary(anorexia.linreg)

Call:
lm(formula = WtGain ~ Treat, data = anorexia)

Residuals:
    Min      1Q  Median      3Q     Max
-12.565  -4.543  -1.007   3.846  17.893

Coefficients:
            Estimate Std. Error t value Pr(>|t|)
(Intercept)    3.007      1.398   2.151   0.0350 *
TreatCont     -3.457      2.033  -1.700   0.0936 .
TreatFT        4.258      2.300   1.852   0.0684 .
---
Signif. codes:  0 '***' 0.001 '**' 0.01 '*' 0.05 '.' 0.1 ' ' 1
```

CAPÍTULO 14 **Regressão: Linear, Múltipla e Modelo Linear Geral**

```
Residual standard error: 7.528 on 69 degrees of freedom
Multiple R-squared:  0.1358,    Adjusted R-squared:  0.1108
F-statistic: 5.422 on 2 and 69 DF,  p-value: 0.006499
```

A razão-F e o valor-p no balanço final informam que podemos rejeitar a hipótese nula.

Vejamos os coeficientes. O intercepto representa CBT. É a linha base de comparação dos outros tratamentos. Os valores-t e as probabilidades associadas (maiores que 0,05) informam que nenhum desses níveis difere de CBT. A razão-F significativa deve resultar de outras comparações.

Compare também os coeficientes com as médias de tratamento. Veja uma maneira rápida e fácil de encontrar as médias dos tratamentos: use a função tapply() para aplicar mean() e encontrar o WtGain médio nos níveis de Treat:

```
> with (anorexia, tapply(WtGain,Treat,mean))
     CBT      Cont        FT
3.006897 -0.450000  7.264706
```

Lembre-se de que o intercepto é a média de CBT. Some o intercepto ao próximo coeficiente para calcular a média de Cont e some o intercepto ao coeficiente final para calcular a média de FT.

Se preferir ver a razão-F e as estatísticas associadas em uma tabela ANOVA, poderá aplicar a função anova() ao modelo:

```
> anova(anorexia.linreg)
Analysis of Variance Table

Response: WtGain
          Df Sum Sq Mean Sq F value   Pr(>F)
Treat      2  614.6 307.322  5.4223 0.006499 **
Residuals 69 3910.7  56.677
---
Signif. codes: 0 '***' 0.001 '**' 0.01 '*' 0.05 '.' 0.1 ' ' 1
```

Podemos ir ainda mais fundo. Suponha que o ganho de peso dependa não só do tipo de tratamento, mas também do peso inicial da pessoa (chamado de *covariável*). Levar PreWt em consideração pode produzir uma imagem mais precisa Treat é uma variável categórica e Prewt é uma variável numérica. A Figur 14-10 mostra um diagrama baseado nas duas variáveis.

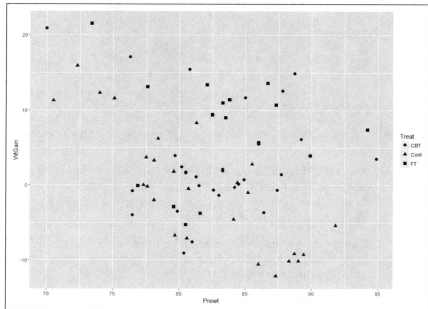

FIGURA 14-10: Ganho de Peso X Treat e Prewt no data frame de anorexia.

O código para esse diagrama é

```
ggplot(anorexia, aes(x=Prewt,y=WtGain, shape = Treat)) +
   geom_point(size=2.5)
```

A primeira declaração mapeia `Prewt` para o eixo x, `WtGain` para o eixo y e `Treat` para a forma. Assim, a forma do ponto de dados reflete seu grupo de tratamento. A segunda declaração especifica que os pontos aparecem no diagrama. Seu argumento `size` aumenta os pontos de dados e facilita a visualização.

Para a análise de covariância, uso a função `lm()` para criar um modelo baseado em ambos, `Treat` e `Prewt`:

```
> anorexia.T.and.P <- lm(WtGain ~ Treat + Prewt, data=anorexia)
> summary(anorexia.T.and.P)

Call:
lm(formula = WtGain ~ Treat + Prewt, data = anorexia)

Residuals:
    Min      1Q  Median      3Q     Max
-14.1083 -4.2773 -0.5484  5.4838 15.2922

Coefficients:
            Estimate Std. Error t value Pr(>|t|)
```

```
(Intercept)    49.7711      13.3910    3.717 0.000410 ***
TreatCont      -4.0971       1.8935   -2.164 0.033999 *
TreatFT         4.5631       2.1333    2.139 0.036035 *
Prewt          -0.5655       0.1612   -3.509 0.000803 ***
---
Signif. codes: 0 '***' 0.001 '**' 0.01 '*' 0.05 '.' 0.1 ' ' 1

Residual standard error: 6.978 on 68 degrees of freedom
Multiple R-squared:  0.2683,    Adjusted R-squared:  0.236
F-statistic: 8.311 on 3 and 68 DF,  p-value: 8.725e-05
```

Note na última linha que os graus de liberdade mudaram da primeira análise: adicionar Prewt obtém um grau de liberdade do df Residual e o soma ao df de Treat. Note também que a razão-F é maior e o valor-p é consideravelmente menor do que na primeira análise.

E agora observe os coeficientes. Diferente da análise original, os valores-t e as probabilidades associadas (menores que 0,05) para Cont e FT mostram que cada uma difere muito de CBT.

Então parece que adicionar Prewt à análise ajudou a descobrir as diferenças de tratamento. Resumindo: a ANCOVA mostra que, ao avaliar o efeito de um tratamento de anorexia, também é importante conhecer o peso do indivíduo antes do tratamento.

Porém "parece" não é realmente suficiente para os estatísticos. É mesmo possível ter certeza de que ANCOVA adiciona valor? Para descobrir, precisamos comparar a regressão linear com o modelo ANCOVA. Para fazer a comparação, use a função anova(), que tem dois trabalhos: além de criar uma tabela ANOVA para um modelo (como usamos anteriormente), podemos usá-la para comparar os modelos. Veja como:

```
> anova(anorexia.linreg,anorexia.T.and.P)
Analysis of Variance Table

Model 1: WtGain ~ Treat
Model 2: WtGain ~ Treat + Prewt
  Res.Df    RSS Df Sum of Sq      F    Pr(>F)
1     69 3910.7
2     68 3311.3  1    599.48 12.311 0.0008034 ***
---
Signif. codes: 0 '***' 0.001 '**' 0.01 '*' 0.05 '.' 0.1 ' ' 1
```

O que significam os números da tabela? RSS indica as somas residuais dos quadrados de cada modelo. Elas estão próximas de seus graus de liberdade na coluna Res.DF. Na coluna Df, 1 é a diferença entre os dois Res.Dfs. Na coluna

Sum of Sq, 599,48 é a diferença entre os dois RSSs. A razão-F é o resultado da divisão de dois quadrados médios: o quadrado médio do numerador é 599,48 dividido por seu df (1) e o quadrado médio do denominador é 3311,3 dividido por seu df (68). A razão-F alta e a baixa Pr(>F) (probabilidade de um erro Tipo I) informam que adicionar Prewt diminuiu muito a soma dos quadrados residuais. Em português, significa que foi uma boa ideia adicionar Prewt.

PAPO DE ESPECIALISTA

Os estatísticos diriam que essa análise controla estatisticamente os efeitos da covariável (Prewt).

Mas espere, tem mais

Em uma análise de covariância, é importante perguntar se o relacionamento entre a variável dependente e a variável previsora numérica é o mesmo nos níveis da variável categórica. Neste exemplo, é o mesmo que perguntar se o declive da linha de regressão entre WtGain e Prewt é o mesmo para as pontuações em Cont, CBT e FT. Se os declives forem iguais, isso será chamado de *homogeneidade de regressão*. Se não, teremos uma interação de Prewt e Treat, e precisaremos ter cuidado com como declaramos nossas conclusões.

É útil adicionar as linhas de regressão ao diagrama na Figura 14-10. Para tanto, adiciono esta linha ao código que produziu a Figura 14-10:

```
geom_smooth(method = lm, se = FALSE, aes(linetype=Treat))
```

Ela instrui ggplot para adicionar uma linha separada que "suaviza" os dados dentro de cada grupo de tratamento. O argumento method especifica lm (modelagem linear) para que cada linha seja uma linha de regressão. O argumento seguinte, se=FALSE, evita a diagramação do intervalo de confiança em torno de cada linha. Por fim, o mapeamento estético indica que a linha para cada nível de Treat será diferente. Então o código completo é

```
ggplot(anorexia, aes(x=Prewt,y=WtGain, shape = Treat)) +
   geom_point(size=2.5) +
   geom_smooth(method = lm, se = FALSE, aes(linetype=Treat))
```

E o resultado é a Figura 14-11.

Como podemos ver, as três linhas de regressão negativamente inclinadas não são paralelas. A linha para CBT é paralela à de FT, mas a linha de Cont (a condição de controle) tem um declive negativo muito maior. Supondo que os pacientes no grupo de controle não receberam tratamento, isso parece bem claro: como não receberam tratamento, muitos desses pacientes anoréxicos (os mais pesados) continuaram a perder peso (em vez de ganhar), resultando em um declive altamente negativo para aquela linha.

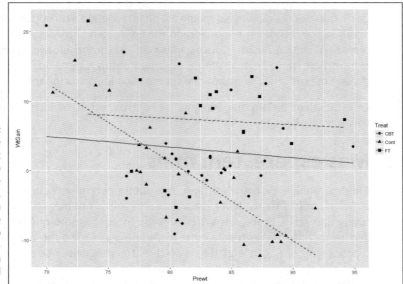

FIGURA 14-11: Ganho de Peso X Treat e Prewt no data frame de anorexia, com uma linha de regressão para as pontuações em cada nível de Treat.

Aparentemente, temos uma interação `Treat X Prewt`. A análise confirma isso?

Para incluir a interação no modelo, preciso adicionar `Treat*Prewt` à fórmula:

```
anorexia.w.interaction <- lm(WtGain ~ Treat + Prewt +
        Treat*Prewt, data=anorexia)
```

Adicionar a interação faz alguma diferença?

```
> anova(anorexia.T.and.P,anorexia.w.interaction)
Analysis of Variance Table

Model 1: WtGain ~ Treat + Prewt
Model 2: WtGain ~ Treat + Prewt + Treat * Prewt
  Res.Df    RSS Df Sum of Sq      F   Pr(>F)
1     68 3311.3
2     66 2844.8  2    466.48 5.4112 0.006666 **
---
Signif. codes: 0 '***' 0.001 '**' 0.01 '*' 0.05 '.' 0.1 ' ' 1
```

Com certeza! Em nossas conclusões sobre o estudo, precisamos incluir o aviso de que o relacionamento entre o peso antes do tratamento e o ganho de peso é diferente para o controle em relação ao que é para o tratamento cognitivo--comportamental e o tratamento familiar.

> **NESTE CAPÍTULO**
>
> » Entendendo do que se trata a correlação
>
> » Descobrindo como a correlação se conecta à regressão
>
> » Tirando conclusões de correlações
>
> » Analisando itens

Capítulo **15**

Correlação: Ascensão e Queda dos Relacionamentos

No Capítulo 14 introduzi os conceitos de regressão, uma ferramenta para resumir e testar relacionamentos entre variáveis. Neste capítulo, apresento os altos e baixos da correlação, outra ferramenta para observar os relacionamentos. Uso o exemplo de aptidão e performance de funcionários do Capítulo 14 e mostro como pensar nos dados de maneira um pouco diferente. Os novos conceitos se conectam ao que mostro no Capítulo 14, e você verá como essas conexões funcionam. Também mostro como testar hipóteses sobre relacionamentos e usar funções R para a correlação.

Diagramas de Dispersão de Novo

Um *diagrama de dispersão* é uma maneira de mostrar graficamente um relacionamento entre duas variáveis. No Capítulo 14 mostrei um diagrama de dispersão dos dados de funcionários da FarMisht Consulting, Inc. Reproduzo esse diagrama de dispersão aqui como a Figura 15-1. Cada ponto representa a pontuação de um funcionário em uma medida de Aptidão (no eixo x) e uma medida de Performance (no eixo y).

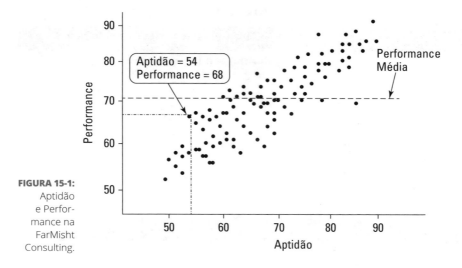

FIGURA 15-1: Aptidão e Performance na FarMisht Consulting.

Entendendo a Correlação

No Capítulo 14 refiro-me à Aptidão como *variável independente* e à Performance como *variável dependente*. O objetivo no Capítulo 14 é usar a Aptidão para prever a Performance.

LEMBRE-SE

Embora eu use as pontuações de uma variável para *prever* as de outra, isso *não* quer dizer que a pontuação de uma variável *causa* a pontuação da outra. "Relacionamento" não significa necessariamente "causalidade".

A *correlação* é uma maneira estatística de observar um relacionamento. Quando duas coisas estão correlacionadas, significa que variam juntas. Uma correlação *positiva* significa que pontuações altas em uma estão associadas a pontuações altas em outra e pontuações baixas em uma estão associadas a pontuações baixas em outra. O diagrama de dispersão da Figura 15-1 é um exemplo de correlação positiva.

Por outro lado, uma *correlação negativa* significa que as pontuações altas na primeira coisa estão associadas a pontuações *baixas* na segunda. Uma correlação negativa também significa que as pontuações baixas na primeira estão associadas a pontuações altas na segunda. Um exemplo é a correlação entre peso corporal e o tempo transcorrido em um programa de perda de peso. Se o programa for eficaz, quanto mais o tempo passa, menor é o peso corporal e quanto menor o tempo, maior o peso corporal.

A Tabela 15-1, uma repetição da Tabela 14-2, mostra os dados de 16 consultores FarMisht.

TABELA 15-1 Pontuações de Aptidão e Performance de 16 Consultores FarMisht

Consultor	Aptidão	Performance
1	45	56
2	81	74
3	65	56
4	87	81
5	68	75
6	91	84
7	77	68
8	61	52
9	55	57
10	66	82
11	82	73
12	93	90
13	76	67
14	83	79
15	61	70
16	74	66
Média	72,81	70,63
Variância	181,63	126,65
Desvic-padrão	13,48	11,25

Para manter a maneira utilizada no Capítulo 14 para Aptidão e Performance, Aptidão é a variável x e Performance é a variável y.

A fórmula para calcular a correlação entre as duas é

$$r = \frac{\left[\frac{1}{N-1}\right]\sum(x-\bar{x})(y-\bar{y})}{s_x s_y}$$

CAPÍTULO 15 **Correlação: Ascensão e Queda dos Relacionamentos**

O termo à esquerda, r, é chamado de *coeficiente de correlação* ou *coeficiente de correlação de Pearson*, em homenagem ao seu criador, Karl Pearson.

Os dois termos no denominador à direita são o desvio-padrão da variável x e o desvio-padrão da variável y. O termo no numerador é chamado de *covariância*. Outra maneira de escrever essa fórmula é

$$r = \frac{\text{cov}(x,y)}{s_x s_y}$$

A covariância representa x e y variando juntas. Dividir a covariância pelo produto dos dois desvios-padrão impõe alguns limites. O limite inferior do coeficiente de correlação é −1,00 e o superior é +1,00.

Um coeficiente de correlação −1,00 representa a correlação negativa perfeita (pontuações x baixas associadas a pontuações y altas e pontuações x altas associadas a pontuações y baixas). Uma correlação de +1,00 representa a correlação positiva perfeita (pontuações x baixas associadas a pontuações y baixas e pontuações x altas associadas a pontuações y altas). Uma correlação 0,00 significa que as duas variáveis não estão relacionadas.

Aplicando a fórmula aos dados na Tabela 15-1,

$$r = \frac{\left[\frac{1}{N-1}\right]\sum(x-\bar{x})(y-\bar{y})}{s_x s_y}$$

$$= \frac{\left[\frac{1}{16-1}\right]\left[(45-72{,}81)(56-70{,}63)+\ldots+(74-72{,}81)(66-70{,}83)\right]}{(13{,}48)(11{,}25)} = 0{,}783$$

O que exatamente significa esse número? Vou lhe dizer.

Correlação e Regressão

A Figura 15-2 mostra o diagrama de dispersão apenas dos 16 funcionários na Tabela 15-1 com a linha "mais adequada" aos pontos. É possível desenhar um número infinito de linhas nesses pontos. Qual é a melhor?

Para ser a melhor, uma linha precisa atender um padrão específico: se desenharmos as distâncias na vertical entre os pontos e a linha, elevarmos essas distâncias ao quadrado e depois somarmos, a linha mais adequada será aquela cuja soma das distâncias quadradas é a menor possível. Essa linha é chamada de *linha de regressão*.

O propósito da linha de regressão é possibilitar as previsões. Como mencionado no Capítulo 14, sem uma linha de regressão, o melhor valor previsto da variável y é a média de todos os ys. Uma linha de regressão leva em conta a variável x e entrega uma previsão mais precisa. Cada ponto na linha de regressão representa um valor previsto de y. Na simbologia da regressão, cada valor previsto é um y'.

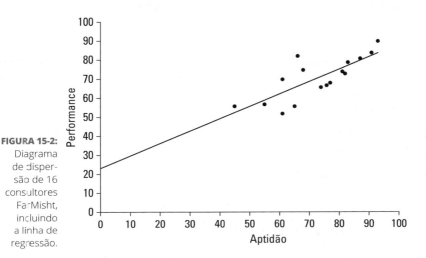

FIGURA 15-2: Diagrama de dispersão de 16 consultores FarMisht, incluindo a linha de regressão.

Por que mostrei tudo isso? Porque a correlação está fortemente relacionada à regressão. A Figura 15-3 foca um ponto do diagrama de dispersão e sua distância em relação à linha de regressão e à média. (É uma repetição da Figura 14-3.)

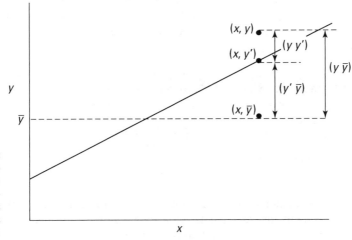

FIGURA 15-3: Um ponto no diagrama de dispersão e suas distâncias associadas.

Note as três distâncias na figura. A distância rotulada como (y-y') é a diferença entre o ponto e a previsão da linha de regressão para onde ele deveria estar. (No Capítulo 14, chamo isso de *resíduo*.) A distância rotulada como (y-ȳ) é a diferença entre o ponto e a média de todos os ys. A distância rotulada como (y'-ȳ) é o ganho

CAPÍTULO 15 **Correlação: Ascensão e Queda dos Relacionamentos** 321 na capacidade de previsão que obtemos ao usar a linha de regressão para prever o ponto, em vez de usar a média para prevê-lo.

A Figura 15-3 mostra que as três distâncias são relacionadas assim:

$$(y-y')+(y'-\bar{y})=(y-\bar{y})$$

Como apontado no Capítulo 14, podemos elevar todos os resíduos ao quadrado e somá-los, elevar ao quadrado todos os desvios dos pontos previstos da média e somá-los, e elevar ao quadrado todos os desvios dos pontos reais da média e somá-los também.

No fim das contas, essas somas dos quadrados estão relacionadas da mesma maneira que os desvios que acabei de mostrar:

$$SS_{Residual}+SS_{Regression}=SS_{Total}$$

Se $SS_{Regression}$ for grande em comparação a $SS_{Residual}$, o relacionamento entre a variável x e a variável y será forte. Isso significa que, no diagrama de dispersão, a variabilidade em torno da linha de regressão é pequena.

Por outro lado, se $SS_{Regression}$ for pequeno em comparação a $SS_{Residual}$, o relacionamento entre as variáveis x e y será fraco. Nesse caso, a variabilidade em torno da linha de regressão é grande no diagrama de dispersão.

Uma maneira de testar $SS_{Regression}$ em relação a $SS_{Residual}$ é dividir cada um por seus graus de liberdade (1 para $SS_{Regression}$ e $N-2$ para $SS_{Residual}$) para formar estimativas de variância (também conhecida como quadrados médios ou MS), então dividir uma pela outra para calcular um F. Se $MS_{Regression}$ for significativamente maior do que $MS_{Residual}$, teremos evidências de que o relacionamento x-y é forte. (Veja o Capítulo 14 para obter os detalhes.)

Aqui está o argumento concludente quanto à correlação: outra maneira de avaliar o tamanho de $SS_{Regression}$ é comparando-o com SS_{Total}. Divida o primeiro pelo segundo. Se a razão for grande, isso indicará que o relacionamento x-y é forte. Essa razão tem um nome: *coeficiente de determinação*. Seu símbolo é r^2. Tire a raiz quadrada desse coeficiente e terá... o coeficiente de correlação!

$$r=r^2=\pm\sqrt{\frac{SS_{Regression}}{SS_{Total}}}$$

O sinal de mais ou menos (±) significa que r é a raiz quadrada positiva ou negativa, dependendo de o declive da linha de regressão ser positivo ou negativo.

Então, se calcularmos um coeficiente de correlação e quisermos saber rapidamente o que seu valor significa, é só elevá-lo ao quadrado. A resposta, o coeficiente de determinação, informa a proporção de SS_{Total} comprometida no relacionamento entre as variáveis x e y. Se for uma proporção grande, o coeficiente de correlação significará um relacionamento forte. Se for pequena, significará um relacionamento fraco.

No exemplo de Aptidão e Performance, o coeficiente de correlação é 0,783. O coeficiente de determinação é

$$r^2 = (0,783)^2 = 0,613$$

Nessa amostra de 16 consultores, $SS_{Regression}$ é 61,3% de SS_{Total}. Parece uma proporção grande, mas o que é grande? O que é pequena? Essas perguntas clamam por um teste de hipóteses.

Testando Hipóteses sobre Correlação

Nesta seção mostro como responder a perguntas importantes sobre correlação. Como qualquer outro tipo de teste de hipótese, a ideia é usar a estatística para fazer inferências sobre os parâmetros populacionais. Aqui a estatística é r, o coeficiente de correlação. Por convenção, o parâmetro populacional é ρ (rô), o equivalente grego ao r. (Sim, parece a letra p, mas é, na verdade, o equivalente grego à letra r.)

Há dois tipos de perguntas importantes relativas à correlação: (1) O coeficiente de correlação é maior que 0? (2) Os dois coeficientes de correlação diferem um do outro?

O coeficiente de correlação é maior que zero?

Voltando mais uma vez ao exemplo de Aptidão e Performance, podemos usar a amostra r para testar hipóteses sobre a população ρ,— o coeficiente de correlação de todos os consultores da FarMisht Consulting.

Supondo que conhecemos antecipadamente (antes de reunir qualquer dado amostral) que qualquer correlação entre Aptidão e Performance deve ser positiva, as hipóteses são:

H_0: $\rho \leq 0$

H_1: $\rho > 0$

Defina $\alpha = 0,05$.

O teste estatístico adequado é um teste-t. A fórmula é:

$$t = \frac{r - \rho}{s_r}$$

Esse teste apresenta o df $N-2$.

Para o exemplo, os valores no numerador são definidos: r é 0,783 e ρ (em H_0) é 0. E o denominador? Não vou incomodá-lo com os detalhes, só mostro que

$$\sqrt{\frac{1-r^2}{N-2}}$$

Com alguns cálculos, a fórmula para o teste-t é simplificada para

$$t = \frac{r\sqrt{N-2}}{\sqrt{1-r^2}}$$

Para o exemplo,

$$t = \frac{r\sqrt{N-2}}{\sqrt{1-r^2}} = \frac{0{,}783\sqrt{16-2}}{\sqrt{1-0{,}783^2}} = 4{,}707$$

Com df = 14 e α = .05 (unicaudal), o valor crítico de t é 1,76. Como o valor calculado é maior que o valor crítico, a decisão é rejeitar H_0.

Dois coeficientes de correlação diferem um do outro?

A FarKlempt Robotics tem um departamento de consultoria que avalia a aptidão e a performance com as mesmas ferramentas de medidas utilizadas pela FarMisht Consulting. Em uma amostra de 20 consultores da FarKlempt Robotics, a correlação entre Aptidão e Performance é 0,695. Isso é diferente da correlação (0,783) da FarMisht Consulting? Se não tivermos como supor que uma correlação deva ser maior que a outra, as hipóteses são:

H_0: $\rho_{FarMisht} = \rho_{FarKlempt}$

H_1: $\rho_{FarMisht} \neq \rho_{FarKlempt}$

Novamente, $\alpha = 0{,}05$.

Por razões altamente técnicas, não podemos configurar um teste-t para isso. Na verdade, não podemos nem trabalhar com 0,783 e 0,695, os dois coeficientes de correlação.

Em vez disso, *transformamos* cada coeficiente de correlação em algo diferente e trabalhamos com as duas "coisas diferentes" em uma fórmula que nos dá, acredite se quiser, um teste-z.

PAPO DE ESPECIALISTA

A transformação é chamada de *transformação Fisher de r em z*. Fisher é o estatístico lembrado como F no teste-F. Ele transforma r em z da seguinte forma:

$$z_r = \frac{1}{2}\left[\log_e(1+r) - \log_e(1-r)\right]$$

Se você sabe o que significa $\log_e$, ótimo. Do contrário, não se preocupe. (Explicarei no Capítulo 16.) R cuida disso por você, como veremos daqui a pouco.

Enfim, para este exemplo,

$$z_{0,783} = \frac{1}{2}\left[\log_e(1+0,783) - \log_e(1-0,783)\right] = 1,0530$$

$$z_{0,695} = \frac{1}{2}\left[\log_e(1+0,695) - \log_e(1-0,695)\right] = 0,8576$$

Depois de transformar r em z, a fórmula é:

$$Z = \frac{z_1 - z_2}{\sigma_{z_1 - z_2}}$$

O denominador é mais fácil do que você pensa:

$$\sigma_{z_1-z_2} = \sqrt{\frac{1}{N_1 - 3} + \frac{1}{N_2 - 3}}$$

Para este exemplo,

$$\sigma_{z_1-z_2} = \sqrt{\frac{1}{N_1 - 3} + \frac{1}{N_2 - 3}} = \sqrt{\frac{1}{16 - 3} + \frac{1}{20 - 3}} = 0,368$$

A fórmula toda é:

$$Z = \frac{z_1 - z_2}{\sigma_{z_1-z_2}} = \frac{1,0530 - 0,8576}{0,368} = 0,531$$

O próximo passo é comparar o valor calculado com uma distribuição normal padrão. Para um teste bicaudal com $\alpha = 0,05$, os valores críticos em uma distribuição normal padrão são de 1,96 na cauda superior e −1,96 na cauda inferior. O valor calculado fica entre esses dois, então a decisão é a de não rejeitar H_0.

Correlação em R

Nesta seção trabalho com o exemplo da FarMisht. O data frame, `FarMisht.frame`, contém os pontos de dados mostrados na Tabela 14-4. Veja como ele foi criado:

```
Aptitude <- c(45, 81, 65, 87, 68, 91, 77, 61, 55, 66,
              82, 93, 76, 83, 61, 74)
Performance <- c(56, 74, 56, 81, 75, 84, 68, 52, 57, 82,
              73, 90, 67, 79, 70, 66)
Personality <- c(9, 15, 11, 15, 14, 19, 12, 10, 9, 14,
              15, 14, 16, 18, 15, 12)
```

```
FarMisht.frame <- data.frame(Aptitude, Performance,
    Personality)
```

Calculando um coeficiente de correlação

Para encontrar o coeficiente de correlação do relacionamento entre Aptidão e Performance, usamos a função `cor()`:

```
> with(FarMisht.frame, cor(Aptitude,Performance))
[1] 0.7827927
```

PAPO DE ESPECIALISTA

O coeficiente de correlação de Pearson que `cor()` calcula nesse exemplo é o padrão para o argumento `method`:

```
cor(Farmisht.frame, method = "pearson")
```

Dois outros valores possíveis de `method` são `"spearman"` e `"kendall"`, tratados no Apêndice B.

Testando um coeficiente de correlação

Para encontrar um coeficiente de correlação e testá-lo ao mesmo tempo, o R fornece `cor.test()`. Veja um teste unicaudal (especificado por `alternative = "greater"`):

```
> with(FarMisht.frame, cor.test(Aptitude,Performance,
        alternative = "greater"))

        Pearson's product-moment correlation

data:  Aptitude and Performance
t = 4.7068, df = 14, p-value = 0.0001684
alternative hypothesis: true correlation is greater than 0
95 percent confidence interval:
 0.5344414 1.0000000
sample estimates:
      cor
0.7827927
```

PAPO DE ESPECIALISTA

Como no caso de `cor()`, podemos especificar `"spearman"` ou `"kendall"` como o método para `cor.test()`.

326   PARTE 3 **Tirando Conclusões dos Dados**

Testando a diferença entre dois coeficientes de correlação

Na seção anterior "Dois coeficientes de correlação diferem um do outro?", comparo o coeficiente de correlação de Aptidão e Performance (0,695) de 20 consultores da FarKlempt Robotics com a correlação (0,783) de 16 consultores da FarMisht Consulting.

A comparação começa com a transformação Fisher de r em z para cada coeficiente. A estatística de teste (Z) é a diferença dos valores transformados dividida pelo erro padrão da diferença.

Uma função chamada `r.test()` fará todo o trabalho se fornecermos os coeficientes e os tamanhos amostrais. Essa função está no pacote `psych`, então, na aba Packages, clique em Insert. Depois, na caixa de diálogo Insert Packages, digite **psych**. Quando `psych` aparecer na aba Packages, marque sua caixa de verificação.

Veja a função e seus argumentos:

```
r.test(r12=.783, n=16, r34=.695, n2=20)
```

Ela é bem específica em como declarar os argumentos. O primeiro argumento é o primeiro coeficiente de correlação. O segundo é o tamanho amostral. O terceiro é o segundo coeficiente de correlação e o quarto é seu tamanho amostral. Os rótulos `12` para o primeiro coeficiente e `34` para o segundo indicam que os dois coeficientes são independentes.

Se executarmos essa função, o resultado será:

```
Correlation tests
Call:r.test(n = 16, r12 = 0.783, r34 = 0.695, n2 = 20)
Test of difference between two independent correlations
 z value 0.53    with probability  0.6
```

Calculando uma matriz de correlação

Além de encontrar um único coeficiente de correlação, `cor()` pode encontrar todos os coeficientes de correlação emparelhados para um data frame, resultando em uma matriz de correlação:

```
> cor(FarMisht.frame)
            Aptitude  Performance Personality
Aptitude    1.0000000 0.7827927   0.7499305
Performance 0.7827927 1.0000000   0.7709271
Personality 0.7499305 0.7709271   1.0000000
```

Visualizando matrizes de correlação

No Capítulo 3 descrevo algumas maneiras de visualizar uma matriz como a da seção anterior. Veja como fazer isso com os gráficos de base R:

```
pairs(FarMisht.frame)
```

Essa função produz a Figura 15-4.

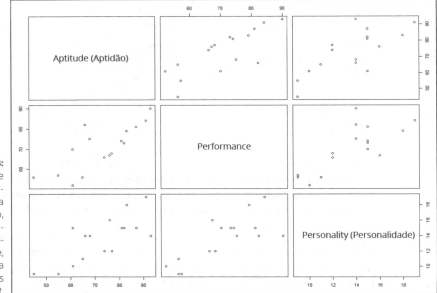

FIGURA 15-4: Matriz de correlação para Aptidão, Performance e Personalidade, produzida nos gráficos de base R.

É claro que a diagonal principal contém os nomes das variáveis. Cada célula fora da diagonal é um diagrama de dispersão do par de variáveis citado na linha e na coluna. Por exemplo, a célula imediatamente à direita de Aptidão é o diagrama de dispersão de Aptidão (eixo y) e Performance (eixo x). A célula logo abaixo de Aptidão é o contrário, ou seja, é o diagrama de dispersão de Performance (eixo y) e Aptidão (eixo x).

Como também mencionado no Capítulo 3, um pacote chamado GGally (construído em ggplot2) fornece ggpairs(), com um pouco mais de informações. Encontre GGally na aba Packages e marque sua caixa de verificação. Então

```
ggpairs(FarMisht.frame)
```

desenha a Figura 15-5.

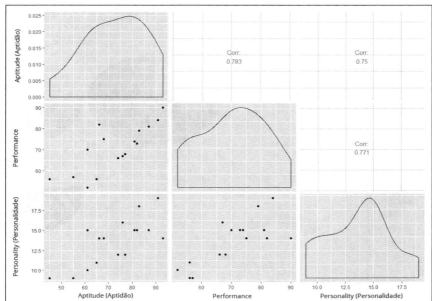

FIGURA 15-5: Matriz de correlação de Aptidão, Performance e Personalidade, renderizada em GGally (um pacote baseado no ggplot2).

A diagonal principal fornece a função densidade de cada variável, as células superiores fora da diagonal apresentam os coeficientes de correlação e as células restantes mostram os diagramas de dispersão emparelhados.

É possível ter exibições mais elaboradas com o pacote `corrgram`. Na aba Packages, clique em Install e na caixa de diálogo Install, digite **corrgram** e clique em Install. (Tenha paciência. Esse pacote instala *vários* itens.) Depois, na aba Packages, encontre `corrgram` e marque sua caixa de verificação.

A função `corrgram()` funciona com um data frame e permite que escolhamos as opções para o que fica na diagonal principal (`diag.panel`) da matriz resultante, o que fica nas células na metade superior da matriz (`upper.panel`) e o que entra nas células da metade inferior da matriz (`lower.panel`). Para a diagonal principal, especifiquei um gráfico de pizza para mostrar o valor de um coeficiente de correlação: a proporção preenchida representa o valor. Para a metade inferior, gostaria de um diagrama de dispersão em cada célula:

```
corrgram(FarMisht.frame, diag.panel=panel.minmax,
                upper.panel = panel.pie,
                lower.panel = panel.pts)
```

CAPÍTULO 15 **Correlação: Ascensão e Queda dos Relacionamentos**

O resultado é a Figura 15-6.

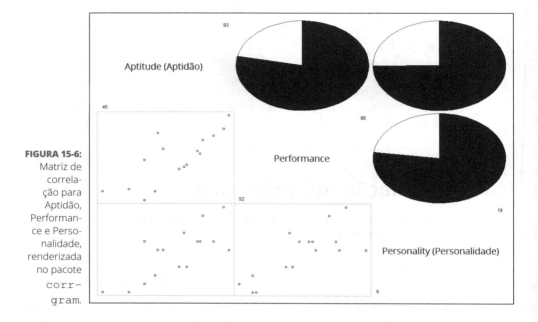

FIGURA 15-6: Matriz de correlação para Aptidão, Performance e Personalidade, renderizada no pacote corrgram.

Correlação Múltipla

Os coeficientes de correlação na matriz de correlação descrita na seção anterior se combinam para produzir um *coeficiente de correlação múltipla*. É um número que resume o relacionamento entre a variável dependente, Performance, no exemplo, e as duas variáveis independentes (Aptidão e Personalidade).

Para mostrar como esses coeficientes de correlação se combinam, abreviarei Performance como P, Aptidão como A e Personalidade como F (FarMisht Personality Inventory [Inventário de Personalidade da FarMisht]). Então r_{PA} é o coeficiente de correlação de Performance e Aptidão (0,7827927), r_{PF} é o coeficiente de correlação de Performance e Personalidade (0,7709271) e r_{AF} é o coeficiente de correlação de Aptidão e Personalidade (0,7499305).

Veja a fórmula que reúne tudo:

$$R_{P.AF} = \sqrt{\frac{r_{PA}^2 + r_{PF}^2 - 2r_{PA}r_{PF}r_{AF}}{1 - r_{AF}^2}}$$

O *R* maiúsculo à esquerda indica que é um coeficiente de correlação múltipla, em oposição ao *r* minúsculo, que indica uma correlação entre duas variáveis. O

P.AF subscrito significa que a correlação múltipla é entre Performance e a combinação de Aptidão e Personalidade.

Para este exemplo,

$$R_{P.AF} = \sqrt{\frac{(0{,}7827927)^2 + (0{,}7709271)^2 - 2(0{,}7827927)(0{,}7709271)(0{,}7499305)}{1 - (0{,}7499305)^2}} = 0{,}8306841$$

Se elevarmos o número ao quadrado, obteremos o *coeficiente múltiplo de determinação*. No Capítulo 14 encontramos o R Quadrado Múltiplo, e ele é isso. Para este exemplo, o resultado é

$$R_{P.AF}^2 = (0{,}830641)^2 = 0{,}6900361$$

Correlação múltipla em R

O jeito mais fácil de calcular um coeficiente de correlação múltipla é usando lm() e procedendo como na regressão múltipla:

```
> FarMisht.multreg <- lm(Performance ~ Aptitude +
       Personality, data = FarMisht.frame)
> summary(FarMisht.multreg)

Call:
lm(formula = Performance ~ Aptitude + Personality, data
       = FarMisht.frame)

Residuals:
   Min     1Q Median     3Q    Max
-8.689 -2.834 -1.840  2.886 13.432

Coefficients:
            Estimate Std. Error t value Pr(>|t|)
(Intercept)  20.2825     9.6595   2.100   0.0558 .
Aptitude      0.3905     0.1949   2.003   0.0664 .
Personality   1.6079     0.8932   1.800   0.0951 .
---
Signif. codes:  0 '***' 0.001 '**' 0.01 '*' 0.05 '.' 0.1 ' ' 1

Residual standard error: 6.73 on 13 degrees of freedom
Multiple R-squared:   0.69,   Adjusted R-squared:  0.6423
F-statistic: 14.47 on 2 and 13 DF,  p-value: 0.0004938
```

Na penúltima linha, `Multiple R-squared` está lá esperando por você.

Se precisar trabalhar com essa quantidade por alguma razão, faça:

```
> summary(FarMisht.multreg)$r.squared
[1] 0.6900361
```

E para calcular R:

```
> Mult.R.sq <- summary(FarMisht.multreg)$r.squared
> Mult.R <- sqrt(Mult.R.sq)
> Mult.R
[1] 0.8306841
```

Ajustando o R quadrado

No resultado de `lm()` vemos *Adjusted R-squared* (R quadrado ajustado). Por que é necessário "ajustar" o R quadrado?

Na regressão múltipla, adicionar variáveis independentes (como `Personality`) às vezes deixa a equação de regressão menos precisa. O coeficiente múltiplo de determinação, R quadrado, não reflete isso. Seu denominador é SS_{Total} (para a variável dependente), e isso nunca muda. O numerador só pode aumentar ou permanecer igual. Então qualquer declínio na precisão não resulta em um R quadrado menor.

OUTRA OLHADA NA CORRELAÇÃO MÚLTIPLA

Agora utilizaremos R (o software estatístico) como ferramenta de ensino para ver o que eu informei antes sobre R (o coeficiente de correlação múltipla): R (o coeficiente) é a correlação entre a variável dependente e a combinação de duas variáveis independentes.

Você nunca faria isso na prática, mas lá vamos nós: configuro uma correlação entre Performance e a combinação de Aptidão e Personalidade. O importante é pesar essas variáveis por seus coeficientes (como determinado por `lm()`):

```
> with(FarMisht.frame, cor(Performance, .390519*Aptitude +
1.607918*Personality))
[1] 0.8306841
```

Novamente, não faríamos isso; precisamos executar `lm()` para calcular os coeficientes e, depois disso, já temos tudo de que precisamos. Só achei que poderia ajudá-lo a entender o R múltiplo.

Levar em conta os graus de liberdade corrige a falha. Sempre que adicionamos uma variável independente, mudamos os graus de liberdade, e isso faz toda a diferença. Só para você saber, aqui está o ajuste:

$$R^2 \text{ Ajustado} = 1 - (1 - R^2)\left[\frac{(N-1)}{(N-k-1)}\right]$$

O k no denominador é o número de variáveis independentes.

Se tiver que trabalhar com essa quantidade (e não sei bem porquê), veja como recuperá-la:

```
> summary(FarMisht.multreg)$adj.r.squared
[1] 0.6423494
```

Correlação Parcial

Performance e Aptidão estão associadas à Personalidade (no exemplo). Cada associação com Personalidade pode esconder, de alguma forma, a correlação verdadeira entre elas.

Qual seria sua correlação se pudéssemos remover essa associação? Outra maneira de perguntar isso: Qual seria a correlação de Performance e Aptidão se pudéssemos manter a Personalidade constante?

Uma maneira de manter a Personalidade constante é encontrar a correlação de Performance e Aptidão para uma amostra de consultores com uma pontuação de Personalidade — 17, por exemplo. Em uma amostra como essa, a correlação de cada variável com Personalidade é 0. Contudo, normalmente não é viável no mundo real.

Outra maneira é encontrar a *correlação parcial* entre Performance e Aptidão. É uma forma estatística de remover a associação de cada variável com Personalidade em sua amostra. Use os coeficientes de correlação na matriz de correlação para fazer isso:

$$r_{PA.F} = \frac{r_{PA} - r_{PF}r_{AF}}{\sqrt{1-r_{PF}^2}\sqrt{1-r_{AF}^2}}$$

Novamente, P representa Performance, A Aptidão e F Personalidade. O *PA.F* subscrito significa que a correlação é entre Performance e Aptidão, com Personalidade "parcializada".

Para este exemplo,

$$r_{PA.F} = \frac{0{,}7827927 - (0{,}7709271)(0{,}7499305)}{\sqrt{1-(0{,}7709271)^2}\sqrt{1-(0{,}7499305)^2}} = 0{,}4857198$$

CAPÍTULO 15 **Correlação: Ascensão e Queda dos Relacionamentos**

Correlação Parcial em R

Um pacote chamado ppcor contém as funções para calcular a correlação parcial e a correlação semiparcial, tratada na próxima seção.

Na aba Packages, clique em Install. Na caixa de diálogo Install Packages, digite **ppcor** e clique em Install. Em seguida, encontre ppcor na caixa de diálogo Packages e marque sua caixa de verificação.

A função pcor.test() calcula a correlação entre Performance e Aptidão, com a Personalidade parcializada:

```
> with (FarMisht.frame, pcor.test(x=Performance,
        y=Aptitude, z=Personality))
   estimate      p.value  statistic   n gp  Method
1 0.4857199 0.06642269     2.0035 16  1 pearson
```

Além do coeficiente de correlação (mostrado abaixo de estimate), ela calcula um teste-*t* da correlação com df $N-3$ (mostrado abaixo de statistic) e um valor-*p* associado.

Se você preferir calcular todas as correlações parciais possíveis (valores-*p* e estatísticas-*t* associadas) no data frame, use pcor():

```
> pcor(FarMisht.frame)
$estimate
              Aptitude Performance Personality
Aptitude     1.0000000   0.4857199   0.3695112
Performance  0.4857199   1.0000000   0.4467067
Personality  0.3695112   0.4467067   1.0000000

$p.value
              Aptitude Performance Personality
Aptitude    0.00000000  0.06642269  0.17525219
Performance 0.06642269  0.00000000  0.09506226
Personality 0.17525219  0.09506226  0.00000000

$statistic
              Aptitude Performance Personality
Aptitude     0.000000    2.003500    1.433764
Performance  2.003500    0.000000    1.800222
```

```
Personality 1.433764    1.800222    0.000000
```

Cada célula abaixo de $estimate é a correlação parcial da variável de linha da célula com a variável de coluna da célula, tendo a terceira variável parcializada. Se precisarmos de mais de três variáveis, cada célula será a correlação parcial e linha e coluna com todo o resto parcializado.

Correlação Semiparcial

É possível remover a correlação com Personalidade apenas de Aptidão, sem removê-la de Performance. Isso é chamado de *correlação semiparcial*. A fórmula para isso também usa os coeficientes de correlação da matriz de correlação:

$$r_{P(A.F)} = \frac{r_{PA} - r_{PF}r_{AF}}{\sqrt{1 - r_{AF}^2}}$$

O *P(A.F)* subscrito significa que a correlação é entre Performance e Aptidão, com a Personalidade parcializada apenas de Aptidão.

Aplicando essa fórmula ao exemplo,

$$r_{P(A.F)} = \frac{0{,}7827927 - (0{,}7709271)(0{,}7499305)}{\sqrt{1 - (0{,}7499305)^2}} = 0{,}3093663$$

LEMBRE-SE

Alguns livros didáticos de Estatística se referem à correlação semiparcial como *correlação de parte*.

Correlação Semiparcial em R

Como já mencionado neste capítulo, o pacote ppcor tem funções para calcular a correlação semiparcial. Para encontrar a relação semiparcial entre Performance e Aptidão, com a Personalidade parcializada apenas de Aptidão, use spcor.test():

```
> with (FarMisht.frame, spcor.test(x=Performance,
        y=Aptitude, z=Personality))
   estimate   p.value statistic  n gp  Method
1 0.3093664 0.2618492  1.172979 16  1 pearson
```

Como podemos ver, o resultado é similar ao de pcor.test(). Novamente, estimate é o coeficiente de correlação e statistic é um teste-*t* do coeficiente de correlação com df *N*–3.

Para encontrar as correlações semiparciais de todo o data frame, use `spcor()`:

```
> spcor(FarMisht.frame)
$estimate
            Aptitude  Performance  Personality
Aptitude    1.0000000   0.3213118    0.2299403
Performance 0.3093664   1.0000000    0.2779778
Personality 0.2353503   0.2955039    1.0000000

$p.value
            Aptitude  Performance  Personality
Aptitude    0.0000000   0.2429000    0.4096955
Performance 0.2618492   0.0000000    0.3157849
Personality 0.3984533   0.2849315    0.0000000

$statistic
            Aptitude  Performance  Personality
Aptitude    0.0000000   1.223378     0.8518883
Performance 1.1729794   0.000000     1.0433855
Personality 0.8730923   1.115260     0.0000000
```

Note que, diferentemente das matrizes para `pcor()`, nessas matrizes os números acima da diagonal não são iguais aos abaixo dela.

A forma mais fácil de explicar é com um exemplo. Na matriz $estimate, o valor na primeira coluna, segunda linha (0,3093364) é a correlação entre Performance (a variável da linha) e Aptidão (a variável da coluna), com a Personalidade parcializada de Aptidão. O valor na segunda coluna, primeira linha (0,3213118), é a correlação entre Aptidão (que agora está na variável da linha) e Performance (que agora está na variável da coluna), com a Personalidade parcializada de Performance.

O que acontece quando temos mais de três variáveis? Nesse caso, cada valor da célula é a correlação de linha e coluna com todo o resto parcializado da variável da coluna.

NESTE CAPÍTULO

» Entendendo os expoentes
» Conectando logaritmos à regressão
» Buscando polinômios

Capítulo 16

Regressão Curvilínea: Quando Relacionamentos Ficam Complicados

Nos Capítulos 14 e 15, descrevi a regressão linear e a correlação, dois conceitos que dependem de uma linha reta como o resumo mais adequado de um diagrama de dispersão.

Porém uma linha nem sempre é a melhor adequação. Os processos em várias áreas, da Biologia aos negócios, se enquadram mais em curvas do que em linhas.

Por exemplo, pense sobre quando aprendeu uma habilidade, por exemplo, como amarrar os cadarços. Quando tentou pela primeira vez, demorou bastante, não foi? Então, sempre que tentava novamente, parecia demorar cada vez menos tempo para conseguir, certo? Até que, finalmente, conseguiu amarrar os cadarços bem depressa, mas não consegue fazer mais rápido — agora você faz isso da maneira mais eficaz possível.

Se você diagramasse o tempo de amarrar os cadarços (em segundos) no eixo y e as tentativas (ocasiões em que tentou amarrar os cadarços) no eixo x, o gráfico poderia se parecer com a Figura 16-1. Uma linha reta claramente não é o melhor resumo de um diagrama como esse.

Como encontrar a curva mais adequada? (Outra maneira de dizer isso é: "Como formular um modelo para estes dados?") Fico feliz em mostrar como, mas primeiro preciso descrever os logaritmos e um número importante chamado *e*.

Por quê? Porque esses conceitos formam a base de três tipos de regressão não linear.

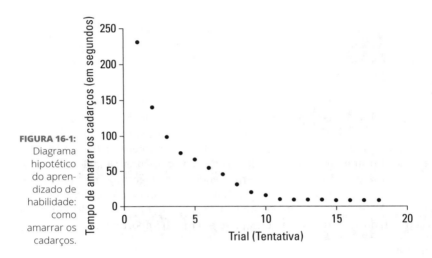

FIGURA 16-1: Diagrama hipotético do aprendizado de habilidade: como amarrar os cadarços.

O que É um Logaritmo?

Clara e simplesmente, um logaritmo é um *exponente*, ou seja, a potência à qual elevamos um número. Na equação

$$10^2 = 100$$

Aqui, 2 é um expoente. Isso significa que 2 também é um logaritmo? Bem... sim. Em termos de logaritmos,

$$\log_{10} 100 = 2$$

Essa é outra maneira de indicar $10^2 = 100$. Os matemáticos leem isso como "o logaritmo de 100 na base 10 é igual a 2". Significa que se quisermos elevar 10 a alguma potência para obter 100, essa potência será 2.

E 1.000? Como você sabe

$$10^3 = 1000$$

então

$$\log_{10} 1000 = 3$$

E que tal 763? Ahm... Hmm... Isso é como tentar resolver

$$10^x = 763$$

Qual poderia ser a resposta? 10² significa 10 × 10, e isso nos dá 100. 10³ significa 10×10×10, e isso dá 1.000. Mas 763?

É aqui que precisamos pensar diferente. Precisamos imaginar expoentes que não sejam números inteiros. Eu sei, eu sei: Como podemos multiplicar um número por si mesmo apenas uma fração por vez? Se pudéssemos, de alguma forma, o número nessa equação 763 precisaria ser entre 2 (que nos leva a 100) e 3 (que nos leva a 1.000).

No século XVI, o matemático John Napier mostrou como fazer, e assim nasceu o logaritmo. Por que Napier se preocupou com isso? Uma razão é que isso ajudava muito os astrônomos. Eles precisam lidar com números astronômicos. Os logaritmos facilitam o esforço de cálculo de várias maneiras. Uma delas é substituindo números grandes por números pequenos: o logaritmo de 1.000.000 é 6 e o logaritmo de 100.000.000 é 8. Além disso, trabalhar com logaritmos abre caminho para um conjunto útil de atalhos de cálculos. Antes das calculadoras e dos computadores entrarem em cena, isso era muito importante.

A propósito,

$$10^{2,882525} = 763$$

significando que

$$\log_{10} 763 = 2,882525$$

Podemos usar a função de R `log10()` para conferir:

```
> log10(763)
[1] 2.882525
```

Se invertermos o processo, veremos que

```
> 10^2.882525
[1] 763.0008
```

Então, 2,882525 é um *pouquinho* diferente, mas você entendeu a ideia.

CAPÍTULO 16 **Regressão Curvilínea: Quando Relacionamentos...**

Um pouco antes, mencionei "atalhos de cálculos" que resultaram dos logaritmos. Veja um deles: se quisermos multiplicar dois números, bastará somar seus logaritmos e encontrar o número cujo logaritmo é a soma. Essa última parte é chamada de "encontrar o antilogaritmo". Um exemplo: Para multiplicar 100 por 1.000:

$$\log_{10}(100) + \log_{10}(1000) =$$
$$2 + 3 = 5$$
$$\text{antilog}_{10}(5) = 10^5 = 100.000$$

Outro atalho: Multiplicar o logaritmo de um número x por um número b corresponde a elevar x à potência b.

Dez, o número que é elevado ao expoente, é chamado de *base*. Como também é a base do nosso sistema numérico e todos estão familiarizados com ele, os logaritmos de base 10 são chamados de *logaritmos comuns*. E como acabamos de ver, um logaritmo comum em R é `log10`.

Isso significa que podemos ter outras bases? Com certeza. *Qualquer* número (exceto 0 ou 1, ou um número negativo) pode ser uma base. Por exemplo,

$$7,8^2 = 60,84$$

Então

$$\log_{7,8} 60,84 = 2$$

E podemos usar a função de R `log()` para conferir *isso*:

```
> log(60.84,7.8)
[1] 2
```

Em termos de bases, um número é especial...

O que É e?

O que nos traz *e*, uma constante que se refere a crescimento.

Imagine a incrível soma de US$1 depositada em uma conta bancária. Suponha que a taxa de juros seja de 2% ao ano. (Sim, é só um exemplo!) Se forem juros simples, o banco adicionará US$0,02 por ano, e em 50 anos teremos US$2.

Se forem juros compostos, no fim de 50 anos teremos $(1 + 0,02)^{50}$, que é apenas um pouco mais de US$2,68, supondo que os juros compostos sejam incluídos pelo banco uma vez por ano.

É claro que se os juros compostos forem incluídos pelo banco duas vezes ao ano, cada pagamento será de US$0,01, e depois de 50 anos o banco o somou

100 vezes. Isso nos dará $(1 + 0{,}01)^{100}$ ou um pouco mais de US$2,70. E se forem quatro vezes por ano? Depois de 50 anos, 200 inclusões, teremos $(1 + 0{,}005)^{200}$, que resulta na gigantesca quantia de US$2,71 e um pouquinho mais, mas não gaste tudo em um lugar só.

Concentrando em "um pouquinho mais" e levando isso ao extremo, depois de 100 mil inclusões de juros, teremos US$2,718268. Depois de 100 milhões, teremos US$2,718282.

Se conseguíssemos que o banco somasse muito mais vezes nesses 50 anos, sua soma de dinheiro chegaria a um *limite*, uma quantia bem próxima, mas que nunca o alcança. Esse limite é *e*.

Da forma como configurei o exemplo, a regra para calcular a quantia é

$$\left(1+\left(1/n\right)\right)^n$$

em que *n* representa o número de pagamentos. Dois centavos são 1/50 avos de um dólar e especificamos 50 anos ou 50 pagamentos. Depois especificamos dois pagamentos por ano (e cada pagamento precisa somar até 2%), para que em 50 anos tenhamos 100 pagamentos de 1/100 avos de um dólar, e assim por diante.

Colocando esse conceito em ação:

```
x <- c(seq(1,10,1),50,100,200,500,1000,10000,100000000)
> y <- (1+(1/x))^x
> data.frame(x,y)
          x        y
1     1e+00 2.000000
2     2e+00 2.250000
3     3e+00 2.370370
4     4e+00 2.441406
5     5e+00 2.488320
6     6e+00 2.521626
7     7e+00 2.546500
8     8e+00 2.565785
9     9e+00 2.581175
10    1e+01 2.593742
11    5e+01 2.691588
12    1e+02 2.704814
13    2e+02 2.711517
14    5e+02 2.715569
15    1e+03 2.716924
```

```
16 1e+04 2.718146
17 1e+08 2.718282
```

Então *e* está associado ao crescimento. Seu valor é 2,718282... Os três pontos significam que nunca chegamos ao valor exato (como no caso de π, a constante que possibilita encontrar a área de um círculo).

O número *e* surge em todos os lugares. Está na fórmula da distribuição normal (junto com π; veja o Capítulo 8) e nas distribuições vistas no Capítulo 18 e no Apêndice A. Muitos fenômenos naturais são relacionados a *e*.

Ele é tão importante que cientistas, matemáticos e analistas de negócios o utilizam como uma base para os logaritmos. Os logaritmos com base *e* são chamados de logaritmos *naturais*. Em muitos livros didáticos, um logaritmo natural é abreviado como *ln*. Em R, é `log`.

A Tabela 16-1 apresenta algumas comparações (arredondadas para três casas decimais) entre os logaritmos comuns e naturais.

TABELA 16-1 Alguns Logaritmos Comuns (Log10) e Naturais (Log)

Número	Log10	Log
e	0,434	1,000
10	1,000	2,303
50	1,699	3,912
100	2,000	4,605
453	2,656	6,116
1000	3,000	6,908

Mais uma coisa: em várias fórmulas e equações, muitas vezes é necessário elevar *e* a uma potência. Às vezes a potência é uma expressão matemática bem complicada. Como os sobrescritos normalmente são impressos em fonte pequena, pode ser difícil lê-los constantemente. Para diminuir o esforço dos olhos, os matemáticos inventaram uma notação especial: *exp*. Sempre que vir *exp* seguido por algo entre parênteses, significa elevar *e* à potência entre parênteses. Por exemplo,

$$\exp(1,6) = e^{1,6} = 4,953032$$

A função de R `exp()` faz esse cálculo:

```
> exp(1.6)
[1] 4.953032
```

Aplicar a função `exp()` com logaritmos naturais é como encontrar o antilog com logaritmos comuns.

Falando em elevar *e*, quando os executivos da empresa Google, Inc. registraram seu IPO (Oferta Pública Inicial), disseram que queriam arrecadar US$ 2.718.281.828, que é *e* vezes um bilhão de dólares arredondado ao dólar mais próximo.

E agora... voltamos à regressão curvilínea.

Regressão de Potência

Os biólogos estudaram os inter-relacionamentos entre os tamanhos e pesos das partes do corpo. Um relacionamento fascinante é a relação entre o peso corporal e o peso cerebral. Uma maneira de estudar isso é avaliar o relacionamento entre espécies diferentes. Intuitivamente, parece que os animais mais pesados deveriam ter um cérebro mais pesado, mas qual é a natureza exata desse relacionamento?

No pacote `MASS` podemos encontrar um data frame chamado `Animals`, que contém os pesos corporais (em quilogramas) e pesos cerebrais (em gramas) de 28 espécies. (Para seguir, clique em Install na aba Package. Depois, na caixa de diálogo Install Packages, digite **MASS**. Quando `MASS` aparecer na aba Packages, marque sua caixa de verificação.)

As seis primeiras linhas de `Animals` são:

```
> head(Animals)
                   body  brain
Mountain beaver    1.35    8.1
Cow              465.00  423.0
Grey wolf         36.33  119.5
Goat              27.66  115.0
Guinea pig         1.04    5.5
Dipliodocus    11700.00   50.0
```

Você já viu um dipliodocus (em português, diplódoco)? Não? Fora de um museu natural de história, ninguém viu. Além desse dinossauro na linha 6, `Animals` tem um triceratops (tricerátopo) na linha 16 e um brachiosaurus (braquiossauro) na linha 26. Veja:

```
> Animals[c(6,16,26),]
              body  brain
```

CAPÍTULO 16 **Regressão Curvilínea: Quando Relacionamentos...**   343

```
Dipliodocus    11700   50.0
Triceratops     9400   70.0
Brachiosaurus  87000  154.5
```

Para restringir seu trabalho a espécies vivas, crie

```
> Animals.living <- Animals[-c(6,16,26),]
```

o que faz com que esses três dinossauros desapareçam do data frame, assim como desapareceram da face da Terra.

Vamos dar uma olhada nos pontos de dados. Este fragmento de código

```
ggplot(Animals.living, aes(x=body, y=brain))+
  geom_point()
```

produz a Figura 16-2. Note que a ideia é usar o peso corporal para prever o peso cerebral.

Não parece um relacionamento muito linear, parece? Na verdade, não é. Os relacionamentos nesse campo frequentemente têm a forma

$$y' = ax^b$$

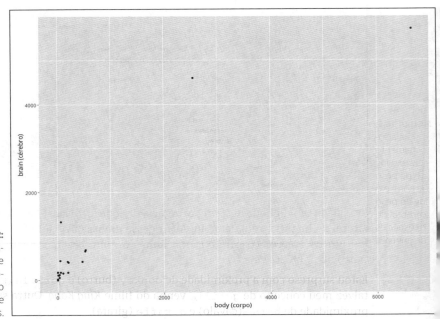

FIGURA 16-2: Relacionamento entre peso corporal e peso cerebral de 25 espécies.

LEMBRE-SE

Como a variável independente (previsora) x (o peso corporal, nesse caso) é elevada a uma potência, esse tipo de modelo é chamado de *regressão de potência*.

O R não tem uma função específica para criar um modelo de regressão de potência. Sua função lm() cria modelos lineares, como descrito no Capítulo 14. Mas podemos usar lm() nessa situação se quisermos transformar os dados de forma tal que o relacionamento entre o peso corporal e o peso cerebral transformados seja linear.

E é por isso que mencionei os logaritmos.

Podemos "linearizar" o diagrama de dispersão trabalhando com o logaritmo dos pesos corporal e cerebral. Veja parte do código para fazer exatamente isso. Para equilibrar, coloco o nome do animal para cada ponto de dados:

```
ggplot(Animals.living, aes(x=log(body), y=log(brain)))+
  geom_point()+
  geom_text(aes(label=rownames(Animals.living)))
```

A Figura 16-3 mostra o resultado.

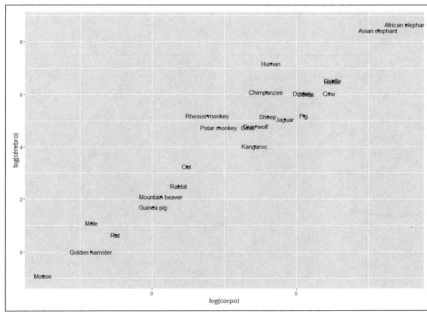

FIGURA 16-3: Relacionamento entre o log do peso corporal e o log do peso cerebral de 25 espécies de animais.

Estou surpreso com a proximidade de donkey (burro) e gorilla (gorila), mas talvez meu conceito de gorilla venha do filme *King Kong*. Outra surpresa é a proximidade de horse (cavalo) e giraffe (girafa).

De qualquer forma, podemos adequar a linha de regressão no diagrama de dispersão. Veja o código para o diagrama com a linha e sem os nomes dos animais:

```
ggplot(Animals.living, aes(x=log(body), y=log(brain)))+
    geom_point()+
    geom_smooth(method = "lm",se=FALSE)
```

O primeiro argumento na última declaração (method = "lm") coloca a linha de regressão nos pontos de dados. O segundo argumento (se=FALSE) evita que ggplot diagrame o intervalo de confiança de 95% em torno da linha de regressão. Essas linhas de código produzem a Figura 16-4.

Esse procedimento, ou seja, trabalhar com o log de cada variável e adequar a linha de regressão, é exatamente o que fazemos em um caso como este. Veja a análise.

```
powerfit <- lm(log(brain) ~ log(body), data = Animals.
    living)
```

Como sempre, lm() indica um modelo linear e a variável dependente está do lado esquerdo do til (~), com a variável previsora do lado direito. Depois de executar a análise,

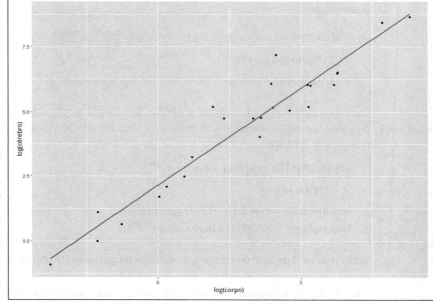

FIGURA 16-4: Relacionamento entre o log do peso corporal e o log do peso cerebral de 25 espécies com uma linha de regressão.

```
> summary(powerfit)

Call:
lm(formula = log(brain) ~ log(body), data = Animals.living)

Residuals:
    Min      1Q  Median      3Q     Max
-0.9125 -0.4752 -0.1557  0.1940  1.9303

Coefficients:
            Estimate Std. Error t value Pr(>|t|)
(Intercept)  2.15041    0.20060   10.72 2.03e-10 ***
log(body)    0.75226    0.04572   16.45 3.24e-14 ***
---
Signif. codes:  0 '***' 0.001 '**' 0.01 '*' 0.05 '.' 0.1 ' ' 1

Residual standard error: 0.7258 on 23 degrees of freedom
Multiple R-squared:  0.9217,    Adjusted R-squared:  0.9183
F-statistic: 270.7 on 1 and 23 DF,  p-value: 3.243e-14
```

O valor alto de F (270,7) e o valor-*p* extremamente baixo mostram que o modelo é adequado.

Os coeficientes mostram que, na forma logarítmica, a equação da regressão é

$\log(y') = \log(a + bx)$

$\log(\text{brainweight}') = \log(2{,}15041 + (0{,}75226 \times \text{bodyweight}))$

Para a equação de regressão de potência, temos que pegar o antilog de ambos os lados. Como já mencionado, trabalhar com logaritmos naturais é o mesmo que aplicar a função `exp()`:

$\exp(\log(y')) = \exp(\log(a + bx))$

$y' = \exp(a) x^b$

$\text{brainweight}' = \exp(2{,}15041) \times \text{bodyweight}^{0{,}75226}$

$\text{brainweight}' = 8{,}588397 \times \text{bodyweight}^{0{,}75226}$

Tudo isso está de acordo com o que mencionei antes neste capítulo:

» Somar os logaritmos dos números corresponde a multiplicar os números.

» Multiplicar o logaritmo de *x* por *b* corresponde a elevar *x* à potência *b*.

Veja como usar R para encontrar o *exp* do intercepto:

```
> a <- exp(powerfit$coefficients[1])
> a
(Intercept)
   8.588397
```

Podemos diagramar a equação de regressão de potência como uma curva no diagrama de dispersão original:

```
ggplot(Animals.living, aes(x=body, y=brain))+
   geom_point()+
   geom_line(aes(y=exp(powerfit$fitted.values)))
```

Essa última declaração é o final, claro: `powerfit$fitted.values` contém o peso cerebral previsto na forma logarítmica e aplicar `exp()` nesses valores converte essas previsões nas unidades de medida originais. Mapeamos para y para posicionar a curva. A Figura 16-5 mostra o diagrama.

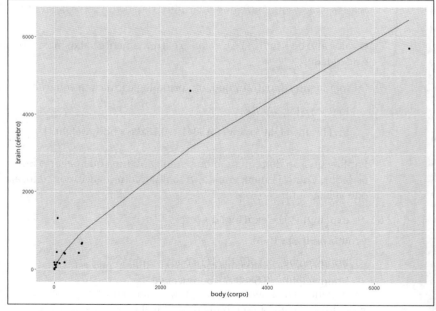

FIGURA 16-5: Diagrama original dos pesos cerebrais e corporais de 25 espécies com a curva de regressão de potência.

Regressão Exponencial

Como já mencionado, *e* aparece nos processos de várias áreas. Alguns desses processos, como os juros compostos, envolvem crescimento. Outros, declínio.

Veja um exemplo. Se você já serviu um copo de cerveja e o deixou de lado, deve ter notado que o colarinho fica cada vez menor (ou seja, ele "diminui") com o passar do tempo. Nunca fez isso? Tudo bem. Vá e sirva um copo grande e gelado, e observe-o por alguns minutos. Eu espero.

... Voltamos. Eu estava certo? Note que não pedi que você medisse a altura do colarinho à medida que ele diminuía. O físico Arnd Leike fez isso por nós com três marcas de cerveja.

Ele mediu a altura do colarinho a cada 15 segundos, de 0 a 120 segundos depois de servir a cerveja, então a cada 30 segundos, de 150 a 240 segundos, e, por fim, em 300 segundos e 360 segundos. (Pelo verdadeiro espírito da ciência, ele bebeu a cerveja depois.) Aqui estão esses intervalos como um vetor:

```
seconds.after.pour <- c(seq(0,120,15), seq(150,240,30),
    c(300,360))
```

E aqui estão as medidas dos colarinhos (em centímetros) para uma das marcas:

```
head.cm <- c(17, 16.1, 14.9, 14, 13.2, 12.5, 11.9, 11.2,
    10.7, 9.7, 8.9, 8.3, 7.5, 6.3, 5.2)
```

Combinei esses vetores em um data frame:

```
beer.head <- data.frame(seconds.after.pour,head.cm)
```

Vejamos como fica o diagrama. Este fragmento de código

```
ggplot(beer.head, aes(x=seconds.after.pour,y=head.cm))+
    geom_point()
```

produz a Figura 16-6.

Está pedindo (cerveja?) um modelo curvilíneo, não está?

Uma maneira de linearizar o diagrama (para podermos usar lm() para criar um modelo) é trabalhar com o log da variável *y*:

```
ggplot(beer.head, aes(x=
    seconds.after.pour,y=log(head.cm)))+
```

```
geom_point()+
geom_smooth(method="lm",se=FALSE)
```

A última declaração adiciona a linha de regressão (method = "lm") e não desenha o intervalo de confiança em torno da linha (se = FALSE). Podemos ver isso na Figura 16-7.

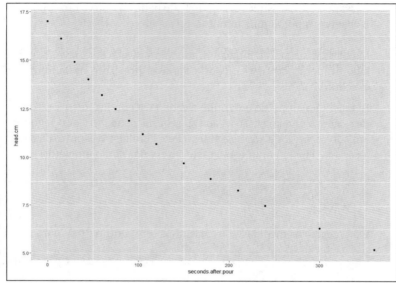

FIGURA 16-6: Como a altura do colarinho, (head.cm) diminui com o tempo.

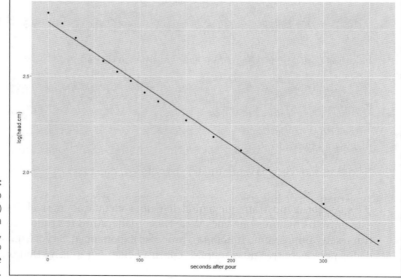

FIGURA 16-7: Como log(head.cm) diminui com o tempo, incluindo a linha de regressão.

Como na seção anterior, criar esse diagrama indica a forma de executar a análise. A equação geral para o modelo resultante é $y' = ae^{bx}$

Como a variável previsora aparece em um expoente (ao qual *e* é elevado), isso é chamado de regressão *exponencial*.

Veja como fazer a análise:

```
expfit <- lm(log(head.cm) ~ seconds.after.pour,
             data = beer.head)
```

Mais uma vez, lm() indica um modelo linear e a variável dependente está do lado esquerdo do til (~), com a variável previsora do lado direito. Depois de executar a análise,

```
> summary(expfit)

Call:
lm(formula = log(head.cm) ~ seconds.after.pour, data =
    beer. head)

Residuals:
     Min         1Q     Median         3Q        Max
-0.031082  -0.019012  -0.001316   0.017338   0.047806

Coefficients:
                      Estimate Std. Error t value
  Pr(>|t|)
(Intercept)          2.785e+00  1.110e-02  250.99   < 2e-16 ***
seconds.after.pour  -3.223e-03  6.616e-05  -48.72   4.2e-16 ***
---
Signif. codes:  0 '***' 0.001 '**' 0.01 '*' 0.05 '.' 0.1 ' ' 1

Residual standard error: 0.02652 on 13 degrees of freedom
Multiple R-squared:  0.9946,    Adjusted R-squared:  0.9941
F-statistic:  2373 on 1 and 13 DF,  p-value: 4.197e-16
```

O *F* e o valor-*p* mostram que o modelo é uma adequação incrível. O R-squared está entre os maiores que você verá. Na verdade, Arnd fez tudo isso para mostrar a seus alunos como funciona o processo exponencial. Se você quiser ver seus dados para as outras duas marcas, confira Leike, A. (2002), "Demonstration of

CAPÍTULO 16 **Regressão Curvilínea: Quando Relacionamentos...** 351

the exponential decay law using beer froth", *European Journal of Physics*, 23(1), 21–26 (conteúdo em inglês).

De acordo com os coeficientes, a equação de regressão na forma logarítmica é

$$\log(y') = a + bx$$
$$\log(\text{head.cm'}) = 2{,}785 + \bigl((-0{,}003223) \times \text{seconds.after.pour}\bigr)$$

Para a equação de regressão exponencial, temos que calcular o exponencial de ambos os lados, ou seja, aplicar a função `exp()`:

$$\exp\bigl(\log(y')\bigr) = \exp(a + bx)$$
$$y' = \exp(a)e^{bx}$$
$$\text{head.cm'} = \exp(2{,}785) \times e^{-0{,}003223 \text{seconds.after.pour}}$$
$$\text{head.cm'} = 16{,}20642 \times e^{-0{,}003223 \text{seconds.after.pour}}$$

Parecido com o que fizemos na seção anterior, podemos diagramar a equação da regressão exponencial como uma curva no diagrama de dispersão original:

```
ggplot(beer.head, aes(x= seconds.after.pour,y=head.cm))+
    geom_point()+
    geom_line(aes(y=exp(expfit$fitted.values)))
```

Na última declaração, `expfit$fitted.values` contém as alturas dos colarinhos previstas na forma logarítmica e aplicar `exp()` nesses valores converte essas previsões nas unidades de medidas originais. Mapeá-las para y posiciona a curva. A Figura 16-8 mostra o diagrama.

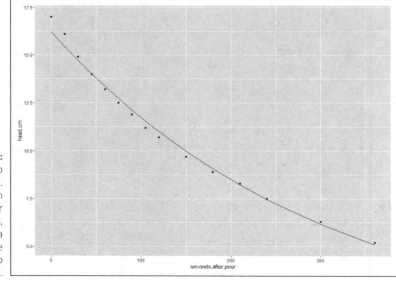

FIGURA 16-8: Declínio de head. cm com o passar do tempo, com uma curva de regressão exponencial.

Regressão Logarítmica

Nas duas seções anteriores, expliquei como a análise de regressão de potência funciona com o log das variáveis x e y, e como a análise de regressão exponencial funciona apenas com o log da variável y. Como você pode imaginar, há mais uma possibilidade analítica disponível: trabalhar apenas com o log da variável x. A equação do modelo é assim:

$$y' = a + b\log(x)$$

Como o logaritmo é aplicado à variável previsora, isso é chamado de *regressão logarítmica*.

Veja um exemplo que usa o data frame Cars93 do pacote MASS. (Verifique se o pacote MASS está instalado. Na aba Packages, encontre a caixa de verificação de MASS e clique nela caso não esteja selecionada.)

Esse data frame, muito destacado no Capítulo 3, contém os dados de muitas variáveis para 93 modelos de carros no ano de 1993. Aqui concentro-me no relacionamento entre Horsepower (Potência, a variável x) e MPG.highway (milhas por galão, a variável y).

Este é o código que cria o diagrama de dispersão da Figura 16-9:

```
ggplot(Cars93, aes(x=Horsepower,y=MPG.highway))+
  geom_point()
```

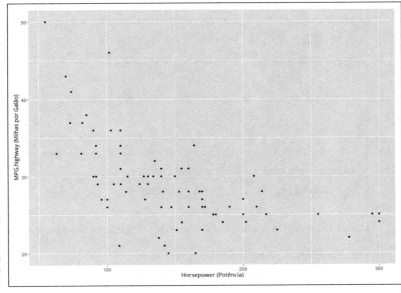

FIGURA 16-9: MPG.highway e Horsepower no data frame Cars93.

CAPÍTULO 16 **Regressão Curvilínea: Quando Relacionamentos...** 353

Para este exemplo, linearize o diagrama calculando o log de Horsepower. No diagrama, inclua a linha de regressão. Veja como desenhá-la:

```
ggplot(Cars93, aes(x=log(Horsepower),y=MPG.highway))+
  geom_point()+
  geom_smooth(method="lm",se=FALSE)
```

A Figura 16-10 mostra o resultado.

Com `log(Horsepower)` como a variável x, a análise é:

```
logfit <- lm(MPG.highway ~ log(Horsepower), data=Cars93)
```

Depois de executar a análise, `summary()` fornece os detalhes:

```
> summary(logfit)

Call:
lm(formula = MPG.highway ~ log(Horsepower), data =
   Cars93)

Residuals:
    Min       1Q   Median      3Q       Max
-10.3109  -2.2066  -0.0707   2.0031   14.0002

Coefficients:
                  Estimate Std. Error t value Pr(>|t|)
(Intercept)        80.003      5.520   14.493  < 2e-16 ***
log(Horsepower)   -10.379      1.122   -9.248 9.55e-15 ***
---
Signif. codes:  0 '***' 0.001 '**' 0.01 '*' 0.05 '.' 0.1
    ' ' 1

Residual standard error: 3.849 on 91 degrees of freedom
Multiple R-squared:  0.4845,    Adjusted R-squared:  0.4788
F-statistic: 85.53 on 1 and 91 DF,  p-value: 9.548e-15
```

O alto valor de F e o valor baixíssimo de p indicam uma excelente adequação.

Dos coeficientes, a equação de regressão é:

MPG.highway' = 80,03 − 10,379 log(Horsepower)

354 PARTE 3 **Tirando Conclusões dos Dados**

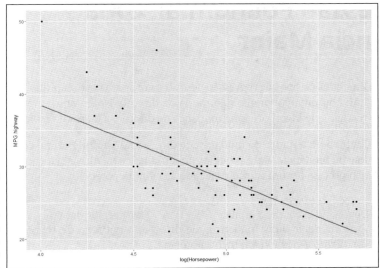

FIGURA 16-10: MPG. highway e Log(Horsepower) em Cars93, com a linha de regressão.

Como nas seções anteriores, a curva de regressão é diagramada no diagrama original:

```
ggplot(Cars93, aes(x=Horsepower,y=MPG.highway))+
  geom_point()+
  geom_line(aes(y=logfit$fitted.values))
```

A Figura 16-11 mostra o diagrama com a curva de regressão.

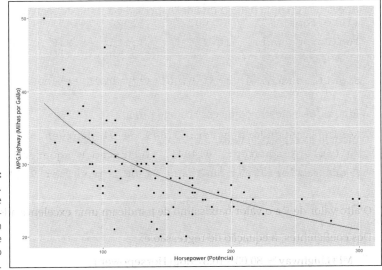

FIGURA 16-11: MPG. highway e Horsepower, com a curva de regressão logarítmica.

CAPÍTULO 16 **Regressão Curvilínea: Quando Relacionamentos...** 355

Regressão Polinomial: Uma Potência Maior

Em todos os tipos de regressão descritos até agora neste capítulo, o modelo é uma linha ou uma curva que não muda de direção. No entanto, é possível criar um modelo que incorpore uma mudança de direção. É a área da *regressão polinomial*.

Eu toco no assunto de mudança de direção no Capítulo 12, no contexto da análise de tendência. Para modelar uma mudança de direção, a equação de regressão precisa ter um termo x elevado à segunda potência:

$y' = a + b_1 x + b_2 x^2$

Para modelar duas mudanças de direção, a equação de regressão precisa ter um termo x elevado à terceira potência:

$y' = a + b_1 x + b_2 x^2 + b_3 x^3$

E assim por diante.

Ilustro a regressão polinomial com outro data frame do pacote MASS. (Na aba Packages, encontre MASS. Se sua caixa de verificação não estiver selecionada, clique nela.)

Esse data frame é o Boston, que contém os valores das moradias nos subúrbios de Boston. Entre suas 14 variáveis estão rm (o número de quartos em uma habitação) e medv (o valor médio da habitação). Iremos nos concentrar nessas duas variáveis neste exemplo, com rm como a variável previsora.

Começamos criando o diagrama de dispersão e a linha de regressão:

```
ggplot(Boston, aes(x=rm,y=medv))+
  geom_point()+
  geom_smooth(method=lm, se=FALSE)
```

A Figura 16-2 mostra o que esse código produz.

O modelo de regressão linear é:

```
linfit <- lm(medv ~ rm, data=Boston)
```

```
> summary(linfit)

Call:
lm(formula = medv ~ rm, data = Boston)
```

```
Residuals:
    Min      1Q   Median      3Q      Max
-23.346  -2.547   0.090    2.986   39.433


Coefficients:
            Estimate Std. Error t value Pr(>|t|)
(Intercept)  -34.671      2.650  -13.08   <2e-16 ***
rm             9.102      0.419   21.72   <2e-16 ***
---
Signif. codes: 0 '***' 0.001 '**' 0.01 '*' 0.05 '.' 0.1 ' ' 1

Residual standard error: 6.616 on 504 degrees of freedom
Multiple R-squared:  0.4835,    Adjusted R-squared:  0.4825
F-statistic: 471.8 on 1 and 504 DF,  p-value: < 2.2e-16
```

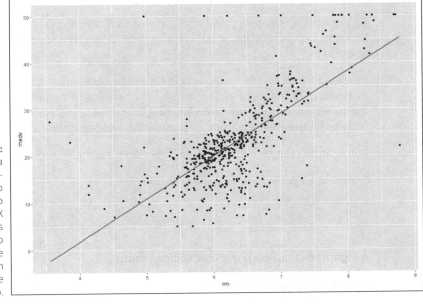

FIGURA 16-12: Diagrama de dispersão do valor médio (medv) X quartos (rm) no data frame Boston, com a linha de regressão.

O F e o valor-p mostram que é uma boa combinação. R quadrado informa que cerca de 48% de SS_{Total} para medv estão comprometidos no relacionamento entre rm e medv. (Confira o Capítulo 15 se essa frase não parecer familiar.)

Os coeficientes indicam que o modelo linear é:

medv' = −34,671 + 9,102rm

Porém, talvez um modelo com uma mudança de direção forneça uma combinação melhor. Para configurar isso em R, criamos uma nova variável rm2, que é apenas rm ao quadrado:

```
rm2 <- Boston$rm^2
```

Agora tratamos isso como uma análise de regressão múltipla com duas variáveis previsoras: rm e rm2:

```
polyfit2 <-lm(medv ~ rm + rm2, data=Boston)
```

DICA

Não podemos simplesmente usar rm^2 como a segunda variável previsora: lm() não funcionará com ela dessa forma.

Depois de executar a análise, aqui estão os detalhes:

```
> summary(polyfit2)

Call:
lm(formula = medv ~ rm + rm2, data = Boston)

Residuals:
    Min      1Q  Median      3Q     Max
-35.769  -2.752   0.619   3.003  35.464

Coefficients:
             Estimate Std. Error t value Pr(>|t|)
(Intercept)   66.0588    12.1040   5.458 7.59e-08 ***
rm           -22.6433     3.7542  -6.031 3.15e-09 ***
rm2            2.4701     0.2905   8.502  < 2e-16 ***
---
Signif. codes:  0 '***' 0.001 '**' 0.01 '*' 0.05 '.' 0.1 ' ' 1

Residual standard error: 6.193 on 503 degrees of freedom
Multiple R-squared:  0.5484,    Adjusted R-squared:  0.5466
F-statistic: 305.4 on 2 and 503 DF,  p-value: < 2.2e-16
```

Parece uma adequação melhor do que o modelo linear. A estatística F aqui é mais alta e, desta vez, R quadrado informa que quase 55% de SS_{Total} para medv são devidos ao relacionamento entre medv e a combinação de rm e rm^2. O aumento em F e R quadrado tem um custo — o segundo modelo tem menos 1 df (503 contra 504).

Os coeficientes indicam que a equação de regressão polinomial é:

medv' = 66,0588 − 22,6433rm + 2,4701rm^2

Vale a pena adicionar `rm^2` ao modelo? Para descobrir, usamos `anova()` para comparar o modelo linear com o polinomial:

```
> anova(linfit,polyfit2)
Analysis of Variance Table

Model 1: medv ~ rm
Model 2: medv ~ rm + rm2
  Res.Df    RSS Df Sum of Sq      F    Pr(>F)
1    504  22062
2    503  19290  1    2772.3 72.291 < 2.2e-16 ***
---
Signif. codes:  0 '***' 0.001 '**' 0.01 '*' 0.05 '.' 0.1 ' ' 1
```

A alta razão-F (72,291) e o `Pr(>F)` extremamente baixo indicam que adicionar `rm^2` é uma boa ideia.

Veja o código para o diagrama de dispersão, com a curva do modelo polinomial:

```
ggplot(Boston, aes(x=rm,y=medv))+
  geom_point()+
  geom_line(aes(y=polyfit2$fitted.values))
```

Os valores previstos para o modelo polinomial estão em `polyfit2$fitted.values`, que usamos na última declaração para posicionar a curva de regressão na Figura 16-13.

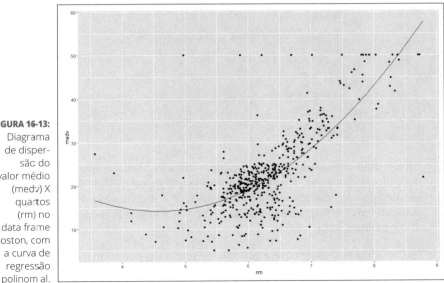

FIGURA 16-13: Diagrama de dispersão do valor médio (medv) X quartos (rm) no data frame Boston, com a curva de regressão polinomial.

CAPÍTULO 16 **Regressão Curvilínea: Quando Relacionamentos...**   359

A curva na figura mostra uma tendência direcionada levemente para baixo no valor da habitação à medida que os quartos aumentam de menos do que 4 para aproximadamente 4,5, então, a tendência da curva fica mais forte para cima.

Qual Modelo Devemos Usar?

Apresentei vários modelos neste capítulo. Decidir pelo melhor para seus dados não é necessariamente simples. Uma resposta superficial pode ser experimentar cada um deles e ver qual produz o maior F e R quadrado.

A palavra importante na última frase é "superficial". A escolha do modelo deve depender de seu conhecimento do domínio do qual vêm os dados e dos processos nesse domínio. Qual tipo de regressão permite que você formule uma teoria sobre o que pode estar acontecendo nos dados?

No exemplo de `Boston`, o modelo polinomial mostrou que o valor da habitação *diminui* levemente à medida que o número de quartos *aumenta* na outra extremidade, então o valor *aumenta* constantemente à medida que o número de quartos aumenta. O modelo linear não poderia discernir uma tendência como essa. Por que essa tendência ocorreria? É possível criar uma teoria? Essa teoria faz sentido?

Deixarei um exercício para você. Lembra do exemplo de amarrar os cadarços no começo do capítulo? Tudo o que dei foi a Figura 16-1, mas aqui estão os números:

```
trials <-seq(1,18,1)
time.sec <- c(230, 140, 98, 75, 66, 54, 45, 31, 20, 15,
   10, 9, 9, 9, 8, 8, 8, 8)
```

Qual modelo *você* consegue criar? E como ele o ajuda a explicar os dados?

4 Trabalhando com Probabilidade

NESTA PARTE...

Trabalhe com variáveis aleatórias.

Entenda as regras de contagem.

Trabalhe com probabilidade condicional.

Visualize as distribuições de probabilidade.

Modele e simule.

NESTE CAPÍTULO

» Definindo probabilidade

» Trabalhando com probabilidade

» Lidando com variáveis aleatórias e suas distribuições

» Focando na distribuição binomial

» Aprendendo funções R relacionadas à probabilidade

Capítulo 17
Apresentando a Probabilidade

A probabilidade é a base dos testes de hipótese e da estatística inferencial, então uso esse conceito no decorrer do livro. (Parece uma ótima hora para apresentá-lo!)

Na maior parte do tempo, represento a probabilidade como a proporção da área sob parte de uma distribuição. Por exemplo, a probabilidade de um erro Tipo I (também conhecido como α) é a área em uma cauda da distribuição normal padrão ou uma cauda de uma distribuição-t.

É hora de examinar a probabilidade em mais detalhes, incluindo as variáveis aleatórias, as permutações e as combinações. Mostro alguns fundamentos e aplicações de probabilidade, então me concentro em algumas distribuições de probabilidade específicas e também analiso as funções R relacionadas à probabilidade.

O que É Probabilidade?

A maioria de nós tem uma ideia intuitiva de probabilidade. Jogue uma moeda não viciada e terá uma chance de 50% de cair cara. Jogue um dado não viciado e terá uma chance em 6 de cair um 2.

Se você quisesse ser mais formal em sua definição, provavelmente diria algo sobre todas as coisas possíveis que poderiam acontecer e as proporções dessas coisas que são importantes para você. Duas coisas podem acontecer quando jogamos uma moeda, e se só nos importamos com uma delas (cara), a probabilidade de esse evento acontecer é uma em duas. Seis coisas podem acontecer quando jogamos um dado, e se só nos importamos com uma delas (2), a probabilidade de esse evento acontecer é de uma em seis.

Experimentos, tentativas, eventos e espaços amostrais

Os estatísticos e outros que trabalham com probabilidade referem-se a um processo como jogar uma moeda ou um dado como *experimento*. Sempre que passamos pelo processo, isso é chamado de *tentativa*.

Isso pode não ser adequado para sua definição pessoal de experimento (ou tentativa), mas, para um estatístico, um *experimento* é qualquer processo que produza um de, pelo menos, dois resultados distintos (como cara ou coroa).

Veja outra parte da definição de um experimento: não podemos prever o resultado com certeza. Cada resultado distinto é chamado de *resultado elementar*. Junte vários resultados elementares e temos um *evento*. Por exemplo, com um dado, os resultados elementares 2, 4 e 6 formam o evento "número par".

Junte todos os resultados elementares possíveis e você terá um *espaço amostral*. Os números 1, 2, 3, 4, 5 e 6 formam o espaço amostral de um dado. Caras e coroas formam o espaço amostral de uma moeda.

Espaços amostrais e probabilidade

Como os eventos, resultados e espaços amostrais se comportam na probabilidade? Se cada resultado elementar em um espaço amostral for igualmente provável, a probabilidade de um evento será:

$$\text{pr}(\text{Evento}) = \frac{\text{Número de Resultados Elementares no Evento}}{\text{Número de Resultados Elementares no Espaço Amostral}}$$

Então a probabilidade de jogar um dado e obter um número par é:

$$\text{pr (Número Par)} = \frac{\text{Número de Resultados Elementares Pares}}{\text{Número de Resultados Possíveis de um Dado}} = \frac{3}{6} = 0{,}5$$

Se os resultados elementares não são igualmente prováveis, encontramos a probabilidade de um evento de maneira diferente. Primeiro temos que ter alguma maneira de atribuir uma probabilidade a cada um. Então somamos as probabilidades dos resultados elementares que formam o evento.

Algumas coisas a lembrar sobre a probabilidade dos resultados:

» Cada probabilidade precisa ser entre 0 e 1.

» Todas as probabilidades de resultados elementares em um espaço amostral precisam somar 1,00.

Como atribuir essas probabilidades? Às vezes é preciso ter informações com antecedência, assim como saber se uma moeda tem tendência para cara 60% das vezes. Às vezes precisamos apenas pensar bem na situação para entender a probabilidade de um resultado.

Veja um exemplo rápido de "pensar bem na situação". Suponha que um dado seja tendencioso para a probabilidade de um resultado ser proporcional ao rótulo numérico dele: 6 cai com 6 vezes mais frequência do que 1, 5 cai com 5 vezes mais frequência do que 1, e assim por diante. Qual é a probabilidade de cada resultado? Todas as probabilidades precisam somar 1,00 e todos os números em um dado somam 21 (1 + 2 + 3 + 4 + 5 + 6 = 21), então as probabilidades são: $pr(1) = 1/21$, $pr(2) = 2/21$,..., $pr(6) = 6/21$.

Eventos Compostos

Algumas regras para lidar com *eventos compostos* nos ajudam a "pensar bem". Um evento composto consiste em mais de um evento. É possível combinar eventos por *união* ou *interseção* (ou ambos).

União e interseção

No lançamento de um dado não viciado, qual é a probabilidade de obter 1 ou 4? Os matemáticos têm um símbolo para *ou*. Ele é chamado de *união*: $\cup$. Usando esse símbolo, a probabilidade de 1 ou 4 é $pr(1 \cup 4)$.

Ao abordar esse tipo de probabilidade, é útil acompanhar os resultados elementares. Há um resultado elementar em cada evento, então o evento de "1 ou 4" tem dois resultados elementares. Com um espaço amostral de seis resultados, a possibilidade é de 2/6 ou 1/3. Outra maneira de calcular isso é:

$$pr(1 \cup 4) = pr(1) + pr(4) = \frac{1}{6} + \frac{1}{6} = \frac{2}{6} = \frac{1}{3}$$

Veja algo um pouco mais complicado: Qual é a probabilidade de obter um número entre 1 e 3 ou um número entre 2 e 4?

Apenas adicionar resultados elementares em cada evento não nos dará a resposta agora. Há três resultados no evento "entre 1 e 3" e três resultados no evento "entre 2 e 4". A probabilidade não pode ser $3+3$ dividido pelos 6 resultados no espaço amostral, porque isso é 1,00, não deixando nada para pr(5) e pr(6). Por essa mesma razão, não podemos apenas somar as probabilidades.

O desafio aumenta com a sobreposição dos dois eventos. Os resultados elementares em "entre 1 e 3" são 1, 2 e 3. Os resultados elementares em "entre 2 e 4" são 2, 3 e 4. Dois resultados se sobrepõem: 2 e 3. Para não contá-los duas vezes, o truque é subtraí-los do total.

Algumas coisas facilitam esse processo. Abreviamos "entre 1 e 3" como A e "entre 2 e 4" como B. Além disso, usamos o símbolo matemático para "sobreposição", que é $\cap$ e é chamado de *interseção*.

Usando os símbolos, a probabilidade de "entre 1 e 3" ou "entre 2 e 4" é:

$pr(A \cup B) =$

$$\frac{\text{Número de Resultados em A + Número de Resultados em B – Número de Resultados em}(A \cap B)}{\text{Número de Resultados no Espaço Amostral}}$$

$$pr(A \cup B) = \frac{3+3-2}{6} = \frac{4}{6} = \frac{2}{3}$$

Também podemos trabalhar com as probabilidades:

$$pr(A \cup B) = \frac{3}{6} + \frac{3}{6} - \frac{2}{6} = \frac{4}{6} = \frac{2}{3}$$

A fórmula geral é:

$$pr(A \cup B) = pr(A) + pr(B) - pr(A \cap B)$$

Por que pudemos apenas somar as probabilidades no outro exemplo? Porque $pr(1 \cap 4)$ é zero: é impossível obter 1 e 4 no mesmo lançamento do dado. Sempre que $pr(A \cap B) = 0$, falamos que A e B são *mutuamente exclusivos*.

Interseção novamente

Imagine jogar uma moeda e um dado ao mesmo tempo. Esses dois experimentos são *independentes*, porque o resultado de um não influencia o resultado do outro.

Qual é a probabilidade de obter cara (heads) e 4? Usamos o símbolo de interseção e escrevemos como $pr(caras \cap 4)$:

$$pr(Caras \cap 4) = \frac{\text{Número de Resultados Elementares em Cara} \cap 4}{\text{Número de Resultados Elementares no Espaço Amostral}}$$

Comece com o espaço amostral. A Tabela 17-1 lista todos os resultados elementares, em que Heads = Cara e Tails = Coroa.

TABELA 17-1 Resultados Elementares no Espaço Amostral de Jogar uma Moeda e um Dado

Heads, 1	Tails, 1
Heads, 2	Tails, 2
Heads, 3	Tails, 3
Heads, 4	Tails, 4
Heads, 5	Tails, 5
Heads, 6	Tails, 6

Como exibido na tabela, há 12 resultados possíveis. Há quantos resultados no evento "cara e 4"? Apenas um. Então:

$$\text{pr}(\text{Caras} \cap 4) = \frac{\text{Número de Resultados Elementares em Caras} \cap 4}{\text{Número de Resultados Elementares no Espaço Amostral}} = \frac{1}{12}$$

Também podemos trabalhar com as probabilidades:

$$\text{pr}(\text{Caras} \cap 4) = \text{pr}(\text{Caras}) \times \text{pr}(4) = \frac{1}{12}$$

Em geral, se A e B são independentes,

$$pr(A \cap B) = pr(A) \times pr(B)$$

Probabilidade Condicional

Em algumas circunstâncias, limitamos o espaço amostral. Por exemplo, suponha que eu jogue um dado e informe que o resultado foi maior que 2. Qual é a probabilidade de ser um 5?

Normalmente, a probabilidade de um 5 seria de 1/6. Contudo, nesse caso, o espaço amostral não é 1, 2, 3, 4, 5 e 6. Quando sabemos que o resultado é maior que 2, o espaço amostral se torna 3, 4, 5 e 6. A probabilidade de 5 agora é de 1/4.

Esse é um exemplo de *probabilidade condicional*. Ela é "condicional" porque estabeleci uma "condição", ou seja, o lançamento resultou em um número maior que 2. A notação é:

$$\text{pr}(5 | \text{Maior que } 2)$$

LEMBRE-SE

A linha vertical (|) é a abreviação de "atribuído" e lemos essa notação como "a probabilidade de um 5 atribuído maior que 2".

Trabalhando com probabilidades

Em geral, se tivermos dois eventos A e B,

$$pr(A|B) = \frac{pr(A \cap B)}{pr(B)}$$

contanto que *pr(B)* não seja zero.

Para a interseção no numerador à direita, *não* é o caso em que apenas multiplicamos as probabilidades. Na verdade, se pudéssemos fazer isso, não teríamos uma probabilidade condicional, porque significaria que A e B são independentes. Se são independentes, um evento não pode estar condicionado ao outro.

Temos que pensar bem na probabilidade da interseção. Em um dado, há quantos resultados no evento "5 ∩ Maior que 2"? Apenas um, então pr(5 ∩ Maior que 2) é 1/6 e

$$pr(5|\text{Maior que }2) = \frac{pr(5 \cap \text{Maior que }2)}{pr(\text{Maior que }2)} = \frac{1/6}{4/6} = \frac{1}{4}$$

A base dos testes de hipóteses

Todos os testes de hipótese vistos nos capítulos anteriores envolvem probabilidade condicional. Quando determinamos uma estatística amostral, calculamos uma estatística de teste, depois comparamos com um valor crítico, estamos procurando a probabilidade condicional. Especificamente, tentamos encontrar

$$pr(\text{estatística de teste obtida ou um valor mais extremo}|H_0 \text{ é verdadeiro})$$

Se essa probabilidade condicional for baixa (menor que 0,05 em todos os exemplos mostrados nos capítulos sobre o teste de hipóteses), rejeitaremos H_0.

Espaços Amostrais Grandes

Ao lidar com probabilidade, é importante entender o espaço amostral. Nos exemplos mostrados até agora neste capítulo, os espaços amostrais são pequenos. É fácil listar todos os resultados elementares com uma moeda ou um dado.

Porém o mundo não é tão simples. Na verdade, até os problemas de probabilidade dos livros didáticos de Estatística não são tão simples. Na maior parte do tempo, os espaços amostrais são grandes, e não é conveniente listar cada resultado elementar.

Por exemplo, ao lançar um dado duas vezes. Quantos resultados elementares existem no espaço amostral que consiste nos dois lances? Podemos sentar listá-los, mas é melhor pensar: seis possibilidades para o primeiro lance e cada uma dessas seis pode emparelhar com seis possibilidades do segundo. Então o espaço amostral tem 6 × 6 = 36 resultados elementares possíveis.

É similar ao espaço amostral da moeda e do dado na Tabela 17-1, em que o espaço consiste em 2 × 6 = 12 resultados elementares. Com 12 resultados, foi fácil listá-los na tabela. Com 36 começa a ficar complicado.

Os eventos frequentemente exigem atenção também. Qual é a probabilidade de lançar um dado duas vezes e obter um total de 5? Precisamos contar as maneiras de esses dois lances poderem totalizar 5, então, dividir pelo número de resultados elementares no espaço amostral (36). É possível obter um total de 5 com qualquer um destes pares nos lances: 1 e 4, 2 e 3, 3 e 2 ou 4 e 1. Isso totaliza quatro maneiras e elas não se sobrepõem (desculpe-me, se *intersectam*), então:

$$\text{pr}(5) = \frac{\text{Número de Maneiras de Tirar um 5}}{\text{Número de Resultados Possíveis de Dois Lances}} = \frac{4}{36} = 0{,}11$$

Listar todos os resultados elementares para o espaço amostral é um pesadelo. Felizmente, há atalhos disponíveis, como mostrarei nas próximas seções. Como cada atalho o ajuda a contar um número de itens rapidamente, outro nome para esse atalho é *regra de contagem*.

Acredite se quiser, mas acabei de mostrar uma regra de contagem. Alguns parágrafos atrás, informei que em dois lançamentos de um dado há o espaço amostral de 6 × 6 = 36 resultados possíveis. Essa é a *regra do produto*: se N_1 resultados são possíveis na primeira tentativa de um experimento e N_2 resultados são possíveis na segunda tentativa, o número de resultados possíveis é $N_1 N_2$. Cada resultado possível na primeira tentativa pode ser associado a cada resultado possível na segunda. E se fossem três tentativas? Isso seria $N_1 N_2 N_3$.

Agora mais algumas regras de contagem.

Permutações

Suponha que tenhamos que organizar cinco objetos em sequência. De quantas maneiras podemos fazer isso? Para a primeira posição na sequência, temos cinco escolhas. Depois de fazer essa escolha, temos quatro para a segunda posição. Depois três para a terceira, duas para a quarta e uma para a quinta. O número de maneiras é $(5)(4)(3)(2)(1) = 120$.

Em geral, o número de sequências de N objetos é $N(N-1)(N-2) \ldots (2)(1)$. Esse tipo de cálculo ocorre com frequência no mundo da probabilidade e tem sua própria notação: $N!$ Não lemos isso gritando "N" em voz alta, mas dizendo "N fatorial". Por definição, $1! = 1$ e $0! = 1$.

Agora a parte boa. Se tivermos que ordenar as 26 letras do alfabeto, o número de sequências possíveis será 26!, um número enorme. Mas suponha que a tarefa seja criar sequências de 5 letras, sendo que nenhuma delas pode se repetir na sequência. De quantas maneiras podemos fazer isso? Temos 26 escolhas para a primeira letra, 25 para a segunda, 24 para a terceira, 23 para a quarta, 22 para a quinta, e é isso. Então isso seria (26)(25)(24)(23)(22). Veja como esse produto está relacionado a 26!:

$$\frac{26!}{21!}$$

Cada sequência é chamada de *permutação*. Em geral, se pegarmos permutações de N coisas r por vez, a notação será $_NP_r$ (P representa a *permutação*). A fórmula é

$$_NP_r = \frac{N!}{(N-r)!}$$

Apenas para concluir, veja mais um jeito. Suponha que as repetições sejam permitidas nessas sequências de 5. Isto é, aabbc é uma sequência permitida. Nesse caso, o número de sequências é $26 \times 26 \times 26 \times 26 \times 26$, ou como os matemáticos diriam: "26 elevado à quinta potência". Eles escreveriam "26^5".

Combinações

No exemplo anterior, essas sequências são diferentes umas das outras: *abcde*, *adbce*, *dbcae*, e assim por diante. Na verdade, poderíamos ter 5! = 120 dessas sequências diferentes apenas com as letras *a, b, c, d* e *e*.

Suponha esta restrição: uma dessas sequências não é diferente de outra e tudo o que fazemos é nos preocupar em ter conjuntos de cinco letras não repetidas sem ordem específica. Cada conjunto é chamado de *combinação*. Para este exemplo, o número de combinações é o número de permutações dividido por 5!:

$$\frac{26!}{5!(21!)}$$

Em geral, a notação para as combinações de N coisas, r por vez é $_NC_r$ (C representa a *combinação*). A fórmula é:

$$_NC_r = \frac{N!}{r!(N-r)!}$$

Menciono deste tópico no Apêndice B. No contexto de um teste estatístico chamado de teste da soma dos postos de Wilcoxon, usei como exemplo o número de combinações de 8 coisas, 4 por vez:

$$_8C_4 = \frac{8!}{4!4!} = 70$$

Agora o exemplo para finalizar. Suponha que as repetições sejam permitidas nessas sequências. Quantas sequências teríamos? Acontece de termos o equivalente a N+r−1 coisas, N−1 por vez ou $_{N+r+1}C_{N-1}$. Para o exemplo, isso seria $_{30}C_{25}$.

370 PARTE 4 **Trabalhando com Probabilidade**

Funções R para Regras de Contagem

O R fornece `factorial()` para encontrar o fatorial de um número:

```
> factorial(6)
[1] 720
```

Também podemos usar essa função para encontrar o fatorial de cada número em um vetor:

```
> xx <- c(2,3,4,5,6)
> factorial(xx)
[1]   2   6  24 120 720
```

Para combinações, R fornece algumas possibilidades. A função `choose()` calcula $_NC_r$, o número de combinações de N coisas, r por vez. Então, para 8 coisas, 4 por vez (veja o exemplo do Apêndice B), isso seria:

```
> choose(8,4)
[1] 70
```

Para listar todas as combinações, use `combn()`. Eu ilustro com $_4C_2$. Tenho um vetor contendo os nomes de quatro dos Irmãos Marx (grupo de comediantes),

```
Marx.Bros <- c("Groucho","Chico","Harpo","Zeppo")
```

e quero listar todas as combinações possíveis, dois por vez:

```
> combn(Marx.Bros,2)
     [,1]      [,2]      [,3]      [,4]    [,5]    [,6]
[1,] "Groucho" "Groucho" "Groucho" "Chico" "Chico" "Harpo"
[2,] "Chico"   "Harpo"   "Zeppo"   "Harpo" "Zeppo" "Zeppo"
```

Essa matriz informa que há seis combinações possíveis e as duas linhas em cada coluna mostram os dois nomes em cada combinação.

Ao meu ver, as melhores funções para lidar com combinações e permutações estão no pacote `gtools`. Na aba Packages, encontre `gtools` e marque sua caixa de verificação.

Aqui estão as funções `combinations()` e `permutations()` de `gtools` em ação:

```
> combinations(4,2,v=Marx.Bros)
     [,1]      [,2]
```

```
[1,]  "Chico"    "Groucho"
[2,]  "Chico"    "Harpo"
[3,]  "Chico"    "Zeppo"
[4,]  "Groucho"  "Harpo"
[5,]  "Groucho"  "Zeppo"
[6,]  "Harpo"    "Zeppo"

> permutations(4,2,v=Marx.Bros)
       [,1]       [,2]
 [1,]  "Chico"    "Groucho"
 [2,]  "Chico"    "Harpo"
 [3,]  "Chico"    "Zeppo"
 [4,]  "Groucho"  "Chico"
 [5,]  "Groucho"  "Harpo"
 [6,]  "Groucho"  "Zeppo"
 [7,]  "Harpo"    "Chico"
 [8,]  "Harpo"    "Groucho"
 [9,]  "Harpo"    "Zeppo"
[10,]  "Zeppo"    "Chico"
[11,]  "Zeppo"    "Groucho"
[12,]  "Zeppo"    "Harpo"
```

Para cada função, o primeiro argumento é N, o segundo é r e o terceiro é o vetor contendo os itens. Veja o que acontece sem o vetor:

```
> combinations(4,2)
     [,1] [,2]
[1,]   1    2
[2,]   1    3
[3,]   1    4
[4,]   2    3
[5,]   2    4
[6,]   3    4
```

Se tudo o que quisermos fazer for determinar o número de combinações:

```
> nrow(combinations(4,2))
[1] 6
```

É claro que podemos fazer o mesmo para as permutações.

Variáveis Aleatórias: Discreta e Contínua

Deixe-me voltar aos lançamentos de um dado não viciado, em que são possíveis 6 resultados elementares. Se eu usar *x* para me referir ao resultado de um lance, *x* poderá ser qualquer número inteiro de 1 a 6. Como *x* pode ter um conjunto de valores, é uma variável. Como os possíveis valores de *x* correspondem aos resultados elementares de um experimento (o que significa que não podemos prever seus valores com certeza), *x* é chamado de *variável aleatória*.

Há duas variedades de variáveis aleatórias. Uma delas é a *discreta*, sendo o lance de um dado um bom exemplo. Uma variável aleatória discreta só pode obter o que os matemáticos chamam de números de valores *contáveis*, como os números de 1 a 6. Valores entre os números inteiros 1 a 6 (como 1,25 e 3,1416) são impossíveis para uma variável aleatória que corresponde a resultados de lançamentos de dados.

Outro tipo é a *contínua*. Uma variável aleatória contínua pode obter um número infinito de valores. A temperatura é um exemplo. Dependendo da precisão do termômetro, é possível ter temperaturas como 34,516 graus.

Distribuições de Probabilidade e Funções Densidade

De volta aos lances de dados. Cada valor da variável aleatória *x* (1–6, lembra?) tem uma probabilidade. Se o dado não for viciado, cada probabilidade será de 1/6. Combine cada valor de uma variável aleatória discreta como *x* com sua probabilidade, e você terá uma *distribuição de probabilidade*.

As distribuições de probabilidade são fáceis de representar em gráficos. A Figura 17-1 mostra a distribuição de probabilidade de *x*.

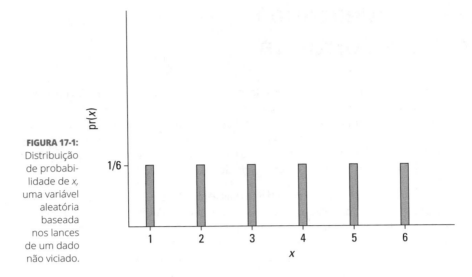

FIGURA 17-1: Distribuição de probabilidade de x, uma variável aleatória baseada nos lances de um dado não viciado.

Uma variável aleatória tem uma média, uma variância e um desvio-padrão. Calcular esses parâmetros é algo bem simples. No mundo da variável aleatória, a média é chamada de *valor esperado* e o valor esperado da variável aleatória x é abreviado como E(x). Veja como calculá-lo:

$$E(x) = \sum x(pr(x))$$

Para a distribuição de probabilidade na Figura 17-1, isso seria:

$$E(x) = \sum x(pr(x)) = (1)\left(\frac{1}{6}\right) + (2)\left(\frac{1}{6}\right) + (3)\left(\frac{1}{6}\right) + (4)\left(\frac{1}{6}\right) + (5)\left(\frac{1}{6}\right) + (6)\left(\frac{1}{6}\right) = 3,5$$

A variância de uma variável aleatória muitas vezes é abreviada como V(x) e sua fórmula é:

$$V(x) = \sum x^2(pr(x)) - [E(x)]^2$$

Trabalhando mais uma vez com a distribuição de probabilidade da Figura 17-1,

$$V(x) = (1^2)\left(\frac{1}{6}\right) + (2^2)\left(\frac{1}{6}\right) + (3^2)\left(\frac{1}{6}\right) + (4^2)\left(\frac{1}{6}\right) + (5^2)\left(\frac{1}{6}\right) + (6^2)\left(\frac{1}{6}\right) - [3,5]^2 = 2,91$$

O desvio-padrão é a raiz quadrada da variância que, nesse caso, é 1,708.

Para as variáveis aleatórias contínuas, a coisa fica um pouco mais complicada. Não podemos combinar um valor com uma probabilidade, porque não conseguimos estabelecer um valor. Em vez disso, associamos uma variável aleatória contínua a uma regra matemática (uma equação) que gera a *densidade de probabilidade*, e a distribuição é chamada de *função densidade de probabilidade*. Para calcular a média e a variância de uma variável aleatória contínua, precisamos do cálculo.

No Capítulo 8 mostro a função densidade de probabilidade, a distribuição normal padrão. Ela está reproduzida aqui como a Figura 17-2.

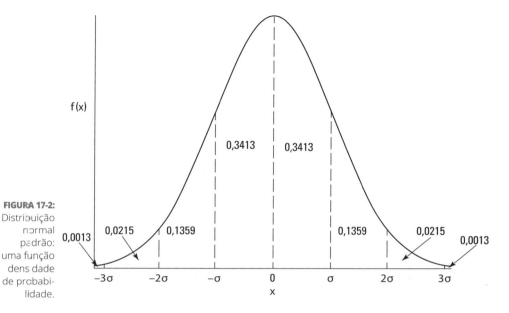

FIGURA 17-2: Distribuição normal padrão: uma função densidade de probabilidade.

Na figura, $f(x)$ representa a densidade de probabilidade. Como a densidade de probabilidade pode envolver alguns conceitos matemáticos pesados, não entrarei em detalhes. Como mencionei no Capítulo 8, pense na densidade de probabilidade como algo que transforma a área sob a curva em probabilidade.

Embora não seja possível a probabilidade de um valor específico de uma variável aleatória contínua, podemos trabalhar com a probabilidade de um intervalo. Para encontrar a probabilidade que a variável aleatória assume em um valor dentro de um intervalo, encontramos a proporção da área total sob a curva dentro daquele intervalo. A Figura 17-2 mostra esse conceito. A probabilidade de x estar entre 0 e 1σ é 0,3413.

No restante deste capítulo lidaremos apenas com variáveis aleatórias discretas. A próxima é bem específica.

Distribuição Binomial

Imagine um experimento que tenha estas cinco características:

» O experimento consiste em N tentativas iguais.

Uma tentativa pode ser o lançamento de um dado ou moeda.

» Cada tentativa resulta em um de dois resultados elementares.

É padrão chamar um resultado de *sucesso* e o outro de *fracasso*. Para o lançamento de um dado, um sucesso pode ser sair um 3 e um fracasso seria qualquer outro resultado.

» A probabilidade de um sucesso permanece a mesma de uma tentativa para a outra.

Novamente, é padrão usar *p* para representar a probabilidade de um sucesso e usar *1–p* (ou *q*) para representar a probabilidade de um fracasso.

» As tentativas são independentes.

» A variável aleatória discreta *x* é o número de sucessos em *N* tentativas.

Esse tipo de experimento é chamado de *experimento binomial*. A distribuição de probabilidade de *x* segue esta regra:

$$pr(x) = \frac{N!}{x!(n-x)!} p^x (1-p)^{N-x}$$

Na extrema direita, $p^x(1-p)^{N-x}$ é a probabilidade de uma combinação de *x* sucessos em *N* tentativas. O termo imediatamente à esquerda é $_NC_x$, o número de combinações possíveis de *x* sucessos em *N* tentativas.

Isso é chamado de *distribuição binomial*. Ela é utilizada para encontrar probabilidades como a de obter quatro números 3 em dez lançamentos de um dado:

$$pr(4) = \frac{10!}{4!(6!)} \left(\frac{1}{6}\right)^4 \left(\frac{5}{6}\right)^6 = 0{,}054$$

A *distribuição binomial negativa* é fortemente relacionada. Nela, a variável aleatória é o número de tentativas antes do x^o sucesso. Por exemplo, usamos o binomial negativo para encontrar a probabilidade de cinco lances que resultem em qualquer coisa, menos um 3, antes da quarta vez de um 3 sair.

Para que isso aconteça, nos oito lançamentos antes do quarto 3, precisamos conseguir cinco resultados diferentes de 3 e três sucessos (lançamentos com o resultado 3). Então o próximo lançamento resulta em um 3. A probabilidade de uma combinação de quatro sucessos e cinco fracassos é $p^4(1-p)^5$. O número de combinações diferentes que podemos ter de cinco fracassos e quatro para um sucessos é $_{5+4-1}C_{4-1}$. Então a probabilidade é

$$pr(\text{5 fracassos antes do } 4^o \text{ sucesso}) = \frac{(5+4-1)!}{(4-1)!(5!)} \left(\frac{1}{6}\right)^4 \left(\frac{5}{6}\right)^5 = 0{,}017$$

Em geral, a distribuição binomial negativa (às vezes chamada de *distribuição Pascal*) é

$$pr(f \text{ fracassos antes do } x^o \text{ sucesso}) = \frac{(f+x-1)!}{(x-1)!(f!)} p^x (1-p)^f$$

Binomial e Binomial Negativa em R

O R fornece funções binom para a distribuição binomial e funções nbinom para a distribuição binomial negativa. Para ambas, utilizo lançamentos de dados para que *p* (a probabilidade de um sucesso) = 1/6.

Distribuição binomial

Como no caso de outras distribuições integradas, o R fornece as seguintes funções para a distribuição binomial: dbinom() (função densidade), pbinom() (função distribuição cumulativa), qbinom() (quantis) e rbinom() (geração de número aleatório).

Para exibir uma distribuição binomial, use dbinon() para diagramar a função densidade do número de sucessos em dez lances de um dado não viciado. Comece criando um vetor para o número de sucessos:

```
successes <- seq(0,10)
```

então, um vetor para as probabilidades associadas:

```
probability <- dbinom(successes,10,1/6)
```

O primeiro argumento, claro, é o vetor de sucessos, o segundo é o número de tentativas e o terceiro (1/6) é a probabilidade de um sucesso com um dado não viciado de seis lados.

Para diagramar essa função densidade:

```
ggplot(NULL,aes(x=successes,y=probability))+
  geom_bar(stat="identity",width=1,color="white")
```

O argumento NULL em ggplot() indica que não criamos um data frame, estamos apenas usando os vetores successes e probability. Em geom_bar(), o argumento stat= "identity" indica que os valores no vetor probability definem as alturas das barras, width = 1 aumenta um pouco a largura das barras e color = "white" adiciona clareza ao colocar uma borda branca ao redor de cada barra. O código cria a Figura 17-3.

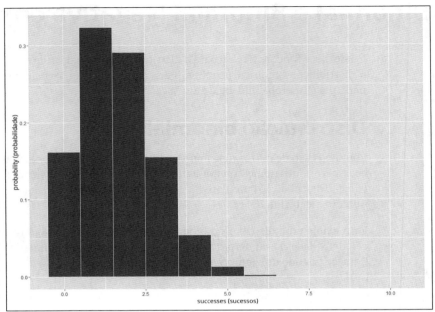

FIGURA 17-3:
Distribuição binomial do número de sucessos em dez lances de um dado não viciado.

Em seguida, use pbinom() para exibir a distribuição cumulativa do número de sucessos em dez lances de um dado não viciado:

```
cumulative <-pbinom(successes,10,1/6)
```

E aqui está o diagrama:

```
ggplot(NULL,aes(x=successes,y=cumulative))+
   geom_step()
```

A segunda declaração produz a função gradual que vemos na Figura 17-4.

Cada degrau representa a probabilidade de obter *x* ou menos sucessos em dez lances.

A função qbinom() calcula as informações de quantis. Para cada quinto quantil a partir do 10º até o 95º na distribuição binomial com $N = 10$ e $p = 1/6$:

```
> qbinom(seq(.10,.95,.05),10,1/6)
 [1] 0 0 1 1 1 1 1 2 2 2 2 2 2 3 3 3 4
```

Para fazer uma amostra de cinco números aleatórios dessa distribuição binomial

```
> rbinom(5, 10, 1/6)
[1] 4 3 3 0 2
```

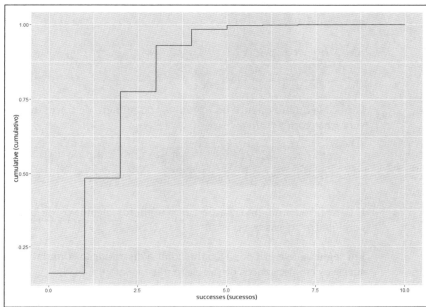

FIGURA 17-4: Distribuição cumulativa do número de sucessos em dez lances de um dado não viciado.

Distribuição binomial negativa

Para as funções binomiais negativas, `dnbinom()` fornece a função densidade, `pnbinom()` fornece a função distribuição cumulativa, `qnbinom()` dá informações de quantis e `rnbinom()` produz números aleatórios.

O exemplo que mostrei anteriormente envolve o número de fracassos antes do quarto sucesso de um lançamento de dado. Esse foi o caso da probabilidade de cinco fracassos antes do quarto lançamento e utilizei `dnbinom()` para calcular essa probabilidade:

```
> dnbinom(5,4,1/6)
[1] 0.01736508
```

O primeiro argumento de `dnbinom()` é o número de fracassos, o segundo é o número de sucessos e o terceiro é a probabilidade de um sucesso.

CAPÍTULO 17 **Apresentando a Probabilidade** 379

Se quiséssemos saber a probabilidade de cinco ou menos fracassos antes do quarto sucesso:

```
> pnbinom(5,4,1/6)
[1] 0.04802149
```

que é igual a:

```
> sum(dnbinom(seq(0,5),4,1/6))
[1] 0.04802149
```

Para cada quinto quantil do 10º ao 95º do número de fracassos antes de quatro sucessos (com $p = 1/6$):

```
> qnbinom(seq(.10,.95,.05),4,1/6)
 [1]  8  9 11 12 13 14 16 17 18 20 21 22 24 26 28 31 35 41
```

E para fazer uma amostra de cinco números aleatórios da binomial negativa com quatro sucessos e $p = 1/6$:

```
> rnbinom(5, 4, 1/6)
[1] 10  5  4 23  7
```

Teste de Hipóteses com a Distribuição Binomial

Às vezes os testes de hipóteses envolvem a distribuição binomial. Normalmente temos alguma ideia da probabilidade de um sucesso e colocamos essa ideia em uma hipótese nula. Depois realizamos N tentativas e registramos o número de sucessos. Por fim, calculamos a probabilidade de obter tantos sucessos ou uma quantidade mais extrema se H_0 for verdadeira. Se a probabilidade for baixa, rejeitaremos H_0.

Quando testamos dessa forma, estamos usando estatísticas para fazer uma inferência sobre um parâmetro populacional. Aqui, esse parâmetro é a probabilidade de um sucesso na população de tentativas. Por convenção, as letras gregas representam os parâmetros. Os estatísticos usam π (pi), a letra grega equivalente a p, para representar a probabilidade de um sucesso na população.

Continuando com o exemplo do lançamento de dado, suponha que temos um dado e queremos testar se ele é viciado ou não. Suspeitamos que se não for, será tendencioso em 3. Definiremos um lançamento que resulta em 3 como um sucesso. Lançamos o dado dez vezes. Cinco lançamentos são sucessos. Colocando tudo isso em termos do teste de hipótese:

$H_0: \pi \leq 1/6$

$H_1: \pi > 1/6$

Como sempre, definimos $\alpha = 0{,}05$.

Para testar essas hipóteses, precisamos encontrar a probabilidade de obter pelo menos quatro sucessos em dez lances com $p = 1/6$. Essa probabilidade é $pr(5) + pr(6) + pr(7) + pr(8) + pr(9) + pr(10)$. Se o total for menor que 0,05, rejeitaremos H_0.

Há algum tempo, isso seria demais para calcular. Com o R, nem tanto. A função `binom.test()` faz todo o trabalho:

```
binom.test(5,10,1/6, alternative="greater")
```

O primeiro argumento é o número de sucessos, o segundo é o número de lances, o terceiro é π e o quarto é a hipótese alternativa. Executar essa função produz

```
> binom.test(5,10,1/6, alternative="greater")

        Exact binomial test

data:  5 and 10
number of successes = 5, number of trials = 10,
p-value = 0.01546
alternative hypothesis: true probability of success is
   greater than 0.1666667
95 percent confidence interval:
 0.2224411 1.0000000
sample estimates:
probability of success
                   0.5
```

O valor-p (0,01546) é muito menor que 0,05, e isso significa rejeitar a hipótese nula. Além disso, note a informação adicional sobre os intervalos de confiança e a probabilidade estimada de um sucesso (o número de sucessos obtidos dividido pelo número de tentativas).

Se você acompanhou a análise sobre distribuição binomial, sabe que as duas outras maneiras de calcular o valor-p são:

```
> sum(dbinom(seq(5,10),10,1/6))
[1] 0.01546197
```

e

```
> 1-pbinom(4,10,1/6)
[1] 0.01546197
```

Não importa a forma, a decisão é rejeitar a hipótese nula.

Mais sobre o Teste de Hipótese: R versus Tradição

Quando $N\pi \geq 5$ (número de tentativas × probabilidade hipotética de um sucesso) e $N(1-\pi) \geq 5$ (número de tentativas × probabilidade hipotética de um fracasso) são maiores que 5, a distribuição binomial se aproxima da distribuição normal padrão. Nesses casos, os livros de Estatística normalmente orientam para usar as estatísticas da distribuição normal para responder perguntas sobre a distribuição binomial. Pela tradição, vamos fazer isso e comparar com binom.test().

Essas estatísticas envolvem escores-z, o que significa que precisamos conhecer a média e o desvio-padrão da binomial. Felizmente, são fáceis de calcular. Se N é o número de tentativas e π é a probabilidade de um sucesso, a média é

$$\mu = N\pi$$

a variância é

$$\sigma^2 = N\pi(1-\pi)$$

e o desvio-padrão é

$$\sigma = \sqrt{N\pi(1-\pi)}$$

Quando testamos uma hipótese, fazemos uma inferência sobre π e temos que começar com uma estimativa. Executamos N tentativas e obtemos x sucessos. A estimativa é:

$$P = \frac{x}{N}$$

Para criar um escore-z, precisamos de mais uma informação: o erro padrão de P. Isso parece mais difícil do que realmente é, porque esse erro padrão é apenas

$$\sigma_P = \sqrt{\frac{\pi(1-\pi)}{N}}$$

Agora estamos prontos para um teste de hipótese.

Veja um exemplo: o CEO da FarKlempt Robotics, Inc. acredita que 50% dos robôs da empresa são comprados para uso doméstico. Uma amostra de 1.000 clientes indica que 550 deles usam seus robôs em casa. Isso é muito diferente do que o CEO acredita? As hipóteses:

H_0: $\pi = 0{,}50$

H_1: $\pi \neq 0{,}50$

Definimos $\alpha = 0{,}05$

$N\pi = 500$ e $N(1-\pi) = 500$, então a aproximação normal é adequada.

Primeiro calculamos P:

$$P = \frac{x}{N} = \frac{550}{1000} = 0{,}55$$

Agora criamos um escore-z:

$$z = \frac{P-\pi}{\sqrt{\frac{\pi(1-\pi)}{N}}} = \frac{0{,}55-0{,}50}{\sqrt{\frac{(0{,}50)(1-0{,}50)}{1000}}} = \frac{0{,}05}{\sqrt{\frac{0{,}25}{1000}}} = 3{,}162$$

Com $\alpha = 0{,}05$, 3,162 é um escore-z grande o suficiente para rejeitar H_0?

```
> pnorm(3.162,lower.tail = FALSE)*2
[1] 0.001566896
```

Isso é muito menor que 0,05, então a decisão é rejeitar H_0.

Com um pouco de raciocínio, podemos ver por que os estatísticos recomendavam esse procedimento antigamente. Para calcular a probabilidade exata, precisamos calcular a probabilidade de, pelo menos, 550 sucessos em 1.000 tentativas. Isso seria $pr(550) + pr(551) + \ldots + pr(1000)$, então uma aproximação baseada em uma distribuição conhecida era muito bem-vinda, particularmente nos livros didáticos de Estatística.

Porém agora:

```
> binom.test(550,1000,.5,alternative="two.sided")
```

```
            Exact binomial test

data:  550 and 1000
number of successes = 550, number of trials = 1000,
p-value = 0.001731
alternative hypothesis: true probability of success is
   not equal to 0.5
95 percent confidence interval:
 0.5185565 0.5811483
sample estimates:
probability of success
                  0.55
```

Voilà! A função `binom.test()` calcula a probabilidade exata em um piscar de olhos. Como podemos ver, a probabilidade exata (0,001731) difere um pouco do valor-*p* normalmente aproximado, mas a conclusão (rejeitar H$_0$) é a mesma.

NESTE CAPÍTULO

» Descobrindo modelos

» Modelando e adequando

» Trabalhando com o método Monte Carlo

Capítulo **18**

Introduzindo a Modelagem

Um *modelo* é algo que conhecemos e com o qual podemos trabalhar, nos ajudando a entender um pouquinho mais sobre outra coisa que conhecemos. Ele deve imitar, de alguma forma, a coisa que modela. Um globo, por exemplo, é um modelo da Terra. Um mapa das ruas é um modelo da região. Uma planta é um modelo de um prédio.

Os pesquisadores usam modelos para ajudá-los a entender processos e fenômenos naturais. Os analistas de negócios usam modelos para ajudá-los a entender processos de negócios. Os modelos que essas pessoas usam podem incluir conceitos da Matemática e da Estatística, conceitos tão conhecidos que podem esclarecer o desconhecido. A ideia é criar um modelo que consiste em conceitos que entendemos, testá-los a fundo e ver se os resultados parecem reais.

Neste capítulo, veremos a modelagem. Meu objetivo é mostrar como aproveitar o R para ajudá-lo a entender os processos em seu mundo.

Modelando uma Distribuição

Em uma abordagem de modelagem, reunimos dados e os agrupamos em uma distribuição. Em seguida, tentamos entender um processo que resulte nesse tipo de distribuição. Reafirmamos esse processo em termos estatísticos para que possamos gerar uma distribuição, então vemos o quanto essa distribuição gerada combina com a real. Esse "processo de descobrir e reafirmar em termos estatísticos" é o modelo.

Se a distribuição gerada combina bem com os dados reais, isso significa que o modelo está "certo"? Significa que o processo que imaginamos é o que produz os dados?

Infelizmente, não. A lógica não funciona assim. Podemos mostrar que um modelo está errado, mas não podemos provar que está certo.

Mergulhando na distribuição Poisson

Nesta seção veremos um exemplo de modelagem com a distribuição Poisson. Analiso essa distribuição no Apêndice A, no qual vemos que ela parece caracterizar uma sequência de processos do mundo real. Com "caracterizar um processo", quero dizer que os dados da distribuição real se parecem muito com a distribuição Poisson. Quando isso acontece, é possível que o tipo de processo que produz uma distribuição Poisson também seja responsável por produzir os dados.

Qual é o processo? Comece com uma variável aleatória x que acompanha o número de ocorrências de um evento específico em um intervalo. No Apêndice A, "intervalo" é uma amostra de 1.000 dobradiças universais e o evento específico é uma "dobradiça defeituosa". As distribuições Poisson também são adequadas para os eventos que ocorrem em intervalos de tempo, e o evento pode ser algo como "chegada em um pedágio".

Em seguida, especifico as condições de um *processo Poisson* e uso as dobradiças defeituosas e as chegadas no pedágio para ilustrar que:

>> Os números de ocorrências do evento em dois intervalos não sobrepostos são independentes.
>
> O número de dobradiças defeituosas em uma amostra é independente do número de dobradiças defeituosas em outra. O número de chegadas em um pedágio durante uma hora é independente do número de chegadas em outra hora.

>> A probabilidade de uma ocorrência do evento é proporcional ao tamanho do intervalo.

A chance de encontrar uma dobradiça defeituosa é maior em uma amostra de 10.000 do que em uma amostra de 1.000. A chance de uma chegada em um pedágio é maior para uma hora do que para meia hora.

» A probabilidade de mais de uma ocorrência do evento em um pequeno intervalo é 0 ou próxima de 0.

Em uma amostra de 1.000 dobradiças universais, temos uma probabilidade extremamente baixa de encontrar duas defeituosas uma ao lado da outra. Em qualquer momento, dois veículos não chegam em um pedágio simultaneamente.

Como mostro no Apêndice A, a fórmula da distribuição Poisson é:

$$pr(x) = \frac{\mu^x e^{-\mu}}{x!}$$

Nessa equação, μ representa o número médio de ocorrências do evento no intervalo observado, e é a constante 2,781828 (seguida por infinitas casas decimais).

Modelando com a distribuição Poisson

Hora de usar a Poisson em um modelo. Na FarBlonJet Corporation, os web designers acompanham o número de cliques por hora na página inicial da intranet. Eles monitoram a página por 200 horas consecutivas e agrupam os dados, como listado na Tabela 18-1.

TABELA 18-1 Cliques por Hora na Página Inicial da Intranet da FarBlonJet

Cliques por Hora	Horas Observadas	Cliques/Hora X Horas Observadas
0	10	0
1	30	30
2	44	88
3	44	132
4	36	144
5	18	90
6	10	60
7	8	56
Total	200	600

A primeira coluna mostra a variável Cliques por Hora. A segunda coluna, Horas Observadas, mostra o número de horas em que cada valor de cliques por hora ocorreu. Nas 200 horas observadas, 10 dessas horas passaram sem cliques, 30 horas tiveram 1 clique, 44 tiveram 2 cliques, e assim por diante. Esses dados levam os web designers a usar uma distribuição Poisson para modelar os cliques por hora. Veja outra maneira de dizer isso: Eles acreditam que um processo Poisson produz o número de cliques por hora na página.

Multiplicar a primeira coluna pela segunda resulta na terceira coluna. Resumindo, a terceira coluna mostra que nas 200 horas observadas, a página da intranet recebeu 600 cliques. Então o número médio de cliques por hora é 3,00.

Aplicando a distribuição Poisson no exemplo,

$$pr(x) = \frac{\mu^x e^{-\mu}}{x!} = \frac{3^x e^{-3}}{x!}$$

A Figura 18-1 mostra a função densidade da distribuição Poisson com $\mu = 3$.

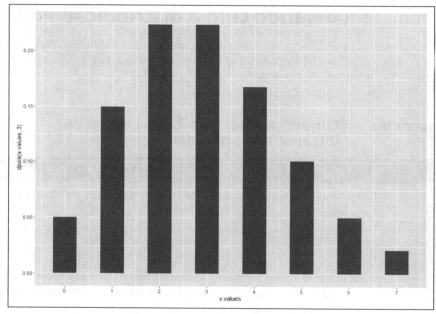

FIGURA 18-1: Distribuição Poisson com $\mu = 3$.

Os rótulos dos eixos na figura dão a dica de como criá-los.

Comece com um vetor de valores para o eixo x.

```
x.values <- seq(0,7)
```

Depois, trabalhe com a função densidade da distribuição Poisson (veja o Apêndice A):

```
dpois(x.values,3)
```

É a função a ser usada no mapeamento estético de y em ggplot():

```
ggplot(NULL,aes(x=x.values,y=dpois(x.values,3)))+
    geom_bar(stat="identity",width=.5)+
    scale_x_continuous(breaks=seq(0,7))
```

A segunda declaração diagrama as barras. Seu primeiro argumento (stat="identity") especifica que a altura de cada barra é o valor da função densidade correspondente mapeado para y. A largura indicada (.5) em seu segundo argumento limita as barras um pouco a partir do valor padrão (.9). A terceira declaração coloca 0–7 no eixo x.

O propósito de um modelo é prever. Para esse modelo, queremos usar a distribuição Poisson para prever a distribuição de cliques por hora. Para isso, multiplicamos cada probabilidade Poisson por 200, o número total de horas:

```
Predicted <- dpois(x.values,3)*200
```

Aqui estão as previsões:

```
> Predicted
[1]   9.957414 29.872241 44.808362 44.808362 33.606271
    20.163763 10.081881  4.320806
```

Para trabalhar com os valores observados (Coluna 2 na Tabela 18-1), criamos um vetor:

```
Observed <- c(10,30,44,44,36,18,10,8)
```

Queremos usar ggplot para mostrar a proximidade das horas previstas para as horas observadas, então criamos um data frame. Isso envolve mais três vetores:

```
Category <-c(rep("Observed",8),rep("Predicted",8))
Hits.Hr <- c(x.values,x.values)
Hours <- c(Observed,Predicted)
```

E agora podemos criar

```
FBJ.frame <-data.frame(Category,Hits.Hr,Hours)
```

que fica assim:

```
> FBJ.frame
   Category Hits.Hr   Hours
1  Observed       0  10.000000
2  Observed       1  30.000000
3  Observed       2  44.000000
4  Observed       3  44.000000
5  Observed       4  36.000000
6  Observed       5  18.000000
7  Observed       6  10.000000
8  Observed       7   8.000000
9  Predicted      0   9.957414
10 Predicted      1  29.872241
11 Predicted      2  44.808362
12 Predicted      3  44.808362
13 Predicted      4  33.606271
14 Predicted      5  20.163763
15 Predicted      6  10.081881
16 Predicted      7   4.320806
```

Para diagramar tudo:

```
ggplot(FBJ.frame,aes(x=Hits.Hr,y=Hours,fill=Category))+
  geom_bar(stat="identity", position="dodge",
           color="black", width=.6)+
  scale_x_continuous(breaks=x.values)+
  scale_fill_grey()+
  theme_bw()
```

A primeira declaração usa o data frame, com os mapeamentos estéticos indicados para x, y e fill. A segunda declaração diagrama as barras. O argumento position= "dodge" coloca as duas categorias de barras lado a lado, e color = "black" desenha uma borda preta em volta das barras (que, claro, não aparece nas barras preenchidas de preto). Como antes, a terceira declaração coloca os valores do vetor x.values no eixo x.

A quarta declaração muda as cores dos preenchimentos das barras que aparecem na página que você está lendo e a declaração final remove o fundo cinza padrão. (Isso facilita a visualização das barras.)

A Figura 18-2 exibe o diagrama. O observado e o previsto se parecem muito, não é?

Testando a adequação do modelo

Bem, "parecer muito" não é o suficiente para um estatístico. Um teste estatístico é uma necessidade. Como no caso de todos os testes estatísticos, este começa com uma hipótese nula e uma alternativa. Veja:

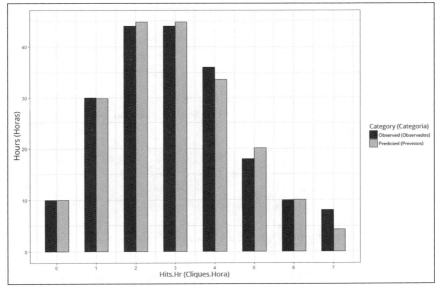

FIGURA 18-2: Cliques por hora na página inicial da intranet da FarBlonJet, observados e previstos por Poisson ($\mu = 3$).

H_0: A distribuição de cliques por hora observados segue uma distribuição Poisson.

H_1: Não H_0

O teste estatístico adequado envolve uma extensão da distribuição binomial. Ela é chamada de distribuição multinomial; "multi" porque engloba mais categorias do que apenas "sucesso" e "fracasso". É uma distribuição difícil de trabalhar.

Felizmente, o estatístico pioneiro Karl Pearson (inventor do coeficiente de correlação) notou que χ^2 ("qui-quadrado"), uma distribuição exibida no Capítulo 10, se aproxima da multinomial. Originalmente pensado para os testes de hipóteses de amostra única sobre variâncias, χ^2 tornou-se muito mais conhecido para aplicações como a que mostrarei agora.

A grande ideia de Pearson era: se queremos saber a adequação de uma distribuição hipotética (como a Poisson) em uma amostra (como as horas observadas), usamos a distribuição para gerar uma amostra hipotética (por exemplo, as horas previstas) e trabalhamos com esta fórmula:

$$\chi^2 = \sum \frac{(\text{Observado} - \text{Previsto})^2}{\text{Previsto}}$$

Normalmente, a fórmula é escrita com *Esperado* (Expected), em vez de *Previsto* (Predicted), e tanto Observado (Observed) quanto Esperado são abreviados. A forma usual dessa fórmula é:

$$\chi^2 = \sum \frac{(O-E)^2}{E}$$

Para este exemplo,

$$\chi^2 = \sum \frac{(O-E)^2}{E} = \frac{(10-9{,}9574)^2}{9{,}9574} + \frac{(30-29{,}8722)^2}{29{,}8722} + \ldots + \frac{(8-4{,}3208)^2}{4{,}3208}$$

qual é o total? Podemos usar R como uma calculadora para descobrir; já chamei o vetor de valores previstos de Predicted e não estou com vontade de mudar o nome para Expected:

```
> chi.squared <- sum(((Observed-Predicted)^2)/Predicted)
> chi.squared
[1] 3.566111
```

Certo. E agora? 3,56111 é alto ou baixo?

Para descobrir, avaliamos `chi.squared` comparando com a distribuição χ^2. O objetivo é encontrar a probabilidade de obter um valor pelo menos tão alto quanto o calculado, 3,56111. O truque é saber quantos graus de liberdade (`df`) temos. Para uma aplicação com boa qualidade de adequação como esta

$$df = k - m - 1$$

em que k = o número de categorias, m = o número de parâmetros estimados dos dados e o número de categorias é 8 (0 Clique por Hora até 7 Cliques por Hora). O número de parâmetros? Eu usei as horas observadas para estimar o parâmetro μ, então m neste exemplo é 1. Isso significa que `df` = 8−1−1 = 6.

Para encontrar a probabilidade de obter um valor de `chi.squared` (3,566111) ou mais, usei `pchisq()` com seis graus de liberdade:

```
> pchisq(chi.squared, 6, lower.tail = FALSE)
[1] 0.7351542
```

O terceiro argumento, `lower.tail = FALSE`, indica que quero a área à direita de 3,56111 na distribuição (porque busco a probabilidade de um valor igual ou maior). Se α = 0,05, a probabilidade retornada (0,7351542) informa para não rejeitar H_0, o que significa que não podemos rejeitar a hipótese de que os dados observados vêm de uma distribuição Poisson.

Será uma daquelas poucas vezes frequentes em que é bom *não* rejeitar H_0 se quisermos declarar que um processo Poisson está produzindo dados. Um valor baixo de χ^2 indica uma combinação próxima entre os dados e as previsões Poisson. Se a probabilidade fosse apenas um pouquinho maior que 0,05, não rejeitar H_0 pareceria suspeito. A probabilidade alta, no entanto, torna razoável não rejeitar H_0, e pensar que um processo Poisson pode ser responsável pelos dados.

Um pouco sobre chisq.test()

O R fornece a função `chisq.test()` que, pelo nome, sugere que podemos usá-la no lugar do cálculo mostrado na seção anterior. Podemos, mas precisamos ter cuidado.

Essa função pode receber até oito argumentos, mas veremos apenas três:

```
chisq.test(Observed, p=dpois(x.values,3), rescale.p=TRUE)
```

O primeiro argumento é o vetor de dados, os valores observados. O segundo é o vetor de probabilidades previsto por Poisson. Precisamos incluir `p=` porque não é exatamente o segundo argumento da lista que a função recebe.

Pela mesma razão, incluímos `rescale.p=` no terceiro argumento, que diz para a função "mudar a escala" do vetor de probabilidades. Por que é necessário? Uma exigência dessa função é a de que as probabilidades precisam somar 1,00, e estas probabilidades não somam:

```
> sum(dpois(x.values,3))
[1] 0.9880955
```

A "mudança de escala" muda os valores para que eles somem 1,00.

Quando executamos essa função, isto acontece:

```
> chisq.test(Observed,p=dpois(x.values,3),rescale.p=TRUE)

        Chi-squared test for given probabilities

data:  Observed
X-squared = 3.4953, df = 7, p-value = 0.8357
```

```
Warning message:
In chisq.test(Observed, p = dpois(x.values, 3),
        rescale.p = TRUE) :
  Chi-squared approximation may be incorrect
```

Vamos examinar o resultado. Na linha anterior à mensagem de aviso, note o uso de X^2 no lugar de χ^2. Isso acontece porque o valor calculado se aproxima de χ^2, e a forma e aparência de X são aproximadas da forma e aparência de χ. O valor X-squared é bem próximo do valor calculado anteriormente, mas é diferente por causa da mudança de escala das probabilidades.

Porém há outro problema. Note que df é igual a 7, em vez do valor correto, 6, daí o teste no membro errado da família χ^2. Por que a discrepância? Porque chisq.test() não sabe como chegamos nas probabilidades. Ela não tem ideia de que tivemos que usar dados para estimar um parâmetro (μ), e é por isso que perde um grau de liberdade. Então, além da mensagem de aviso sobre a aproximação qui-quadrado, também temos que estar cientes de que os graus de liberdade não estão corretos nesse tipo de exemplo.

DICA

Quando usamos chisq.test()? Veja um exemplo rápido: Jogamos uma moeda 100 vezes e obtemos cara 65 vezes. A hipótese nula é de que a moeda não é viciada. Sua decisão?

```
> chisq.test(c(65,35), p=c(.5,.5))

        Chi-squared test for given probabilities

data:  c(65, 35)
X-squared = 9, df = 1, p-value = 0.0027
```

O p-value baixo pede para rejeitar a hipótese nula.

No Capítulo 20 mostro outra aplicação de chisq.test().

Jogando bola com um modelo

Beisebol é um jogo que gera uma muita estatística, e muitas pessoas as estudam com cuidado. A Society for American Baseball Research (SABR — Sociedade de Pesquisa de Beisebol Americano, em tradução livre) surgiu dos esforços de um grupo de fãs estatísticos (fãstatísticos?) que mergulharam nos detalhes do Grande Passatempo Americano. Eles chamam seu trabalho de *sabermétrica*. (Eu inventei "fãstatísticos". Eles se chamam de "sabermétricos".)

Estou mencionando isso porque a sabermétrica fornece um bom exemplo de modelagem. Baseia-se na ideia óbvia de que, durante um jogo, o objetivo de uma equipe de beisebol é marcar runs (corridas) e evitar que seu oponente as marque. Quanto melhor a equipe realiza ambas as tarefas, mais jogos ela ganha. Bill James, que deu o nome à sabermétrica e é seu principal expoente, descobriu um ótimo relacionamento entre o número de runs que uma equipe pontua, o número de runs que uma equipe permite e sua porcentagem de vitória. Ele o chama de *porcentagem pitagórica*:

$$\text{Porcentagem Pitagórica} = \frac{(\text{Runs Marcados})^2}{(\text{Runs Marcados})^2 + (\text{Runs Permitidos})^2}$$

Os quadrados na expressão lembraram James do teorema de Pitágoras, por isso o nome "porcentagem pitagórica". Pense nele como um modelo para prever jogos ganhos. (Essa era a fórmula original de James, e eu a utilizo completa. Ao longo dos anos, os sabermétricos descobriram que 1,83 é mais preciso do que 2.)

Calcule essa porcentagem e multiplique pelo número de jogos que a equipe joga. Depois compare a resposta com as vitórias. Quão bem o modelo prevê o número de jogos que cada equipe ganhou durante a temporada de 2016?

Para descobrir, encontrei todos os dados relevantes (número de jogos vencidos e perdidos, runs marcados e runs permitidos) para cada equipe da National League (NL) em 2016. (Muito obrigado, www.baseball-reference.com [conteúdo em inglês].) Coloquei os dados em um data frame chamado NL2016.

```
> NL2016
   Team Won Lost Runs.scored Runs.allowed
1   ARI  69   93         752          890
2   ATL  68   93         649          779
3   CHC 103   58         808          556
4   CIN  68   94         716          854
5   COL  75   87         845          860
6   LAD  91   71         725          638
7   MIA  79   82         655          682
8   MIL  73   89         671          733
9   NYM  87   75         671          617
10  PHI  71   91         610          796
11  PIT  78   83         729          758
12  SDP  68   94         686          770
13  SFG  87   75         715          631
14  STL  86   76         779          712
15  WSN  95   67         763          612
```

CAPÍTULO 18 **Introduzindo a Modelagem**   395

As abreviações de três letras na coluna Team ordenam alfabeticamente as equipes NL de ARI (Arizona Diamondbacks) a WSN (Washington Nationals). (Acho que um número muito mais alto à direita de NYM tornaria o mundo um lugar melhor, mas é só minha opinião.)

O próximo passo é encontrar a porcentagem pitagórica de cada equipe:

```
pythag <- with(NL2016,
Runs.scored^2/(Runs.scored^2 + Runs.allowed^2))
```

Usei with() para não precisar digitar expressões como NL2016$Runs.scored^2.

Depois encontrei o número de vitórias previstas:

```
Predicted.wins <- with(NL2016, pythag*(Won + Lost))
```

A expressão Won + Lost nos dá, claro, o número de jogos que cada equipe jogou. Elas não jogam o mesmo número de jogos? Não. Às vezes um jogo é cancelado por causa da chuva e não é remarcado se o resultado não afeta os resultados finais.

Tudo o que resta é encontrar χ^2 e testá-lo comparando com a distribuição qui-quadrada:

```
> chi.squared <- with(NL2016,
            sum((Won-Predicted.wins)^2/Predicted.wins))
> chi.squared
[1] 3.402195
```

Não usei os dados de Won na Coluna 2 para estimar parâmetro algum, como uma média ou uma variância, aplicando depois esses parâmetros para calcular as vitórias previstas. Em vez disso, as previsões vieram de outros dados: Runs Scored (Runs Marcados) e Runs Allowed (Runs Permitidos). Por isso, df = k−m−1= 15−0−1 = 14. O teste é

```
> pchisq(chi.squared,14,lower.tail=FALSE)
[1] 0.9981182
```

Como no exemplo anterior, lower.tail=FALSE indica que queremos a área à direita de 3,04215 na distribuição (porque procuramos a probabilidade de um valor igual ou maior).

O valor-p muito alto informa que com 14 graus de liberdade, temos uma chance enorme de encontrar um valor de χ^2 pelo menos tão alto quanto X^2 que calcularíamos com os valores observados e previstos. Outra maneira de dizer isso é: o valor calculado de X^2 é muito baixo, o que significa que as vitórias previstas são próximas das vitórias reais. Resumindo: O modelo é extremamente adequado aos dados.

Se você for fã de beisebol (como eu), é divertido combinar Won com Predicted. wins de cada equipe. Isso nos dá uma ideia de quais equipes se saíram muito bem e muito mal, dados os runs marcados e permitidos. Estas duas expressões

```
NL2016["Predicted"]<-round(Predicted.wins)
NL2016["W-P"] <- NL2016["Won"]-NL2016["Predicted"]
```

criam uma coluna para Predicted e outra para W-P (Won-Predicted), respectivamente, no data frame. São a sexta e sétima colunas.

A expressão

```
NL2016 <-NL2016[,c(1,2,6,7,3,4,5)]
```

coloca a sexta e sétima colunas ao lado de Won, para facilitar a comparação. (Não se esqueça da primeira vírgula na expressão entre colchetes à direita.)

O data frame agora é

```
> NL2016
   Team Won Predicted W-P Lost Runs.scored Runs.allowed
1   ARI  69        67   2   93         752          890
2   ATL  68        66   2   93         649          779
3   CHC 103       109  -6   58         808          556
4   CIN  68        67   1   94         716          854
5   COL  75        80  -5   87         845          860
6   LAD  91        91   0   71         725          638
7   MIA  79        77   2   82         655          682
8   MIL  73        74  -1   89         671          733
9   NYM  87        88  -1   75         671          617
10  PHI  71        60  11   91         610          796
11  PIT  78        77   1   83         729          758
12  SDP  68        72  -4   94         686          770
13  SFG  87        91  -4   75         715          631
14  STL  86        88  -2   76         779          712
15  WSN  95        99  -4   67         763          612
```

A coluna W-P mostra que PHI (Philadelphia Phillies) superou sua previsão em 11 jogos, e foi o maior desempenho na National League de 2016.

E quem teve o *menor* desempenho? Curiosamente, foi o CHC (Chicago Cubs, com 6 jogos piores que a previsão). No entanto, se seguíssemos a pós-temporada de 2016, saberíamos que eles compensaram muito isso...

Uma Discussão Simulada

Outra abordagem da modelagem é simular um processo. A ideia é definir o máximo possível o que um processo faz e usar os números de alguma forma para representar esse processo e executá-lo. É uma ótima maneira de descobrir o que um processo faz caso outros métodos de análise sejam muito complexos.

Dando uma chance: Método Monte Carlo

Muitos processos contêm um elemento de aleatoriedade. Não podemos prever o resultado com certeza. Para simular esse tipo de processo, precisamos ter uma maneira de simular a aleatoriedade. Os métodos de simulação que incorporam a aleatoriedade são chamados de simulação *Monte Carlo*. O nome vem da cidade em Mônaco cuja principal atração são os cassinos.

Nas próximas seções veremos alguns exemplos. Eles não são tão complexos a ponto de não conseguirmos analisá-los. Eu os utilizo exatamente por isso: podemos conferir os resultados com análises.

Jogando os dados

No Capítulo 17 menciono um *dado* tendencioso caindo de acordo com os números em seus lados: 6 é seis vezes mais provável de aparecer do que 1, 5 é cinco vezes mais provável, e assim por diante. Em qualquer lançamento, a probabilidade de obter um número n é $n/21$.

Suponha que tenhamos um par de dados jogados dessa forma. Quais seriam os resultados de 2.000 lançamentos desses dados? Qual seria a média desses 2.000 lançamentos? Qual seria a variância e o desvio-padrão? Podemos usar R para estabelecer simulações Monte Carlo e responder a essas perguntas.

Começaremos escrevendo uma função R para calcular a probabilidade de cada resultado possível. Antes de desenvolver a função, vamos ver o raciocínio. Para cada resultado (2–12), precisamos ter todas as maneiras de produzi-lo. Por exemplo, para tirar um 4, precisamos ter 1 no primeiro dado e 3 no segundo, 2 no primeiro e 2 no segundo ou 3 no primeiro e 1 no segundo. Então, a probabilidade (chamada *loaded.pr*) de 4 é:

$$loaded.pr(4) = \left(\frac{1}{21} \times \frac{3}{21}\right) + \left(\frac{2}{21} \times \frac{2}{21}\right) + \left(\frac{3}{21} \times \frac{1}{21}\right) = \frac{(1 \times 3) + (2 \times 2) + (3 \times 1)}{21^2} = 0,02267574$$

Em vez de enumerar todas as possibilidades para cada resultado, então calcular a probabilidade, criamos uma função chamada `loaded.pr()` para fazer o trabalho. Queremos que ela fique assim:

```
> loaded.pr(4)
[1] 0.02267574
```

Primeiro configuramos a função:

```
loaded.pr <-function(x){
```

Depois queremos parar tudo e imprimir um aviso se x for menor que 2 ou maior que 12:

```
if(x <2 | x >12) warning("x must be between 2 and 12,
   inclusive")
```

Então configuramos uma variável chamada `first` que rastreia o valor do primeiro dado, dependendo do valor de x. Se x for menor que 7, `first` será definido para 1. Se x for 7 ou mais, `first` será definida para 6 (o valor máximo de lançamento de um dado):

```
if(x < 7) first=1
    else first=6
```

A variável `second` (o valor do segundo dado), claro, é `x-first`:

```
second = x-first
```

Queremos acompanhar `sum` para o numerador (como na equação que acabamos de ver), então começamos o valor em zero:

```
sum = 0
```

Agora vem o final do negócio: um loop `for` que faz o cálculo, informados os valores de `first` (o lançamento do primeiro dado) e `second` (o lançamento do segundo dado):

```
for(first in first:second){
    second = x-first
    sum = sum + (first*second)
  }
```

CAPÍTULO 18 **Introduzindo a Modelagem**

Por causa da declaração if, se x for menor que 7, first aumentará de 1 para x−1 com cada iteração do loop for (e second diminuirá). Se x for 7 ou mais, first diminuirá de 6 para x−6 com cada iteração (e second aumentará).

Por fim, quando o loop terminar, a função retornará sum dividido por 21^2:

```
}
   return(sum/21^2)
}
```

Juntando tudo:

```
loaded.pr <- function(x){
  if(x < 2 | x > 12) warning("x must be between 2 and
          12, inclusive")
  if(x < 7) first=1
    else first=6
  second = x-first
  sum = 0
  for(first in first:second){
    second = x-first
    sum=sum + (first*second)
  }
  return(sum/21^2)
}
```

Para configurar a distribuição de probabilidade, criamos um vetor para os resultados:

```
outcome <- seq(2,12)
```

e usamos um loop for para criar um vetor pr.outcome para conter as probabilidades correspondentes:

```
pr.outcome <- NULL
for(x in outcome){pr.outcome <- c(pr.outcome,loaded.pr(x))}
```

Em cada iteração do loop, a declaração entre chaves à direita anexa uma probabilidade calculada ao vetor.

Aqui estão as probabilidades arredondadas em três casas decimais para que apareçam bem na página:

```
> round(pr.outcome,3)
 [1] 0.002 0.009 0.023 0.045 0.079 0.127 0.159 0.172
     0.166 0.136 0.082
```

E agora estamos prontos para fazer uma amostra aleatória 2.000 vezes dessa distribuição de probabilidade discreta, o equivalente a 2.000 lances de um par de dados.

As funções de aleatorização em R são, na verdade, "pseudoaleatórias". Elas começam com um número "inicial" e partem dele. Se definirmos o valor inicial, poderemos determinar o curso da aleatorização. Se não, ela partirá sozinha a cada vez que a executarmos.

Então começaremos definindo um valor inicial:

```
set.seed(123)
```

Isso não é necessário, mas se você quiser reproduzir meus resultados, comece com essa função e número inicial. Senão seus resultados não parecerão com os meus (o que não é necessariamente uma coisa ruim).

Para a amostragem aleatória, usamos a função `sample()` e atribuímos os resultados a `results`:

```
results <- sample(outcome, size = 2000, replace = TRUE,
        prob=pr.outcome)
```

É claro que o primeiro argumento é o conjunto de valores da variável (os possíveis lançamentos dos dados), o segundo é o número de amostras, o terceiro especifica a amostragem com substituição e o quarto é o vetor das probabilidades que acabamos de calcular.

DICA

Para reproduzir exatamente os mesmos resultados, lembre-se de configurar o valor inicial sempre que usar `sample()`.

Dê uma olhada rápida na distribuição desses resultados:

```
> table(results)
results
  2   3   4   5   6   7   8   9  10  11  12
  3  28  39  79 154 246 335 356 311 284 165
```

A primeira linha são os resultados possíveis e a segunda são as frequências dos resultados. Então 39 dos 2.000 lançamentos resultaram em 4 e 165 deles resultaram em 12. Deixo como exercício para que você diagrame os resultados.

CAPÍTULO 18 **Introduzindo a Modelagem** 401

E as estatísticas desses lançamentos simulados?

```
> mean(results)
[1] 8.6925
> var(results)
[1] 4.423155
> sd(results)
[1] 2.10313
```

Como esses valores combinam com os parâmetros da variável aleatória? Foi isso que eu quis dizer antes com "verificar comparando com análises". No Capítulo 17, mostrei como calcular o valor esperado (média), a variância e o desvio-padrão de uma variável aleatória discreta.

O valor esperado é:

$$E(x) = \sum x \big(pr(x)\big)$$

Podemos calcular isso facilmente em R:

```
> E.outcome = sum(outcome*pr.outcome)
> E.outcome
[1] 8.666667
```

A variância é:

$$V(x) = \sum x^2 \big(pr(x)\big) - \big[E(x)\big]^2$$

Em R, isso é:

```
> Var.outcome <- sum(outcome^2*pr.outcome)-E.outcome^2
> Var.outcome
[1] 4.444444
```

O desvio-padrão, claro, é:

```
> sd.outcome <- sqrt(Var.outcome)
> sd.outcome
[1] 2.108185
```

A Tabela 18-2 mostra que os resultados da simulação ficam bem próximos dos parâmetros da variável aleatória. Podemos tentar repetir a simulação com muito mais lançamentos simulados, 10.000 talvez. Mais lançamentos deixarão as estatísticas simuladas mais próximas dos parâmetros da distribuição?

TABELA 18-2 **Estatísticas da Simulação de Lançamento de Dados e Parâmetros da Distribuição Discreta**

	Estatística da Simulação	Parâmetro da Distribuição
Média	8,6925	8,666667
Variância	4,423155	4,444444
Desvio-padrão	2,10313	2,108185

Simulando o teorema do limite central

Pode ser uma surpresa para você, mas os estatísticos usam simulações com frequência para fazer determinações sobre algumas de suas estatísticas. Eles fazem isso quando a análise matemática fica difícil demais.

Por exemplo, alguns testes estatísticos dependem de populações normalmente distribuídas. Se as populações não são normais, o que acontece com esses testes? Eles ainda fazem o que deveriam? Para responder a essa pergunta, os estatísticos podem criar populações de números que não são normalmente distribuídas, simular experimentos com elas e aplicar os testes estatísticos nos resultados simulados.

Nesta seção uso a simulação para examinar um importante item estatístico: o teorema do limite central. No Capítulo 9 introduzo esse teorema junto com a distribuição amostral da média. Na verdade, simulo a amostragem de uma população com apenas três valores possíveis para mostrar que até com um pequeno tamanho amostral a distribuição amostral começa a parecer normalmente distribuída.

Aqui configuro uma população normalmente distribuída e retiro 10.000 amostras de 25 pontuações cada. Calculo a média de cada amostra e configuro uma distribuição dessas 10.000 médias. A ideia é ver como a estatística da distribuição combina com as previsões do teorema do limite central.

A população para este exemplo tem os parâmetros da população de pontuações no teste de QI, uma distribuição usada em exemplos de vários capítulos. É uma distribuição normal, com $\mu = 100$ e $\sigma = 15$. De acordo com o teorema do limite central, a média da distribuição de médias (a distribuição amostral da média) deve ser 100 e o desvio-padrão (o erro padrão da média) deve ser 3, ou seja, o desvio-padrão da população (15) dividido pela raiz quadrada do tamanho amostral (5). O teorema do limite central também prevê que a distribuição amostral da média é normalmente distribuída.

A função `rnorm()` faz a amostragem. Para uma amostra de 25 números de uma população normalmente distribuída com uma média 100 e um desvio-padrão 15, a função é:

```
rnorm(25,100,15)
```

E se quisermos a média amostral:

```
mean(rnorm(25,100,15))
```

Colocaremos essa função dentro de um loop `for` que se repete 10.000 vezes e anexa cada nova média amostral recém-calculada a um vetor chamado `sampling.distribution`, que é inicializado:

```
sampling.distribution <- NULL
```

O loop `for` é:

```
for(sample.count in 1:10000){
  set.seed(sample.count)
  sample.mean <- mean(rnorm(25,100,15))
  sampling.distribution <- c(sampling.distribution,sample.mean)
}
```

Novamente, a declaração `set.seed()` só será necessária se você quiser reproduzir meus resultados.

E as estatísticas da distribuição amostral?

```
> mean(sampling.distribution)
[1] 100.029
> sd(sampling.distribution)
[1] 3.005007
```

Bem próximas dos valores previstos!

DICA

Redefina `sampling.distribution` para `NULL` sempre que executar o loop `for`.

Como fica a distribuição amostral? Para manter as coisas claras, arredondamos as médias amostrais em `sampling.distribution` e criamos uma tabela:

```
table(round(sampling.distribution))
```

Eu mostraria a tabela, mas os números ficam todos amontoados na página. Em vez disso, vamos usar `ggplot()` para diagramar a distribuição amostral.

Primeiro criamos um data frame:

```
sampling.frame <- data.frame(table(round(sampling.
      distribution)))
```

E especificamos os nomes das colunas:

```
colnames(sampling.frame) <- c("Sample.Mean","Frequency")
```

Agora o diagrama:

```
ggplot(sampling.frame,aes(x=Sample.Mean,y=Frequency))+
   geom_bar(stat="identity")
```

O resultado é exibido na Figura 18-3, um diagrama que se aproxima muito da forma e simetria de uma distribuição normal.

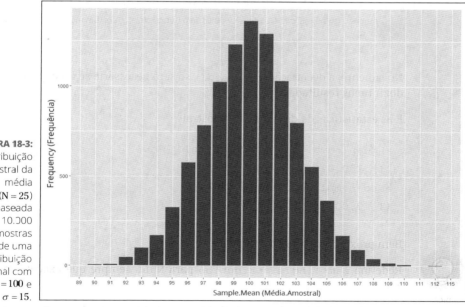

FIGURA 18-3: Distribuição amostral da média (N = 25) baseada em 10.000 amostras de uma distribuição normal com $\mu = 100$ e $\sigma = 15$.

CAPÍTULO 18 **Introduzindo a Modelagem**

A Parte dos Dez

NESTA PARTE . . .

Aprenda as similaridades e as diferenças entre R e Excel.

Use o clipboard para importar dados do Excel para R.

Explore recursos online para aprender R.

NESTE CAPÍTULO

» **Definindo um vetor e nomeando um intervalo**

» **Operando sobre vetores e intervalos**

» **Importando uma tabela do Excel para R**

Capítulo **19**

Dez Dicas para Emigrantes do Excel

Excel, o programa de planilhas mais usado, tem uma variedade impressionante de ferramentas de análise estatística. Embora alguns tenham caracterizado o Excel como a comédia dos softwares de análise ("não é respeitado!"), várias pessoas usam suas ferramentas analíticas. (E acredite em mim, ninguém fica mais feliz com isso do que eu!)

Se você é uma dessas pessoas e precisa de um pouco de ajuda na transição para o R, este capítulo foi feito para você. Aqui eu aponto as similaridades e as diferenças que podem ajudá-lo a fazer a troca.

Definir um Vetor em R É como Nomear um Intervalo no Excel

Este é um vetor padrão comum em R:

```
x <- c(15,16,17,18,19,20)
```

Se você está acostumado a nomear intervalos (arrays) no Excel, já fez algo parecido. A Figura 19-1 mostra uma planilha com esses números nas células F2 a F7, intituladas x em F1. A figura também mostra a caixa de diálogo New Name (Novo Nome), que abre quando destaco esse intervalo, clico com o botão direito e seleciono Define Name (Definir Nome) no menu que surge. Clicar em OK define x como o nome desse intervalo, assim como a declaração R cria o vetor x.

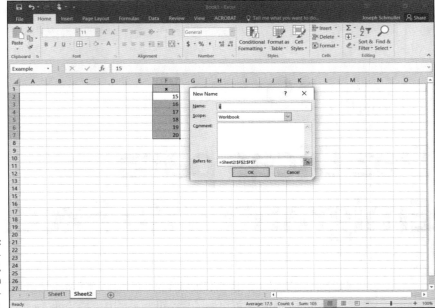

FIGURA 19-1: Um intervalo no Excel, prestes a ser chamado de x.

DICA

O quê? Você não nomeia os intervalos no Excel? Não me faça incluir mais uma referência daquele outro livro aqui novamente... é sério!

Operar em Vetores É como Operar em Intervalos Nomeados

Eu posso multiplicar o vetor x por uma constante:

```
> 5*x
[1]  75  80  85  90  95  100
```

410   PARTE 5 **A Parte dos Dez**

De volta à planilha com o intervalo nomeado x. Seleciono um intervalo de células com o mesmo tamanho de x, por exemplo, de G2 a G7, e digito

= 5*x

em G2. A Figura 19-2 ilustra isso.

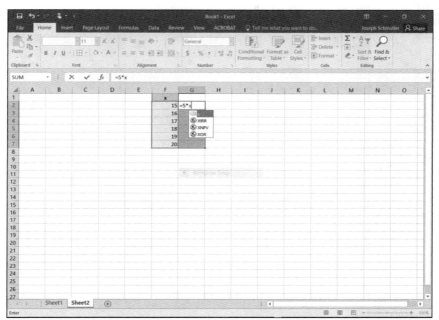

FIGURA 19-2: Multiplicando o intervalo nomeado x por 5.

Pressionar a combinação de teclas Ctrl+Shift+Enter coloca os resultados em G2 a G7, como mostra a Figura 19-3. Essa combinação de teclas é para uma *função array* no Excel, uma função que retorna respostas em um intervalo de células, não em uma única célula.

É claro que outra maneira de fazer a multiplicação é digitando **=5*x** em G2, pressionar Enter e autocompletar até G7.

As similaridades são abundantes. Em R,

```
> sum(x)
[1] 105
```

soma os números em x, assim como **=SUM(x)** digitado em uma célula selecionada.

CAPÍTULO 19 **Dez Dicas para Emigrantes do Excel** 411

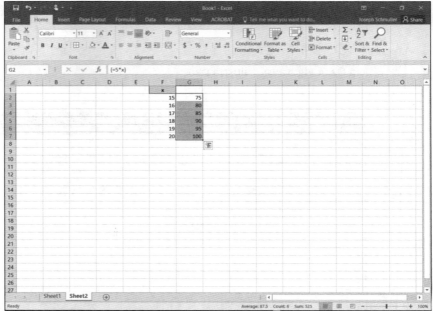

FIGURA 19-3: Os resultados da multiplicação voltam em um intervalo.

Para somar os quadrados dos números em x:

```
> sum(x^2)
[1] 1855
```

Na planilha, selecione uma célula e digite **=SUMSQ(x)**.

Se eu tiver outro vetor y

```
y <- c(42,37,28,44,51,49)
```

então

```
> x*y
[1]  630  592  476  792  969  980
```

Na planilha, posso ter outro intervalo nomeado chamado y nas células G2 a G7, como na Figura 19-4.

Selecionar um intervalo como H2 a H7, digitar **=x*y** e pressionar Ctrl+Shift+Enter coloca as respostas no intervalo selecionado, como mostra a Figura 19-5.

412   PARTE 5 **A Parte dos Dez**

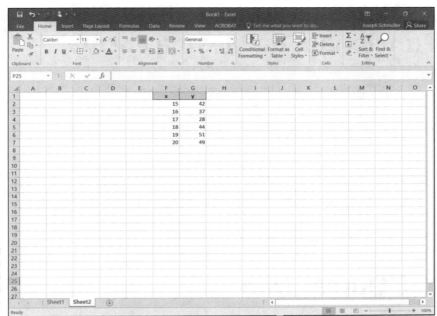

FIGURA 19-4: Planilha com dois intervalos nomeados, x e y.

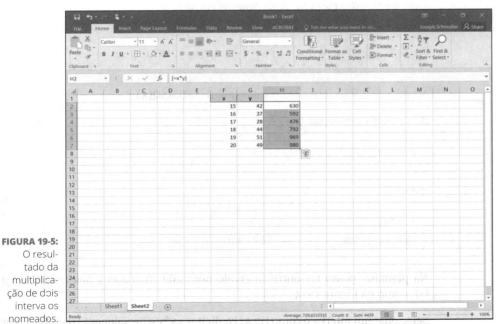

FIGURA 19-5: O resultado da multiplicação de dois intervalos nomeados.

CAPÍTULO 19 **Dez Dicas para Emigrantes do Excel** 413

Às Vezes as Funções Estatísticas Funcionam da Mesma Forma...

Para encontrar a correlação entre os vetores x e y em R:

```
> cor(x,y)
[1] 0.5900947
```

Para os intervalos nomeados x e y na planilha, selecione uma célula e insira

```
=CORREL(x,y)
```

A resposta aparece na célula selecionada.

... E Outras Não

Se x e y representam dados de dois grupos, um teste-t é adequado para testar a diferença entre as médias. (Veja o Capítulo 11.)

Se esse teste for executado em R:

```
> t.test(x,y,alternative="two.sided",var.equal=FALSE)

        Welch Two Sample t-test

data:  x and y
t = -6.9071, df = 5.492, p-value = 0.000663
alternative hypothesis: true difference in means is not
   equal to 0
95 percent confidence interval:
 -33.15068 -15.51598
sample estimates:
mean of x mean of y
 17.50000  41.83333
```

O terceiro argumento de `t.test` especifica um teste bicaudal e o quarto indica que as duas variâncias não são iguais. (Os valores dos dois últimos argumentos são condições padrão, então não é necessário declará-los.) Como você pode ver, a função `t.test()` de R apresenta um relatório completo.

Porém não no Excel. Selecione uma célula e insira:

```
=T.TEST(x,y,2,3)
```

O terceiro argumento, 2, significa que é um teste bicaudal. O quarto argumento, 3, especifica as variâncias desiguais. Pressione Enter, e tudo o que obterá é o valor-*p*.

Contraste: Excel e R Trabalham com Formatos Diferentes de Dados

Ao longo do livro, diferenciei o formato largo

```
> wide.format
   x  y
1 15 42
2 16 37
3 17 28
4 18 44
5 19 51
6 20 49
```

e o formato longo

```
> long.format
   Group Score
1      x    15
2      x    16
3      x    17
4      x    18
5      x    19
6      x    20
7      y    42
8      y    37
9      y    28
10     y    44
11     y    51
12     y    49
```

O Excel trabalha com o formato largo.

DICA
Se você trabalhou com o Excel 2011 para Mac (ou versões Mac anteriores), pode ter instalado o StatPlus:mac LE, um add-in terceirizado que fornece várias ferramentas de análise estatística para a versão do Excel para Mac. O StatPlus trabalha com o formato longo de dados.

Na maior parte do tempo, o R usa o formato longo. Por exemplo, a função `t.test()` que acabei de mostrar também pode funcionar assim:

```
> t.test(Score ~ Group, alternative="two.sided", var.
  equal=FALSE, data=long.format)

        Welch Two Sample t-test

data:  Score by Group
t = -6.9071, df = 5.492, p-value = 0.000663
alternative hypothesis: true difference in means is not
  equal to 0
95 percent confidence interval:
 -33.15068 -15.51598
sample estimates:
mean in group x mean in group y
       17.50000        41.83333
```

Note que o resultado é o mesmo, exceto por `data: Score by Group`, em vez de `data: x and y`, como no exemplo anterior. A penúltima linha também é um pouco diferente.

As Funções de Distribuição São (um Pouco) Similares

Tanto o Excel quanto o R têm funções integradas que trabalham com famílias de distribuição (como a normal e a binomial). Como o R é especializado para o trabalho estatístico, tem funções para mais famílias de distribuição do que o Excel.

Mostrarei como ambos trabalham com a família normal, e você verá as semelhanças.

Em uma distribuição normal com média = 100 e desvio-padrão = 15, se quisermos encontrar a densidade associada a 110 no Excel, isso será:

=NORM.DIST(110,100,15,FALSE)

O quarto argumento, FALSE, indica a função densidade.

Em R, usaríamos:

```
> dnorm(110,100,15)
[1] 0.02129653
```

Para a probabilidade cumulativa de 110 nessa distribuição:

=NORM.DIST(110,100,15,TRUE)

Aqui, TRUE indica a função distribuição cumulativa.

A versão R é:

```
> pnorm(110,100,15)
[1] 0.7475075
```

Para encontrar a pontuação no 25º percentil no Excel, usamos a função NORM.INV:

=NORM.INV(0.25,100,15)

E em R:

```
> qnorm(.25,100,15)
[1] 89.88265
```

Uma diferença: o R tem uma função para gerar números aleatórios a partir dessa distribuição.

```
> rnorm(5,100,15)
[1] 85.06302 84.40067 99.73030 98.01737 61.75986
```

Para fazer isso no Excel, precisamos usar a ferramenta Random Number Generation em um add-in chamado Data Analysis ToolPak.

CAPÍTULO 19 **Dez Dicas para Emigrantes do Excel** 417

Um Data Frame É (Quase) como um Intervalo Nomeado Multicolunar

Para esta e a próxima seção, uso uma planilha que contém um intervalo multicolunar correspondente ao data frame NL2016 no Capítulo 20. Veja o data frame:

```
> NL2016
   Team Won Lost Runs.scored Runs.allowed
1   ARI  69   93         752          890
2   ATL  68   93         649          779
3   CHC 103   58         808          556
4   CIN  68   94         716          854
5   COL  75   87         845          860
6   LAD  91   71         725          638
7   MIA  79   82         655          682
8   MIL  73   89         671          733
9   NYM  87   75         671          617
10  PHI  71   91         610          796
11  PIT  78   83         729          758
12  SDP  68   94         686          770
13  SFG  87   75         715          631
14  STL  86   76         779          712
15  WSN  95   67         763          612
```

A Figura 19-6 mostra a planilha. Eu defini NL_2016 como o nome da tabela inteira (células A2 a E16).

Em R, posso encontrar a média de Runs.scored assim:

```
> mean(NL2016[,4])
[1] 718.2667
```

Runs.scored está na coluna 4 e a vírgula entre colchetes especifica todas as linhas naquela coluna.

Na planilha, seleciono uma célula e insiro

```
=AVERAGE(INDEX(NL_2016,,4))
```

As duas vírgulas nos parênteses especificam todas as linhas na coluna 4.

Eu sei, eu sei. Você pode fazer isso de outras formas tanto no R quanto no Excel. Só estou tentando mostrar as semelhanças.

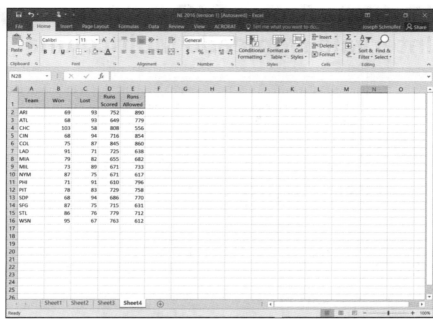

FIGURA 19-6: Data frame NL2016 em uma planilha. Seu nome no Excel é NL_2016.

As "várias outras maneiras" fazem as coisas desmoronar. Por exemplo, o Excel não tem nada parecido com

```
> mean(NL2016$Runs.scored)
[1] 718.2667
```

A Função sapply() É como Arrastar

Para encontrar todas as médias de colunas em NL_2016 no Excel, posso selecionar a célula B17 no fim da segunda coluna e inserir

`=AVERAGE(B2:B16)`

então arrastar até a terceira, quarta e quinta colunas. A Figura 19-7 mostra o resultado de arrastar.

Para calcular essas médias de colunas no R:

```
> sapply(NL2016[,2:5],mean)
        Won         Lost Runs.scored Runs.allowed
   79.86667     81.86667    718.26667    725.86667
```

CAPÍTULO 19 **Dez Dicas para Emigrantes do Excel**   419

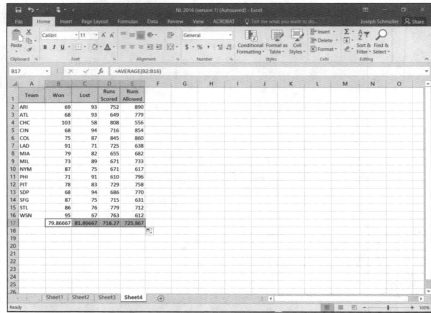

FIGURA 19-7: Fazendo a média nas colunas arrastando a partir da primeira coluna.

Usar edit() É (Quase) como Editar uma Planilha

No Capítulo 2, menciono que edit() abre uma visualização parecida com a de uma planilha ("planilhesca"?) de um data frame. Aqui parece um bom lugar para descrever isso novamente, especialmente se você está acostumado com planilhas e acha difícil fazer mudanças em data frames no R.

Para mudar um data frame, atribuo outro nome a ele e o abro com edit():

```
> NL2016.changed <- edit(NL2016)
```

Isso abre a janela Data Editor na Figura 19-8.

Agora posso fazer mudanças. Por exemplo, para satisfazer minhas esperanças, mudo Won do NYM de 87 para 107 e Lost de 75 para 55. Para tanto, clico duas vezes nas células adequadas, faço as mudanças e escolho File➪Close no menu principal.

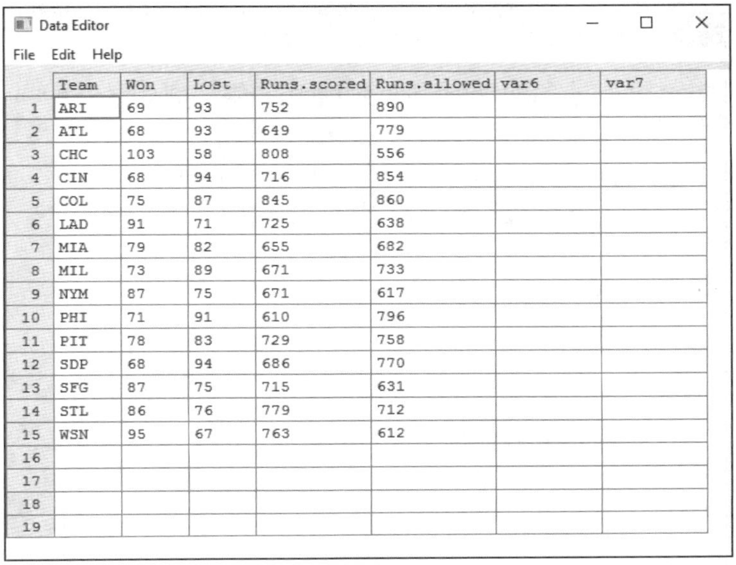

FIGURA 19-8:
Janela Data Editor de R.

	Team	Won	Lost	Runs.scored	Runs.allowed	var6	var7
1	ARI	69	93	752	890		
2	ATL	68	93	649	779		
3	CHC	103	58	808	556		
4	CIN	68	94	716	854		
5	COL	75	87	845	860		
6	LAD	91	71	725	638		
7	MIA	79	82	655	682		
8	MIL	73	89	671	733		
9	NYM	87	75	671	617		
10	PHI	71	91	610	796		
11	PIT	78	83	729	758		
12	SDP	68	94	686	770		
13	SFG	87	75	715	631		
14	STL	86	76	779	712		
15	WSN	95	67	763	612		

Quando abro a nona linha do data frame recém-nomeado, vejo dados que são certamente mais agradáveis, embora lamentavelmente irreais:

```
> NL2016.changed[9,]
  Team Won Lost Runs.scored Runs.allowed
9 NYM  107  55         671          617
```

Use o Clipboard para Importar uma Tabela do Excel para o R

Então você quer usar o R para analisar seus dados, mas eles estão em planilhas. O que fazer?

No Capítulo 2 descrevo o pacote `xlsx`. Esse pacote fornece `read.xlsx()`, que permite ler uma planilha no R. Para usar essa função, é preciso saber em qual diretório está a planilha e qual página da planilha você quer importar.

Porém aqui está uma maneira mais fácil de importar uma tabela do Excel para um data frame R: copie a tabela (no clipboard — a área de transferência) e use

```
read.table("clipboard", header = TRUE)
```

CAPÍTULO 19 **Dez Dicas para Emigrantes do Excel** 421

O segundo argumento especifica que a primeira linha da tabela contém os títulos das colunas.

DICA

Para essa técnica funcionar, não são permitidos espaços nos nomes dos títulos das colunas.

Suponha que eu queira levar a tabela da Figura 19-4 para o R. Seleciono as células F1 a G7 e pressiono Ctrl+C para copiar as células selecionadas para o clipboard.

Depois, no R:

```
> clip.frame <-read.table("clipboard", header = TRUE)
> clip.frame
  x  y
1 15 42
2 16 37
3 17 28
4 18 44
5 19 51
6 20 49
```

e temos um data frame.

DICA

Como é possível ter certeza de que é um data frame? A função `is.data.frame()` retornará TRUE se seu argumento for um data frame; FALSE, se não for:

```
> is.data.frame(clip.frame)
[1] TRUE
```

> **NESTE CAPÍTULO**
>
> » Encontrando sites para usuários R
>
> » Aprendendo com documentos online

Capítulo 20
Dez Recursos R Online Valiosos

Uma razão para a ascensão rápida do R é sua comunidade solidária. Parece que assim que alguém se torna proficiente em R, quer imediatamente compartilhar seu conhecimento com os outros, e a web é o lugar para se fazer isso. Este capítulo aponta alguns recursos úteis, baseados na web, que a comunidade R criou.

Sites para Usuários R

No decorrer do trabalho com R, podemos encontrar uma ou duas situações que exigem alguma ajuda de especialistas. Os sites listados nesta seção podem fornecer a assistência necessária. (Todos os sites têm conteúdos em inglês.)

R-bloggers

Enquanto escrevo isso, o site R-bloggers engloba os esforços de 750 blogueiros R. Quando você visitar `www.r-bloggers.com/`, esse número com certeza será maior.

O candidato a doutor em Estatística, Tal Galili, é quem comanda o show. Como ele diz, seu objetivo é empoderar os blogueiros R para capacitar os usuários R. Além dos blogs, você encontrará links para cursos, conferências e oportunidades de trabalho.

Microsoft R Application Network

Há muito tempo, um ótimo site chamado Inside-R fornecia vários recursos para usuários R. Recentemente a Microsoft adquiriu a empresa-mãe do Inside-R, a Revolution Analytics.

Um dos resultados dessa aquisição é o Microsoft R Application Network (MRAN), que é onde você pode encontrar todos os blogs e links que antes estavam no Inside-R.

Para visitar o MRAN, digite `https://mran.microsoft.com/` no navegador.

Outro resultado da aquisição é o Microsoft R Open, que a Microsoft anuncia como uma distribuição "melhorada" do R. Você pode fazer o download do Microsoft R Open no site da MRAN.

Quick-R

O professor Rob Kabacoff da Wesleyan University criou este site para apresentar o R e suas aplicações para os conceitos estatísticos, tanto iniciais quanto avançados. Você encontrará um conteúdo extremamente bem escrito (e ótimos gráficos!) em `www.statmethods.net/`.

RStudio Online Learning

As ótimas pessoas por trás do RStudio criaram uma página de aprendizado online com links para tutoriais e exemplos para ajudá-lo a dominar R e suas ferramentas relacionadas, e você também pode aprender o básico da ciência de dados. A URL é `www.rstudio.com/online-learning/`.

Stack Overflow

Não limitada ao R, a Stack Overflow é uma comunidade de milhões de membros programadores dedicados a ajudar uns aos outros. Você pode pesquisar em sua base Q&A (Perguntas e Respostas) para obter ajuda sobre algum problema ou fazer uma pergunta. Contudo, para fazer uma pergunta, é preciso ser membro (é de graça) e fazer login.

O site também fornece links para empregos, documentação e mais. O endereço é `http://stackoverflow.com/`.

Livros e Documentação Online

A web tem inúmeros livros e documentos que o ajudarão a se atualizar quando se trata de R. Uma maneira de encontrá-los é clicando no botão Home da aba Help no RStudio (Todos os sites têm conteúdos em inglês.).

Veja mais alguns recursos.

Manuais R

Se quiser ir diretamente à fonte, visite a página de manuais R em `https://cran.r-project.org/manuals.html`.

É lá que encontrará links para o R Language Definition e outras documentações.

Documentação R

Para obter links de mais documentação R, experimente `https://www.r-project.org/other-docs.html`.

RDocumentation

Espera aí, já não falamos sobre isso agora mesmo? Sim, bem... a Liga Canadense de Futebol já teve um time chamado Rough Riders e outro chamado Roughriders. É algo parecido com isso.

A página RDocumentation, em `www.rdocumentation.org/`, é um pouco diferente da página da seção anterior. Esta não tem links para manuais e outros documentos. Em vez disso, o site permite fazer pesquisas de pacotes R e funções que atendam suas necessidades.

Há quantos pacotes disponíveis? Mais de 12 mil!

YOU CANanalytics

Criação de Roopham Upadhyay, o site YOU CANalytics fornece vários blogs e estudos de caso úteis, e poderia ter sido colocado na primeira seção.

E por que está nessa? Porque esta página

`http://ucanalytics.com/blogs/learn-r-12-books-and-online-resources/`

permite o download de livros R clássicos em formato PDF. Alguns dos títulos são introdutórios, outros são avançados, e todos são gratuitos!

DICA

Um livro em formato PDF é um documento bem longo. Se estiver lendo em um tablet, será melhor transformar o arquivo PDF em um e-book. Para isso, faça o upload do documento PDF para um leitor eletrônico, como o Google Playbooks, e *voilà*, seu arquivo PDF se tornará um e-book.

The R Journal

Deixei este por último porque está no nível avançado. Como as publicações acadêmicas, The R Journal é um juiz, ou seja, especialistas no setor decidem se vale a pena publicar um artigo proposto.

Dê uma olhada nos artigos em `https://journal.r-project.org/` e você verá o que o aguarda quando se tornar um desses especialistas!

Índice

SÍMBOLOS
(–), sinal de menos, 117
(Σ), soma, 92

A
abas, 19
adição (+), sinal, 74
alfa, 182, 289
amostra de distribuições
   sobre, 166
amostragem aleatória, 158
amostras
   sobre, 10, 165
   testando mais de duas, 235
análise de covariância (ANCOVA), 309
análise de tendência, 255
análise de variância, 240
análise de variância (ANOVA), 240
   bifatorial/bidimensional, 261
   em R, 241
   mista, 268
   multivariada (MANOVA), 274
   regressão e, 305
argumentos, 26
   breaks, 58, 139, 151
   col, 68
   contrasts, 247
   expand, 153
   labels, 139
   plot, 133
   ties.method, 117
   trim, 95
   xlab, 57
   xlim, 61
   ylab, 57
   ylim, 61
arquivos
   CSV, 47
   texto, 47
atribuição, operador, 22
atributos, 145

B
barras de erro, 221
base, 340
beta, 182, 289
bigodes, 56
bimodal, 101

C
cauda inferior, 186
cauda superior, 186
cifrão ($), 35
classificação, 117-120

clipboard, 421
coeficiente de correlação, 87, 320
coeficiente de correlação de Pearson, 320, 326
coeficiente de correlação múltipla, 330
coeficiente de determinação, 322
coeficientes de comparação, 245
coeficientes de regressão, 285, 287
combinação, 216, 238, 370
comparações não planejadas, 247
comparações planejadas, 244
componente linear significativo, 257
componente quártico/quíntico, 257
Comprehensive R Archive Network (CRAN), 18, 42
concatenar, 23
constante, 11
contrastes, 244
correlação, 317, 318
   diagrama de dispersão, 317
   em R, 325
   múltipla, 330
   parcial, 333
   regressão e, 320
   semiparcial, 335, 336
   testando hipóteses sobre, 323
correlação semiparcial, 335
correspondência posicional, 27
covariância, 320
covariável, 312
curtose, 127
curva assintótica, 148
curva do sino, 146
   densidade de probabilidade (f(x)), 146
   x, 146
curvas cúbicas/quadráticas, 255

D
dados
   explorando, 95
   extraindo de data frames, 38
   faltantes, 26
   formatos para, 415
   intervalares, 12
   nominais/ordinais, 12
   razão, 12
   tipos de, 12
declive, 284
densidade, 59
design fatorial 2 X 2, 260
desvio, 104
desvio-padrão, 108
   amostral, 109
   populacional, 108
de Vries, Andrie (autor)

R For Dummies, 29
diagrama de caixa, 56, 220
diagrama de ramo e folhas, 139
diagramando
   cdf, 155
   cdf com quartis, 158
   curva normal, 150
   distribuição normal padrão, 162
   linhas, 283
   qui-quadrado em ggplot2, 206
   resíduos, 297
   t em ggplot2, 194
diagramas de dispersão, 55, 67, 83
   3D, visualizando, 302
   correlação e, 317
   regressão e, 281
   visualizando, 296
discrepância, 96
distribuição amostral
   teste de hipótese de duas amostras e, 210
distribuição amostral da média, 166
distribuição binomial, 375, 376
distribuição binomial negativa, 379
distribuição de Amplitude Estudentizada, 248
distribuição de probabilidade, 373
distribuição-F, 226, 229
distribuição multinomial, 391
distribuição normal, 147
   parâmetros, 147
   quantis de, 157
   trabalhando com, 149
distribuição Pascal, 376
distribuição-t, 178
distribuições
   amostragem, 166
   amostrais, 183, 210
   modelagem, 385
   Poisson, 386
   probabilidade, 373
   qui-quadradas, 204
   t, 178, 191

E
efeitos principais simples, 274
elevando o desvio ao quadrado, 105
épsilon, 289
equação linear, 284
erro padrão, 166, 167
   da média, 166
erros
   Tipo I, 16
   Tipo II, 16
escore-z, 112, 160
   teste de hipótese de amostra única e, 185

teste de hipóteses para duas amostras e, 212
espaço amostral, 364, 368-369
estatística, 9
   listas e, 36
estatística descritiva, 10, 123
   assimetria, 127
   curtose, 130
   frequência, 132
   momentos, 125
   quantidade, 123
   resumindo data frames, 141
   valor máximo/mínimo, 125
   variáveis nominais, 132
   variáveis numéricas, 133
estatística de teste, 185
estatística inferencial, 10, 14
   hipótese alternativa/nula, 14
estatisticamente significante, 186
estética, 73
estilo, 261
   Humorous/Technical, 261
estimativas, 165
   amostragem de distribuições, 166
   distribuição-t, 178
   graus de liberdade, 178
   limites de confiança, 175
   teorema do limite central, 167
estruturas
   data frames, 36
   estatísticas, 36
   fatores, 34
   listas, 34
   matrizes, 32
   R, 29
   vetores, 30
evento, 364-365
Excel (Microsoft), 409
excesso de curtose, 131
exponente, 338

F

facetagem, 95, 278
fator, 240
fator linha, 260
Fisher, Ronald (estatístico), 226
for, loop, 170
fórmulas
   aov(), 44
   de R, 44
   probabilidade, 13
   trabalhando com, 218
frequência, 132
   cumulativa, 134
   variáveis nominais, 132
   variáveis numéricas, 133
função array, 411
função de densidade cumulativa (cdf), 149, 154
   diagramando, 155
   diagramando com quartis, 158

função de distribuição cumulativa empírica (ecdf), 135
funções, 26
   abs(), 188, 215
   aes(), 73, 84
   annotate(), 207, 233, 234
   anova(), 312, 314, 359
   aov(), 242, 306
   array, 411
   arrow(), 233
   attach(), 94
   barplot(), 60
   binom, 377
   binom.test(), 381, 382
   boxplot(), 72
   c(), 26, 30
   cast(), 81
   cat(), 140, 188, 215
   cbind(), 276
   cen.mom(), 131
   chisq.test(), 202, 393
   choose(), 371
   colnames(), 77
   combinations(), 371
   combn(), 371
   cor(), 326, 327
   corrgram(), 329
   cor.test(), 326
   cumsum(), 134
   datadensity(), 143
   data.frame(), 37
   dbinom(), 377
   dchisq(), 202, 203
   definidas pelo usuário, 28
   densidade, 373
   densidade normal, 149
   describe.data.frame(), 142
   df(), 229, 230
   dim(), 32
   distribuição, 416
   dnbinom(), 379
   dnorm(), 149, 150, 156, 162
   dt(), 179, 191
   edit(), 38, 420
   element_blank(), 85
   estatísticas, 414
   exp(), 343, 348, 352
   facet_wrap(), 96
   factor(), 34
   factorial(), 371
   fivenum(), 121
   geom, 73, 77, 82, 88, 95, 137, 151, 196, 222, 232, 234, 278, 296, 298
   geom_bar, 222
   geom_bar(), 75, 82, 220, 377
   geom_boxplot(), 88
   geom_dotplot(), 77
   geom_histogram(), 171
   geom_jitter(), 89
   geom_line, 196, 200, 206
   geom_point(), 78
   geom_segment(), 152, 158, 162

geom_step, 137
ggpairs(), 87, 328
ggplot(), 73, 77, 80, 88, 136, 150, 171, 195, 231-232, 272, 298, 377, 405
guides(), 233
head(), 71
hist(), 133
kurtosis(), 131
labs(), 75, 79, 85
legend(), 67
length(), 39, 97, 108, 123
lines(), 59
list(), 35
lm(), 294-295, 301, 313, 331, 345, 349, 351, 358
loaded.pr(), 399
manova(), 276
margin.table(), 132
matrix(), 33, 246
mean(), 26, 93-98 121, 312
median(), 100
melt(), 81, 231
mfv(), 101
mode(), 101
moment(), 131
mtext(), 205
nbinom, 377
ncol(), 124
norm(), 149, 161
nrow(), 124
pairs(), 70, 72, 86, 87
pbinom(), 377, 378
pchisq(), 203, 392
pcor(), 334, 336
pcor.test(), 334
permutations(), 371
pf(), 229
pie(), 77
plot(), 67, 69, 134, 193
plotpairs(), 86
pnbinom(), 379
pnorm(), 149, 154, 155, 157, 188
pnormGC(), 155
position_dodge(), 266
predict(), 296, 302
prod(), 97
prop.table(), 132
pt(), 179, 191
qbinom(), 377, 378
qchisq(), 203
qf(), 229
qnbinom(), 379
qnorm(), 157, 186, 213
qnormGC(), 157
qt(), 179, 191
quantile(), 119, 122
R, 371
rank(), 117
rbinom(), 377
rchisq(), 203
read.table(), 47

rep(), 30
rf(), 229
rnbinom(), 379
rnorm(), 149, 158, 404
round(), 120, 141
rt(), 179, 191
r.test(), 327
sample(), 401
sapply(), 419
scale(), 114
scale_x_continuous(), 139, 151, 158, 162
scale_y_continuous(), 153
scatter3d(), 304
sd(), 109
seq(), 30
set.seed(), 159, 404
skewness(), 128, 131
sort(), 118
spcor(), 336
spcor.test(), 335
stat, 220, 232
stat_boxplot(), 220, 278
stem(), 140
subset(), 71
substr(), 30
sum(), 26
summary(), 122, 141, 142, 242, 258, 294, 295, 301, 354
summary.aov(), 279
t(), 33
table(), 132
tapply(), 312
theme(), 78, 85
tigerstats, 161
t.test(), 36, 180, 190, 217, 414
var(), 26, 107
var.test(), 228
varTest(), 228
with(), 110
write.table(), 48
z.test(), 187

G
Gentleman, Robert (estatístico), 17
ggplot2, 72, 200
    diagramando qui-quadrado em, 206
    diagramando t em, 194
    diagramas de caixa, 88
    diagramas de dispersão, 83
    histogramas, 73
    instalando, 42
    matriz de diagrama de dispersão, 86
gráficos, 51
    de barras, 53, 60, 64
    de barras agrupadas, 65
    de base R, 57
    de caixas, 56, 72, 88
    de caixas e bigode, 56

de densidade, 59
de dispersão, 55
de linha, 193
de pizza, 54, 62
de pontos, 62
encontrando padrões, 51
ggplot2, 72
gramática, 72
    Gramática dos Gráficos (Wilkinson), 72
grau de liberdade (df), 108, 178, 189
graus de liberdade, 216
graus de liberdade (df), 216, 237, 287

H - I - J
hipótese, 182
    alternativa, 182
    nula, 182
histogramas, 57
homogeneidade de regressão, 315
ícones, 4-5
Ihaka, Ross (estatístico), 17
Install Packages, caixa de diálogo, 86
interações, 261
interseção, 365
jittering, 89

L
leptocúrtico, 130
limites de confiança, 175
    encontrando para uma média, 175
linha de regressão, 285, 320
    correlação e, 320
logaritmos, 340-342
loop for, 399

M
MANOVA, 277
mapeamento estético, 73
MASS, 40
matriz, 32
matriz
    de correlação, 327
    do diagrama de dispersão, 70, 86
média, 91
    aparando a, 96
    aritmética, 97
    encontrando limites de confiança para, 175
    geométrica, 97
    harmônica, 98
média da população, 92
mediana, 56, 99
medidas repetidas, 249-253
melting (derretimento) de dados, 195, 231
Método/Estilo de Apresentação, 260
    ANOVA bifatorial/bidimensional, 261
    interação, 261

variáveis, 267
método Monte Carlo, 398
Meys, Joris (autor)
    R For Dummies, 29
moda, 100
modelagem, 385
    distribuição, 386
    simulando um processo, 398
modelo, 385
momento bruto, 125
momento central, 126
momentos, 125
    assimetria, 127
    curtose, 130

N - O
Napier, John (matemático), 339
normal
    curva do sino, 146
    distribuições, 149
    padronizando pontuações, 160
overplotting, 89

P
pacotes, 19, 40
padrões, 111
    classificação, 117
    função scale(), 114
    resumindo, 120
    valor z, 112, 116
painel, 21
    Console, 22
    Scripts, 21
parâmetros
    da distribuição normal, 147
    definição, 10
Pearson, Karl (estatístico), 320, 391
percentil/percentis, 119
permutações, 369
planilhas, 45
plano de regressão, visualizando, 302
platicúrtico, 130
pontuação padrão, 112
população, 165
populações, 10
porcentagem pitagórica, 395
prever, usando regressão para, 287
previsões
    do teorema do limite central, 174
    fazendo, 296, 302
probabilidade, 13, 363
    condicional, 13, 367
    distribuição binomial, 375-379
    distribuições e funções densidade, 373
    espaços amostrais grandes, 368
    espaços amostrais e, 364
    eventos compostos, 365
    funções R, 371
    teste de hipóteses, 382

teste de hipóteses com distribuição binomial, 380
variáveis aleatórias, 373
probabilidade condicional, 367
prompt de continuação, 29

Q - R
quadrado médio, 237, 291
quartil inferior/superior, 56
qui-quadrada, 200
R
   classificação em, 117
   comentários, 29
   definindo vetores, 409
   diretório de trabalho, 21
   distribuição normal padrão em, 161
   distribuições em, 149
   documentação para, 425
   estruturas, 29
   fazendo o download de, 18
   fórmulas, 44
   funções, 371
   funções de, 26
   funções definidas pelo usuário, 28
   manuais para, 425
   pacotes, 40
   pontuações padrão em, 114
   sessões em, 21
   site, 18
randomização, 159
razão-F, 226
recíproco, 98
recursos online
   documentação R, 425
   manuais R, 425
   Microsoft R Application Network, 424
   para usuários R, 423
   Quick-R, 424
   R, 18
   R-bloggers, 423
   RDocumentation, 425
   R Journal, 426
   RStudio, 18
   RStudio Online Learning, 424
   Stack Overflow, 424
   YOU CANanalytics, 425
regressão, 281
   correlação e, 320
regressão curvilínea, 337
   logaritmo, 338
   regressão de potência, 343
   regressão exponencial, 349
   regressão logarítmica, 353
   regressão polinomial, 356
regressão de potência, 345
regressão linear, 294
regressão logarítmica, 353
regressão múltipla, 299, 300
regressão polinomial, 356
resíduo, 243, 287, 297, 321

resultado elementar, 364
R quadrado ajustado, 332
RStudio, 17
   abas, 19–20
   fazendo o download do, 18
   site, 18

S
sabermétrica, 394
Schmuller, Joseph (autor)
   Análise Estatística com Excel Para Leigos, 2, 45
seed, 159
segmentos, 152
sinal de igual duplo (a==b), 39
soma dos quadrados, 237
Stanford-Binet, pontuação, 160
string de caracteres, 32
substring, 27

T
tabelas, importando do Excel para R, 421
temas, 78
tendência central, 91
   mean(), 93
   média, 91
   median(), 100
   mediana, 99
   mode(), 101
   modo, 101
tentativa, 364
teorema do limite central, 167
   aplicando, 211
   previsões, 174
   simulando, 169, 403
termo de erro, 240, 250
teste bicaudal, 210
teste de adequação, 290
teste de declive, 292
teste de hipótese bicaudal, 186, 210
teste de hipóteses para amostra única, 181
   distribuições qui-quadradas, 203
   distribuições-t, 191
   escores-z, 185
   testando variâncias, 200
   testes de hipótese e distribuições amostrais, 183
   visualizando distribuições qui-quadradas, 204
   visualizando distribuições-t, 192
teste de hipóteses para duas amostras, 209
   amostras emparelhadas, 224
   testes-t, 225
   distribuição amostral, 210
   distribuições-F, 229
   graus de liberdade (df), 216
   testando duas variâncias, 226
   variâncias iguais, 216
   visualizando distribuições-F, 230

teste de hipóteses
   base de, 368
   com distribuição binomial, 380
   R versus Tradição, 382
   sobre correlação, 323
teste de hipótese unicaudal, 186, 210
teste de intercepto, 293
testes a posteriori, 247
testes a priori, 244
testes post hoc, 247
teste unicaudal, 210
teste-z, 212, 214
til (~), operador, 68
transformação Fisher de r em z, 324
Tukey, John (criador dos diagramas de caixa), 121

U - V - W
união, 365
valor crítico, 184
valores discrepantes, 57
valor esperado, 174, 374
valor z, 112
   características, 112
   exemplo de, 113
   notas de prova, 114
   valor T, 116
variação, 103
   condições, 110
   desvio padrão, 108
   medindo, 104
variâncias, 24, 205
   amostral, 107
   desiguais, 223
   iguais, 216
   testando, 200
   testando duas, 226
variáveis, 11, 44
   aleatórias contínuas/discretas, 373
   categóricas, 34
   dependente, 11, 44, 282
   independente, 11, 44, 282
   Método/Estilo de Apresentação, 267
   nominal, 132
   numérica, 133
variáveis mudas, 308
variável
   aleatória discreta, 174
variável aleatória, 373
vetores, 30
   definindo em R, 409
   lógicos, 30
   numéricos, 30
   operando sobre, 410
   trabalhando com dois, 218
Wechsler, pontuação, 160
Wickham, Hadley (desenvolvedor R), 72
Wilkinson, Leland (autor)
   Gramática dos Gráficos, 72